KB106166

티마이오스

정암고전총서 플라톤 전집

티마이오스

플라톤

김유석 옮김

아카넷

정암고전총서는 윤독의 과정을 거쳐 책을 펴냅니다.
아래의 정암학당 연구원들이 『티마이오스』 원고를 함께 읽고
번역에 도움을 주셨습니다.
손윤락, 양호영, 오지은, 이기백, 이창연, 이현정, 장미성.

'정암고전총서'를 펴내며

그리스 로마 고전은 서양 지성사의 뿌리이며 지혜의 보고이다. 그러나 이를 한국어로 직접 읽고 검토할 수 있는 원전 번역은 여전히 드물다. 이런 탓에 우리는 서양 사람들의 해석을 수동적으로 수용하는 처지를 완전히 극복하지 못하고 있다. 사상의 수입은 있지만 우리 자신의 사유는 결여된 불균형의 문제를 안고 있는 것이다. 이런 상황은 우리의 삶과 현실을 서양의 문화유산과 연관 지어 사색하고자 할 때 특히 심각한 문제를 야기한다. 우리 자신이 부닥친 문제를 자기 사유 없이 남의 사유를 통해 이해하거나 해결하는 것은 거의 불가능하기 때문이다. 우리의 문제에 대한 인문학적 대안들이 때로는 현실을 적확하게 꼬집지 못하는 공허한 메아리로 들리는 것도 그런 이유 때문일 것이다.

한 공동체에서 살아가는 사람들이 자신들의 생각과 말을 나누며 함께 고민하는 문제와 만날 때 인문학은 진정한 울림이 있는 메아리가 될 수 있다. 이것은 우리가 우리의 현실을 함께 고민하는 문제의식을 공유함으로써 가능하겠지만, 그조차도 함께 사유할 수 있는 텍스트가 없다면 요원한 일일 것이다. 사유를 공유할 텍스트가 없을 때는 앎과 말과 함이 분열될 위험에 노출될 수 있기 때문이다. 이런 점에서 진정한 인문학적 탐색은 삶의 현실이라는 텍스트, 그리고 생각을 나눌 수 있는 문헌 텍스트와 만나는 이중의 노력에 의해 가능할 것이다.

현재 한국의 인문학적 상황은 기묘한 이중성을 보이고 있다. 대학 강단의 인문학은 시들어 가고 있는 반면 대중 사회의 인문학은 뜨거운 열풍이 불어 마치 중흥기를 맞이한 듯하다. 그러나 현재의 대중 인문학은 비판적으로 사유하는 인문학이 되지 못하고 자신의 삶을 합리화하는 도구로 전락하는 경향이 없지 않다. 사유 없는 인문학은 대중의 욕망을 충족시키기 위해 소비되는 상품에 지나지 않는다. '정암고전총서' 기획은 이와 같은 한계상황을 극복할 수 있는 기본적인 토대를 마련하고자 하는 절실한 문제의식에서 시작되었다.

정암학당은 철학과 문학을 아우르는 서양 고전 문헌의 연구와 번역을 목표로 2000년 임의 학술 단체로 출범하였다. 그리고 그 첫 열매로 서양 고전 철학의 시원이라 할 『소크라테스 이전 철학자들의 단편 선집』을 2005년도에 펴냈다. 2008년에는 비영리 공익

법인의 자격을 갖는 공적인 학술 단체의 면모를 갖추고 플라톤 원전 번역을 완결할 목표 아래 지금까지 20여 종에 이르는 플라톤 번역서를 내놓고 있다. 이제 '플라톤 전집' 완간을 눈앞에 두고 있는 시점에 정암학당은 지금까지의 시행착오를 밑거름 삼아 그리스·로마의 문사철 고전 문헌을 한국어로 옮기는 고전 번역 운동을 본격적으로 펼치려 한다.

정암학당의 번역 작업은 철저한 연구에 기반한 번역이 되도록 하기 위해 처음부터 공동 독회와 토론을 통해 이루어진다. 번역 초고를 여러 번에 걸쳐 교열·비평하는 공동 독회 세미나를 수행하여 이를 기초로 옮긴이가 최종 수정하는 방식으로 진행된다. 이같이 공동 독회를 통해 번역서를 출간하는 방식은 서양에서도 유래를 찾기 어려운 번역 시스템이다. 공동 독회를 통한 번역은 매우 더디고 고통스러운 작업이지만, 우리는 이 같은 체계적인 비평의 과정을 거칠 때 믿고 읽을 수 있는 텍스트가 탄생할 수 있다고 확신한다. 이런 번역 시스템 때문에 모든 '정암고전총서'에는 공동 윤독자를 병기하기로 한다. 그러나 윤독자들의 비판을 수용할지 여부는 결국 옮긴이가 결정한다는 점에서 번역의 최종 책임은 어디까지나 옮긴이에게 있다. 따라서 공동 윤독에 의한 비판의 과정을 거치되 옮긴이들의 창조적 연구 역량이 자유롭게 발휘될 수 있도록 노력하였다.

정암학당은 앞으로 세부 전공 연구자들이 각각의 연구팀을 이루어 연구와 번역을 병행함으로써 아리스토텔레스 철학 원전, 키케로 전집, 헬레니즘 선집 등의 번역본을 출간할 계획이다. 그리고 이렇게 출간될 번역본에 대한 대중 강연을 마련하여 시민들과 함께 호흡할 수 있는 장을 열어 나갈 것이다. 공익법인인 정암학당은 전적으로 회원들의 후원으로 유지된다는 점에서 '정암고전총서'는 연구자들의 의지뿐만 아니라 시민들의 소중한 뜻이 모여 세상 밖에 나올 수 있는 셈이다. 이런 점에서 '정암고전총서'가 일종의 고전 번역 운동으로 자리매김되길 기대한다.

 '정암고전총서'를 시작하는 이 시점에 두려운 마음이 없지 않으나, 이런 노력이 서양 고전 연구의 디딤돌이 될 것이라는 희망, 그리고 새로운 독자들과 만나 새로운 사유의 향연이 펼쳐질 수 있으리라는 기대감 또한 적지 않다. 어려운 출판 여건에도 '정암고전총서' 출간의 큰 결단을 내린 아카넷 김정호 대표에게 경의와 감사의 뜻을 전한다. 끝으로 정암학당의 기틀을 마련했을 뿐만 아니라 앎과 실천이 일치된 삶의 본을 보여 주신 이정호 선생님께 존경의 마음을 표한다. 그 큰 뜻이 이어질 수 있도록 앞으로도 치열한 연구와 좋은 번역을 내놓는 노력을 다할 것이다.

2018년 11월

정암학당 연구자 일동

'정암학당 플라톤 전집'을 새롭게 펴내며

플라톤의 사상과 철학은 서양 사상의 뿌리이자 서양 문화가 이루어 온 지적 성취들의 모태가 되었다는 점에서 큰 의미를 지니고 있다. 특히 그의 작품들 대부분은 풍성하고도 심오한 철학적 문제의식을 담고 있을 뿐만 아니라 생동감 넘치는 대화 형식으로 쓰여 있어서, 오늘날까지 많은 사람이 최고의 철학 고전이자 문학사에 길이 남을 걸작으로 손꼽고 있다. 화이트헤드는 '유럽철학의 전통은 플라톤에 대한 일련의 각주'라고까지 하지 않았던가.

정암학당은 플라톤의 작품 전체를 우리말로 공유할 수 있도록 하자는 취지에서 뜻있는 학자들이 모여 2000년에 문을 열었다. 그 이래로 플라톤의 작품들을 함께 읽고 번역하는 데 매달려 왔다. 정암학당의 연구자들은 애초부터 공동 탐구의 작업 방식을 취해 왔으며, 이에 따라 공동 독회와 토론을 통해 텍스트를 이해하는 노력을 기울여 왔고, 초고를 여러 번에 걸쳐 교열·비평하는 수고 또한 마다하지 않았다. 2007년에 『뤼시스』를 비롯한 3종의 번역서를 낸 이후 지금까지 출간된 정암학당 플라톤 번역서들은 모두 이 같은 작업 방식으로 이루어진 성과물들이다.

정암학당의 이러한 작업 방식 때문에 번역 텍스트를 출간하는데 출판사 쪽의 애로가 없지 않았다. 그동안 출판을 맡아 준 이제이북스는 어려운 여건에서도 플라톤 전집 출간의 의미를 이해하고 전집 출간 사업에 동참하여 많은 노력을 기울여주었다. 그결과 2007년부터 2018년까지 20여 종의 플라톤 전집 번역서가 출간되었다. 그러나 최근 이제이북스의 여러 사정으로 인해 전집 출간을 마무리하기가 어려워졌다. 정암학당은 플라톤 전집 출간을 이제이북스와 완결하지 못하게 된 것에 대해 아쉬움을 표하는 동시에 그 동안의 노고에 고마움을 전한다.

정암학당은 이 기회에 플라톤 전집의 번역과 출간 체계를 전반적으로 정비하기로 했고, 이런 취지에서 '정암학당 플라톤 전집'을 '정암고전총서'에 포함시켜 아카넷 출판사를 통해 출간할것이다. 아카넷은 정암학당이라는 학술 공간의 의미를 이해하고 '정암학당 플라톤 전집' 출간의 가치를 공감해주었다. 여러 가지측면에서 많은 어려움이 있었음에도 어려운 결단을 내린 아카넷 출판사에 감사를 표한다.

정암학당은 기존에 출간한 20여 종의 번역 텍스트를 '정암고전총서'에 편입시켜 앞으로 2년 동안 순차적으로 이전 출간할 예정이다. 그러나 이런 작업이 짧은 시간에 추진되었기 때문에 번역자들에게 전면적인 수정을 할 시간적 여유가 주어지지는 않았다. 따라서 아카넷 출판사로 이전 출간하는 플라톤 전집은 일부의 내용을 보완하고 오식을 수정하는 선에서 새로운 판형과 조판으로 출간한다. 이 점에 대해서는 독자들께 양해를 구한다. 정암학당은 출판사를 옮겨 출간하는 작업을 진행하는 동시에, 플라톤 전집 중 남아 있는 텍스트들에 대한 번역본 출간 시기도 앞당길 수 있도록 노력할 것이다. 그리하여 오랜 공동 연구의 결실인 '정암학당 플라톤 전집' 전체를 독자들이 조만간 음미할 수 있도록 최선을 다할 것이다.

끝으로 정암학당의 기반을 마련해 주신 고 정암(鼎巖) 이종건(李鍾健) 선생을 추모하며, 새 출판사에서 플라톤 전집을 완간하는 일에 박차를 가할 것을 다짐한다.

2019년 6월
정암학당 연구자 일동

차례

작품 내용 구분

우주의 몸(천체) (31b4~34a7)

천체는 네 가지 요소들로 구성되었다(31b4~32c4)

천체는 네 가지 요소들을 남김없이 담고 있다(32c5~33b7)

천체의 모습과 운동 : 기관도 사지도 없이, 자신의 축을 따라 회전하는 구
  (33b7~34a7)

우주 혼(34a8~40d5)

논의의 전환(34a8~b9)

혼은 몸에 앞선다(34b10~35a1)

우주 혼의 제작(35a1~b4)

조화로운 간격에 따른 혼의 분할(35b4~36b6)

같음의 원과 다름의 원을 만들고, 다름의 원을 나누어 궤도들을 구성하다
  (36b6~d7)

천체를 우주 혼에 접목하다(36d8~37a2)

혼의 인지적 기능(37a3~c5)

시간, 영원의 움직이는 모상(37c6~38c3)

시간의 도구인 행성들(38c3~39e2)

네 종류의 생물(39e3~40b8)

지구 및 다른 별들에 대한 언급(40b8~d5)

인간의 혼(40d6~44d2)

전통적인 신들(40d6~41a6)

데미우르고스의 연설(41a7~d3)

인간 혼의 구성, 법에 따라 정해진 것들(41d4~42d2)

인간의 혼을 지구와 별들에 파종하다(42d2~e4)

새롭게 태어난 혼의 상태(42e5~44d2)

등장인물

티마이오스

이 대화편의 제목이자 주요 화자이기도 하지만 작품에 언급된 내용 말고는 알려진 바가 없다. 소크라테스의 소개에 따르면, 티마이오스는 이탈리아의 로크리스 출신이고, 재산과 지위에 있어서 그곳 시민들 가운데 누구에게도 뒤떨어지지 않았으며, 철학 전반에 관해서도 정점에 도달해 있는 인물이다. 또 다른 대화자인 크리티아스는 티마이오스가 천문학에 가장 밝고, 우주의 본성을 탐구하는 일에도 열심이라고 말한다. 학자들은 티마이오스가 이탈리아 출신으로 소개된다는 점, 철학과 천문학에 능한 인물로 묘사된다는 점, 그리고 작품 속에서는 수학과 기하학에 기반하여 우주의 기원과 본성을 설명한다는 사실에 비추어, 그가 이탈리아에 기반을 두고 활동했던 퓌타고라스주의자들 가운데 한 명이었을 수도 있다고 추측하기도 하지만 확실하지는 않다.

헤르모크라테스

헤르모크라테스는 시켈리아의 도시국가인 쉬라쿠사이 출신이며 407년 무렵에 사망한 것으로 보인다. 그는 작품 속에서 큰 역할을 하지는 않지만, 그가 등장인물로 나왔다는 사실은 대화의 시간적 배경을 추정하는 데 어느 정도 도움을 준다. 투퀴디데스 등의 보고에 따르면 그는 쉬라쿠사이의 장군으로 아테나이의 위협에 맞서 시켈리아 도시국가들의 연합을 도모하기 위해, 424년에 사절단으로 겔라를 방문했다고 한다. 이러한 사실들을 감안한다면, 그가 아테나이에 머물면서 티마이오스의 대화에 참여했을 수 있었던 시기는 아테나이와 대립하기 이전인 435~425년이었을 것이다.

크리티아스

크리티아스는 소크라테스와 같은 아테나이인이며, 티마이오스와 헤르모크라테스를 자기 집으로 초대한 인물로 묘사되고 있다. 그는 전날 소크라테스가 해 준 논의에 대한 답례로 고대 아테나이와 아틀란티스 간에 벌어진 전쟁 이야기를 들려주며, 소크라테스에게 앞으로 전개될 대화의 순서를 제안하기도 한다. 이 아틀란티스의 전설은 『티마이오스』에 이어서, 그의 이름을 딴 작품인 『크리티아스』에서 중심 주제로서 다뤄진다. 역사 속 인물로서 그를 특정하기는 쉽지 않은데, 아마도 그는 30인 과두정의 주인공인 크리티아스보다 한 세대나 두 세대 전의 인물로서 대략 520~515년에 출생했을 것이며, 대화 속 연령은 대략 80~90세였을 것으로 추정된다.

소크라테스

소크라테스는 아테나이 출신의 철학자로서 플라톤을 비롯하여 당대의 수많은 젊은이들의 스승으로 추앙을 받았다. 플라톤의 대화편에서 그는 때로는 역사 속의 인물로서, 때로는 플라톤의 페르소나로서 등장하여 수많은 사람들과 다양한 철학적 주제를 가지고서 대화를 나누는데, 그런 모습은 『티마이오스』에서도 이어진다. 다만 『티마이오스』의 경우, 소크라테스는 전날의 논의를 요약하는 도입부의 대화에만 참여할 뿐, 작품이 끝날 때까지 침묵을 지키며 티마이오스의 우주론 강의를 듣는 것으로 설정된다. 일반적으로 소크라테스의 생몰 연대를 470/469~399년으로 잡는데, 그럴 경우 『티마이오스』의 대화가 이루어지던 시기에 그의 나이는 대략 35~45세였으리라고 추측할 수 있다.

일러두기

- 본서의 번역에 사용한 대본은 다음의 두 가지이다. John Burnet (ed.), *Timaevs*, in *Platonis Opera*, tom. IV, Oxford, Oxford University Press, 1902 ; Albert Rivaud (ed.), *Timée*, in *Platon Œuvres Complètes*, tom. X, Paris, Les Belles Lettres, 1925. 『티마이오스』의 편집에는 여러 가지 사본들이 사용되었는데, 편집자들과 역자들 사이에서 독법이 갈릴 경우에는 후주에 그 사정을 언급하였다. 편집에 사용된 주요 사본들과 고대의 주석들은 다음과 같다.

    ① A = Codex Parisinus graecus 1807 (파리 사본, 서기 850년 경).

    ② YWF = Codex Vindobonensis (빈 사본, 서기 11세기 무렵).

    ③ P = Codex Palatinus Vaticanus 173 (바티칸 사본, 서기 10~11세기).

    ④ Cic = 키케로 (서기전 1세기), 『플라톤의 「티마이오스」』 (라틴어 번역).

    ⑤ Calc = 칼키디우스 (서기 4세기), 『플라톤의 「티마이오스」 주석』 (라틴어 번역과 주석).

    ⑥ Pr = 프로클로스 (서기 5세기), 『플라톤의 「티마이오스」 주석』 (그리스어 주석).

- 번역의 좌우 여백에 표기된 숫자(17~92)와 알파벳 기호(a~e)는 각각 대화편의 쪽수(숫자)와 문단(알파벳)을 나타낸다. 이 표기법은 16세기 프랑스의 출판업자인 앙리 에스티엔느(라틴명: 헨리쿠스 스테파누스)가 확립한 것으로서 흔히 '스테파누스 페이지'라고도 불린다. 전 세계의 모든 플라톤 번역은 스테파누스 페이지를 따르며, 『티마이오스』는 17a에서 시작하여 92c로 끝난다.

- 번역은 의역을 원칙으로 하였다. 이는, 번역이 원문의 질서와 정신을 모두 담아내는 것이 불가능하다면, 질서보다는 정신을 존중하는 쪽이 좀 더 바람직하다는 생각에 기반한 것이다. 이에 따라 그리스어에 자주 등장하는 관계사절이나 분사구문 등은 필요한 경우에 두 문장으로 나누기도 하고, 문장의 순서를 바꿔 옮기기도 하였다.

- 번역에서 가장 어려운 점은 번역어의 통일과 일관성이라 할 것이다. 그리스어의 경우 하나의 단어가 여러 가지 의미로 사용되는 경우가 많은데, 이것을 한국어의 한 단어로 옮기는 일은 사실상 불가능하다. 우리의 번역에서는 하나의 단어에 하나의 번역어를 고집하기보다는 문맥에 따라 자유롭게 번역 용어를 달리하여 옮겼다. 다만 이 경우 번역의 일관성 여부를 확인할 수 있도록 번역서 말미에 있는 「찾아보기」에 관련 사항을

최대한 상세하게 달아 놓아, 한국어나 그리스어 모두 유관 단어를 쉽게 찾아서 확인할 수 있도록 하였다.

- 본문에 표기된 괄호( )는 기본적으로 그리스어 원문에 있는 것이다. 또한 매우 드물긴 하지만, 번역어의 이해를 돕기 위해 한자를 병기한 경우에도 괄호를 사용하였다. 반면에 대괄호[ ]는 내용 이해에 꼭 필요하다고 판단되어 역자가 첨가한 것이다. 이것 역시 매우 드물게 사용하였다.

- 주(註)는 각주가 아닌 후주로 처리하였다. 후주를 읽으려면 페이지를 넘겨야 해서 각주보다는 불편하지만, 많은 양의 해설과 그림, 도식 등을 담기에는 오히려 후주가 더 효율적이라고 판단하였다. 하지만 독자들에게 가장 중요한 것은 독서의 흐름을 놓치지 않는 것이니, 처음 읽을 때는 주를 참고하기보다는 다소 답답하더라도 본문의 독서에 집중하기를 권한다. 주에 오는 것들은 다음의 내용들에 한정한다.
  ① 작품 속에 등장하는 인명, 지명, 사건 등 각종 고유명사에 관한 정보.
  ② 대화 속에 담긴 정치적 역사적 문화적 맥락들에 관한 정보.
  ③ 그리스어 원문 가운데 역자가 편집자들과 달리 읽은 부분의 내용과 달리 읽은 이유.
  ④ 작품의 철학적 해석과 관련하여 독자의 이해에 꼭 필요하다고 역자가 판단한 부분.

- 주(註)에서는 필요에 따라 해설에 그리스어를 병기하기도 했는데, 이때 그리스어는 모두 로마자로 바꿔 표기하였다. 로마자 표기 방식에 대해서는 「찾아보기」의 설명을 참고하라.

- 본서에서 자주 인용한 작품들은 다음과 같이 약어로 표기하였다.
  ① DK : H. Diels & W. Kranz (hrsg.), *Die Fragmente der Vorsokratiker*, 3 vols., Berlin, Weidmann, 1952 (6th edition).
  ② 『선집』: 김인곤 (외) 옮김, 『소크라테스 이전 철학자들의 단편 선집』, 아카넷, 2012.
  ③ 『생애』: Diogenes Laertius, *Lives of Eminent Philosophers*, ed. by T. Dorandi, Cambridge, CUP, 2013.

- 「참고 문헌」에 소개된 2차 문헌들이 본문에서 언급될 경우 저자, 출간 연도, 쪽수만을 표기하였다.

- 표기된 연대는 특별한 언급이 없는 한 서기전(西紀前, ante Christum)을 가리킨다.

티마이오스

티마이오스

소크라테스, 티마이오스, 크리티아스, 헤르모크라테스

소크라테스 한 분, 두 분, 세 분. 아니, 그런데 티마이오스, 우리
의 네 번째 분은 어디 계시죠?[1] 어제는 저의 손님이었고, 오늘은   17a
저를 초대하신 여러분 가운데 한 분 말입니다.[2]

티마이오스 그는 어딘가 편찮아서요,[3] 소크라테스. 그렇지 않았다
면 그가 일부러 이 모임[4]에 빠지거나 하지는 않았을 테니까요.

소크라테스 그렇다면 안 계신 분의 몫을 채우는 것 또한 당신과
이분들의 일이겠군요?

티마이오스 그야 물론이지요! 그리고 할 수 있는 한 우리는 뭐 하
나라도 빼먹지 않을 것입니다. 어제 당신에게서 제대로 손님 대접   17b
을 받은 마당에,[5] 우리 남은 이들이 열의를 다해 당신께 보답하려
들지 않는다면 그것은 결코 온당치 않은 일일 테니까요.

소크라테스 자, 그렇다면 제가 여러분께 말해 달라고 요구했던 것
의 내용과 주제는 모두 기억하고 계신가요?

티마이오스 몇몇은 기억하고 있습니다만, 혹시 기억하지 못하는 것들이 있다면, 당신도 와 계시고 하니 모두 상기시켜 주시지요. 아니, 당신께서 힘들지 않으시다면, 차라리 처음부터 간략하게 그것들을 되짚어 주시지요. 그것들이 우리에게 더 확고해질 수 있도록 말입니다.

소크라테스 그러지요. 어제 제가 논의했던 주제는 정체(政體)에 17c 관한 것들로서 그 골자는, 그러니까 제가 보기에, 가장 훌륭한 정체란 어떤 것이고, 또 그것은 어떤 사람들로 이루어지는가 하는 것이었을 겁니다.[6]

티마이오스 게다가, 소크라테스, 당신이 말씀하신 정체는 확실히 우리 모두의 마음에 드는 것이었습니다!

소크라테스 그런데 먼저 우리는 거기서 농부들을 비롯하여 여타 직업에 종사하는 이들의 집단을 전쟁에 임하는 자들의 집단으로부터 따로 분리해 내지 않았던가요?[7]

티마이오스 그랬습니다.

소크라테스 또한 소질에 따라 각자 자신에게 적합한 단 하나의 직 17d 무, 그러니까 각자에게 한 가지 직업만을 부여하였고,[8] 모두를 위해 전쟁에 나서야 하는 이들에 대해서는 그들이 오직 도시[9]의 수호자들로서만 있어야 한다고 말했지요. 누군가가 외부에서든 혹은 심지어 내부인들 중에서든 해를 끼치려 든다면, 수호자들 18a 은 자기들에게 다스림을 받고 또 본성상 친구인 자들에 대해서는 온화하게 처결해야 하는 반면, 적들 가운데 전투에서 맞서게 되는 자들에 대해서는 무자비한 모습을 보여야 한다고 말입니다.[10]

티마이오스 전적으로 그렇습니다.

소크라테스 사실 제 생각에 수호자들의 혼은 일정한 성향을 띠어야 하며, 우리는 그것이 각별히 기개적인 동시에 지혜를 사랑하는 것이어야 한다고 말했던 듯합니다. 이는 그들이 친구들과 적들 각각에 대하여 합당하게 온화하고 또 무자비할 수 있기 위함이지요.[11]

티마이오스 네.

소크라테스 자, 교육에 관해서는 어땠나요? 우리는 그들이 체육과 음악을 비롯하여 그들에게 어울리는 모든 학과들로 교육받아야 한다고 말하지 않았던가요?[12]

티마이오스 물론입니다.

소크라테스 그런데 적어도 그렇게 교육받은 이들은 금도, 은도, 그리고 다른 어떠한 것도 결코 자기들의 사적인 재산으로 간주 18b 해서는 안 될 것이라고 말한 듯합니다. 오히려 그들은 수비대로서 그들이 지켜 주는 사람들에게서 수호의 대가를 받되,[13] 그것은 절제 있는 자들에게 적당한 만큼이 될 것이요, 또한 그들은 함께 소비해야 하고, 서로 간에 공동생활을 영위하며 살아가야 하거니와, 일생에 걸쳐 오직 덕을 돌보는 데만 전념할 뿐, 다른

직무들에 대해서는 신경을 쓰지 않을 것이라고 말입니다.[14]

티마이오스 그것들 역시 그런 식으로 말씀하셨지요.

소크라테스 그뿐만이 아니라 우리는 여성들에 관해서도 언급했지

18c 요. 즉 그녀들은 본성에 있어서 남성들과 거의 같은 정도로 조화
를 이뤄야 하며, 전쟁에서든 다른 생활에서든 공통되는 모든 직
무를 여성 모두에게도 부여해야 한다고 말입니다.[15]

티마이오스 그것들 또한 그렇게 말씀하셨지요.

소크라테스 그건 그렇고, 아이의 출산에 관해서는 어땠나요? 그
것은 논의 내용이 생소해서 기억하기가 쉽지 않았던가요? 그러
니까 우리는 결혼 및 아이와 관련된 모든 일들이 모두에게 공유
되도록 정했지요. 누구도 결코 개인적으로 자기 자식을 알 수 없

18d 도록 꾸밈으로써,[16] 모두가 모두를 한 가족으로, 즉 어울리는 연
령대에 태어난 이들은 모두 형제들과 자매들로, 앞서고 먼저 태
어난 이들은 부모들과 조부모들로, 그리고 나중에 태어난 이들
은 자식들과 손주들로 여길 것이라고 말입니다.[17]

티마이오스 네. 그것들 역시 말씀하신 대로 기억하기가 쉽군요.

소크라테스 자, 이번에는 그들이 가능한 한 곧바로 가장 훌륭한
사람의 소질을 갖고 태어날 수 있도록, 우리는 남녀 통치자들이
결혼과 관련하여 어떤 추첨과 같은 것으로 은밀한 수단을 마련

18e 해야 한다고 주장했던 것을 기억하고 있지 않나요?[18] 그것은 열
등한 이들과 우수한 이들이 따로따로 각자 닮은 여인들과 짝을

짓도록 하기 위함이요, 또한 추첨을 통한 짝짓기가 그저 우연 탓이라고 여김으로써 그것으로 인해 그들 사이에서 어떤 반감 같은 것이 생겨나지 않도록 하기 위함이었지요.

티마이오스 기억합니다.

소크라테스 그뿐만 아니라, 우리는 우수한 사람들의 아이들은 양육해야 하지만 열등한 이들의 아이들은 도시의 다른 영역으로 은밀하게 분산시켜야 한다고 주장했지요. 하지만 아이들이 자라나는 동안 항상 그들을 지켜보면서, 가치 있는 아이들은 다시 올려 보내야 하는 반면, 그들 사이에서 무가치한 아이들은 올라올 아이들을 대신하여 그 아이들이 있었던 장소로 내려 보내야 하는 것이지요.[19]

19a

티마이오스 그랬지요.

소크라테스 자, 그러면 우리가 골자들을 되짚어 왔으니, 이제 어제처럼 모두 다룬 셈인가요? 그게 아니면, 티마이오스, 당신이 이야기한 것들 가운데 뭔가 빼먹고서 아쉬워할 만한 게 아직 남아 있나요?

티마이오스 전혀 없습니다! 바로 그것들이야말로 논의된 것들이 맞습니다. 소크라테스.

19b

소크라테스 이제 우리가 살펴본 정체와 관련하여, 그다음 것을 들어 보셨으면 합니다. 그러니까 그 정체에 대해 제가 어떤 느낌을 갖게 되었는지 말입니다. 그런데 제 느낌은 대략 이런 사람과 좀 비슷한 것 같아요. 이를테면 그림 속에 구현된 것들이든, 아니면 실제로 살아 있긴 하되 가만히 있는 것들이든 간에, 멋진 동물들을 감상하고는, 그것들이 움직이기도 하고, 또 그것들의 몸집에 걸맞다고 여겨지는 방식으로 경합을 벌이며 대결하는 모습을 감상하고픈 욕망에 빠진 그런 사람 말입니다. 저 역시 우리가 다뤘던 도시에 대해서도 같은 것을 느꼈답니다. 왜냐하면 저는 그 도시가 임하게 될 대결을 누군가가 말로써 묘사해 주는 것을 듣고 싶거든요. 그러니까 어떻게 그 도시가 다른 도시들에 맞서 경합하며 대결을 벌이는지, 어떻게 그 도시가 적절한 방식으로 전쟁에 임하게 되는지, 또한 전쟁을 수행할 때는 어떻게 그 도시가 각 도시들을 상대로, 실력 행사에서는 물론 구두 협상에서도 시민들의 교육과 양육에 어울리는 업적들을 성취하는지 말입니다.

그런데 그것들에 관해 말하자면, 크리티아스, 그리고 헤르모크라테스, 제가 저 자신에 대해 판단해 보건대, 저는 도저히 그 사람들과 그 도시를 충분할 정도로 찬양할 만한 능력이 안 된다고 생각합니다. 그리고 제가 능력이 안 되는 것은 조금도 놀랄 만한 일이 아니에요.[20] 하지만 저는 과거에 있었던 시인들에 대해서는 물론, 지금 있는 시인들에 대해서도 같은 생각을 갖게 되었습니다. 제가 시 짓는 이들의 집단을 무시하는 것은 결코 아니에요.[21] 그러나 모방하는 집단의 경우, 그들이 양육받아온 것들에 대해서는 가장 손쉽고도 훌륭하게 모방하겠지만, 양육의 범

위를 넘어서는 것에 대해서는 저마다 행동으로 잘 모방하기가
어려울뿐더러 더욱이 말로써 잘 모방하기란 더욱 어려운 일이라 19e
는 것은 모두에게 분명한 사실입니다.[22] 이번에는 소피스트들의
집단에 관해 말하자면, 저는 그들이 수많은 연설과 그 외의 아름
다운 일들에 대해서도 풍부한 경험을 갖고 있다고 생각해요. 하
지만 그들은 이 도시 저 도시로 떠돌아다닐 뿐 어디서도 자기들
의 가정을 꾸려 정주했던 적이 없기에, 저는 그들이 전쟁과 전투
를 벌이는 가운데 실력을 행사하거나 각자 말로 협상을 하면서,
어떤 것들을 얼마나 실천하고 말해야 하는지[23]와 관련하여 철학
자이자 정치가인 사람들로부터는 벗어나 있는 것이 아닐까[24] 우
려됩니다.

그렇다면 여러분과 같은 성향을 지닌 부류만이 남은 셈이네
요. 그러니까 천성적으로나 양육을 통해서나 동시에 양쪽 모두
에 참여하는 부류 말입니다. 왜냐하면 여기 이 티마이오스께서 20a
는 입법이 가장 잘 된 도시인 이탈리아의 로크리스[25] 출신으로,
부와 가문에 있어서 그곳 사람들 중 누구에게도 뒤지지 않으며,
그 도시 사람들 중에서도 최고의 지위와 명예를 누려 오셨는가
하면, 이건 제 생각입니다만, 철학 전반에 걸쳐서도 정점에 도
달해 계시니까요. 이번에는 크리티아스에 관해 말하자면, 여기
있는 우리 모두는 그가 우리의 논의 주제들 가운데 그 어떤 것
에 대해서도 결코 문외한이 아니라는 것을 알 겁니다. 이번에는

헤르모크라테스의 천성과 그가 받은 양육에 관해 말하자면, 그

20b 가 이 모든 것들을 마주하기에 충분하다고 많은 이들이 증언하

고 있는 만큼 그것을 믿어야 할 것입니다. 그래서 어제 여러분

이 정체에 관해 다뤄 줄 것을 요청했을 때, 저는 이런 생각을 바

탕으로 열의를 가지고서 기꺼이 응했던 것이지요. 여러분이 마

음만 먹는다면, 이어지는 논의를 어느 누구도 여러분보다 더 충

분하게 제공할 수는 없으리라는 것을 알고 있었으니까요. 왜냐

하면 명분에 맞는 전쟁으로 도시를 이끈 뒤에 그 도시에 어울리

는 모든 것을 제공할 수 있는 사람들은 오늘날 오직 당신들뿐일

것이기 때문입니다. 그래서 여러분이 요청하신 것들을 이야기해

드리고 나서, 제가 방금도 말씀 드린 것을 여러분께 답례로서 요

청했던 것이지요. 그리하여 여러분은 여러분끼리 함께 검토하신

20c 뒤에 오늘 제게 답례로서 말의 환대[26]를 베풀어 주기로 합의하셨

고, 저 역시 지금 이 자리에 와 있는 것입니다. 환대를 위해 잘

차려 입고서, 또 받아들일 준비를 누구보다도 잘 갖추고서 말입

니다.

헤르모크라테스 아닌 게 아니라 소크라테스! 여기 이 티마이오스

가 말한 것처럼 우리는 열의를 다하는 데 뭐 하나 소홀히 하지

않을 것이며, 그것들을 이행하지 않을 어떠한 구실도 우리에게

는 없습니다. 그래서 어제도 여길 떠나 우리가 묵고 있는 크리티

아스 댁 숙소에 도착하자마자,[27] 아니 그 이전에 길을 걸으며 바

로 그것들을 검토하였지요. 그러자 이 사람이 예로부터 입과 귀   20d
를 통해 전승된 이야기[28]를 우리에게 들려주었습니다. 크리티아
스! 그것을 이제 이분께도 말씀해 주시죠. 그것이 요청하신 것[29]
에 적합한지 적합하지 않은지를 결정하실 수 있도록 말입니다.

크리티아스 그리 해야지요. 우리의 세 번째 동료인 티마이오스께
서도 같은 의견이라면 말입니다.

티마이오스 물론 제 의견도 그렇습니다.

크리티아스 그러면 들어 보시죠, 소크라테스. 그것은 매우 이상하
게 들릴지도 모르지만, 적어도 전적으로 참인 이야기로서, 일찍
이 일곱 현인들 중에서도 가장 지혜로웠던 솔론[30]이 말했던 것입   20e
니다. 그리고 솔론 자신도 그의 시 곳곳에서 언급했다시피, 그는
우리의 증조부이신 드로피데스와 친족 간이자 막역한 친구 사이
였지요. 그런데 그 드로피데스께서 우리 조부이신 크리티아스께
이야기를 해 주셨고, 다시 노인이 된 조부께서 기억을 되살려 우
리에게 이야기를 전해 주신 것이에요.[31] 그것은 먼 옛날 이 도시
가 이룩한 위대하고 놀라운 업적들이 있었는데, 시간의 흐름과
인간의 파멸에 의해 사라져 버렸다는 이야기지요. 그런데 그 모
든 것들 중에서 가장 위대한 업적이 하나 있으니, 오늘 우리가   21a
그 기억을 떠올려 본다면, 그것은 당신의 후의에 보답하는 것일
뿐만 아니라, 대축전에 즈음하여[32] 찬미가를 부르는 사람들처럼
정당하고도 참되게 여신을 찬양하는 것이기도 하니, 우리에게

적절한 일이라 할 것입니다.

소크라테스 잘 말씀하셨습니다. 하지만 그것이 과연 어떤 업적이 었기에, 조부인 크리티아스께서는 솔론에게 들은 대로라며, 그 것이 말해지고 있지는 않지만, 먼 옛날 이 도시가 실제로 행한 것이었다고 말씀하신 건가요?

크리티아스 제가 말씀드리지요. 그것은 오래된 이야기로서 그 이야기를 들려준 사람은 애송이가 아니었습니다. 왜냐하면 당시에

21b 크리티아스 할아버지는, 본인이 말씀하셨듯이, 연세가 이미 아 흔 가까이 되었고 저는 고작 열 살 남짓이었으니까요. 마침 우리 는 아파투리아 축제 기간 중에서도 쿠레오티스 날[33]을 보내고 있 었지요. 매번 그랬듯이 그때에도 아이들을 상대로 축제의 관례 적인 행사가 열렸습니다. 아버지들이 상을 내걸고서 우리에게 시음송 경연을 시켰던 것이지요. 그리하여 실로 많은 시인들의 여러 시들이 읊어졌지만, 그 당시에는 솔론의 시들이 새로웠기 에 우리들 가운데 많은 아이들이 그의 시를 노래했답니다. 그러 자 일족[34] 가운데 누군가가 말했어요. 그가 그때 정말 그렇게 생 각했는지, 아니면 크리티아스 할아버지를 기쁘게 해 주려고 그 랬던 것인지는 몰라도, 그가 생각하기에는 솔론이 다른 분야에

21c 서도 가장 지혜롭지만 시를 짓는 일에 있어서도 모든 시인들 가 운데 가장 자유로운 사람[35] 같다는 것이었습니다. 과연 노인께서 는 ─ 사실 저는 아주 잘 기억하고 있지요 ─ 무척 즐거워하시며

34

미소를 띠고는 말씀하셨어요.

"아뮈난드로스[36]여, 만약에 그가 시 짓는 일을 소일 삼아 즐기지 않고 남들처럼 진지하게 임했더라면, 또 그가 아이귑토스에서 이리로 가져왔던[37] 그 이야기를 끝마칠 수만 있었어도, 그리고 그가 내전들로 인해, 또 이곳으로 돌아와 보게 된 다른 악들 때문에 어쩔 수 없이 시 짓는 일을 소홀히 하지만 않았어도, 내 생각에는 헤시오도스도, 호메로스도, 그리고 다른 어떠한 시인도 결코 그보다 더 큰 명성을 얻지는 못했을 것이네."   21d

"그런데 크리티아스, 그 이야기란 어떤 것이었나요?" 그가 물었지요.

"그것은 가장 위대하고 또 무엇보다도 가장 커다란 명성을 얻기에 마땅한 위업에 관한 것이지." 크리티아스 할아버지께서 말씀하셨습니다. "그것을 이 도시가 이룩했건만, 시간의 흐름과 업적을 이룬 사람들의 파멸로 인해 그 이야기는 지금까지 이어지지 못했다네."

"처음부터 말씀해 주세요." 그가 말했습니다. "그 이야기가 무엇인지, 또 솔론은 그것을 어떻게, 그리고 누구에게서 들었길래 그것이 진실이라고 말했는지 말이에요."

"아이귑토스에서지." 그분께서 말씀하셨지요. "네일로스강[38]   21e
의 흐름이 정점에서 주변으로 갈라지는 그곳 삼각주에는 '사이티코스'라 불리는 주(州)[39]가 있네. 그 주의 가장 큰 도시는 '사이스'

라고 하지. — 아마시스 왕[40]도 바로 그곳 출신이라네. — 그곳
사람들은 도시를 세워 준 수호 여신을 하나 모시고 있었는데, 아
이깁토스어로는 그 이름이 '네이트'지만, 헬라스어로는, 그들의
말대로라면 '아테나'라고 한다네.[41] 그래서 그들은 아테나이인들
에게 매우 우호적이었을 뿐만 아니라 어떤 면에서는 우리와 친
족이라고 주장하기까지 했다지.[42] 솔론이 말하기를 그가 그곳에
도착했을 때 그곳 사람들에게서 커다란 존경을 받았다고 하네.
그리고 한번은 그가 옛일과 관련하여 가장 정통한 신관들에게 그
것들을 물어보았다가, 자신은 물론 다른 헬라스인 누구도 그런
일들에 관해서는, 말하자면 쥐뿔도 모른다는 사실을 깨닫게 되었
다고 말했지. 그러니까 한번은 그가 그들을 옛일들에 관한 논의
로 끌어들이기를 바라고서, 우리 고장의 일들 가운데 가장 오래
된 것들에 관해 이야기하려 했다네. 그러니까 최초의 사람이라고
일컬어지는 포로네우스에 관하여, 또 니오베에 관하여[43], 그리고
이번에는 대홍수 이후에 데우칼리온과 퓌라[44]에 관해 그들이 어
떻게 살아남았는지 이야기하고, 또 그들의 계보를 더듬어 보려
했지. 그리고 그가 이야기한 사건들을 통해서 얼마나 많은 세월
이 흘렀는지 그 시간들을 떠올리면서 계산해 보려 했다네. 그런
데 신관들 중에서도 한참 연로한 누군가가 말을 꺼냈다네. "오!
솔론, 솔론이여! 그대들 헬라스인들은 언제나 어린애들일 뿐, 나
이든 헬라스인이라고는 없구려." 그러자 그 말을 듣고는 솔론이

물었다네. "뭐라고요? 왜 그런 말씀을 하시죠?"

"그대들은 어리오." 신관이 말했네. "혼에 있어서는 그대들 모두가 그렇소. 왜냐하면 그대들의 혼에는 고대로부터 전승된 오래된 의견이나 시간을 견디며 고색창연해진 학식이라고는 어떠한 것도 들어 있지 않기 때문이오. 그 까닭은 이렇소. 수많은 파멸들이 그것도 다양한 방식으로 인간들에게 있어 왔고 또 있을 것이오. 가장 큰 것들은 불과 물에 의한 것들이지만, 다른 작은 것들은 그 밖의 무수한 원인으로 말미암은 것들이지요. 그러니까 그대들 사이에서 이야기되는 것만 해도, 예컨대 한때 태양의 아들 파에톤[45]이 아버지의 전차에 말을 매었으나, 아버지가 다니던 길을 따라 운행할 능력이 안 되었기에, 지상의 것들을 다 태워 버리고 그 자신도 벼락에 맞아 사멸하고 말았다는 일화처럼, 그것은 신화의 형식[46]을 갖추고서 말해지지만, 그 실상은 하늘에서 지구 주위를 도는 것들의 이탈[47]과, 그것이 긴 시간 주기마다 발생할 때 지상의 것들이 큰 불에 의해 파괴됨을 뜻하오. 따라서 그때는 산간과 고지대, 그리고 건조한 지역에 사는 사람들이 강과 바다에 면해 사는 사람들보다 더 철저하게 파괴당하지요. 하지만 우리에게는 네일로스강이 있어서 다른 것들의 경우에도 구원자 노릇을 하지만, 그때에도 강이 풀려남으로써[48] 그 난관으로부터 우리를 구해 줍니다. 반면에 신들이 대지를 물로 정화하기 위해 홍수를 일으킬 때에는 그때마다 산간에 거주하는 이들, 그

22c

22d

러니까 소치기들과 양치기들은 살아남지만, 그대들 고장이 속한
22e   도시에 사는 사람들은 강물에 의해 바다로 쓸려 가게 되는 것이
오. 하지만 이 고장에서는 그때는 물론 다른 때에도 물이 위로부
터 들판으로 쏟아져 내린 적이 없고, 반대로 모든 것이 아래로부
터 자연스럽게 차오릅니다.[49] 이곳에 보존된 것들이 가장 오래되
었다고들 말하는 것은 그로부터 비롯된 것이요, 또 그런 까닭에
서인 것이오.

23a   하지만 사실을 말하자면, 혹한이나 혹서가 막지 않는 한 모든
장소에는, 더 많을 때도 있고 더 적을 때도 있지만, 언제나 인간
의 종족이 존재하오. 그런데 그대들이 사는 곳이든 이곳이든, 혹
은 다른 어느 장소이든, 우리가 들어 알게 된 것들 가운데 뭔가
아름다운 일이나 위대한 일, 혹은 다른 뭔가 특이한 일이라도 생
기면, 그것들 모두가 고대로부터 이곳의 사원들에서 기록되었
고 또 보존되어 왔소이다. 반면에 그대들이나 다른 사람들이 사
는 곳에서는 매번 문자를 비롯하여 도시가 필요로 하는 모든 것
들을 이제 막 갖추었는가 싶으면, 다시 일정한 주기마다[50] 마치
질병처럼 하늘로부터의 흐름이 그대들을 향해 쇄도했고, 그대들
23b   중에는 문맹과 교양 없는 이들만을 남겨 놓았던 것이오. 결국 그
대들은 마치 아이들처럼 다시 처음부터 시작하곤 했던 것이오.
이곳의 일이든 그대들 고장의 일이든, 옛날에 있었던 것들은 아
무것도 알지 못한 채 말이오. 그러니 솔론! 그대가 조금 전에 그

대의 고장 사람들을 다루면서 더듬은 계보들이란 사실 아이들의
이야기[51]와 크게 다르지 않소이다. 우선 그대들은 대지의 범람을
하나만 기억하고 있소. 그 이전에도 많이 발생했음에도 말이오.
또한 그대들은 인간들 가운데 가장 아름답고 가장 훌륭한 종족
이 그대들 고장에 살고 있었음을 알지 못하오. 그들로부터 그대
와 오늘날 그대들 고장의 도시 전체가 있게 된 것이니, 이는 그   23c
옛날 소수의 종족이 살아남았기 때문이오. 그러나 그대들은 그
것을 잊어버렸으니, 살아남은 자들이 수세대를 거치는 동안 문
자를 통해 그들의 목소리를 남기지 못하고 죽었기 때문이오.[52]
사실은 한때 말이오, 솔론이여! 그러니까 물에 의한 대파멸이 있
기 전에, 지금 아테나이인들에게 속하는 그 도시는 전쟁과 관련
하여 가장 훌륭했을 뿐만 아니라 모든 면에서 돋보일 만큼 가장
입법이 잘 된 도시였소. 사람들 말에 따르면, 그곳에서는 가장
훌륭한 업적들이 이루어졌으며, 그곳의 정체들 역시 하늘 아래
우리가 귀로 전해 들은 모든 정체들 중에서 가장 아름다웠다고   23d
하오."

　그러자 솔론은 그 말을 듣고 놀랐으며 강한 열망을 품고서 신
관들에게 옛 시민들에 관한 일들 모두를 그에게 차례대로 상술
해 줄 것을 간청했다고 말했지. 그리하여 신관이 말했다네. "조
금도 인색하게 굴지 않을 것이오.[53] 솔론! 오히려 그대와 그대들
의 도시를 위해, 아니 무엇보다도 여신[54]을 위해 이야기하리다.

그녀는 그대들 고장의 도시와 이 도시를 할당받아 양육하고 가
23e 르쳤으니, 가이아와 헤파이스토스에게서 그대들의 씨를 건네받
아 천 년 먼저 그대들 고장의 도시를 세웠고, 이곳은 그다음이었
소. 그런데 이곳의 질서가 확립된 것이 우리 고장의 성스러운 기
록들에는 햇수로 팔천 년 되었다고 적혀 있소이다. 그렇다면 구
천 년 전에 있었던 시민들과 관련하여, 그들의 법률 및 그들이
이룩한 업적들 가운데 가장 훌륭한 것을 그대에게 간략히 보여
24a 주겠소. 반면에 그 모든 것들에 관한 상세한 내용은 다음에 여가
가 생기면 바로 그 기록들을 붙잡고서 하나하나 따져 보도록 합
시다.[55]

자, 그러면 그곳의 법률에 대해서는 이곳의 법률을 참고하여
살펴보도록 하시오. 왜냐하면 그대는 당시에 그대들의 고장에
있었던 법률 가운데 많은 예들을 지금 이곳에서 발견할 수 있기
때문이오. 먼저 그대는 신관들의 집단이 다른 집단들과 따로 분
리되어 있음을 보게 될 것이오. 그다음으로는 장인들의 집단을
볼 텐데, 그들은 각자 자기가 맡은 일만을 할 뿐 다른 직업과 섞
24b 이는 일은 없소이다. 또한 목자들과 사냥꾼들, 그리고 농부들의
집단도 그러하오. 그뿐만 아니라 그대는 전사의 집단도 이곳에
서는 그 모든 집단들로부터 분리되어 있음을 눈치챘을 것이오.[56]
그들은 전쟁에 관한 일들 말고는 다른 어떠한 것에도 관심을 갖
지 못하도록 법으로 정해 놓았던 것이오. 더욱이 그들이 갖춘 무

장(武裝)의 특징은 방패와 창인데, 아시아 지역[57]에 사는 사람들
중에서는 우리가 처음으로 그것들로 무장하였소. 그것은 여신께
서, 그쪽 지역에서는 그대들의 고장에 처음으로 알려 주셨듯이,
우리에게 알려 주신 것이라오. 또 이번에는 지혜와 관련된 것을
보자면, 당신은 이곳의 법이 처음부터 곧장 그 질서와 관련하여   24c
얼마나 많은 관심을 기울여 왔는지를 보게 될 것이오.[58] 그것을
통해 우리는 예언술에서 의술에 이르기까지, 저 신적인 것들에
서 출발하여 인간적인 것들에 이르는 그 모든 것들을 발견했을
뿐만 아니라, 그것들에 이어지는 다른 모든 학문들까지 획득했
던 것이오. 그리하여 그때 여신은 그 모든 질서와 제도를 정립하
고는 그대들이 태어난 그 장소를 고른 뒤에 먼저 그대들을 살게
했으니, 이는 그곳의 온화한 기후가 가장 슬기로운 사람들을 낼
것이라고 내다보았기 때문이오.[59] 그리하여 전쟁과 지혜를 사랑   24d
하는 여신은 장차 그녀와 가장 닮은 사람들을 낼 장소로 그곳을
선택하여 먼저 살게 했던 것이오. 그러므로 그대들은 그와 같은
법들을 누렸을 뿐만 아니라 한결 더 나은 법질서를 갖추고서 살
게 되었고, 한 덕의 모든 면에서 모든 사람들을 능가하며 살아왔
으니, 마치 그 존재에 있어서 신들에게서 태어나고 교육받은 아
이들과 흡사했다오.

　그리하여 그대들 도시의 많고도 위대한 업적들은 이곳에 기록
되어 경탄의 대상이 되고 있소만, 그 크기와 탁월함에서 다른 모   24e

든 업적들을 넘어서는 것이 하나 있소이다. 왜냐하면 그 기록들이 전하는 말에 따르면, 그대들의 도시는 한때 아틀란티스 해 바깥에서 일어나 일시에 에우로페와 아시아 전역을 향해 오만하게 쇄도해 오던 거대한 세력을 저지했다고 말해지기 때문이오. 사실 당시에는 그 바다를 건널 수 있었다오. 왜냐하면 그 바다는, 그대들이 말하듯이, '헤라클레스의 기둥'이라 불리는 입구[60] 앞에 섬 하나를 가지고 있었기 때문이오. 그런데 그 섬은 리뷔에와 아시아를 합친 것보다 더 컸으니, 당시 항해자들은 그 섬으로부터 25a 다른 섬들에 다다를 수 있었고, 다시 다른 섬들로부터 진정한 의미의 저 대양을 둘러싸고 있는 맞은편 대륙 전역에 도달할 수 있었던 것이오. 사실 우리가 말하는 입구의 안쪽에 있는 이 모든 것들은 목이 좁은 항구[61]처럼 보이지요. 반면에 저편에 있는 바다가 진짜 바다이며, 또 그 바다를 둘러싸고 있는 땅이야말로 전적으로 참되고 가장 바른 의미에서 '대륙'이라 부를 수 있는 것이지요.[62] 그런데 아틀란티스 섬에는 왕들에 의해 거대하고도 놀라운 세력이 형성되었고, 그 세력은 섬 전역을 지배하는 한편 다른 많은 섬들과 심지어 대륙의 일부까지도 지배하고 있었소. 또한 그것들에 더하여 이곳 안쪽에 있는 지역 가운데 리뷔에로는 25b 아이귑토스에 이르기까지, 에우로페로는 튀르레니아에 이르기까지[63] 지배권을 행사하고 있었소. 어느 날 그 세력은 전체가 하나로 결집하여 그대들의 고장과 우리 고장, 그리고 해협 안쪽의 전 지역을 단숨에 예속시키려 하였소. 그런데 솔론! 그때 그대들 도시의 능력은 탁월함과 무력에서 모든 사람들의 눈에 선명하게 드러났소이다! 왜냐하면 그대들 도시는 정신력과 전쟁 기술에서 모든 도시들에 앞섰기에, 처음에는 헬라스인들을 지휘하였고, 나중에는 다른 도시들이 이탈하는 바람에 어쩔 수 없이 자기 홀로 남아 극단의 위기에 봉착하였음에도 불구하고, 침략자들을 무찌르고 승전비를 세우는 한편, 그때까지 예속된 적이 없었던 사람들이 노예가 되는 것을 막아 주었고, 헤라클레스의 경계 안에 정착해 살고 있었던 우리를 비롯한 다른 모든 사람들을 주저 없이[64] 모두 자유롭게 해 주었던 것이오. 그러나 그 후에 가공할 지진과 홍수가 발생했소. 단 하루의 혹독한 낮과 밤이 지나가는 동안 그대들 고장의 전사들은 모두 함께 땅에 묻혀 버렸고, 아틀란티스 섬도 마찬가지로 바다 밑으로 가라앉아 사라지고 말았소이다. 그리하여 오늘날 저 바다는 건널 수도, 탐사할 수도 없게 되었으니, 섬이 가라앉으면서 산출된 진흙이 수면 바로 아래에서[65] 걸림돌처럼 막고 있기 때문이오.'"[66]

자, 소크라테스, 당신께서 들으신 것은 노년의 크리티아스께서 솔론에게 전해 듣고 말씀해 주신 것을 제가 간추려 말한 것입니다. 그런데 어제 당신께서 정체와 그 성원들을 거론하며 말씀하실 때, 저는 제가 방금 말씀 드린 바로 그것들을 떠올리고서, 대체 어떤 신통한 우연에서인지, 많은 것들이 솔론이 말한 내용

25c

25d

25e

과 딱 맞아떨어진다는 것을 깨닫고는 놀란 채로 있었지요. 그렇
26a 지만 그 자리에서 그것을 말하고 싶지는 않았습니다. 시간이 흐
른 탓에 충분한 정도로 기억이 나지 않았으니까요. 그래서 저는
먼저 저 스스로 모든 것을 충분히 기억해 낸 뒤에 그것을 말해야
겠다고 마음먹었습니다. 어제 당신의 요구에 선뜻 동의했던 것
도 그래서였지요. 그런 모든 경우에 가장 중요한 것은 목적하는
바에 적합한 설명을 제공하는 것인데, 그것을 우리가 적절하게
마련할 수 있으리라고 생각했기 때문입니다. 그래서 사실 이분[67]
도 말씀하셨듯이, 어제도 여기를 떠난 즉시 그것들을 기억해 내
26b 는 대로 이분들께 전해 드렸고, 헤어진 뒤에는 밤새 그것들을 검
토하면서 거의 모든 기억을 돌이켜 냈지요. 정말, 사람들 말마따
나, 아이였을 때 배운 것들은 놀랄 만큼 기억에 남더군요! 사실
저로서는 어제 들은 것들을 모두 기억해 낼 수 있을지 확신이 서
지 않습니다. 반면에 아득히 오래 전에 들었던 이것들에 대해서
는, 만일 제가 이것들 가운데 뭔가 하나라도 놓쳤다면 오히려 깜
짝 놀랐을 것입니다. 어쨌든 당시에 들은 것들은 커다란 즐거움
26c 과 놀이를 동반한 것들이었고,[68] 제가 여러 번 질문을 거듭할 때
마다 노인께서도 기꺼워하시며 제게 가르쳐 주셨기에, 결국 그
것들은 마치 지워지지 않는 밀랍화의 착색된 부분처럼[69] 제게 각
인되었던 것입니다. 그리고 아침이 되자마자 이분들께도 바로
그것들에 관해 말했지요. 저와 함께 논의거리들을 마련할 수 있

도록 말입니다. 자, 그러면 소크라테스! 이제 이 모든 것들을 이 야기한 취지로 돌아가자면, 저는 그 골자만을 간략하게 말할 준 비뿐만 아니라 그것들을 들은 대로 하나하나 상술할 준비도 되어 있습니다. 어제 당신이 우리에게 신화 속 이야기처럼 다뤄 주신 도시와 시민들을 오늘 우리는 사실의 영역인 이리로 옮긴 다음에 그 도시가 이 도시라고 가정할 것이며, 당신이 생각했던 시 $\quad$ 26d 민들에 대해서는 그들이야말로 신관이 말했던 바대로 진짜 우리의 조상들이라고 주장할 것입니다. 그것들은 모든 면에서 조화롭게 맞아떨어질 것이요, 우리 역시 그들이 그 당시에 실재했던 사람들이라고 말함에 있어서 불협화음을 내거나 하지도 않을 것입니다. 오히려 우리 모두가 함께 일을 분담함으로써 능력이 닿는 한 당신이 요구하신 것들에 적합한 것을 제공할 수 있도록 노력할 것입니다. 자! 그렇다면 이제 검토해 보셔야 합니다. 소크라테스! 우리의 이 논의가 마음에 드시는지, 아니면 이것 대신에 $\quad$ 26e 다른 것을 더 찾아봐야 할지를 말입니다.

소크라테스 아니, 크리티아스! 대체 무엇으로 우리가 그것을 대신할 수 있겠습니까? 그것은 오늘 여신께 바치는 제사와도 그 주제 측면에서 가장 잘 어울릴뿐더러, 빚어낸 이야기가 아니라 실화(實話)라는 점에서도 실로 대단한 것입니다.[70] 그것들을 놔준다면, 어디서 또 무슨 수로 다른 것들을 찾을 수 있단 말입니까? 그럴 수는 없지요! 말씀을 하셔야 하는 여러분께는 행운이 함께

하시길! 반면에 저는 어제 논의를 제공한 대가로 오늘은 조용히
27a 경청을 하면 되겠지요.

크리티아스 그렇다면 당신을 위해 우리가 정한 접대의 순서를 살
펴보시지요. 소크라테스. 우리가 생각하기에는 티마이오스가 우
리 중에서 천문학에 가장 밝을뿐더러 우주[71]의 본성에 관해 아는
일에도 가장 많은 노력을 기울여온 만큼 먼저 발언을 하되, 그는
세계의 생성에서 시작하여 인간의 본성에 이르러 발언을 끝낼
것입니다. 그다음으로는 제가 티마이오스로부터는 그의 설명을
27b 통해 생겨난 사람들을 건네받고, 당신으로부터는 사람들 중에서
도 돋보이게 교육받은 이들을 건네받은 뒤에, 솔론의 말과 법에
따라서 그 옛사람들을 마치 판관들 앞으로 불러내듯이 우리들
앞으로 불러내어 그들에게 이 도시의 시민권을 부여할 것입니
다. 왜냐하면 그들도 한때 아테나이인들이었던바, 성스러운 기
록을 통해 전승된 이야기가 묻혀 있던 그들을 드러내 주었기 때
문입니다. 그리고 남은 문제들에 대해서는, 그것들이 우리의 동
포 시민들, 즉 아테나이인들과 관련된 일인 양 간주하고서 발언
을 이어 갈 것입니다.[72]

소크라테스 완벽하고도 화려한 말의 향연에 제가 답례로서 초대
를 받은 것 같군요! 그렇다면, 티마이오스! 제가 보기에는 그다
음의 것을 말씀하시는 것이 당신의 임무인 듯합니다. 관례에 따
라 신들에게 기도를 드린 후에 말이지요.

티마이오스 그건 그래요, 소크라테스! 확실히 조금이라도 분별 있 27c
는 사람이라면, 누구든 대소사를 막론하고 모든 일을 시작할 때
언제나 신에게 기도를 드리니까요.[73] 그런데 우리가 이 우주에
관하여, 그것이 어떻게 생겨났는지, 아니면 혹시 생겨나지 않은
것은 아닌지에 대해[74] 이런저런 설명을 하려 함에 있어서 우리가
완전히 빗나가지 않으려면, 남신들은 물론 여신들도 불러내어,
모든 것들이 무엇보다도 그분들의 마음에 들고, 결국에는 우리
의 마음에도 들도록 말할 수 있게 해달라고 기도해야 합니다. 그 27d
러면 신들과 관련된 것들에 대해서는 그렇게 기원한 걸로 하죠.
하지만 우리의 일과 관련해서도 기원을 해야 합니다. 즉 여러분
께서는 가장 쉽게 이해할 수 있기를, 그리고 저로서는 제기된 문
제들에 관하여 제가 생각한 대로 가장 잘 밝힐 수 있기를 말입
니다.

　자, 그렇다면 제 견해로는 먼저 다음의 것들을 구별해야 합니
다. 즉 언제나 있는 반면 생겨나지 않은 것은 무엇인가? 그리고
언제나 생겨나되 결코 있지 않은 것은 무엇인가?[75] 확실히 이성 28a
적 설명과 함께 하는 사유를 통해 파악되는 것은 언제나 동일하
게 있는 것인 반면, 비이성적인 감각을 동반하는 판단을 통해 의
견의 대상이 되는 것은 생겨나고 소멸하는 것일 뿐 진짜로는 결
코 있지 않은 것입니다.[76] 그런데 생겨나는 것은 모두 필연적으
로 어떤 원인에 의해 생겨나는 것입니다. 왜냐하면 무엇이든 원

인 없이는 생겨날 수 없기 때문입니다.[77] 그렇다면 무엇을 만들든 그것의 제작자가 언제나 동일함을 유지하는 것을 보면서 그와 같은 것을 본(本)으로 삼아 그것의 형태와 특성[78]을 산출해 낼 때마다, 그렇게 완성된 것은 모두 필연적으로 아름다울 것입니다. 반면에 그것의 제작자가 생겨난 것을 보고 그렇게 태어난 것을 본으로 삼는다면, 그것은 아름답지 않을 것입니다.[79]

28b

실로 하늘 전체를 놓고 보자면, ─ 혹은 그것이 세계든, 아니면 다른 무엇이든, 그렇게 불렀을 때 가장 잘 받아들일 수 있는 이름이라면, 우리로서는 그렇게 부르도록 하죠. ─ 어쨌든 그것에 관해 먼저 살펴봐야 할 것은, 무엇에 관해서든 맨 처음 탐구하도록 제기되는 물음, 즉 그것이 생성의 시초라고는 일절 갖지 않은 채 항상 있어 왔는지, 아니면 어떤 시초에서 출발하여 생겨났는지 하는 것입니다. 그것은 생겨났습니다. 왜냐하면 그것은 보고 만질 수 있으며 몸을 가지고 있기 때문이지요. 그런데 그와

28c 같은 것들은 모두 감각될 수 있으니, 감각될 수 있는 것들은 감각을 동반한 의견에 의해 파악되는 것들로서, 생겨나고 태어난 것들로서 밝혀진 것입니다.[80] 다음으로 우리는 생겨난 것은 필연적으로 어떤 원인에 의해 생겨났다고[81] 주장합니다. 그렇다고는 해도 이 우주의 제작자이자 아버지를 찾아내는 것은 큰일일뿐더러, 설령 찾아냈다 하더라도 모든 사람들에게 설명하기란 불가능한 일이지요.[82]

다시 이번에는 만물에 관해 다음의 것을 살펴봐야 합니다. 그러니까 그것을 짜맞춘 자[83]는 본 가운데 어떤 것을 보고서[84] 그것을 만들어 냈는지, 즉 동일하고 한결같은 상태를 유지하는 것을 보았는지, 아니면 생겨난 것을 보았는지를 살펴봐야 하는 것입니다. 만일 이 세계가 아름답고 또 그 제작자도 훌륭하다면, 그는 영원한 것을 보았을 것임이 분명합니다. 반면에 누구에게든 입에 담는 것조차 허락되지 않는 것[85]을 가정한다면, 그는 생겨난 것을 보았을 겁니다. 그러므로 모두에게 분명한 것은 그가 영원한 것을 보았다는 것이지요. 왜냐하면 이 우주는 생겨난 것들 중에서 가장 아름다우며, 그 제작자는 원인들 가운데 가장 훌륭하니까요. 이 우주는 그렇게 생겨난 것이기에, 이성적인 설명과 지혜를 통해 파악되고 동일함을 유지하는 것에 따라 제작된 것입니다. 그런데 사정이 그렇다면,[86] 이 세계는 또한 무엇인가의 모상(模像)임이 전적으로 필연적이라 하겠습니다. 사실상 무엇보다도 가장 중요한 것은 본성에 맞는 출발점에서 시작하는 것이지요. 그렇다면 우리는 모상에 관해서도, 또 본에 관해서도 다음을 구별해야 합니다. 왜냐하면 설명이란 무엇인가를 해명하는 것으로서 바로 그 무엇과 동류이니까요.[87] 즉 안정적이고 확고하며 지성에 의지함으로써 분명하게 나타나는 것에 대한 설명은 안정적이며 흔들림이 없다는 것이요, ― 그것이 가능하고 또 논박당하거나 꺾이지도 않는 설명에 어울리는 것인 한, 그 어떤 것

29a

29b

29c

도 결코 놓쳐서는 안 되겠지요. — 반면에 앞의 것을 본뜬 것에 대한 설명의 경우, 그 대상이 모상이기에, 앞의 설명에 상응하게 이 설명은 그럼직하다는 것입니다.[88] 그러니까 존재가 생성에 관계하는 것처럼, 그렇게 진리는 믿음에 관계한다는 것이지요.[89] 그러므로 소크라테스! 여러 가지 점에서, 또 여러 가지 문제들, 예컨대 신들이라든가 우주의 생성과 관련하여, 우리가 전적으로 모든 면에서 그 자체로 일관되며 완벽하게 엄밀한 설명을 제공하지 못한다 하더라도 놀라지 마세요. 오히려 정말 우리가 누구 못지않게 그럼직한 설명을 제공할 수 있다면,[90] 그것으로 만족

29d 해야 합니다. 말하는 사람인 저나 판관이신 여러분이나[91] 인간의 본성을 가질 뿐임을 기억하고서 말입니다. 결국 이 문제들에 관해서는 그럼직한 이야기는 받아들이되, 그 이상은 어떠한 것도 탐구하지 않는 것이 적절합니다.

소크라테스 과연 훌륭하군요, 티마이오스! 또한 우리는 전적으로 당신께서 요구하신 대로 받아들여야 할 것입니다. 그러면 당신의 전주곡은 우리가 경탄과 함께 받아들였습니다만, 이번에는 계속해서 주제부를 우리에게 들려주시지요.[92]

티마이오스 그렇다면 생성된 것, 그러니까 이 우주를 구성한 자

29e 는 무슨 까닭으로 그것을 구성했는지[93] 말해 봅시다. 그는 훌륭했습니다. 그런데 훌륭한 이는 어떠한 것에 대해서도 결코 인색하지 않았지요. 또한 인색함에서 벗어나 있었기에, 그는 모든 것

들이 최대한 자신과 닮기를 원했습니다.[94] 누군가가 실로 이것이
야말로 생성된 것, 즉 우주의 가장 존엄한 원리임을 슬기로운 사 30a
람들로부터 받아들인다면, 그는 가장 올바르게 받아들인 것이라
할 수 있습니다. 사실 신은 모든 것들이 훌륭하고, 하찮은 것은
가능한 한 전혀 없기를 바랐기에, 그런 이유로 해서 가만있지 않
고 조율되지 않은 채 무질서하게 움직이던 가시적(可視的)인 것
을 모두 취하고는, 그것을 무질서로부터 질서로 이끌었으니, 질
서가 무질서보다 모든 면에서 더 낫다고 생각했기 때문입니다.
그런데 가장 훌륭한 자가 가장 아름다운 것 외의 다른 일을 행한
다는 것은 예나 지금이나 허용될 수 없는 일입니다.[95] 그래서 그 30b
는 헤아림 끝에 본성상 가시적인 것들에서 산출된 작품의 경우,
지성이 없는 어떠한 것도 지성을 지닌 것보다 어떠한 면에서도
더 아름다울 수 없을 것이요, 또한 지성이 혼과 떨어져서 무엇인
가에 생겨나는 일은 불가능하다[96]는 것을 알게 되었습니다. 실로
이런 헤아림을 통해서 그는 지성을 혼 안에, 그리고 혼은 몸 안
에 구성하고는 이 우주를 짜맞춰 나갔으니, 이는 작품을 완성했
을 때 그것이 본성상 최대한 가장 아름답고 가장 훌륭한 것이 될
수 있도록 하기 위함이었습니다. 그러므로 그럼직한 설명에 따
르면, 실로 그렇게 이 세계는 지성과 혼이 깃든 살아 있는 생물
로서 진실로 신의 구상(構想)에 따라[97] 생겨났다고 말해야 하는 30c
것입니다.

그런데 사정이 그렇다면,[98] 우리는 이어지는 문제들에 관해서도 말해야겠지요. 즉 우주를 구성한 자는 그것을 생물 가운데 어떤 것과 닮게 구성했는지 말입니다. 그러면 우선 이 우주는 본래 부분의 성격을 지닌 것들[99] 중에서는 그 어느 것과도 닮지 않았다고 평가합시다. ― 왜냐하면 불완전한 것과 닮은 것은 그 어느 것도 결코 아름다울 수 없을 테니까요. ― 오히려 개별적인 것들이든 유적인 것들이든 간에, 다른 생물들을 부분으로 가지고 있는 것, 바로 그것과 이 우주는 가장 닮았다고 놓도록 합시다. 왜냐하면 그것[100]은 가지적인 생물 모두를 자기 안에 가지고 있기 때문이니까요. 마치 이 세계가 우리를 비롯하여 가시적인 것들을 이루는 여타 모든 피조물들을 포함하고 있듯이 말입니다.[101] 신은 사유되는 것들 가운데 가장 아름답고 모든 면에서 완벽한 것과 이 우주가 최대한 닮도록 만들기를 바랐기에, 자신과 본성상 동류인 모든 생물을 자기 안에 담고 있는 것으로서, 하나의 가시적인 생물을 구성했던 것입니다.

그러면 하늘이 하나라고 말하는 것이 바를까요? 아니면 여럿이거나 심지어 무한히 많다고 말하는 것이 더 바를까요? 그것이 본에 따라 제작된 것이라면 하나라고 부르는 것이 바르겠지요. 왜냐하면 가지적인 생물인 것들 모두를 포함하고 있는 것이 다른 것과 함께 둘 중 하나가 되는 일은 결코 없을 것이기 때문이지요. 그 경우, 다시 저 쌍을 포함하는 또 다른 생물이 필요할 것

30d

31a

이요. 저 쌍은 그것의 부분이 될 것이며, 아울러 이 우주는 저 쌍이 아니라 저 쌍을 포함하고 있는 그것과 닮았다고 말하는 편이더 바를 테니까요. 그러므로 이 우주가 그 유일함에 있어서 완전   31b
한 생물과 닮도록 하기 위해서, 이 세계를 만든 자는 그런 이유로 그것을 둘로도, 또는 무한히 많은 수로도 만들지 않았던 것이지요. 그래서 이 하늘은 하나이자 단일한 종으로 생겨나 있는 것이며 앞으로도 그렇게 있을 것입니다.[102]

그건 그렇고, 생성된 것은 물체의 특성을 지닌 것, 즉 볼 수 있고 만질 수 있는 것이어야 합니다. 그런데 불이 없다면 결코 어떠한 것도 볼 수 없을 것입니다.[103] 또 무엇인가 단단한 것 없이는 만질 수도 없겠지요.[104] 하지만 어떠한 것도 흙 없이는 단단할 수 없을 것입니다. 신이 우주의 몸을 구성하기 시작했을 때, 불과 흙으로 그것을 만들어 나간 것은 그로부터 연유된 것입니다.[105] 그런데 세 번째 것 없이 그저 둘만으로는 아름답게 구성하는 일이 가능하지 않습니다. 왜냐하면 양자를 가운데서 결속시   31c
켜 줄 어떤 끈 같은 게 있어야 하기 때문이지요. 또한 끈들 중에서 가장 아름다운 것은 자신과 자신이 묶어 주는 것들을 최대한 하나로 만들 수 있는 것인데, 본성상 그것을 가장 아름답게 완수하는 것은 비례입니다.[106] 왜냐하면 뭐가 됐든 세 개의 수들 가운데, 그러니까 그것들이 입방수들이든 평방수들이든 간에,[107] 가   32a
운데 수의 경우, 첫수가 자신과 관계하는 것처럼 그 자신은 끝수와 관계하고, 다시 이번에는 끝수가 가운데 수와 관계하는 것처럼, 가운데 수가 첫수와 관계할 때, 그때에는 가운데 수가 첫수와 끝수가 되는가 하면, 끝수와 첫수 역시 양자 모두 가운데 수가 될 수 있기에, 그런 식으로 모든 것들은 필연적으로 같은 것들로 귀결될 것이며, 그것들은 서로 같은 것들이 됨으로써 모두가 하나일 것이기 때문입니다.[108] 그리하여 만약 우주의 몸이 평면을 갖되 깊이는 일절 갖지 않은 것으로서 생겨나야 했다면, 하

32b 나의 중항(中項)만으로도 자신과 함께 하는 것들을 묶기에 충분했겠지요. 하지만 현실적으로 천체는 입체의 형태로 있는 편이 어울렸지요. 그런데 입체적인 것들을 조화롭게 맞추는 것은 결코 하나의 중항이 아니라 언제나 두 개의 중항인 것입니다. 그래서 신은 불과 흙의 중간에다가 물과 공기를 두었고, 서로에 대하여 가능한 한 같은 비례를 산출함으로써, 즉 불이 공기에 관계하는 것처럼 그렇게 공기는 물에 관계하고, 또 공기가 물에 관계하듯이 물은 흙에 관계하게 만들어 함께 묶고는, 볼 수 있고 만질 수 있는 것으로서 하늘을 구성했습니다.[109] 그런 이유로 해서, 실

32c 로 그런 것들, 즉 수에 있어서 네 가지 요소들로부터 세계의 몸이 생겨났던 것이지요. 그것은 비례를 통해 일치를 보았고, 그것들로부터 친애를 얻었으며,[110] 그 결과 자기 자신과 일체가 되었으니, 그것을 묶어 놓은 자가 아닌 다른 자에 의해서는 풀리지 않게 되었습니다.[111]

자, 그런데 우주를 구성하는 데는 이 네 가지 것들이 하나하나
전부 사용되었습니다. 왜냐하면 세계를 구성한 자는 흙과 공기
와 물과 불 전부로부터 그것을 구성했지, 요소들 중 무엇인가의
어떠한 부분이나 힘도 바깥에 남겨 두지 않았으니까요. 이는 그
가 다음을 의도했기 때문입니다. 우선은 우주가 완전한 부분들   32d
을 통해 모든 면에서 최대한 완전한 생물이 되도록 하기 위해서   33a
였습니다. 아울러 그것은 우주가 하나가 되도록 하기 위함이었
지요. 그도 그럴 것이 동종의 다른 것이 생겨날 만한 것들은 남
아 있지 않으니까요. 또한 그것은 우주가 늙지도 병들지도 않도
록 하기 위해서였습니다. 즉 구성된 천체를 뜨거움과 차가움을
비롯하여 강력한 힘을 지닌 온갖 것들이 그것의 바깥에서 둘러
싸고는 시도 때도 없이[112] 부딪혀 옴으로써, 몸을 해체시키는가
하면, 질병과 노화를 초래함으로써[113] 소멸을 야기하리라는 것을
간파했기 때문입니다. 실로 그런 이유로 해서, 또 이상의 헤아림
을 통해서, 그는 모든 것들을 전부 다 사용하여 이 우주를 모든
면에서 하나이자 완전하며, 늙지도 병들지도 않는 것으로 짜맞   33b
추었던 것입니다.

다른 한편, 형태와 관련해서 신은 천체에 적절하고 동류인 형
태를 부여했습니다. 그런데 모든 생물들을 자기 안에 포함하려는
생물에게는 형태라 할 만한 것들 모두를 자기 안에 담아내는 형
태가 적절할 것입니다. 그래서 신은 우주를 구형으로, 그러니까

중심으로부터 끝에 이르기까지 모든 방향에서 같은 만큼 떨어져 있도록 그것을 둥글려 가며, 모든 형태들 가운데 가장 완전하고 자기 자신과 가장 닮은 것으로 만들었으니,[114] 이는 닮은 것이 닮지 않은 것보다 만 배는 더 아름답다고 생각했기 때문입니다.

33c 　자, 그리고 신은 그것의 바깥쪽을 전체적으로 빙 둘러가며 매끄럽게 마무리해 나갔는데, 이는 여러 가지 이유에서였습니다. 사실 그것은 눈이라고는 일절 필요치 않았으니, 볼 수 있는 것이라고는 아무것도 바깥에 남아 있지 않았기 때문이지요. 또한 귀도 필요치 않았으니, 들을 것도 없었기 때문이지요. 호흡에 필요한 공기 역시 둘러싸고 있지 않았으며,[115] 또 그것은 자기 안으로 양분을 받아들이고 앞서 소화된 것을 다시 배출해 낼 어떤 기관 같은 것도 가질 필요가 없었습니다. 또한 어떠한 것도 밖으로 나가지 않았고, 또 어딘가에서 그것에게 다가오지도 않았지요. 왜냐하면 그런 것은 아무것도 없었으니까요. 사실 그것은 자신을 소비하여 자신에게 양분으로 공급하고,[116] 모든 것을 자기

33d 안에서 자기에 의해 겪거나 행하도록 기술적으로 고안된 것이지요.[117] 왜냐하면 우주를 구성한 자는 그것이 자족적으로 있는 것이 다른 것들을 필요로 하는 것보다 한결 더 나을 것이라고 생각했기 때문입니다. 그런데 손의 경우 이것으로 무엇인가를 붙잡거나 막거나 할 필요가 없었기에, 신은 손을 쓸데없이 그것에 덧붙일 필요가 없다고 생각했으며, 이는 발은 물론이고 걷는 데 복

무하는 일체의 것들에 대해서도 마찬가지였습니다. 사실 운동과 34a
관련하여 신은 그 몸에 어울리는 것을 할당해 주었는데, 그것은
일곱 운동[118] 중에서도 특히 지성과 지혜와 관련된 것이었습니
다. 실로 그런 이유로 신은 우주가 같은 방식으로 같은 곳에서,
그리고 자기 안에서 회전하게 함으로써[119] 그것이 둥글게 돌면서
운동하도록 만든 반면, 여섯 운동은 모두 제거하였고, 결국 그
것들로 인해 방황하는 일이 없도록 했습니다. 또한 그 회전을 위
해서는 발이 일절 필요 없었기에, 신은 그것이 다리도 없고 발도
없는 것으로 태어나게 했습니다.

실로 이상의 것들은 모두 장차 있게 될 신을 위한, 언제나 있 34b
는 신의 헤아림[120]으로서, 신은 헤아림 끝에 매끄럽고 균일하며
중심으로부터 모든 방향에 걸쳐 같고 온전하며 완결된 천체를,
완벽하게 준비된 물체들로부터 만들었던 것입니다. 또 그는 혼
을 몸의 중심에 놓고는 전체에 걸쳐 뻗어 나가게 했고, 더 나아
가 몸의 외곽을 혼으로 감쌌으며,[121] 하늘을 실로 둥글게 회전하
는 구(球)이자 오직 하나뿐인 외톨이지만, 그 훌륭함으로 인해
자기 자신과 어울려 지낼 수 있고 다른 어떠한 것도 필요로 하지
않으며, 자기가 자신에게 지인(知人)이자[122] 친구로서 충분하게끔
구성해 놓았지요. 실로 이 모든 것들을 통해서 그는 이 우주를
행복한 신으로 태어나게 했던 것입니다.

자, 이번에는 혼에 관해 말하자면, 지금 우리는 몸보다 나중에

34c 혼에 관한 논의를 시작하고 있지만, 신 역시 그런 식으로 혼을 더 젊은 것으로 고안하지는 않았습니다. — 왜냐하면 혼과 몸을 함께 짝지었을 때 더 나이든 것이 더 젊은 것에 의해 지배받도록 놔두지는 않았을 테니까요.[123] — 하지만 우리는 어떤 식으로든 우연성을 적잖이, 또 되는 대로 나눠 갖고 있는지라 설명도 대략 그런 식으로 할 수밖에요.[124] 그러나 신은 생성에 있어서나 훌륭함에 있어서나 혼을 몸보다 더 앞서며 연장자인 것으로, 즉 지배당할 몸의 지배자이자 주인으로 구성하였으니, 그 재료들과 구성 방식은 다음과 같았습니다.

35a

그는 나눌 수 없고 항상 같음을 유지하는 있음과 물체들의 영역에서 생겨나고 나눌 수 있는 있음의 중간에서, 양자로부터 세 번째 종류의 있음을 혼합해 냈습니다. 또 이번에는[125] 같음과 다름에 대해서도[126] 그것들 가운데 나눌 수 없는 것과 물체들의 영역에서 나눌 수 있는 것의 중간에서 역시 같은 방식으로 구성하였지요. 그리고 나서는 이 셋을 취하여 이것들 전부를 단일한 형태로 혼합해 냈는데, 이때 잘 섞이려 들지 않는 다름의 본성은 강제로 같음과 조화롭게 맞추었지요. 그리고 이것들을 있음과 함께 혼합하여 셋으로부터 하나를 만들어 내고는,[127] 다시 그것 전부를 적당한 수만큼의 부분들로 나누었습니다만, 그것들 각각은 같음, 다름, 그리고 있음으로부터 혼합된 것들이었지요. 그런데 그가 시작한 분할은 다음과 같은 식이었습니다.

35b

먼저 그는 전체에서 한 부분[1]만을 떼어 냈고,[128] 그다음으로
는 그것의 두 배의 부분[2]을, 또 이번에는 둘째 부분의 한 배 반
이자 첫째 부분의 세 배인 세 번째 부분[3]을, 다음으로 둘째 부
분의 두 배인 네 번째 부분[4]을, 이어서 셋째 부분의 세 배인 다
섯 번째 부분[9]을, 그러고는 첫째 부분의 여덟 배가 되는 여섯   35c
번째 부분[8]을, 더 나아가 첫째 부분의 스물일곱 배가 되는 일곱
번째 부분[27]을 떼어 냈습니다.[129] 그다음으로 그는 여전히 거
기서[130] 부분들을 잘라내고 두 배와 세 배의 간격들 사이에 놓음   36a
으로써 두 배와 세 배의 간격들을 채워 나갔습니다. 그리하여 각
간격 안에는 두 개의 중항이 있도록 했는데, 하나는 같은 비율
에 따라 그것들의 한 극단보다 크고 다른 한 극단보다는 작은 것
인 반면, 다른 하나는 같은 수에 의해 한 극단보다 크고 다른 한
극단보다는 작은 것이었습니다.[131] 그런데 이 연쇄들로부터 앞의
간격들 안에 3/2과 4/3와 9/8의 간격들이 생겨났는데,[132] 그는
9/8의 간격으로 모든 4/3의 간격들을 채워 나가면서 그것들 각   36b
각의 부분들을 남겨 놓았으니, 그렇게 남겨진 부분의 간격은 수
적인 비율이 256/243인 항들을 갖게 되었지요.[133] 그리하여 그는
부분들로 잘라내는 데 썼던 앞의 혼합물을 그런 식으로 이제는
모두 소비하게 되었습니다.[134]

그러고는 그렇게 구성된 것 전부를 길게 둘로 잘랐고, 각각 서
로의 가운데와 가운데를 마치 X자처럼 교차시키고는, 교차한 것

36c 의 맞은편에서 자기들끼리 서로 접하게 하여 그것들을 하나로 둥글게 구부렸지요. 또한 같은 곳에서 일정하게 회전하는 운동으로 그것들을 감싸고, 원들 중 하나는 바깥에다가, 다른 하나는 안쪽에다가 만들었습니다. 그리고 바깥쪽 운동을 같음의 운동이라 불렀고, 안쪽의 운동은 다름의 운동이라고 불렀습니다. 또한 같음의 운동은 평면을 따라 오른쪽으로 돌게 했고, 다름의 운동

36d 은 대각선을 따라 왼쪽으로 돌게 했으며, 지배권은 같음과 닮음의 회전에 주었지요.[135] 왜냐하면 그것은 자르지 않고 하나인 채로 두었으니까요. 반면에 안쪽의 회전은 여섯 번에 걸쳐 잘라내어 서로 다른 크기의 원 일곱 개를 만들었는데,[136] 그것들은 각각 두 배 간격과 세 배 간격을 따른 것이기에 그 간격들은 양자각각 세 개씩이었지요. 신은 그 원들이 서로 반대 방향으로 운행하도록 지정하는 한편, 빠름에 있어서 셋은 비슷하게 돌도록 했고,[137] 넷은 서로 간에는 물론 앞의 셋과도 비슷하지는 않되 비례에 따라 돌도록 하였습니다.[138]

  그리고 혼의 모든 구성이 구성한 자의 생각대로 이루어지자, 그다음으로 그는 물체의 성질을 지닌 것 전체를 그것의 안에다

36e 짜맞추었고, 양자의 중심과 중심을 한데 모으고는 하나로 맞춰나갔습니다. 그래서 혼은 중심에서부터 하늘의 끝에 이르기까지 사방으로 촘촘히 엮였으며 하늘을 바깥에서 둥글게 감싸고는[139] 자신 안에서 스스로 회전함으로써, 온 시간에 걸쳐 그침 없고 지

혜가 깃든 삶[140]의 신적인 출발을 알리게 된 것입니다. 그리고 천
체는 사실상 눈에 보이는 것으로 생겨난 반면, 눈에 보이지는 않   37a
지만 이성의 능력과 조화를 분유한 혼은, 가지적이며 항상 존재
하는 것들 가운데 가장 훌륭한 자에 의해서, 태어난 것들 중에서
도 가장 훌륭한 것으로 생겨났던 것입니다.[141]

그리하여 혼은 같음과 다름과 있음이라는 세 부분들로 혼합되
었고 비례에 따라 분할되고 결합되었으며, 자기가 자신에게 돌
아오는 회전 운동을 하기에, 그것이 흩어질 수 있는 존재를 지닌
어떤 것과 접촉하거나 나뉠 수 없는 존재를 지닌 어떤 것과 접촉
할 때마다, 혼은 자기 전부에 걸쳐 운동함으로써, 어떤 것이 무
엇인가와 같거나 다르거나 할 때, 특히 그것이 무엇과 관련하여,   37b
어떤 측면에서, 어떤 식으로, 그리고 어느 때 같거나 다른 것 각
각으로 있고 또 겪게 되는지를, 생겨나는 것들에 있어서는 물론,
항상 같음을 유지하는 것들에 대해서도 말해 줍니다.[142] 그런데
그 설명이란 다름에 관해서든 같음에 관해서든 동일하게 참이 되
는 것으로서, 자신에 의해 움직여지는 것 안에서[143] 음성도 소리
도 없이 전달되는데, 그것이 감각적인 것에 관해 생겨나고, 또
다름의 원이 바르게 있으면서[144] 그것을 자신의 온 혼에 전달해
줄 때마다 확고하고 참인 의견들과 믿음들이 생겨나지요. 또 이
번에는 말이 이성적인 것[145]에 관계하고, 또 동일자의 원이 순조   37c
롭게 돌아가면서 그것[146]을 알려줄 때마다, 지성의 활동과 지식[147]

이 필연적으로 완성되지요. 그런데 이 양자가 생겨나는 곳[148]과 관련하여 행여 누군가가 그곳이 혼 말고 다른 곳이라고 말한다면, 그는 온갖 것에 대해 떠들지언정 정작 진리는 빼먹는 것이겠지요.[149]

그런데 영원한 신들을 위한 성소(聖所)[150]로서 생겨난 우주가 움직이고 또 살아 있음을 파악하자, 그것을 낳은 아버지는 기뻐하였고, 또 흐뭇한 마음에 한층 더 우주를 그것의 본과 닮은 것으로 만들어 내리라 마음먹었습니다.[151] 그래서 그 본이 영원한 생물[152]이듯이, 그렇게 이 우주도 가능한 한 그와 같은 것으로 완성하는 일에 착수하였습니다. 그렇지만 그 생물은 본래 영원한 것이었으니, 생겨난 것에 그런 성질을 완벽하게 부여한다는 것은 실로 가능한 일이 아니었지요. 하지만 그는 영원의 어떤 움직이는 모상(模像) 같은 것을 만들기로 마음먹었고, 하늘에 질서를 부여하면서 그와 함께 단일성 안에 머물러 있는 영원을 모방하여 수에 따라 진행하는 영원한 모상을 만들어 내니, 그것을 우리는 '시간'이라고 부르게 된 것입니다.[153] 사실 낮과 밤과 달과 해는 하늘이 생기기 전까지는 존재하지 않았는데, 신이 하늘을 구성하면서 그것들도 함께 생겨나도록 고안했던 것이지요. 그런데 그 모든 것들은 시간의 부분들이요, '있었다'와 '있을 것이다'는 시간의 종류로서 생겨난 것들인데,[154] 실로 우리는 저도 모르게 그것들을 영원한 존재에 적용하는 우를 범하고 있습니다. 왜냐하면 실로 우리는 '있었다', '있다', 그리고 '있을 것이다'라고 말하니까요. 하지만 진실을 말하자면, 영원한 존재에는 오직 '있다'만이 어울릴 뿐, '있었다'와 '있을 것이다'는 시간 속에서 진행 38a 하는 생성에 관해 말할 때나 적절한 것이지요. 왜냐하면 그 둘은 운동들이니까요.[155] 반면에 움직임 없이 항상 동일성을 유지하는 것이 시간을 통해 '더 늙는다'거나 '더 젊어진다'거나 하는 것은 적절치 않으며, 그것이 '한때 생겨났다'거나, '지금 생겨나 있다'거나, '장차 있으리라'는 것 역시 적절치 않으니, 한마디로 말해 생성이 감각의 영역에서 움직이고 있는 것들에 붙여 준 그 어떠한 표현도 결코 어울리지 않는 셈이지요. 그것들은 영원을 모방하고 수에 따라 회전하는 시간의 종류들로 생겨난 것입니다. 또한 이것들 말고도 다음과 같은 것들, 즉 "생겨난 것은 생겨난 것 38b '이고'", "생겨나는 것은 생겨나는 것'이며'", 또 "생겨날 것은 생겨날 것'이요'", "있지 않은 것은 있지 않은 것'이다'"라는 표현도 있습니다만,[156] 우리는 그것들 가운데 어떠한 것도 정확하게 말하는 게 아닙니다. 하지만 여기서 이 문제들을 세밀하게 따져 보기에는 적당한 때가 아닌 듯하네요.[157]

아무튼 시간은 하늘과 함께 생겨났으니, 이는 그것들이 동시에 생겨난 이상, 혹시라도 그것들에게 해체라는 게 일어난다면,[158] 역시 동시에 해체되도록 하기 위함이었지요. 또한 시간은 영원한 본성을 지닌 본(本)에 따라서 생겨난 것이기도 하니, 이

38c　는 가능한 한 본과 가장 많이 닮도록 하기 위해서였지요. 왜냐하
면 실로 본이야말로 영원함 전체에 걸쳐 있는 것인 반면, 하늘은
처음부터 끝까지 모든 시간에 걸쳐 있어 왔고, 있으며, 또 있을
것이니까요.[159]

　　따라서 시간의 생성과 관련하여 그와 같은 신의 추론과 계획
으로부터, 즉 시간이 태어날 수 있도록,[160] 태양과 달과, 떠돌이
별(행성)이라고도 불리는, 다른 다섯 개의 별들이 시간의 수를
정하고 또 지키기 위해 생겨났습니다. 그리고 신은 그것들 각각
의 몸을 만들고는 다름의 회전이 진행하는 궤도들에다가 놓았으
38d　니, 일곱 개의 궤도들[161]에 일곱 개의 몸을 놓은 셈으로, 먼저 달
을 지구 둘레의 첫 번째 궤도에 놓았고, 이어서 태양은 지구 위
의 두 번째 궤도에 놓았으며, 다음으로 샛별[금성]과 헤르메스에
게 바쳐진 성물이라 불리는 별[수성]은 빠르기에서는 태양의 궤
도와 같은 속도로 운행하지만, 태양과는 반대의 힘을 할당받은
궤도들에다 두었지요. 태양과 헤르메스의 별과 샛별이 서로 따
라잡는가 하면, 마찬가지로 서로 따라잡히곤 하는 것은 그로부
터 비롯된 것입니다.[162] 반면에 다른 것들의 경우,[163] 신이 어디에
다, 또 무슨 까닭으로 그것들의 자리를 마련했는지[164]를, 만일 누
38e　군가가 모두 다루고자 한다면, 그 설명은 지엽적인 것이면서도
설명하려는 목적에 비해 더 고된 일이 될 것입니다. 그러니 그것
들에 대해서는 아마 나중에 여유가 될 때 그것들에 걸맞은 이야

기를 할 기회가 오겠지요.

어쨌든 시간을 완성하는 일을 도와야 했던 모든 것들이 각자 자기에게 적절한 운동을 시작하고, 혼이 깃든 끈으로 몸이 결속된 생명체[165]로서 태어난 뒤에, 그들에게 부과된 임무를 알게 되자, 그것들 각각은 비스듬한 채로 같음의 운동과 교차하면서 그 지배를 받는 다름의 운동을 따라[166] 그것들 중 어떤 것은 더 큰 궤도로, 어떤 것은 더 작은 궤도로 진행하는데, 더 작은 궤도를 그리는 것들은 더 빠르게 도는 반면, 더 큰 궤도를 그리는 것들은 더 느리게 돌지요. 가장 빠르게 도는 것들이 더 느리게 진행하는 것들을 따라잡으면서도, 정작 그것들에 의해 따라잡히는 것처럼 보이는 것은 사실상 같음의 회전으로 인해서지요. 왜냐하면 별들은 동시에 서로 반대되는 두 방향으로 진행하는데, 같음의 운동이 그것들의 궤도들을 모두 나선형으로 돌게 함으로써, 가장 빠른 운동인 자신으로부터 가장 느리게 멀어지는 것을 가장 가깝게 보이도록 했기 때문입니다.[167]

또한 여덟 개의 회전을 따라서 운행하게 될 별들 상호 간의 느림과 빠름에 대하여 어떤 분명한 기준이 마련될 수 있도록, 신은 궤도들 가운데 지구에서 두 번째로 떨어져 있는 것 안에다 빛을 밝혀 주었는데, 그것은 바로 오늘날 우리가 '태양'이라고 부르는 것이지요. 이는 최대한 모든 면에서 하늘을 밝혀 주기 위함이자, 자격을 갖춘 모든 생물들[168]이 같음과 닮음의 회전을 배움으로

39a

39b

39c 써 수에 참여하도록 하기 위해서였습니다. 따라서 밤과 낮이 그런 방식과 그런 이유로 생겨났으니, 이것이야말로 단일하며 가장 슬기로운 회전 주기인 것이지요. 또한 달이 자신의 궤도를 돌아 태양을 따라잡을 때마다 한 달이 생겨나고, 태양이 자신의 궤도를 돌 때마다 한 해가 생겨나게 됩니다.

반면에 다른 별들의 회전주기에 대해서는 소수를 제외하고는 많은 이들이 관심을 기울이지 않았기에, 사람들은 그것들에 이름을 붙이지도 않고, 그것들을 관찰하면서 수를 가지고 서로 재보지도 않지요. 결국 사람들은, 말하자면, 그것들의 방랑이 시

39d 간이라는 사실을 알지 못하는 셈이니, 그 수가 대책 없이 큰데다가 놀랄 만큼 다채롭기 때문이지요. 그럼에도 불구하고 우리가 충분히 이해할 수 있는 것은, 상대적인 빠르기를 지닌 여덟 개의 회전들 모두가 동시에 완주하고 정점에 도달할 때마다 시간의 완전한 수가 완전한 해[169]를 채우리라는 것입니다. 그것은 한결같이 진행되는 같음의 회전에 의해 측정되는 것이지요. 그런 방식과 이유로 별들 중에서도 하늘을 가로질러 편력하며, 정점을 돌아 나오는[170] 것들이 태어났으니, 그것은 이 우주가 영원한

39e 본성을 모방함에 있어서 완전하며 가지적인 생물과 최대한 닮기위해서였습니다.

이제 우주는 시간의 생성에 이르기까지, 다른 것들에 있어서는 모사 대상과 닮은 것으로 만들어졌지만, 아직은 생겨날 모든

생명체들을 자기 안에 포함하고 있지 않았기에 그 점에서는 아직 닮지 않은 채로였습니다. 바로 이 남은 일을 신은 그것의 본이 지닌 성질을 본뜨면서[171] 완성해 나갔습니다. 그리하여 그는 진정한 생물에 속하는 종들로는 어떤 것들이 얼마나 있는지를 파악하는 대로,[172] 그와 같은 종류와 그만큼의 수를 이 우주 역시 가져야 한다고 생각했습니다. 그것들은 네 가지인데, 하나는 하늘에 사는 신들의 부류이고, 다른 하나는 날개를 달고 공중을 40a 날아다니는 부류이며, 셋째는 물속에 사는 종족이요, 넷째는 발로 다니며 마른 땅에 사는 종족이었습니다.[173] 한편으로 그는 신적인 부류의 형태 대부분을 불을 가지고서 만들어 갔는데, 이는 그것들이 최대한 밝게 빛나고, 또 보기에도 가장 아름답도록 하기 위함이었지요. 다른 한편으로는 그것들을 우주와 닮도록 잘 둥글려 갔고, 가장 강력한 자의 지혜[174] 안에 두어 그를 따르도록 했으며, 그것들을 온 하늘에 둥글게 배치하고는 전체에 걸쳐 그것들로 수를 놓음으로써 하늘의 진정한 장식이 되도록 하였습니다.[175] 그리고 두 개의 운동을 그것들 각각에 부여했는데, 하나는 같은 곳에서 같은 방식으로 진행하는 운동으로, 이는 그것들 스스로가 같은 것들에 관해 항상 같은 것들을 생각하기 때문 40b 이며,[176] 다른 하나는 전진 운동인데, 이는 그것들 각각이 같음과 닮음의 회전에 의해 지배를 받기 때문이지요. 반면에 다섯 운동들과 관련해서는 별들이 운동하지 않고 멈춰 있도록 했으니,[177]

이는 최대한 그것들 각각이 가장 아름다운 것이 되도록 하기 위함이었습니다. 별들 중에서도 떠돌지 않고 신적인 생물로 있으면서 영원하고 항상 같은 식으로 같은 곳에서 회전하는 가운데 머물러 있는 모든 것들[178]이 생겨난 것은 실로 이런 까닭에서인 것이지요. 반면에 회귀하며 또 그런 방랑을 유지하는 것들은 앞서 이야기했던 것[179]과 같은 방식으로 생겨났던 것입니다.

40c   그리고 신은 우리의 양육자이자 우주를 관통하는 축을 중심으로 뭉쳐진[180] 지구를 밤과 낮의 제작자이자 수호자로, 또 하늘 안에 생겨난 모든 신들 중에서도 으뜸가며 가장 연장자인 것으로 고안해 냈습니다. 하지만 신들 자신의 춤[181]과 상호병렬에 관하여, 또 회전들 중에서도 자기들 간의 역행들과 순행들에 관하여, 그리고 신들이 함께 마주칠 때 그들 가운데 어떤 것들이 차례대로 놓이고, 얼마나 많은 것들이 마주하며, 어떤 순서로 서로 앞서거나 뒤따르거나 하는지, 또 얼마만큼의 시간마다 별들 각각

40d 이 우리에게서 숨는지, 그런가 하면 다시 나타남으로써 헤아릴 길 없는 사람들에게 그다음에 일어날 것들의 전조들을 보내고 공포를 일으키는지에 대해서는 역시 그 모형들[182]을 고찰하지 않고서 말하는 것은 헛수고일 것입니다. 그러니 그것들에 대해서는 이 정도로 우리에게 충분하다 여기고, 가시적이며 태어난 신들의 본성에 관한 이야기는 끝맺기로 하지요.

그런데 다른 신령들[183]과 관련하여 그 탄생에 대해 말하거나

아는 것은 우리의 역량을 넘어서는 일이니 예전에 말했던 이들
을 믿어야겠지요. 그들 말마따나 자기들이 신들의 자손들이라고
하니 자기들의 조상들에 대해서만큼은 분명히 알 테니까요. 그
러니 신들의 자식들을 믿지 않을 수 없는 노릇이지요. 비록 그들   40e
이 그럼직하고 필연적인 증명도 없이 말하더라도 말이에요. 오
히려 그들이 가족사를 전해 준다고 주장하니 관습에 따라 그들
을 믿어 줘야 합니다. 그러면 그들의 주장에 따라 우리도 '그 신
들에 관한 탄생이 그렇게 이루어졌다고 치자'는 식으로 말하도록
하죠. 가이아와 우라노스의 자식들로 오케아노스와 테튀스가 태
어났지요. 또 그들로부터 포르퀴스와 크로노스, 그리고 레아 및   41a
그들 세대의 신들이 태어났고, 이번에는 크로노스와 레아로부터
제우스와 헤라, 그리고 그들의 형제자매들이라고 우리에게 알려
진 모든 신들이 태어났으며, 아울러 이들의 자식들인 다른 신들
도 태어났습니다.[184] 아무튼 그리하여 모든 신들, 그러니까 모습
을 드러낸 채 돌고 있는 신들뿐만 아니라 원할 때만 모습을 드러
내는 신들에 이르기까지[185] 모두가 태어나게 되자, 이 우주를 낳
은 신은 그들에게 이렇게 말합니다.

"신들에게서 난 신들이여,[186] 나는 그대들의 제작자이자 아버
지이며, 그대들은 나의 작품들로서, 나로 인해 생겨난 것들은 적
어도 내가 원하지 않는 한 해체되지 않을 것이다.[187] 묶인 것은
사실상 모두 풀리기 마련이니라. 하지만 아름답게 조율되고 잘   41b

유지되는 것을 해체하는 것은 악한 자나 바랄 일이다. 그런 이유로 그대들 역시 생겨났기에 불사일 수 없으며 해체로부터 전적으로 자유로울 수도 없겠으나 실제로는 해체를 겪지 않을 것이요, 죽음의 운명을 마주하지도 않을 터, 그대들은 그대들이 생겨날 때 결속에 사용된 저 끈들[188]보다 더 크고 더 고귀한 나의 의지의 끈을 몫으로 얻었기 때문이니라.

그러면 이제 내가 그대들에게 보여 주며 말하는 것을 명심하라. 죽기 마련인 것들[189]에 속하는 세 부류가 아직 태어나지 않은 채로 남아 있다. 그런데 그것들이 태어나지 않는다면 하늘은 불완전할 것이다. 하늘이 충분히 완전한 것이고자 한다면 마땅히 그래야 하거늘, 그렇지 않다면 그것은 모든 종류의 생물[190]을 자기 안에 담고 있는 것이 아닐 테니 말이다. 그런데 나를 통해서 그것들이 태어나고 삶을 나눠 갖는다면, 그것들은 신들과 동등해질 것이다. 그러므로 그것들이 죽기 마련인 것들이기 위하여, 또 이 우주가 진정으로 전체이기 위하여, 그대들은 본성에 따라, 그대들의 탄생에 사용했던 나의 능력을 모방하여, 생명체들을 제작하는 일에 힘쓰도록 하라. 그리고 그것들 가운데 불사신들과 같은 이름을 갖기에 적절한 것, 그러니까 '신적인 것'이라 불리며 그것들 안에서 항상 그대들과 정의를 따르려는 것들을 다스리는 것[191]에 한해서는, 내가 직접 씨를 뿌리며 일을 시작한 뒤에 그것을 넘겨주겠노라. 반면에 나머지 것에 대해서는 그대들

41c

41d

이 불사적인 것에 사멸적인 것을 엮어 생명체들을 만들고 태어나게 하라. 또 그것들에게 양식을 주어 자라게 하고, 쇠하거든 다시 거둬들이도록 하라."[192]

그는 그렇게 말하고는 다시 한 번 우주의 혼을 섞어 혼합했던 앞의 그 희석용기[193]에다가 앞서 사용한 것들의 나머지[194]를 어느 정도 같은 방식으로 부으면서 혼합하였지요. 그렇지만 그것들은 더 이상 똑같이 그렇게 순수하지는 않았고, 두 번째나 세 번째 정도 가는 것이었습니다. 그러고는 전체를 혼합한 뒤에 혼들을 별들의 수만큼 나누었고, 각각의 혼을 각각의 별에 할당해 주었지요.[195] 그리고 마치에 태우듯이 태워 우주의 본성을 보여 주었고, 그것들에게 운명으로 정해진 법률[196]에 관해 이야기해 주었습니다.[197] 즉 누구도 자신에 의해 소홀히 취급되지 않도록, 첫 탄생은 모두에게 한 가지로 정해질 것이요, 그것들이 각자에게 어울리는 시간의 도구들 각각에 뿌려지고 난 뒤에는 생물들 중에서도 신을 가장 경외하는 것으로 태어나야 할 것이며, 인간의 본성이 둘로 되어 있으니 더 강한 것은 장차 '남자'라고 불릴 그런 어떤 종이 될 것이라고 말입니다.[198] 41e 42a

그리하여 혼들이 필연에 의해 몸에 심길 때마다, 또 그것들이 심긴 몸에 무엇인가가 더해지고 빠져나가고 할 때마다, 그 거센 인상들로부터[199] 첫 번째로는 모두에게 하나인 감각이, 두 번째로는 쾌락과 고통[200]으로 뒤섞인 애욕[201]이, 또한 이에 더하여 공

42b 포와 분노, 그리고 이것들을 따르는 모든 것들 및 본성상 그 반
대편에 서 있는 모든 것들[202]이 필연적으로 태어나게 될 것입니
다. 그것들을 사람들이 제압할 수 있다면 정의롭게 살아갈 것이
지만, 그것들에 제압된다면 부정의하게 살아갈 것입니다. 또한
정해진 시간 동안 삶을 잘 영위한 사람은 다시 고향 별의 거처로
돌아가서[203] 행복하고 친숙한 삶을 영위할 것이지만, 그것에 실
42c 패한 자는 두 번째 탄생에서는 여자로 바뀌게 될 것입니다. 그러
는 중에도 여전히 악행을 그치지 않는다면, 타락하는 방식에 따
라, 그 타락의 방식과 비슷하게, 그와 같은 어떤 짐승으로 바뀌
게 될 것이요,[204] 또한 바뀌게 되면, 나중에 불, 물, 공기, 흙까지
42d 더해진 그 엄청난 덩어리를, 즉 소란스럽고 이성이 결여된 것들
을 자기 안에서 일어나는 같음과 닮음의 회전으로 함께 이끌면
서 이성을 통해 제압하고 처음의, 그러니까 가장 훌륭한 성향을
지녔던 모습으로 돌아가기 전에는 고통을 그치는 일이 없을 겁
니다.

한편, 신은 그들 각자가 저지를 악에 대해 책임을 지지 않기
위하여, 이 모든 것들을 그들에게 고지해 주고는[205] 그들의 일부
는 지구에, 다른 일부는 달에, 또 다른 일부는 시간의 도구들인
기타 모든 별들에다 뿌렸습니다. 그리고 신은 이 씨뿌리기를 마
친 후에 젊은 신들에게, 죽기 마련인 것들의 몸을 비롯하여 나머
42e 지 것들, 즉 여전히 인간의 혼에 추가적으로 생겨날 필요가 있는

모든 것들[206]을 주조하는 일을 넘겨주었고, 젊은 신들이 그 일과 그것에 수반되는 모든 것들을 완수하고 난 후에는, 다스리는 일과 함께 능력이 닿는 한 가장 아름답고 가장 훌륭하게 죽기 마련인 생물을 조종하는 일을 넘겨주었습니다. 그것이 자기 스스로 악의 원인이 되지 않도록 말입니다.[207]

그리고 신은 실로 이 모든 것들을 지정해 주고는 자기에게 고유한 일상의 거처에 머물게 되었습니다.[208] 그가 머무는 동안 자식들은 아버지의 지시를 명심하고는 그것을 따르게 되지요.[209] 즉 죽기 마련인 생물이 갖게 될 불사의 원리[210]를 받은 뒤에 자기들의 제작자를 모방하면서, 이 세계로부터 불과 흙과 물과 공기의 부분들을 다시 돌려줄 것들로서 빌리고는,[211] 그들 자신을 연결하는 데 사용했던 풀리지 않는 끈들이 아니라, 작아서 눈에 보이지 않는 나사들로, 그들이 얻은 것들을 촘촘히 접합해 가며 하나로 이어 붙이고, 그 모두로부터 각각의 몸을 하나씩 완성해 나가면서, 흐름이 들고 나는 몸안에다 불사적인 혼의 회전들을 연결해 나갔지요. 하지만 이 회전들은 거센 흐름에 갇히게 되는데, 그것을 제압하거나 그것에 제압되지는 않더라도 힘으로 그것을 이끌거나 그것에 이끌리거나 함으로써, 결국 생물은 전체적으로 움직이게 되지만, 질서와 이성을 결여한 채 그저 임의로 진행하며[212] 모두 여섯 방향의 운동을 하게 되지요.[213] 왜냐하면 그것은 앞과 뒤로, 다시 오른쪽과 왼쪽으로, 그리고 위와 아래로, 그

43a

43b

러니까 여섯 개의 장소에 따라 모든 곳으로 떠돌며 진행하기 때
문입니다. 사실 영양을 전달하면서 들고 나는 흐름의 물결도 거
세긴 하지만, 더 큰 소란을 일으키는 것들은 각각의 생물을 향해
부딪쳐 오는 것들에 대한 인상들[214]로서, 그것들은 어떤 것의 몸
이 외부에서 온 낯선 불과 맞닥뜨려 충돌하거나, 혹은 흙의 단
단한 성질이나 물의 축축하고 미끄러운 성질과 맞닥뜨려 충돌할
때, 아니면 그것이 공기에 의해 운반되는 바람의 격한 흐름에 붙
잡혔을 때, 요컨대 이 모든 것들에서 생기는 운동들이 몸을 통해
서 혼을 향해 이동하다가 부딪힐 때 발생하는 것들이지요. 실로
그런 이유로 해서, 그때 이후로 모두 '감각들'이라 불리게 된 것
들이 지금도 여전히 그렇게 불리고 있는 것입니다.[215]

43c

또한 그 출현과 함께 감각들은 거대하고 강력한 운동을 산출
하면서, 끊임없이 흐름이 지나는 관(管)[216]과 더불어, 혼의 회전
에 간섭하고 거세게 흔들어 대니, 같음의 회전에 대해서는 그것
과 반대로 흐름으로써 완전히 묶어 두었으며, 그것이 지배하고
진행하는 것을 방해하는가 하면, 이번에는 다름의 회전도 흔들
어 놓았지요. 그리하여 각각 셋씩인 두 배와 세 배 간격들, 그리
고 3/2, 4/3, 9/8의 중항들 및 연결항들[217]에 대하여, 이것들은
묶어 놓은 자에 의해서가 아니고는 절대로 풀리지 않기에,[218] 감
각들은 이것들을 모든 방향에서 뒤틀어 놓는가 하면, 원 궤도들
에 대해서도 가능한 모든 방식으로 온갖 균열과 손상을 야기하

43d

43e

니, 결국 회전들은 가까스로 서로 간에 연결을 유지하면서 운동
하지만 그 운동에는 비례가 결여되어 있기에 어떤 때는 반대로,
또 어떤 때는 비스듬히, 그리고 또 어떤 때는 위아래가 뒤집힌
채로 운동하는 것이지요. 이를테면 누군가가 거꾸로 머리는 땅
에 대고 발은 위로 뻗어서 무엇인가에 기대어 있다고 할 때, 그
때 그런 상태를 겪는 사람과 그를 보는 사람들 각각에게 각자의
오른편은 왼편으로, 왼편은 오른편으로 나타나는 것처럼 말입
니다.[219] 실로 혼의 회전들은 그와 동일한 것은 물론, 그 외의 유 44a
사한 일들도 거세게 겪게 되는데, 그것들이 같음의 종류나 다름
의 종류에 속하는 외부의 무엇인가와 조우할 때, 그때에는 이것
이 무엇과 같은 것이고 또 무엇과 다른지를, 참과는 반대로 부름
으로써 거짓과 어리석음이 생겨나며,[220] 자기들 안의 어떠한 회
전도 다스림을 행하거나 지도적인 역할을 하지 못하지요. 다른
한편, 외부에서 어떤 감각들이 운동해 들어와서 부딪히고는 혼
이 담긴 용기(容器) 전체[221]를 끌고 갈 경우, 그때 혼의 회전들은
자기들이 제압되면서도 제압한다고 여기게 됩니다. 그리고 실로
그 모든 상태들을 겪음으로 인해, 애초에 그랬듯이 지금도, 혼이
사멸적인 몸안에 묶일 때마다, 처음에 그것은 지성이 없는 상태 44b
가 됩니다.[222] 하지만 성장과 영양을 담당하는 흐름의 유입이 감
소하고, 이번에는 회전들이 평정을 찾은 뒤에 자기들의 길을 가
며, 시간이 경과함에 따라 그것들이 더 안정된 상태가 될 때, 그

때 비로소 본성에 따라 진행하는 원들 각각의 형태에 맞게 회전들이 바로잡히게 되고 다름과 같음의 이름 역시 바르게 불리게 되니, 그 회전을 가진 사람은 지혜롭게 되는 것입니다. 그러므로 실로 누군가에게 바른 양육이 교육을 보조한다면,[223] 그 사람

44c 은 가장 큰 질병[224]으로부터 도망침으로써 모든 면에서 완벽하고 건강하게 되지요. 반면에 이를 등한시한다면, 그는 일생 불구인 삶을 살고는, 불완전하고 어리석은 채 다시 하데스로 가게 됩니다.[225] 그런데 그것들은 나중에 언젠가 일어날 일들이지요. 반면에 우리는 지금 제기된 것들을 한결 더 상세히 다뤄야 하며, 그보다 먼저 신체 각 부분의 발생에 관하여, 그리고 혼과 관련해서도, 무슨 까닭으로, 또 신들의 어떤 구상으로 해서[226] 그것들이

44d 생겨났는지를, 최대한 그럼직함을 유지하고 또 그런 방식과 관점을 견지해 나가면서 설명을 해야 합니다.

　그리하여 신들은 우주의 둥근 형태를 모방하여 실로 신적인 두 개의 회전[227]을 구형의 몸에다 묶어 넣었는데, 그것은 오늘날 우리가 '머리'라고 부르는 것으로서 가장 신적일 뿐만 아니라 우리 안에 있는 모든 것들의 주인 노릇을 하는 것이지요.[228] 또한 신들은 몸 전체를 하나로 모아서 머리에 봉사하도록 건네주었는데, 그들은 머리가 운동이라 할 수 있는 모든 것에 관여하리라고 생각했던 것입니다. 따라서 머리가 온갖 종류의 돌출부와 구

44e 덩이를 가진 땅 위를 구르다가 어떤 것들은 뛰어넘고 다른 데서

는 빠져나오고 하는 데 어려움을 겪지 않도록, 신들은 탈것이자 용이한 이동 수단으로서 머리에 몸을 제공했던 것이지요.[229] 몸이 길어지고, 펴거나 굽히거나 할 수 있는 사지가 자라게 된 것은 사실상 그로부터, 그러니까 신[230]이 이동 수단을 고려한 데서 비롯된 것이요, 사지를 가지고서 붙잡거나 지탱하거나 함으로써 모든 장소들에 걸쳐 이동하는 것이 가능하게 되었지요. 우리의 가장 신적이며 가장 신성한 것[231]의 거처를 우리의 맨 위쪽에 얹고 다니도록 말입니다. 따라서 그런 방식과 이유로 해서 다리와 팔이 모두에게 돋아난 것이고요. 그런데 신들은 뒤보다는 앞이 더 고귀하고 지배에 더 잘 어울린다고 평가했기에, 우리가 대부분의 이동을 그런 식으로 하도록 해 주었습니다. 확실히 인간에게는 몸의 앞부분이 뒤와 구별되고 닮지 않아야 할 필요가 있었던 것이지요. 그리하여 그들은 먼저 머리통의 이쪽 편에 얼굴을 두어 이곳에다 혼이 행할 모든 구상에 필요한 기관들을 고정시켜 놓았으며, 지휘권을 갖는 부분은 이쪽, 그러니까 본성상 앞부분이 되도록 지정하였습니다. 45a 45b

  그리고 그 기관들 중에서는 먼저 빛을 날라주는 눈을 구성하였는데, 다음과 같은 이유로 그것을 얼굴에 고정시켜 놓았지요. 신들은 태울 수 있는 성질이 아니라 순한 빛을 산출하는 성질을 지닌 모든 불로 매일의 낮에 고유한 물질이 생기도록 고안했습니다.[232] 사실 그들은 우리의 내부에 그것과 형제인 순수한 불이

45c 눈을 통해 흐르도록 했는데, 이는 눈 전체를, 그리고 무엇보다도

그 중심을[233] 매끄럽고 촘촘하게 압착하여,[234] 다른 더 거친 불들

은 모두 막아 내고, 그와 같이 그 자체로 순수한 불만을 통과시

키도록 만듦으로써[235] 그랬던 것이지요. 그래서 낮의 빛이 시각

의 흐름 주위에 올 때마다, 그때는 닮은 것이 닮은 것을 향해 흘

러나오고 결합이 이루어짐으로써,[236] 내부에서 나오는 불이 외

부에서 다가오는 불과 어느 방향에서 마주치든 간에 눈으로부터

일직선으로 이어지며 동질적인 하나의 물질을 구성하게 됩니다.

실로 그것들은 유사성으로 인해 전체적으로 유사한 성질을 겪게

45d 되며, 이것이 다른 무엇인가와 접촉하든, 또 다른 무엇이 이것과

접촉하든 그 운동을 온몸에 걸쳐 혼까지 전파함으로써 감각 작

용을 산출하니, 실상은 그것을 통해 우리가 '본다'라고 말하는 것

입니다.[237]

하지만 밤이 되어 동류의 불이 떠나 버리면 내부의 불도 단절

되지요. 왜냐하면 주변의 공기가 불을 갖고 있지 않기에 더 이상

함께 이어지지 못함으로써, 불이 나와서 닮지 않은 것과 마주하

게 되면 그 자신도 다른 것이 되고 꺼져 버리는 것이지요. 따라

서 그것은 보는 일을 그치며, 더 나아가 잠을 불러오게 되지요.

왜냐하면 신들이 시각 기관의 보호수단으로 고안해 낸 것, 즉 눈

45e 꺼풀의 본성에 따르면, 그것이 감길 때는 내부에 있는 불의 힘을

가두게 되고 이때 갇힌 힘은 내부의 운동들을 분산시켜 잠잠하

게 만들며, 운동들이 잠잠해지면 고요가 찾아오고, 고요가 깊어지면 꿈조차 거의 없는 잠이 덮쳐 오기 때문이지요. 하지만 몇몇 커다란 운동들이 남아 있는 경우, 그것들이 어떤 종류이고 또 어느 장소에 남게 되는지에 따라 그런 종류와 수만큼의 영상들을 산출하게 되는데, 그 영상들은 꿈 안에서 재현된 것들이자 우리가 꿈 밖으로 깨어났을 때 떠올리는 것들이기도 합니다. 46a

또한 거울을 비롯하여 매끄럽고 반사하는 모든 것들에 상이 맺히는 것을 이해하기란 더 이상 어려운 일이 아닙니다. 사실 내부의 불과 외부의 불 각각이 서로 관계를 맺는데, 그것들이 매끄러운 것 주변에서 여러 차례 변형되다가도 매번 다시 하나가 되면, 그런 모든 것들은 필연적으로 반사되어 나타나는 것이지요. 46b 매끄럽고 빛나는 표면의 주변에서 얼굴 주변의 불이 눈 주변의 불과 결합하니까요.[238] 하지만 왼쪽 것들은 오른쪽 것들로 보이게 되는데, 이는 일반적으로 마주치는 방식과는 반대로 시각의 반대편 부분들과 대상의 반대편 부분들 주변에서 접촉이 발생하기 때문입니다. 그러나 이와 반대로, 빛이 자신이 결합하는 대상과 결합하면서 위치를 바꿀 때마다 오른쪽 것들은 오른편으로, 왼쪽 것들은 왼편으로 나타나지요. 그것이 발생하는 것은 거울 46c 들의 매끄러운 표면이 양쪽에서 돌출함으로써 시각의 오른쪽 부분의 빛을 왼편으로 밀어내고, 또 다른 쪽 부분 역시 그렇게 맞은편으로 밀어낼 때입니다. 그런가 하면, 같은 거울을 얼굴의 길이 방향으로 돌려놓으면, 그것은 빛살의 아래쪽을 위로, 또 이번에는 위쪽을 아래로 밀어냄으로써 전체가 뒤집혀 보이게끔 합니다.[239]

　그런데 이 모든 것들은 보조원인에 속하는 것들로서,[240] 신이 가능한 한 가장 좋은 것의 형태를 완성하기 위해 조력자로 이용
46d 하는 것들이지요. 하지만 대다수의 사람들은 이것들이 모든 것들의 보조원인이 아니라 원인이라고 여기니, 왜냐하면 이것들은 차갑게 하거나 뜨겁게 하거나, 조밀하게 만들거나 분산시키거나 하는 그런 모든 것들을 산출하기 때문이지요. 그러나 이것들은 어느 것에 대해서도 이성은 물론 지성도 결코 가질 수 없습니다. 왜냐하면 있는 것들 가운데 지성을 갖기에 적절한 유일한 것을 들자면, 우리는 혼이라고 말해야 할 테니까요.[241] ― 그것은 눈에 보이지 않는 것인 반면, 불과 물과 흙과 공기는 모두 눈에 보이는 물체들로 생겨났지요. ― 하지만 지성과 지식을 사랑하는 사람이라면 본성상 지혜가 깃든 원인들을 첫째가는 것들로 추구해
46e 야 하는 반면, 타자에 의해 움직여지는가 하면, 필연에 의해 타자를 움직일 수밖에 없는 것들에 속하는 원인들은 둘째가는 것들로서 추구해야 하는 것입니다.[242] 우리 또한 그런 식으로 구별해야 합니다. 그러니까 두 종류의 원인들에 대해 모두 말하되, 지성을 겸비하고 아름답고 좋은 것들을 제작하는 원인들과, 지혜가 결여된 채 매번 무질서하고 우연적인 결과를 산출하는 원

인들을 구별해야 하는 것입니다.[243]

　그러면 눈이 오늘날 얻은 능력을 가질 수 있도록 기여한 부차적인 원인들에 대해서는 이만 이야기된 걸로 하지요. 반면에 유익함과 관련하여 눈의 가장 중요한 기능에 대해서는, 신이 우리에게 눈을 선물해 준 이유가 바로 그것 때문인지라, 우리가 지금 이야기해야 합니다. 제 생각에는 확실히 시각이야말로 우리의 가장 커다란 유익함의 원인으로서 생겨난 것입니다. 왜냐하면 별도 태양도 하늘도 볼 수 없었다면, 우주에 관해 이루어지고 있는 지금의 설명들 가운데 어떠한 것도 결코 논의될 수 없었을 테니까요. 하지만 오늘날 우리는 낮과 밤, 달과 해의 주기, 그리고 춘분과 추분 및 동지와 하지의 관찰을 통해서 수를 고안할 수 있었고, 시간 관념과 우주의 본성에 대해 탐구할 기회를 얻었던 것이지요. 그것들로부터 우리가 철학에 속하는 것[244]을 얻게 되었으니, 이는 죽기 마련인 종족에게 신들이 준 선물로서 이보다 더 좋은 것은 과거에도 오지 않았고 앞으로도 결코 오지 않을 것입니다. 저는 실로 이것이야말로 눈의 가장 좋은 점이라고 말하는 바입니다. 다른 덜한 것들에 대해서는 철학을 하지 않는 사람들이 눈이 먼 채로 애통해하며 덧없이 탄식할 뿐이거늘, 무엇 때문에 우리가 그런 것들을 칭송하겠습니까?[245] 오히려 우리로서는 시각이 그런 유익함의 원인이자 다음과 같은 것을 위해서라고 말하도록 하지요. 그러니까 신이 우리에게 시각을 마련하고 선

47a

47b

물해 준 것은 우리가 하늘에 있는 지성의 회전들을 관찰하고, 우리 안에 있는 사유의 회전들을 위해 사용할 수 있도록 하기 위해
47c 서인 것이지요. 비록 그 회전들은 동요가 없고 우리의 회전들은 동요를 겪지만, 그래도 그것들과 우리 것들은 동류니까요. 또한 그것은 우리가 깊이 배우고 본성에 맞는 바른 계산법을 얻은 뒤에, 방황이라고는 일절 없는 신의 회전들을 모방함으로써 우리 안의 방황하는 회전들을 바로 세울 수 있도록 하기 위한 것입니다.[246]

소리와 청각의 경우에도 역시 설명은 동일합니다. 즉 같은 의도와 같은 목적으로 신들이 선물해 준 것들이지요. 왜냐하면 말 또한 그것들에 가장 큰 몫의 기여를 함으로써 동일한 목적을 위
47d 해 지정된 것이요, 음악 소리에 유용한 모든 것들 역시 청각과 관련된 조화를 위해 주어진 것이기 때문입니다. 그런데 이 조화는 우리 안에 있는 혼의 회전들과 동류의 운동을 가지니, 그것은 지성과 더불어 무사 여신들을 곁에 두고 있는 사람을 위해, 오늘날 사람들이 유익하다고 여기듯이 이성이 결여된 쾌락을 얻기 위해서가 아니라, 우리 안에 있는 혼의 회전이 조화를 잃어가는 데 맞서 자신의 질서와 일치된 목소리를 찾기 위한 연합군으로서 무사 여신들에 의해 주어진 것입니다. 그리고 장단도 마찬가지예요.[247] 우리들 대다수에게서 적도의 부재와 우아함의 결핍
47e 상태가 발생하기에, 앞에서와 같은 목적으로 여신들에 의해 원

군(援軍)[248]으로서 주어진 것이지요.

자, 그렇다면 지나온 논의들은 약간을 제외하고는 지성에 의해 제작된 것들로서 제시되었습니다.[249] 하지만 필연으로 인해 생겨난 것들 역시 우리의 설명에 추가되어야 합니다.[250] 왜냐하면 실로 이 세계의 생성이란 필연과 지성의 결합으로부터 혼합 **48a** 되어 생겨난 것이니까요. 그런데 지성은 생겨나는 것들의 대부분을 가장 훌륭한 것으로 이끌도록 필연을 설득하여 지배하였으니, 그런 방식과 조건에 따라 필연이 지혜로운 설득에 굴복함으로써 그렇게 처음부터 이 우주가 구성되었던 것입니다.[251] 그러므로 만일 누군가가 어떻게 이 우주가 실제로 그런 방식에 따라 생겨났는지를 이야기하려 한다면, 방황하는 원인의 종류[252]도 함께 다뤄야 하며 그것이 본래 어떤 식으로 운동을 일으키게 되었는지도 이야기해야 합니다. 자, 그렇다면 이제 되돌아가야 합니 **48b** 다. 그리고 바로 그 문제들에 어울리는 또 다른 출발점을 다시 한 번 취하고는, 앞서 그것들을 다루었듯이 이번에도 그렇게 그것들에 관해 처음부터 다시 시작해야 합니다.[253]

그런데 우리는 하늘의 생성 이전에 불과 물과 공기와 흙의 본성이 그 자체로 어땠는지, 또 그것들은 어떤 상태를 겪었는지를 살펴봐야 합니다.[254] 사실 지금껏 누구도 그것들의 생성을 밝혀 낸 적이 없지만,[255] 우리는 마치 불과 그것들 각각이 대체 무엇인지 아는 사람들에게 말하듯이, 그것들을 우주를 구성하는 자모

(字母)들[256]로 놓고서 원리들이라고 말하니까요. 하지만 그것들을
48c 마치 음절의 종류에 속하는 것들인 양 비교하는 것은 결코 적절
치 않으니, 오직 분별력이 달리는 사람이나 그럼직한 것으로서
비교할 것입니다.[257] 어쨌든 지금으로서는 우리의 입장이 이렇다
고 하죠. 모든 것들의 원리가 됐든 원리들이 됐든, 아니면 그것
들을 뭐라 여기든 간에, 지금으로서는 그것들에 관해 이야기해
서는 안 된다고 말입니다. 그것은 다른 이유 때문이 아니라 현재
의 설명 방식으로는 제가 생각하는 것들을 밝히기가 어렵기 때
문이지요. 그러니 여러분도 제가 그것을 말해야 한다고 기대하
48d 지는 마십시오. 저도 제가 그토록 대단한 일을 떠맡은 것이 과
연 바른 일인지에 대해서는 저 자신도 납득할 수 없으니까요. 하
지만 처음에 이야기된 것, 즉 그럼직한 설명이 지닌 특성을 일관
되게 지켜가면서, 그 어떤 것 못지않게, 아니 오히려 더 그럼직
한 방식으로, 앞서와 같이 처음부터, 그것들 하나하나는 물론 전
체적으로 모두 설명할 수 있도록 노력할 것입니다.[258] 자, 그러면
이번에도 논의의 출발에 즈음하여, 이상하고도 생소한 이야기
로부터 우리를 구하여 그럼직한 견해로 이끌어 달라고 수호신께
48e 기도한 뒤에 다시 논의를 시작합시다.[259]

그러면 다시 우주와 관련하여 이번 출발은 앞에서보다 더 여
럿으로 구별된 것으로 놓고 시작하지요. 왜냐하면 그때는 우리
가 두 가지만을 구별했습니다만,[260] 지금은 또 다른 세 번째 종류

를 밝혀야 하기 때문입니다. 앞의 논의들을 위해서는 두 가지로 충분했습니다. 즉 하나는 본에 속하는 종류로 가정된 것으로서 가지적이며 언제나 동일하게 있는 것이요, 둘째 것은 본의 모상이자 생겨난 것이고 가시적인 것입니다. 그때는 우리가 세 번째 것을 구별하지 않았더랬지요. 둘만으로도 충분하다고 생각했으니까요. 그렇지만 지금의 논의는 어렵고도 모호한 종류를 설명을 통해 밝혀내라고 강요하는 것처럼 보입니다. 그렇다면 그것은 본래 어떤 특성을 갖는다고 가정해야 할까요?[261] 무엇보다도 이런 것이야 하겠지요. 그것은 모든 생성의 수용자로서 마치 유모(乳母)와도 같은 것[262]이라고 말입니다. 49a

물론 이 말이 참이긴 하지만 이것에 관해서는 좀 더 분명하게 언급할 필요가 있지요. 그런데 이게 어려운 일이에요. 다른 이유도 있지만 특히나 이를 위해서는 불, 그리고 불과 함께하는 것들에 관해 제기되는 난문과 먼저 대결하지 않을 수 없거든요.[263] 왜냐하면 그것들 각각에 관해서는 말하기가 어렵기 때문이죠. 그러니까 어떤 성질의 것을 불이라기보다는 사실은 물이라고 말해야 하는지, 또 어떤 성질의 것을 전부 하나로 말하거나 각각 차례대로 말하기보다는 그게 무엇이 됐든 그것이라고 말해야 하는지의 문제처럼, 그렇게 어떤 믿을 만하고 확고한 표현을 사용하기가 어렵다는 것입니다.[264] 사정이 실로 그렇다면, 바로 그것에 관해서는 어떻게 말하고, 또 이것들에 관해서는 어떤 식으로, 그 49b

리고 무슨 말을 할 때,[265] 우리가 난문에 맞서 그럼직하게 말한다고 할 수 있을까요?

먼저 지금껏 우리가 물이라고 불러 온 것이 응고되면, 우리가 그렇게 여기듯이, 돌과 흙이 됨을 봅니다. 이번에는 같은 것이 녹고 분리되면 바람과 공기가 되며, 공기가 타오르면 불이 되고, 거꾸로 불이 결합되고 꺼지면 공기의 형태로 되돌아오며, 다시 공기가 모여 조밀해지면 구름과 안개가 되고, 이것들이 한층 더 응축되면 그로부터 물이 되어 흐르는가 하면,[266] 물로부터 다시 흙과 돌이 생겨남으로써,[267] 그렇게 그것들은 순환적으로 서로 간에 생겨나듯이 나타나는 것입니다.[268] 그렇게 실로 그것들 각각이 결코 같은 것들로 나타나지 않음에도, 만일 누군가가 그것들 가운데 무엇이든 어떤 것을 '이것'이지 '다른 것'이 아니라고 고집스럽게 강변한다면, 그 사람은 자신에게 부끄럽지 않을 수 있을까요? 그럴 수는 없지요. 오히려 최대한 가장 안전한 것은 그것들에 관해 다음과 같이 말한다고 가정하는 것이지요. 즉 언제나 우리가 그때그때 여기저기서 생겨나는 것으로 관찰하는 것에 대해, 예컨대 불을 두고서는, '이것이 불이다'가 아니라 매번 '이러이러한 것이 불이다'라고 불러야 한다는 것이요, 물을 두고서도 '이것이 물이다'가 아니라 언제나 '이러이러한 것이 물이다'라고 불러야 한다는 것입니다. 또한 다른 어떠한 것도 결코 마치 확고한 무엇이라도 지닌 것인 양 불러서는 안 되니, 이는 우리

가 '이것'이니 '그것'이니 하는 말을 사용하여 가리키면서 무엇인 49e
가를 밝힌다고 생각하는 모든 것들에 해당됩니다. 왜냐하면 그
것들은 '이것'과 '그것'을 비롯하여, 그것들을 마치 고정된 것들인
양 보여 주는 일체의 표현을 기다리지 않고 도망쳐버리기 때문
입니다. 그것들은 하나하나 개별적인 것들로서 말할 것이 아니
라, 각각은 물론 전체와 관련해서도 언제나 유사하게 되풀이되
는 '그러그러한 것'이라고 불러야 합니다. 특히나 불은 전 과정에
걸쳐 '그러그러한 것'이라고 불러야 하며, 그렇게 생겨나는 모든
것들의 경우도 그렇습니다. 그런데 그것들 각각은 언제나 무엇
인가의 안에서 생겨남으로써 나타나는가 하면, 다시 그곳으로부
터 사라지는 것들이고, 오직 그 '무엇'에 대해서만 '그것'이니 '이 50a
것'이니 하는 이름을 사용하여 부를 수 있을 뿐이지요. 반면에 어
떠한 성질에 대해서도, 그러니까 뜨거움이나 하양, 혹은 대립적
인 성질들 가운데 무엇이든 간에, 또 그것들로부터 비롯되는 다
른 모든 것들의 경우에도 결코 '그것'이니 '이것'이니 하는 이름으
로 불러서는 안 되는 것입니다.

하지만 그것에 관해 좀 더 확실하게 설명할 수 있도록 다시 한
번 분발해야겠습니다. 만일 어떤 사람이 금으로 온갖 형태를 만
들고는 그것들 각각을 다시 여러 형태로 바꿔 나가는 일을 그치
지 않는다고 칩시다. 마침 누군가가 그것들 중 하나를 가리키면
서 그것이 대체 무엇이냐고 물을 경우, 진리에 부합하는 가장 안 50b

전한 대답은 '금이다'라고 말하는 것입니다.[269] 반면에 삼각형이라든가 그 밖의 다른 형태로 생겨난 것들에 대해서는 결코 그것들을 '그것들이다'라고 말해서는 안 됩니다.[270] 그렇게 말하고 있는 동안에 바뀌어 버릴 테니까요. 그렇지만 일정한 안전을 담보로 '그러그러한 것'이라도 받아들이려 한다면, 그것으로 만족할수 있을 겁니다.

'모든 물체를 받아들이는 것'[271]에 대해서도 사실상 같은 설명이 해당됩니다. 그것은 언제나 같은 이름으로 불러야 해요. 왜냐하면 그것은 자신의 특성을 조금도 잃지 않기 때문이지요. — 사실 그것은 언제나 모든 것들을 받아들일뿐더러, 안으로 들어오는 것들 가운데 그 무엇과도 닮은 형태[272]를 취한 적이 어디서든 어떤 식으로든 결코 없으니까요. — 그렇다는 것은 그것이 본성상 모든 것의 새김바탕[273]으로 자리하며, 들어오는 것들에 의해 움직여지고 형태를 얻으며, 그것들에 따라 그때그때 다르게 나타난다는 것입니다. 그런데 들고 나는 것들은 언제나 '있는 것들'의 모상들이며, 설명하기는 쉽지 않지만 어떤 놀라운 방식으로 그것들로부터 얻은 자국들인데, 그 방식에 대해서는 다음에 살펴보도록 하겠습니다.[274]

50c

50d 어쨌든 지금으로서는 세 종류, 즉 생겨나는 것, 생겨나는 곳, 그리고 생겨나는 것이 태어날 때 닮게 되는 출처[275]를 염두에 두어야 합니다. 그리고 받아들이는 곳은 어머니에, 그 출처는 아버

지에, 그리고 이들 사이의 중간적 성질을 지닌 것은 자식에다 비유하는 것 역시 적절하겠지요. 그리고 찍히는 것이 다채롭게 있으면서 온갖 다채로움을 보여 줄 수 있으려면, 찍히는 것이 들어서는 곳 그 자체는 어딘가로부터 받아들이게 될 온갖 형태들 50e 을 결여하고 있어야 하며, 그것 말고는 달리 어떤 식으로도 준비 상태를 잘 유지할 수 없으리라 생각하는 것 또한 적절할 것입니다. 왜냐하면 만일 그것이 다가오는 것들 가운데 무엇인가와 닮아 있다면, 대립적이거나 전혀 다른 본성을 지닌 것들이 다가올 때마다, 자기 모습을 함께 드러내 버림으로써 잘못 닮게 할 테니까요. 그러므로 자기 안에 온갖 종류의 것들을 받아들이고자 하는 것은 그 모든 형태들로부터 벗어나 있어야 합니다.[276] 이는 마치 온갖 좋은 향이 나는 향유를 만드는 사람들이 바로 그것이 주어졌을 때 처음부터[277] 기술적으로 고안을 하듯이, 그 향기를 받아들이는 액체는 최대한 냄새가 없도록 만드는 것과 같습니다.[278] 또한 어떤 말랑말랑한 것들 안에다 모양을 찍어 내고자 하는 사람들 역시 결코 어떠한 형태도 처음부터 나타나는 것을 허용하지 않고, 먼저 평평하게 고르면서 최대한 매끄럽게 만듭니다. 따라서 이와 마찬가지로, 언제나 존재하는 모든 것의 모상들을 자 51a 기 전체에 걸쳐 몇 번이고 훌륭하게 받아들이려 하는 것[279] 역시, 그 자신은 본성상 모든 형태들로부터 벗어나 있는 것이 적절하다 할 것입니다. 그러니 우리는 가시적일뿐더러 모든 면에서 감각적인 생성물의 어머니인 수용자를 흙이니, 공기니, 불이니 물이니 칭하지 말고, 그것들로부터 이루어진 것들이라든가 그것들이 비롯되는 것들이라고도 말하지 맙시다. 그것은 비가시적이고 형태가 없는 어떤 종에 속하며, 무엇이든 받아들이는가 하면, 지극히 당혹스러운 방식으로 가지적인 것에 참여하는 것이자 가장 파악하기 힘든 것이라고[280] 그것에 대해 말한다면, 거짓을 말하는 것은 아닐 겁니다. 그런데 앞서 언급된 것들로부터 그것의 본성에 다가갈 수 있는 한에서 누군가가 다음과 같이 말한다면 가장 바르다고 할 수 있겠지요. 즉 불은 매번 그것의 타오르는 부분이 나타나는 것이고, 물은 적셔진 부분이 나타나는 것이며, 흙과 공기 역시 그것들의 모상들이 받아들여지는 만큼 나타나는 것이라고 말입니다.

51c 그렇지만 그것들을 검토하기 위해서는 논의를 통해 다음과 같은 문제를 한층 더 자세히 구별해야 합니다. 즉 불 자체라는 것이 과연 그 자체로 있고, 또 우리가 늘 그렇게 그 자체로 있다고 말하는 그 모든 것들[281] 각각이 과연 그렇게 있을까요? 그게 아니라, 우리가 보는 것들과 우리가 몸을 통해 지각하는 다른 모든 것들, 오직 그런 것들만이 그러그러한 실재성을 가진 것들[282]일 뿐 그것들 외에 다른 것들은 어디에도 어떤 식으로도 있지 않으며, 우리는 각각의 어떤 가지적인 형상이 있다고 매번 헛되이 주장하고 있으니, 그렇다면 그것은 그저 말[283]에 불과할 뿐 달리

아무것도 아닌 것일까요? 확실히 작금의 문제를 심리도 평결도 없이 놔주고는 '그게 그렇다'라고 단정하여 주장하는 것은 적절 치 않으며, 그렇다고 해서 이미 긴 논의에다가 다른 지엽적인 논 의를 길게 덧붙여서도 안 될 것입니다. 하지만 중요한 기준이 단 51d 몇 마디로 규정되어 나타날 수 있다면 그것이야말로 가장 시의 적절한 것이 되겠지요. 그렇다면 저 자신으로서는 다음의 입장 에 투표하겠습니다.[284] 만일 지성과 참된 의견이 서로 다른 두 부 류라면, 그것들, 즉 형상들은 우리에 의해 지각되는 것이 아니라 오직 사유되는 것이며, 전적으로 그것들 자체로서 존재한다는 것 입니다.[285] 반면에 몇몇 사람들이 그렇게 보듯이,[286] 만일 참된 의 견이 지성과 어떠한 점에서도 다르지 않다면, 앞에서와는 반대 로 우리가 몸을 통해 지각하는 모든 것들을 가장 확고한 것들로 놓아야 할 것입니다. 하지만 지성과 참된 의견은 별개의 둘이라 51e 고 말해야 합니다. 왜냐하면 그것들은 따로 생겨난 것들인데다가 닮지도 않았으니 말입니다. 사실 이것들 중 하나는 가르침을 통 해서, 다른 하나는 설득을 통해서 우리 안에 생겨나지요.[287] 그리 고 하나는 언제나 참인 설명을 동반하는 반면, 다른 하나는 아무 런 설명도 없지요.[288] 또한 하나는 설득에 의해 움직이지 않는 반 면, 다른 하나는 설득을 통해 바꿀 수 있지요. 그리고 참된 의견 은 모든 인간이 분유하는 반면, 지성은 신들이나 분유할 뿐 인간 들 중에는 소수의 부류만이 분유한다고 말해야겠지요.[289]

52a 그런데 사정이 그렇다면, 우리는 다음의 것들이 있다는 데 동
의해야 합니다. 첫째 것은 동일성을 유지하는 형상이라는 것인
데, 그것은 생겨나지도 파괴되지도 않으며, 다른 데서 오는 것을
자기 안으로 받아들이지도 않고 자기가 어딘가의 다른 것 안으로
들어가지도 않으며, 눈에 보이지 않을뿐더러 다른 방식으로도 지
각되지 않는 것으로서 실로 지성적 사유의 탐구 대상으로 할당된
것이지요. 다른 한편으로, 둘째 것은 앞의 것과 이름이 같고 닮
은 것으로, 감각될 수 있고, 생겨난 것이자, 항상 운동 중에 있으
며, 어떤 장소에서 생겨나는가 하면 다시 그곳으로부터 사라지
고, 감각을 동반한 의견을 통해 파악되는 것입니다. 다음으로 셋
째 것은 … 공간의 부류로서 언제나 존재하는 것으로서,[290] 그것
52b 은 소멸을 허용하지 않고, 생겨나는 모든 것들에 자리를 제공하
되, 그 자신은 감각의 동반 없이 어떤 서술적 추론[291]을 통해서나
포착될 수 있으며, 지극히 믿기 어려운 것이지요. 그것을 바라볼
때 사실상 우리는 꿈을 꾸는 듯한 상태에 놓이며, "존재하는 모
든 것은 필연적으로 어느 장소에 있어야 하고, 일정한 공간을 점
유해야 하며, 땅에도 없고 하늘 어디에도 없는 것은 아무것도 없
다"[292]라고 말하게 됩니다. 실로 이 모든 것들 및 이것들과 자매
지간인 것들의 경우에도, 더욱이 이것들이 잠 속에서가 아니라
참으로 있는 것과 관련된 것들이라 해도, 그 꿈으로 인해 우리는
52c 잠에서 깨어나 그것들을 구별함으로써 참을 말하는 것이 불가능

하게 되지요. 그러니까 모상의 경우, 그것이 생겨나는 기반 자체
가 결코 모상 자신에 속할 수 없고, 언제나 다른 어떤 것의 영상
으로서 움직이는 것인 이상,[293] 그런 이유로 해서 그것은 이런저
런 방식으로 존재에 달라붙음으로써 다른 어떤 것 안에 생겨나
는 것이거나, 그게 아니라면 그것은 도대체가 아무것도 아니라
고 보는 게 적절합니다. 반면에 참으로 존재하는 것에게는 다음
과 같이 엄밀하게 참인 설명이 도움이 될 겁니다. 즉 이것과 저
것이 서로 다른 것인 이상, 하나가 다른 하나 안에 생겨남으로써
그것들이 같은 것이면서 동시에 둘이 되는 일은 결코 없으리라   52d
는 것이지요.[294]

  자, 그렇다면 이것으로 제가 투표한 쪽과 관련하여[295] 그 설명
의 골자를 추려 보도록 하지요. 그러니까 존재와 공간과 생성이
있는데, 이 셋은 세 가지로 구별되는 것들이며, 하늘이 생겨나기
이전부터[296] 있었다는 것입니다. 그런데 생성의 유모는 적셔지기
도 하고 타오르기도 하며, 흙이나 공기의 형태[297]를 받아들이는
가 하면, 그것들에 잇따르는 여타의 모든 상태들을 겪음으로써   52e
온갖 종류의 모습으로 나타나지만, 정작 그것은 닮지도 균형 잡
히지도 않은 힘들로 가득 차 있기에 자신의 어떠한 부분에서도
균형을 유지하지 못하고, 모든 방향에서 불규칙하게 흔들림으로
써 그것들에 의해 그 자신이 요동치는가 하면, 이번에는 자기가
운동함으로써 다시 그것들을 요동치게 만든다는 것이지요. 그리

고 운동을 하게 된 그것들은 각각 이리저리 분산되며 끊임없이
이동하게 되지요. 마치 키를 비롯하여 낟알을 고르는 데 쓰는 도
구들에 의해 요동치고 걸러지는 것들이, 조밀하고 무거운 것들
은 이쪽으로 이동하고 성기고 가벼운 것들은 저쪽으로 이동하면
서 자리를 잡듯이 말입니다. 그때 네 종류의 것들은 그렇게 수용
자에 의해 요동치게 되니, 수용자 자신은 마치 진동을 일으키는
도구처럼 운동함으로써, 가장 닮지 않은 부류들을 서로에게서
가장 멀리 떨어뜨려 놓는 반면, 가장 닮은 부류들은 최대한 같은
곳에 모이게 하는데, 실로 그런 이유로 해서 그것들은 각각 다른
공간을 점유하게 되는 것이지요. 그것들에 질서가 부여됨으로써
우주가 생겨나기 이전부터 말입니다. 그런데 우주가 생겨나기
이전에 그것들 모두에게는 비례도 균형도 없었어요. 신이 우주
를 질서 지우는 일에 착수했을 무렵, 처음에 불과 물과 흙과 공
기는 자기들의 몇몇 흔적들을 가지고 있긴 했지만, 그것들은 마
치 어떤 것에서 신이 떠나 있을 때 모든 것들이 처할 법한 그런
상태에 전적으로 놓여 있었던 것이지요. 바로 그때 그렇듯 원초
적인 상태에 있었던 그것들에 대하여 신은 도형과 수를 가지고
서[298] 형태를 부여해 나갔던 것입니다. 그런데 아름답지도 훌륭
하지도 않은 것들을 가능한 한 가장 아름답고 가장 훌륭하게 신
이 구성했다는 사실은 무엇보다도 우리가 항상 입에 담고 있어
야 할 것입니다. 그러면 이제 생소한 설명을 통해서 그것들 각

53a

53b

94

각에 질서가 부여되고[299] 생겨나는 방식을 여러분께 밝히는 일에   53c
착수해야겠군요. 그러나 여러분은 논의 내용을 입증하는 데 필
요한 방법들을 교육을 통해 공유하고 있으니 따라오실 수 있을
겁니다.[300]

먼저 첫 번째로 불과 흙과 물과 공기가 물체라는 것은 확실히
누구에게나 분명할 겁니다. 물체의 형태를 지닌 것은 모두 깊이
도 가지고 있지요. 또한 깊이의 경우, 면이 둘러싸고 있다는 것
역시 전적으로 필연적입니다. 그리고 직선으로 둘러싸인 평면[301]
은 삼각형들로 구성된 것입니다. 그런데 모든 삼각형은 두 가
지 삼각형으로부터 출발하는데, 둘 각각은 하나의 직각과 나머   53d
지 예각들을 갖고 있지요. 두 삼각형들 중 하나는 서로 같은 두
변의 양쪽으로부터 직각으로 이등분된 부분을 갖는 것이고, 다
른 하나는 서로 같지 않은 변들 위에서 동등하지 않게 할당된 부
분을 직각으로 갖는 것입니다.[302] 우리는 이것을 실로 불 및 다
른 물체들의 원리라고 가정함으로써 필연과 함께 그럼직한 설명
에 따라[303] 논의를 진행하도록 합시다. 반면에 이것들보다 상위
의 원리들은 신이나 아는 것들이고, 사람들 중에는 신에게 사랑
받는 자 정도가 알 뿐이지요.

자, 우리가 설명해야 할 것은 가장 아름다운 네 가지 물체가   53e
되는 것들이 어떤 것들이기에, 자기들끼리 닮지 않았으면서도,
그것들 중 몇몇이 해체됨으로써 서로로부터 생겨날 수 있는가[304]

하는 것입니다. 사실 그 답을 만날 수 있다면, 우리는 불과 흙, 그리고 비례에 따라 그 중간에 놓인 것들의 생성에 관한 진리를 얻게 될 겁니다.[305] 왜냐하면 그것들 각각이 하나씩의 부류에 따라 있는 것들인 이상,[306] 우리는 다음과 같은 주장, 즉 그것들보다 더 아름다운 가시적인 물체가 어딘가에 있으리라는 주장에 대해서는 그 누구와도 동의하지 않을 테니까요. 따라서 우리는 아름다움에서 돋보이는 네 종류의 물체들을 조화롭게 짜맞추고, 그것들의 본성을 우리가 충분하게 파악했다고 단언할 수 있도록 열의를 다해야 할 것입니다.[307]

54a 그런데 두 가지 삼각형들 가운데 직각 이등변삼각형은 한 가지 유형만을 할당받은 반면, 직각 부등변삼각형은 무수히 많은 유형들을 할당받았지요.[308] 그렇다면 우리가 양식에 맞게 시작하려 한다면, 이번에는 무한정한 것들 중에서 가장 아름다운 것을 골라야 합니다. 그러므로 누군가가 그것들의 구성을 위해 더 아름다운 것을 선택하여 말할 수 있다면, 그 사람이야말로 적이 아니라 친구로서 우승자가 되겠지요. 어쨌든 우리는 많은 삼각형들 가운데 다른 것들은 건너뛰고, 가장 아름다운 것을 하나 놓게 되는데, 그로부터 세 번째로 구성되는 것이 정삼각형입니다.[309]

54b 그 이유에 대한 설명은 길어요. 하지만 그것을 논박하고, 사실이 그렇지 않다는 것을 밝혀내는 사람이 있다면, 그에게는 우정의 상이 기다리고 있을 겁니다.[310] 그렇다면 불 및 다른 원소들의 몸

을 만들어 주는 두 가지 삼각형이 선택된 걸로 하죠. 그 하나는 이등변삼각형이고, 다른 하나는 더 긴 변이 더 짧은 변보다 제곱 에서 언제나 세 배가 되는 삼각형입니다.[311] 자, 그러면 앞에서는 확실하지 않게 말했던 것을 이제는 더 확실히 구별해야 합니다. 왜냐하면 그 네 종류에 속하는 것들은 모두 서로로부터 서로에 게로 생겨나는 것처럼 보입니다만, 그것은 바르게 나타나는 것 이 아니기 때문이지요.[312]

사실 그 네 종류의 것들은 우리가 선택했던 삼각형들에서 생 54c 겨나는데, 세 종류는 부등한 변을 지닌 삼각형 한 가지로 이루어 진 반면, 네 번째 종류 하나만은 등변삼각형으로부터 결합된 것 입니다. 따라서 모든 물체들이 서로 해체되면서 다수의 작은 것 들로부터 소수의 큰 것들이 생겨난다거나 혹은 그 반대의 경우 가 일어나는 것은 가능하지 않아요. 오직 세 가지 물체만이 그럴 수 있지요.[313] 왜냐하면 그것들은 원래 모두 한 종류의 삼각형으 로부터 생겨난 것들이기에, 더 큰 것들이 해체될 때는 같은 것들 로부터 다수의 작은 것들이 자기들에게 적당한 형태를 받아들임 으로써 구성될 것이요, 다시 이번에는 다수의 작은 것들이 삼각 형들로 흩어질 경우, 그것들이 덩어리[314]를 이루어 그 수가 하나 54d 가 되면, 또 다른 커다란 형태를 하나 만들어 낼 테니까요.

그렇다면 이것으로 서로 간의 생성에 관해서는 설명이 된 걸 로 하지요. 다음으로 말해야 할 것은 그것들 각각이 어떤 형태가 되었고, 또 얼마나 많은 수가 모여서 나오게 되었나 하는 것입니다. 그것은 일차적인 형태[315]이자 가장 작은 구성물에서 출발하는데, 짧은 변보다 두 배 길이의 빗변을 갖는 삼각형을 자신의 요소로서 갖게 됩니다. 그런데 그런 것들이 두 개씩 빗변을 따

54e 라 모이고, 또 그것이 세 번 생겨나며, 대각선들과 짧은 변들을 중심인 한 점에 고정시킬 경우, 하나의 정삼각형이 수적으로 여섯 개인 요소삼각형들로부터 생겨나지요.[316] 그리고 정삼각형 넷

55a 이 모이면 세 개의 평면각이 합쳐져서 하나의 입체각을 만드는데, 이것은 평면각들 중에서 가장 무딘 각 다음에 나오는 각[317]이에요. 그리고 그런 각들 넷이 완성되면, 구 전체를 동등하고 닮은 부분들로 나눌 수 있는 첫 번째 종류의 입체[318]가 구성됩니다. 반면에 두 번째 것은 같은 삼각형들로 이루어지되 여덟 개의 정삼각형에 의해 구성된 것으로, 네 개의 평면각들로부터 하나의 입체각을 산출하는 것이지요. 그리고 그와 같은 것이 여섯 개 생겨나면 이번에는 두 번째 물체[319]가 그런 식으로 완성을 보게 됩니다. 다른 한편, 세 번째 것은 백이십 개의 요소삼각형들의 결

55b 속에서 비롯되며 열두 개의 입체각으로 이루어지는데, 다섯 개의 평면 정삼각형들에 의해 입체각들 각각이 둘러싸일 때, 스무 개의 정삼각형의 면을 갖는 것으로서 생겨난 것입니다.[320] 그리하여 두 요소삼각형 가운데 하나가 이것들을 산출한 뒤에 물러나고,[321] 이번에는 직각 이등변삼각형이 네 번째 물체를 낳게 되니,

이 삼각형이 네 개씩 결합되고 그 중심으로 직각들을 모아 냄으로써 하나의 정사각형을 산출해 냈던 것입니다.[322] 그리고 그런 것들 여섯 개가 결속되어 여덟 개의 입체각을 완성해 내는데, 이 때 각각의 입체각은 세 개의 평면 직각들에 의해 함께 결합된 것이지요. 그리고 그렇게 구성된 물체의 형태는 입방체로서, 그것은 여섯 개의 평면 정사각형을 면으로 갖는 것이었습니다.[323] 하지만 여전히 하나의 구조, 그러니까 다섯 번째 물체[324]가 더 있는데, 신은 이 우주를 위하여, 즉 이 우주를 다채롭게 그려 내기 위하여[325] 그것을 사용했습니다.

55c

자, 그런데 어떤 사람이 이 모든 것들을 고려하면서 세계가 무한개라고 말해야 할지, 아니면 유한개라고 말해야 할지에 대해 적절하게 고민을 해 본다면, 그 사람은 세계가 무한개라고 말하는 것이야말로 숙지하고 있어야 할 영역에서 실로 미숙한 자가 취할 입장이라고 생각할 겁니다.[326] 반면에, 생겨난 우주가 한 개라고 말하는 것이 진리에 부합하는지, 아니면 다섯 개라고 말하는 것이 진리에 부합하는지에 대해서라면, 그는 그것이 오히려 멈춰 서서 고민을 해 봄직한 문제라고 생각할 것입니다.[327] 그렇다면 사실상 우리의 입장은 그럼직한 설명에 따라 우주가 본래 신으로서 하나임을 분명히 밝히는 바이지만,[328] 다른 누군가는 그 나름대로 다른 것들을 보고서 다른 의견을 가질 수도 있겠지요.

55d

하지만 그 사람은 내버려 두죠. 반면에 지금까지의 논의에서

생겨난 종류의 것들을 불과 흙과 물과 공기에 할당해 주도록 합

55e 시다. 그러면 흙에다가는 입방체의 형태를 주도록 하죠. 왜냐
하면 네 종류의 것들 가운데 흙이 가장 움직임이 없으며, 물체
들 중에서는 가소성(可塑性)이 가장 뛰어나기 때문이지요. 그런
데 필연적으로 그런 성질을 가장 많이 지닌 것은 가장 안정된 면
을 가진 것입니다. 그리고 처음에 가정했던 삼각형들[329] 중에서
는 등변삼각형들의 면이 부등변삼각형들의 면보다 본성상 더 안
정되어 있지요. 또한 양자로부터 구성된 면의 경우에도, 정사각
형이 등변삼각형보다 부분에 있어서나 전체에 있어서나 필연적
56a 으로 더 안정된 상태를 유지하지요.[330] 그리하여 흙에다가는 그
것을 할당해 줌으로써 우리는 그럼직한 설명을 구하게 되며, 이
번에는 물에다가 나머지 것들 가운데 가장 움직임이 덜한 형태
를 할당해 주고, 가장 잘 움직이는 형태는 불에다가, 그리고 그
중간 것은 공기에다 할당해 줌으로써 그럼직한 설명을 구제하게
되는 것이지요.[331] 또한 가장 작은 물체는 불에다, 가장 큰 물체
는 물에다, 그리고 중간 크기의 물체는 공기에다가 할당해 주는
가 하면, 또 이번에는 제일 뾰족한 것은 불에다, 둘째가는 것은
공기에다, 그리고 셋째인 것은 물에다 할당해 줌으로써 그리 할
것입니다.

그러므로 이제 그것들 모두를 놓고 보면, 가장 적은 수의 면
을 가진 것이 본성상 가장 잘 움직이는 게 필연적이지요. 왜냐하

면 모든 측면에서 볼 때, 그것은 모든 것들 중에서 가장 날카롭 56b
고 가장 뾰족하며, 아울러 가장 적은 수의 같은 부분들로 구성되
었기에 가장 가벼우니까요.[332] 반면에 둘째 것은 그와 같은 성질
들을 두 번째로 갖고 있으며, 셋째 것은 세 번째로 갖고 있는 것
입니다. 그러면 바르고 그럼직한 설명에 따라, 피라미드의 형태
가 불의 요소이자 씨앗이 된 것이라고 하죠. 그리고 생성의 순
서에 따라, 둘째 것이 공기의 요소이자 씨앗이 된 것으로, 또 셋
째 것이 물의 요소이자 씨앗이 된 것으로 합시다. 사실상 그 모 56c
든 것들은 너무나도 작아서, 각각의 종류에 속하는 것들이 하나
하나로 있을 때는 그 작음 때문에 어떠한 것도 우리에게 보이지
않고, 여럿이 한데 뭉칠 때만 그것들의 덩어리가 보인다고 생각
해야 합니다. 그뿐만 아니라 수들과 운동들, 그리고 도처에 있는
다양한 특성들 가운데 비례에 속하는 것들[333]의 경우에도, 필연이
자발적으로든 설득에 의해서든 신에게 복종하는 한,[334] 그것들은
모든 면에서 신에 의해 엄밀한 방식으로 완성된 것들이요, 신이
그것들을 비례에 따라 조화롭게 결합했다고 생각해야 합니다.

자, 이상의 부류들과 관련하여 우리가 앞서 언급한 것들을 모
두 고려할 때, 가장 그럼직한 설명은 다음과 같습니다. 먼저 흙 56d
이 불과 만나서 불의 날카로움에 의해 쪼개지면, 바로 그 불 속
에서 해체되거나, 아니면 공기라든가 물의 덩어리 안에서 해체
되거나 간에, 그것은 어딘가에서 자기의 부분들을 만나고, 다시

자기들끼리 결합되어 흙이 될 때까지 이동해 다닐 것입니다. 왜 냐하면 그것이 다른 형태로 가는 일은 결코 없을 테니까요.[335] 다른 한편, 물이 불에 의해 나뉘거나 또는 공기에 의해 나뉠 경우,

56e 불의 입자 하나와 공기 입자 두 개가 구성되어 생겨날 수 있지 요.[336] 이번에는 공기 조각들의 경우, 해체된 한 개의 입자[337]로부터 불의 입자 두 개가 생겨날 수 있을 것입니다.[338] 또 이번에는 소량의 불이 다량의 공기나 물, 흙 같은 것에 둘러싸이고, 이동하는 것들 속에서 운동을 겪는 가운데, 싸우다가 패하여 쪼개질 때마다 불 입자 두 개는 한 개의 공기 형태를 구성하게 되지요. 또 공기가 압도당하여 조각나면, 두 개 반의 공기 입자로부터 한 개의 온전한 물의 형태가 결속되어 있게 될 것입니다.[339]

자, 그러니까 그것들에 대해 다시 한 번 이렇게 따져 봅시다.

57a 그러니까 다른 것들에 속하는 한 가지가 불에 붙잡히면서 불의 각들과 변들이 지닌 날카로움에 의해 쪼개질 때, 그것이 불의 성질을 갖는 것으로 구성될 경우에는 쪼개지기를 그치겠지만 — 왜냐하면 각각 자신과 닮고 동일한 부류에게는 어떤 변화를 일으키는 것이 가능하지 않을뿐더러, 동일하고 닮은 상태로 있는 것에 의해서는 무엇인가를 겪는 것도 가능하지 않기 때문이지요.[340] — 그것이 다른 어떤 것으로 되고 더 약한 것으로서 더 강한 것과 싸우는 한에서는 해체되기를 그치지 않는다는 것입니다. 또 이번에는 소량의 더 작은 것들이 다량의 더 큰 것들에 둘

러싸여 쪼개지면서 꺼질 때, 그것들이 압도하는 쪽의 형태로 구 57b
성되고자 할 경우에는 꺼지기를 그치며, 불로부터는 공기가, 공
기로부터는 물이 생겨나지요. 반면에 그것들이 같은 것들로 이
행하고, 다른 종류에 속하는 무엇인가가 다가와 싸움이 일어날
경우에는, 그것들은 완전히 밀려나고 해체되어 동류인 것을 향
해 도망치든가, 아니면 패배한 뒤에 무리 지어 승리한 것과 닮은
하나가 됨으로써 그것의 이웃으로 머물든가 하기 전에는 해체를
그치지 않을 것입니다.[341] 아울러 그 상태들을 겪음에 따라 모두 57c
가 장소를 바꾸게 되지요. 왜냐하면, 수용자의 운동 때문에[342] 각
각의 부류에 속하는 무리들은 저마다 고유한 장소에 떨어져 있
었지만, 매번 자기들과는 닮지 않고 다른 것들과 닮게 되는 것들
은 진동으로 인해 그것들이 닮게 되는 것들의 장소로 이동하기
때문입니다.

그리하여 섞이지 않고 일차적인 것들 모두가 그와 같은 원인
들[343]로 인해 생겨난 것이지요. 그런데 그것들의 형태들 안에서
도 다양한 부류들이 생겨나는 까닭은 두 삼각형 각각이 구성되
는 방식 탓이라고 봐야 합니다. 즉 양자가 각각 구성될 때 처음 57d
부터 그저 한 가지 크기만을 가진 삼각형이 나왔던 것이 아니라
더 작기도 하고 더 크기도 한 삼각형들이 나왔는데, 그 수가 그
형태들 안에 들어 있을 수 있는 부류들만큼이나 많았던 것이지
요.[344] 사실상 그런 이유로 해서 그것들이 자기들끼리 섞이거나

다른 것들과 섞이거나 할 때, 그것들은 다채로움에 있어서 무한한 것입니다. 그리고 자연에 관하여 그럼직한 설명에 의지하고자 하는 사람들은 실로 그러한 다채로움의 관찰자가 되어야 하는 것이지요.

이번에는 운동 및 정지와 관련하여 그것들이 어떤 식으로, 또 어떤 조건들 아래서 생겨나는지에 대해 동의가 이루어지지 않는다면, 많은 것들이 이후의 추론에 걸림돌로 작용할 것입니다. 확실히 그것들에 관해서는 이미 이야기했지만,[345] 그것들에 더해 이것, 그러니까 균등함 속에는 결코 운동이 있으려 하지 않는다는 것도 이야기해야 합니다. 왜냐하면 운동을 일으키려는 것도 없는데 운동을 겪을 것이 있다거나, 운동을 겪을 것이 없는데 운동을 일으키려는 것이 있다거나 하는 것은 어려운, 아니 차라리 불가능한 일이니까요. 오히려 이것들 없이는[346] 운동이 있을 수 없으며, 다른 한편으로 이것들은 결코 균등할 수 없습니다. 그런 식으로 항상 정지는 균등함 속에, 그리고 운동은 불균등함 속에 놓도록 하지요. 그런데 불균등한 성질의 원인은 부등함에 기인합니다. 그리고 부등함의 발생에 대해서는 우리가 위에서 다루었지요.[347] 그렇지만 도대체 어떻게 해서 각각의 것들이 종류별로 완전히 분리되고 서로를 통한 운동과 이동[348]을 멈추지 않는가 하는 문제에 대해서는 말하지 않았습니다. 그렇다면 다시 이렇게 이야기하도록 하지요.[349]

우주의 회전은 온갖 종류의 것들을 품고 있으며, 구형이며, 자신을 향해 모이려는 성질을 타고났기에, 그것은 모든 것들을 단단히 죄고 빈 공간이라고는 일절 남겨 놓지 않는다고 말입니다.[350] 그렇기 때문에 불이 모든 것들 속으로 가장 잘 뚫고 들어 58b 가는 반면, 공기는 미세함에서 두 번째로 태어났기에 두 번째로 그러하며, 다른 것들의 경우도 그런 식인 것이지요. 왜냐하면 가장 큰 입자들로 이루어진 것들은 그 구조 안에 가장 큰 틈[351]을 남겨 둔 반면, 가장 작은 것들은 가장 작은 틈을 남겨 두었으니까요.[352] 그때 압축에 의한 응집은 작은 것들을 큰 것들 틈으로 함께 몰아넣습니다. 그래서 더 작은 것들이 더 큰 것들 곁에 놓이게 되는데, 이때 더 작은 것들은 더 큰 것들을 분리시키고, 더 큰 것들이 더 작은 것들을 함께 결합시키면, 모두가 자기들의 장소들을 향해 이리저리 이동하게 되지요. 각자가 크기 58c 를 바꾸면서 점유하는 장소[353]도 바꾸기 때문입니다. 실로 그런 방식과 이유로 불균등함의 생성이 항상 유지됨으로써, 그것들의 운동이 언제나 있고, 또 있을 수 있도록 끊임없이 제공해 주는 것이지요.

그다음으로 생각해 봐야 할 것은 불에도 여러 종류가 있다는 것이지요. 이를테면 불꽃이라든가, 불꽃에서 흘러나오는 것으로서 태우지는 않고 눈에 빛을 제공하는 것이라든가,[354] 또 불꽃이 잦아든 후 잉걸 속에[355] 남아 있는 것이라든가 하는 것들 58d

말입니다.

공기의 경우도 같은 식이에요. 가장 맑은 것은 이름하여 '아이테르'라 불리고, 가장 탁한 것은 '안개'[356]와 '어둠'이라고 불리는가 하면, 다른 이름 없는 종들도 있는데, 그것들은 삼각형들의 부등함 때문에 생겨난 것들입니다.[357]

그리고 물의 종류는 먼저 둘로 나뉘는데, 그 하나는 액체에 속하는 것이고 다른 하나는 가용체에 속하는 것입니다. 한편으로, 액체 상태인 것은 물에 속하는 종류 가운데 작고 부등한 것들을 나눠 갖고 있기 때문에, 그 불균등성과 형태가 지닌 특성으로 인해, 자기 자신에 의해서뿐만 아니라 다른 것에 의해서

58e 도 잘 움직이게 되지요. 다른 한편으로, 더 크고 균등한 것들로 이루어진 종은 균등함으로 인해 굳어지기에, 앞의 것보다 더 안정적이며 무겁지요.[358] 그런데 그것은 침입하여 해체시키는 불의 작용에 의해 균등함을 잃게 되고, 균등함을 상실함에 따라 운동을 더 많이 나눠 가짐으로써 잘 움직이게 되니, 그것이 이웃한 공기에 의해 밀려나 땅 위로 뻗어 나갈 경우 덩어리가 와해되는 것을 '녹음'이라 하고, 땅 위에 펼쳐지는 것을 '흐름'이라 하여, 그 각각이 겪는 상태의 이름을 얻게 되는 것입니

59a 다. 다시 이번에는 불이 거기서 빠져나갈 경우, 그것이 허공으로는 빠져나갈 수 없기에[359] 인접한 공기를 밀치게 되고, 이 공기가 여전히 잘 움직이는 상태로 있는 액체 덩어리를 불의 자

리로 밀어냄으로써 밀려난 액체가 자기 자신과 섞이도록 하지요. 그리고 밀려난 물은 함께 모이고, 불균등함을 산출했던 불이 빠져나감에 따라 다시 균등함을 회복하며, 자기 자신과 같은 상태로 돌아가게 됩니다. 그렇게 불이 떠나는 것을 '냉각'이라 부르고, 그것이 떠나감에 따라 결속되는 것을 '응고'라고 부릅니다.

우리가 '녹을 수 있는 물'이라 부르는 모든 것들 중 가장 미세 59b
하고 가장 균등한 것들이 가장 조밀해질 경우, 그것은 종적으로 단일한 부류이고, 번쩍이며 노란 빛깔을 머금은 것으로서 가장 귀중한 재산인 황금이 되는데, 그것은 바위를 통해 걸러짐으로써 굳어진 것이지요. 다른 한편, 금의 한 갈래이자, 조밀함으로 인해 가장 단단하고 검은 빛깔을 띠는 것은 '아다마스'[360]라고 불립니다. 또한 황금의 입자들에 가깝긴 하지만, 하나 이상의 종을 지니고, 조밀함으로 치자면 황금보다 더 조밀하며, 흙의 입자를 조금만, 그것도 미세한 부분만을 나눠 갖기에, 결과적으로는 더 단단하지만, 자기 안에 커다란 틈들을 갖는다는 59c
점에서 더 가벼운 것이기도 한, 빛나고 응고된 물의 한 부류인구리가 구성되어 생겨나지요. 다른 한편, 구리와 혼합된 흙의 부분이 오래되어 서로에게로 다시 떨어져 나갈 경우 그 자체로 확연하게 드러나는데, 이를 '녹청(綠靑)'이라 부릅니다.

그밖에 그와 비슷한 것들의 경우에도[361] 우리가 그럼직한 이야기의 형식을 따르기만 한다면, 그 이상의 논의를 하는 것은 조금도 복잡한 일이 아닙니다. 그 형식에 관해 말하자면,[362] 누군가가 휴식을 취하고자, 항상 존재하는 것들[363]에 관한 설명들은 내려놓고, 생성에 관한 그럼직한 설명들을 검토하면서 후회 없는 즐거움을 얻게 될 때, 그는 살아가면서 적도에 맞고 분별 있는 놀이[364]를 벌인다고 할 수 있겠지요. 우리도 지금껏 그렇게 보내 왔으니, 같은 주제들에 관해 그다음으로 이어지는 그럼직한 설명들을 다음과 같이 다뤄 나가도록 합시다.

물이 불과 섞인 경우 그것은 전부 미세하고 액체 상태인 것으로서, 그 운동성과 땅 위에서 구르는 방식 때문에 '액체'라 불리지요.[365] 그 면은 흙보다 덜 안정적이고 자리를 내준다는 점에서 부드럽기도 한데, 그것이 불과 공기로부터 분리되어 혼자가 될 때는 더욱 균등해지지만, 빠져나가는 것들로 인해 자기 스스로 압축되지요. 그런 식으로 응축되었을 때, 상공에서 그것들을 가장 심하게 겪는 것을 '우박'이라 부르고, 땅 위에서 겪는 것은 '얼음'이라 부르지요. 반면에 응축을 덜 겪어서 절반가량 응결되는 경우, 그것을 상공에서 겪는 것은 '눈'이라 부르고, 땅 위에서 이슬로부터 응결되어 생긴 것은 '서리'라고 부릅니다.

이번에는 물에 속하는 종들의 경우, 그것들 대부분은 서로 섞인 것들로서 ― 유(類) 전체가 땅에서 솟아난 초목들에 의해 걸러

진 것들이기에 '즙'이라 불리긴 하지만 — 그 혼합들로 인해 각각
상이한 것들이 되었는데, 많은 것들이 이름을 부여받지 못한 반
면, 불을 포함하고 있는 종들[366] 네 가지는 그 특징이 뚜렷한 것
들[367]로서 자기들의 이름을 얻게 되었으니, 하나는 몸과 함께 혼
을 데우는 포도주이고, 다른 하나는 미끄럽고 시각적으로 확산
되는가 하면,[368] 또 그런 이유로 해서 보기에 빛나고 반짝거리며
[369] 윤기가 있는 것으로 나타나는 기름 종류로서, 그것들은 나뭇
진과 피마자유, 그리고 올리브유 자신 및 그와 동일한 특성[370]을
지닌 여타 모든 것들을 말하지요. 셋째 것은 입 둘레에 몰려 있
는 미각 기관들을 본래대로 확장시켜 주는 것으로, 그런 성질을   60b
통해서 단맛[371]을 산출하는 것이기도 한데, '꿀'[372]이라는 이름을
가장 일반적인 명칭으로 얻었지요. 마지막은 태워서 살을 분해
하는 것인데, 거품의 종류에 속하며 모든 즙들로부터 분비되는
것으로서 '산성즙'이라 불립니다.[373]

흙의 종류에 관해 말하자면, 먼저 물을 통해서 걸러진 것은 다
음과 같은 방식으로 돌로 이루어진 물체가 됩니다. 흙과 혼합되
어 있던 물이 혼합되어 있는 가운데 쪼개지면, 그것은 공기의
형태로 변하지요. 그리고 공기가 되어서는 자신의 장소[374]를 찾   60c
아 솟아오릅니다. 하지만 그것 주변에 허공이라고는 일절 없지
요.[375] 그래서 그것은 주변의 공기를 밀어냅니다. 그런데 이 공
기가 무겁기 때문에,[376] 밀려나서 흙덩어리 주위에 쏟아져 내리

고, 흙을 심하게 압박하며, 새로운 공기[377]가 빠져나간 자리까지 밀어내지요. 그렇게 공기에 의해 응축되어 물에 녹지 않을 정도가 된[378] 흙이 '바위'를 이루는데, 그 크기가 같고 균등한 입자들로 된 것은 투명하여 더 아름다운 반면,[379] 그와 반대인 것은 더
60d 흉합니다. 다음으로 빠른 불의 작용에 의해 수분이 모두 날아가고 앞의 것보다 더 부서지기 쉬운 것이 형성되면, 우리가 '도토(陶土)'라고 부르는 종류에 속하는 것이 생겨납니다. 그런가 하면 수분이 남아서 흙이 불의 작용에 의해 녹는 경우도 있는데, 그것이 다시 차가워지면 검은 빛깔을 띤 돌이 됩니다.[380] 이번에는 같은 방식으로 혼합된 것[381]에서 다량의 물이 빠져나가고 남은 것이 두 가지가 있는데, 이것들은 흙의 더 미세한 입자들로 되어 있고, 짠맛이 나며, 절반만 응고된 상태로 있고, 다시 물에 의해 녹을 수 있는 것들로서, 하나는 기름과 먼지를 씻어 내는 종류인
60e 소다이고, 다른 하나는 입안의 감각과 관련된 조합에 잘 들어맞는 것으로서, 관습에 따라 말하자면, 신이 사랑한다고 하는[382] 소금의 입자가 되었던 것이지요.

그런데 불과 물이 함께 결합된 것들은 물로써는 해체되지 않고 불로써만 해체되는데, 그것은 저 둘이 다음과 같은 이유로 그렇게[383] 응고되었기 때문입니다. 흙덩어리를 불과 공기로는 녹이지 못하죠. 왜냐하면 흙의 구조에 난 틈보다 불과 공기의 입자가 본성상 더 작기 때문이에요. 즉 그것들이 많은 여유 공간을 통해

지나다녀도 구속을 받지 않기 때문에, 그것이 해체되지 않게 놔 둠으로써 흙은 녹지 않아도 되는 것이지요. 반면에 물의 입자들 은 본성상 더 크기 때문에 강제로 통로를 만들며 나아감으로써 흙을 해체하여 녹게 만드는 것입니다. 그러니까 흙이 강력하게 61a 결합되어 있지 않은 경우에는 그런 식으로 오직 물로만 해체할 수 있는 반면, 강력하게 결합되어 있는 경우에는 불 말고는 어떠 한 것으로도 해체할 수 없지요. 왜냐하면 불 외에는 어떠한 것에 도 입구가 남아 있지 않기 때문입니다. 이번에는 물의 결속에 대 해 말하자면, 아주 강력하게 결속된 것은 오직 불만이 해체할 수 있는 반면, 결속이 한결 약한 것은 양자가, 그러니까 불과 공기 가 해체할 수 있지요. 공기는 물의 틈을 통과함으로써 그럴 것이 고, 불은 심지어 물을 삼각형들로 분리시킴으로써 그럴 테니까 요. 또한 공기가 강력하게 구성된 경우에는 그 요소를 통해서 말 고는 어떠한 것도 그것을 해체할 수 없는 반면, 구성이 강력하지 않은 것은 오직 불만이 와해시킬 수 있습니다.[384]

그러므로 흙과 물로 혼합된 물체에 속하는 것들의 경우,[385] 거 기서 물이 흙에 난 틈을 점유하고 있는 한, 설령 이것들이 강제 61b 로 압박을 받는다 하더라도, 바깥에서 쇄도해 오는 물의 입자들 은 입구를 확보하지 못하기 때문에 덩어리 전체의 주변을 흐를 뿐 해체하지 못하고 놔두게 됩니다. 반면에 불의 입자들은 물에 난 틈 안으로 들어가면서 물이 흙을 상대로 했던 것과 같은 그런 일을 불이 공기를 상대로 행함으로써,[386] 결합된 몸이 녹아서 흐르게 되는 유일한 원인이 되는 것이지요. 한편, 그런 것들 중에서 흙보다 물을 더 적게 갖고 있는 것들에는 유리와 관련된 종류

61c 일체와 돌 중에서 '가용적인 종'이라 불리는 것들이 속하며, 물을 더 많이 가진 것들에는 밀랍이나 향료처럼 응고될 수 있는 물체들 모두가 해당됩니다.

이렇게 해서 그 형태들과 결합방식, 그리고 서로 간의 전화(轉化)를 통해 다채로워진 종들이 사실상 거의 다 제시된 셈이네요. 이번에는 그것들의 인상들[387]이 어떤 원인들로 해서 생겨났는지를 밝히도록 힘써야 합니다. 그러자면 우리가 논의하려는 것들에는 언제나 감각 작용이 있음을 먼저 전제해야 합니다. 아직 우리가 살과 살 주위에 있는 것들의 생성,[388] 그리고 혼의 사멸적인 부분[389]에 대해서는 자세히 다루지 않았지만 말이에요. 하지만

61d 그것들은 감각 가능한 인상과 관련된 것들 없이는 충분히 논의될 수 없지요. 물론 이것들 역시 그것들 없이는 충분하게 논의될 수 없고요. 그렇다고 둘을 동시에 논의하는 것은 거의 불가능합니다. 그러니 먼저 한쪽을 가정해야 하며, 그렇게 가정했던 것들로는 나중에 다시 돌아갈 것입니다.[390] 그러면 그 부류들에 이어서 바로 이 인상들을 논의하기 위해서, 우리로서는 먼저 몸과 혼이라고 하는 것들이 있다고 합시다.

자, 그렇다면 먼저 어떻게 해서 우리가 불이 '뜨겁다'고 말하게

되는지에 관해 다음의 것을 검토하면서, 그러니까 불의 가르고
쪼개는 작용이 우리 몸에 발생하는 것을 염두에 두고서 살펴보   61e
도록 합시다. 왜냐하면 그 느낌이 일종의 날카로움이라는 것은
우리들 거의 모두가 감각하는 것이니까요. 사실 불의 모서리는
예리하고, 각은 날카로우며, 입자들은 작고, 운동은 빠르지요.
이 모든 것들로 인해, 불은 맹렬하고 예리한 상태로 있으면서 마
주치는 것들을 언제나 날카롭게 잘라내니, 그런 점에서, 그것의   62a
형태가 어떻게 생겨났는지를 떠올려 본다면, 다른 본성이 아니
라 바로 그 본성이야말로 우리의 몸을 가르고 잘게 조각내는 것
으로서, 오늘날 우리가 '뜨겁다'라고 그럼직한 방식으로 말하는
그런 인상과 이름을 부여한 것이라고 추론해야 합니다.[391]

　이것들과 반대인 것 역시 분명하지만, 그렇다고 해서 뭐든 설
명이 부족한 상태로 내버려 두지는 맙시다. 그러니까 실제로 몸
주변의 액체들 가운데 더 큰 입자들이 들어와서 더 작은 것들을
밀어낼 경우, 더 큰 것들은 더 작은 것들의 자리 안에 들어설 수
가 없기에 우리 안의 수분[392]을 압박하게 되고, 불균등하고 운동   62b
중에 있는 수분을 균등함과 압축을 통해 부동의 상태로 만듦으
로써 응결시킨다는 것이지요.[393] 그런데 본성에 반해 결합된 것
은 본성에 맞게 자기 자신을 반대 방향으로 밀어내기 위해 분투
합니다. 바로 이 투쟁과 이때의 요동에 부여된 이름이 '떨림'과
'오한'이며, 그런 모든 상태 및 그것을 일으키는 것의 이름이 '차

가움'인 것입니다.

　이번에는 '딱딱함'이란 우리의 살이 굴복하는 모든 것들을 말하는 반면, '부드러움'은 살에 굴복하는 모든 것들을 말하죠. 이것들은 서로 간에도 그렇습니다.[394] 그런데 굴복하는 것은 작은 것에 기반해 있는 것이지요. 반면에 정사각형들로 이루어진 것[395]은 확고하게 서 있기에 가장 강하게 저항하는 종이며, 가장 조밀하게 모여 있기에 최대한으로 반발하는 것이기도 합니다.

62c

　또한 '무거움'과 '가벼움'은 '아래'와 '위'라고 불리는 본성과 함께 검토할 때 가장 분명하게 밝혀질 것입니다. 왜냐하면 본래 우주를 양분하는 두 개의 상반된 장소가 있어서, '아래'는 물체로 덩어리진 모든 것들이 이동하는 쪽이요, '위'는 모든 것이 억지로 가는 쪽이라는 생각은 결코 바른 생각이 아니니까요. 하늘 전체가 구형인 이상, 중심으로부터 같은 거리에서 극단이 되는 것들은 모두 본성상 같은 방식으로 극단이 되어야 하며, 그 중심은 극단들로부터 같은 정도만큼 떨어져서 모두와 마주한 곳에 있다고 생각해야 하는 것입니다. 자, 이 세계가 본래 그렇게 되어 있다고 한다면, 우리는 언급된 것들 가운데 무엇을 '위'나 '아래'라고 놓았을 때, 전혀 어울리지 않는 이름으로 부른다는 책임을 면할 수 있다고 생각할까요? 왜냐하면 그것의 중심이 되는 장소는 본래 '아래'나 '위'라고 말하는 것은 옳지 않고, 그 자체로 중심에 있다고 말하는 것이 옳기 때문이지요. 반면에 둘레가 되는

62d

장소는 중심도 아니요, 자신의 부분과 다른 것의 부분이 맞은편이 있다는 것 이상으로 중심과 관련하여 차이를 갖지도 않습니다. 그런데 그것이 모든 면에서 본래 닮은 것이라면, 우리는 그것에 어떤 상반된 이름들을, 또 어떤 식으로 갖다 붙여야 훌륭하게 말했다고 생각할 수 있을까요? 만일 어떤 단단한 것이 우주의 한 중심에서 균형을 이루고 있다면, 그것은 극단들 가운데 어느 방향으로도 결코 이동하지 않을 것이니, 극단들은 모든 면에서 닮아 있기 때문이지요.[396] 그렇지만 또한 누군가가 그것 둘레를 둥글게 돈다면, 그는 몇 번이고 대척점에 서고는 그것의 같은 부분을 두고 '아래'라고 불렀다가 '위'라고 불렀다가 할 겁니다. 이 전체는 방금도 말했듯이 구형이라서, 어떤 장소는 아래고 어떤 장소는 위라고 말하는 것은 분별 있는 사람이 할 일이 아니지요.[397]

하지만 어디서 그 이름들이 비롯되었는지, 또 무엇에 그것들이 적용되길래 그것들을 통해 우리가 관습적으로 온 하늘 역시 그렇게 구별하여 부르게 되었는지, 그것들에 대해서는 우리가 다음을 가정함으로써 합의를 보아야 합니다.

우주 안에서도 주로 불이 자기 몫으로 할당받은 장소이자, 이동하는 불이 가장 많이 모여드는 그 장소에서, 누군가가 그 위로 올라가고, 또 그럴 만한 힘이 있어서 불의 입자들을 떼어다가 저울 위에 놓고 무게를 단다고 합시다. 그리고 그가 저울대를 들고

서 그 위에 놓인 불을 그것과 닮지 않은 공기 쪽으로 강제로 끌
63c 어당긴다면, 작은 몫의 불이 큰 몫의 불보다 더 쉽게 끌려갈 것
임에 분명합니다. 왜냐하면 하나의 힘으로 두 개가 동시에 들릴
경우, 끌려감에 있어서, 필연적으로 더 작은 것이 더 큰 것보다
그 힘을 잘 따를 것임에 분명하며, 더 큰 것은 '무겁고' '아래로
이동한다'고 불리는 반면, 더 작은 것은 '가볍고' '위로 움직인다'
고 불릴 것이기 때문입니다.

실제로 우리는 그와 똑같은 일을 이 장소에서 벌이고 있음을
깨달아야 합니다. 왜냐하면 우리가 땅 위에 서서 흙의 종류에 속
하는 것을 떼어 내거나, 때로는 흙 자체를 떼어 내고는, 그것들
을 닮지 않은 공기를 향해 강제로, 또 본성에 거스르게 끌어당기
63d 는데, 그때 그 둘은 자신과 동류인 것에 붙어 있으려 하지만, 더
작은 몫의 흙이 더 큰 몫의 흙보다 더 쉽게 힘에 굴복하여 닮지
않은 공기 쪽으로 먼저 딸려 가기 때문입니다. 따라서 우리는 그
것을 '가볍다'라고 부르며, 우리가 강요하는 장소를 '위'라고 부르
는 반면, 그것들과 반대로 겪는 상태는 '무겁다'와 '아래'라고 부
르는 것입니다. 그렇다면 사실상 그것들이 자기들끼리 관계하는
방식도 다양할 수밖에 없지요. 그 종류들 중 다수가 서로 반대되
는 장소를 점유하고 있으니까요. ― 왜냐하면 우리는 한 장소의
63e 가벼운 것이 반대편 장소의 가벼운 것과, 무거운 것이 무거운 것
과, 아래인 것이 아래인 것과, 그리고 위인 것이 위인 것과, 서로

간에 모두 대립하거나 비스듬히 놓이거나 완전히 다른 방향에 놓이며, 또 그런 상태로 있음을 발견하게 될 테니까요. — 하지만 그 모든 것들과 관련하여 이것 하나만큼은 유념할 필요가 있어요. 즉 각각의 것들에는 동류의 것을 향해 난 길이 있어서 그 길로 이동하는 어떤 것은 무거운 것으로 만들고, 또 그러한 것이 이동하는 장소는 아래로 만드는가 하면, 그것들과 다른 상태에 있는 것들은 다른 것들로 만든다는 것입니다.

그러면 이제 그것들이 주는 인상들에 관해서는 이상의 것들이 원인들이라고 이야기된 걸로 합시다. 이번에는 매끄럽거나 거친 인상의 원인에 대해서도, 아마 모두가 그것을 이해하고 다른 이에게 설명해 줄 수 있을 것입니다. 왜냐하면 거친 것은 딱딱함이 불균등함과 섞인 것인 반면, 매끄러운 것은 균등함이 조밀함과 섞여 생긴 것이기 때문이지요.

64a

몸 전체가 겪는 공통된 인상들과 관련하여 남은 가장 중요한 것은 즐거움과 괴로움의 원인이 되는 것으로서, 이 문제는 우리가 다루었던 인상들,[398] 그리고 몸의 부분들을 통해 감각을 얻게 될 때 그 자신들 안에 함께 잇따르는 괴로움과 즐거움을 갖는 인상들[399] 모두에도 해당됩니다. 자, 그러면 감각되는 것이든 감각되지 않는 것이든 간에 모든 인상의 원인들에 대해서는 다음을, 그러니까 우리가 앞서 구별한 바 있는,[400] 본성상 잘 움직이는 것과 잘 움직이지 않는 것을 떠올리면서 살펴보도록 합시다. 왜냐

64b

하면 우리가 포착하려고 마음먹은 것들은 사실상 모두 그런 식으로 추적해야 하기 때문입니다. 사실 본성상 잘 움직이는 것은, 설령 사소한 인상이라 하더라도, 그것이 자기 안에 들어올 경우, 한 부분이 다른 부분에 같은 인상을 산출함으로써, 그 인상이 분별을 지닌 것[401]에 도달하여 그것을 일으킨 것의 특성[402]을 전해 줄 때까지, 연쇄적으로 인상을 전파하지요. 반면에 반대의 성질을 지닌 것은 안정적이며 어떠한 것에 의해서도 연쇄적으로 진행하지 않고 그저 겪기만 할 뿐, 주변의 다른 것들을 움직이지는 않아요. 결국 그것은 한 부분 안에 있을 뿐 다른 부분으로 인상을 전파하지 않으니, 최초의 인상은 그 한 부분 안에서 생명체 전체로 운동하지 않기에, 그것을 겪는 자는 아무 감각도 얻지 못합니다. 그런데 이것들[403]에는 뼈와 머리카락, 그리고 우리 안에 지니고 있는 주로 흙으로 된 부분들이 해당되지요.[404] 반면 앞의 것들[405]에는 무엇보다도 시각과 청각이 해당되는데, 그것들 속에는 불과 공기의 특성이 가장 지배적인 것으로 들어 있기 때문입니다.[406]

그러면 즐거움과 괴로움의 인상에 대해서는 다음과 같이 생각해야 합니다. 즉 본성에 반하고 강제적이며 우리에게 급격하게 생겨나는 상태가 괴로움이요, 본성을 다시 회복하는 일이 한꺼번에 이루어지는 상태가 즐거움이라고 말입니다. 또한 부드럽고 조금씩 일어나는 상태는 감각되지 않는 반면, 그와 반대인 것은

64c

64d

반대로 됩니다. 또한 수월하게 생겨나는 것은 모두 가장 잘 감각
되지만 고통이나 즐거움과는 무관하지요. 이를테면 시각 자체와
관련하여 겪는 인상들이 그러한데, 시각은 낮 동안에 생기는, 우
리와 동류인 물질이라고 앞서 언급한 바 있지요.[407] 사실 거기서
는 잘리든, 불에 타든, 혹은 다른 무엇을 겪든 간에 어떠한 것도
괴로움을 일으키지 않고, 다시 같은 형태로 돌아간다고 해서 즐   64e
거움을 일으키지도 않지만, 시각이 겪는 것에 따라, 또 시선 자
체가 어디론가 뻗어 나가서 접촉하는 대상들에 따라, 감각들은
가장 크고 가장 분명하지요. 시선의 확장과 수축[408]에도 강제라
고는 일절 들어 있지 않으니까요.[409] 이와 달리, 더 큰 입자로 이
루어진 관들이 작용해 오는 것에게 간신히 길을 내주고 몸 전체
로 그 운동들을 전파할 때, 즐거움과 고통을 갖게 되지요. 즉 그
것들이 본래 상태와 달라질 때는 고통을, 그리고 다시 같은 상태   65a
로 회복될 때는 즐거움을 말입니다.[410] 또한 자기 자리를 내주고
비우는 일은 조금씩 수행하지만, 채우는 일은 급격하고 대규모
로 수행하는 것들의 경우, 그것들은 비우는 일에 대해서는 감각
할 수 없는 반면, 채우는 일과 관련해서는 감각할 수 있게 되어,
혼의 사멸적인 부분[411]에 괴로움이 아니라 가장 큰 즐거움을 제
공하지요. 그리고 그것들은 향기[412]와 관련하여 분명하게 나타납
니다. 반면에 본래 상태로부터 급격하게 달라지되, 다시 자기들
과 같은 상태로는 조금씩 또 가까스로 회복되는 것들은 모두 앞   65b

의 것들과는 정반대의 결과를 제공합니다. 그것들은 또한 몸이 잘리거나 불에 타는 경우를 통해 분명하게 드러나지요.

자, 그러면 몸 전체에 공통된 인상들과 그 인상들을 산출하는 것들에 주어진 모든 이름들에 대해서는 거의 다 이야기한 셈이네요. 이번에는 우리의 개별적인 기관들 안에 생겨나는 것들, 그리고 그것들을 산출하는 것들의 상태들과 원인들에 대해서도, 할 수만 있다면, 말하도록 힘써야 합니다. 그러면 우선, 우리가 앞서 즙에 관해 말하면서[413] 남겨 둔 것들, 그러니까 혀와 관련된 고유한 인상들에 대하여 할 수 있는 데까지 밝혀야 할 것입니다. 그런데 다른 많은 것들처럼 이것들 역시 일정한 수축과 확장으로 인해 생겨나는 것처럼 보이며, 그 외에도 다른 것들에 비해 거친 성질들이나 매끄러운 성질들[414]과 조금 더 관계하는 것처럼 보입니다. 왜냐하면, 맛을 시험하는 혀의 기관처럼 심장까지 뻗어 있는 가는 관들 주변으로 모여든 흙의 입자들이, 살의 축축하고 부드러운 부분 속으로 들어와서 녹게 되면, 그 입자들은 가는 관들을 수축시키고 마르게 하는데, 이때 더 거친 상태로 있는 것들은 '찌르는 맛'으로 나타나고, 덜 거친 상태로 있는 것들은 '쏘는 맛'으로 나타나기 때문이지요.

그런가 하면 관들을 청소하고 혀의 주변을 모두 씻어내는 것들의 경우, 이것들이 정도 이상으로 그 일을 하고 추가적으로 공격하여, 예컨대 소다의 특성처럼, 혀의 본래 모습을 일부 녹일

65c

65d

65e

120

정도가 되면, 그렇게 그것들 모두는 '쓰다'라고 불리는 반면, 소다가 지닌 성향보다는 덜하면서도 적당한 정도로 세척에 사용되는 것들은 거친 쓴맛 없이 '짜다'라고 불리며, 우리에게 한결 더 친근한 것들로서 나타나기 때문입니다.

또한 입의 열을 나눠 가진 것들이 그 열에 의해 부드러워지고, 불타오르며, 이번에는 자기들을 뜨겁게 한 것을 불사르고, 그 가벼움으로 인해 머리의 감각기관들을 향해 위로 이동하며, 부딪히는 모든 것들을 잘라 버리는 경우, 이러한 특성들로 인해 그런 것들은 모두 '맵다'라고 불리게 되었습니다. 66a

자, 이번에는 부패로 인해 미세해진 것의 입자들이 좁은 관 안으로 침투해 들어와서 그 안에 있는 흙 성분의 입자들 및 공기로 된 입자들과 적당한 비율을 유지하며, 운동을 일으켜서 그것들을 서로 휘젓게 만드는 경우,[415] 그때 흙 성분의 입자들과 공기 입자들은 휘저어짐에 따라 서로를 에워싸게 되니, 어떤 것들이 다른 것들 안으로 침투해 들어올 때는 들어오는 것들을 에워쌈으로써 속이 빈 것들[416]을 산출하지요. 속이 빈 수분이 공기를 둥글게 감 66b 쌀 경우, 그것은 흙 성분으로 되어 있을 때나 섞이지 않고 순수한 것으로 있을 때나 공기를 담는 수분 용기(容器)들, 즉 속이 비고 둥근 형태의 물이 되는데, 이때 순수한 수분으로 이루어지며 투명하게 감싸는 것들은 '물거품'이라는 이름으로 불리는 반면, 흙 성분으로 되어 함께 운동하고 상승하는 것들은 '발포(發泡)'와

'발효(醱酵)'라는 이름으로 불리는 것이지요. 그리고 이 인상들의 원인이 되는 것을 '신맛'이라고 부릅니다.

66c 그런데 이것들과 관련하여 논의된 모든 것들에 반대되는 상태는 이것들과 반대되는 계기에서 비롯되는 것이지요. 액체 상태로 들어온 것들의 구조가 본래 혀가 지닌 성향과 가까울 때마다, 그것은 거칠어진 것들을 매끄럽게 발라 주는가 하면, 본성을 거슬러 수축되거나 확장된 것들에 대해서는 뒤의 것들은 한데 모아 주고 앞의 것들은 느슨하게 해 주며, 최대한 본성에 맞게 모든 것들의 자리를 잡아 주기에 모두에게 즐겁고 기분 좋은 것이 되니,[417] 그와 같은 것들은 모두 거센 인상들의 치료제로서 '단맛'[418]이라고 불립니다.

66d 미각에 관해서는 이상과 같습니다. 반면에 콧구멍의 기능과 관련해서는 정해진 종류가 있는 것은 아닙니다. 왜냐하면 냄새에 속하는 것은 모두 절반만 형성된 것들이어서, 어떠한 종에서도 일정한 냄새를 갖기 위한 적당한 비율이 발생하지 않기 때문이지요. 아니, 오히려 냄새와 관련된 우리의 관들은 흙과 물로 된 종류에 비하면 너무 좁게 구성된 반면, 불과 공기로 된 종류에 비하면 너무 넓게 구성되어 있습니다. 그래서 어느 누구도 이것들 가운데 어떠한 것의 냄새도 결코 지각할 수 없었던 것이지요. 냄새는 어떤 것들이 젖거나 부패하거나 녹거나 증발하는 데

66e 서 생겨납니다. 왜냐하면 그것들은 물이 공기로 바뀌고 또 공기

가 물로 바뀔 때 그 사이에서 생겨난 것들이니까요. 또한 모든 냄새들은 증기이거나 안개인데, 그것들 중 공기에서 물로 가는 것이 안개[419]인 반면, 물에서 공기로 가는 것이 증기인 것이지요. 모든 냄새들이 물보다는 미세하고 공기보다는 굵은 것은 거기서 비롯된 것입니다. 이는 무엇인가가 호흡기와 주변을 막고 있을 때, 누군가가 억지로 숨을 자기 안으로 들이쉴 경우 분명하게 드러나지요. 왜냐하면 그때는 어떠한 냄새도 함께 통과하지 못하고 오직 숨 자신만이 냄새로부터 자유로워진 채 도달하기 때문입니다. 그래서 그 냄새들이 지닌 다채로움은 이름 없이 두 가지로 나뉘는데, 그것들은 일정한 수의 단순한 종들[420]로 이루어진 것이 아니라 오직 두 가지, 그러니까 '유쾌한 것'과 '불쾌한 것'[421]만이 거기서 뚜렷한 것들로서 언급되고 있으니, 뒤의 것은 우리의 정수리에서 배꼽 사이에 놓여 있는 비어 있는 공간 전체[422]를 거칠게 하고 억압하는 것인 반면, 앞의 것은 같은 것을 완화시켜 주며 다시 그것을 본래의 만족스러운 상태로 회복시켜 주는 것입니다. [67a]

다음으로는 우리의 세 번째 감각기관인 청각과 관련된 것들을 살펴볼 차례입니다. 우리는 어떤 원인들로 해서 청각과 관련된 인상들이 발생하는지 말해야 합니다.[423] 그렇다면 일반적으로 말해, '소리'란 공기의 작용에 의해 귀를 통하고 뇌와 피를 거쳐 혼까지 전달되는 충격이라 놓고, 충격에 의해 머리에서 출발하여 [67b]

간의 자리[424] 부근에 도달하는 운동, 그것을 '청각'이라고 놓읍시다. 그런데 그 운동이 빠르면 소리도 높고, 느리면 느린 만큼 소리도 더 낮지요. 또 그 운동이 일정할 때 소리는 균일하고 매끄러운 반면, 그 반대일 경우에는 거칠지요. 또한 소리가 큰 것은 운동이 강할 때인 반면, 그 반대인 것의 경우에는 소리도 작습니다. 하지만 소리의 조화에 관한 문제들은 향후 논의 속에서 반드시 이야기되어야 할 것입니다.[425]

67c

자, 아직 우리에게는 네 번째 부류의 감각이 남아 있어요. 우리는 그것을 분류할 필요가 있는데, 왜냐하면 그것은 자기 안에 많은 다채로운 것들을 갖고 있기 때문이에요. 우리는 그것들 모두를 '빛깔들'이라고 불렀는데, 빛깔은 각각의 물체들에서 흘러나온 불꽃들로, 이것들은 감각과 관련하여 시각에 비례하는 입자들을 갖고 있습니다.[426] 그런데 시각이 생겨난 원인들에 관해서는 앞서 그 자체로 이야기한 바 있습니다.[427] 그러니 여기서는 빛깔들과 관련하여 그것들에 적합한 논의를 해 나가는 것이 가장 그럼직하고 또 적절하겠지요.[428]

67d

다른 물체들로부터 이동해 온 입자들이 시선과 부딪힐 때, 어떤 것들은 시선 자체의 입자들보다 더 작고, 어떤 것들은 더 크며, 또 어떤 것들은 크기가 같지요. 그리하여, 크기가 같은 것들은 지각되지 않는 것들로서, 우리가 '투명하다'고 부르는 것들이지요. 반면에 더 큰 것들과 더 작은 것들의 경우, 전자는 시선을 수축시키는 것들인 반면, 후자는 시선을 확장시키는 것들로서, 이 둘은 살과 관련해서 말하자면 뜨거운 것들과 차가운 것들과 형제 간이요, 또 혀와 관련해서 말하자면 찌르는 맛과 얼얼하기 에 우리가 '맵다'라고 부르는 모든 맛과 형제 간인 것이지요. 흰 것과 검은 것 역시 위의 성질과 같은 인상들이지만, 다른 기관 안에 생겨나기 때문에 바로 그런 이유로 해서 다른 것들인 양 나 타나는 것입니다.[429] 그렇다면 그것들의 이름도 그런 식으로 불 러야겠지요. 즉 시선을 확장시키는 것이 '하양'이고, 그와 반대 인 것이 '검정'이라고 말이에요. 그런데 다른 종류에 속하는 불[430] 이 한결 더 맹렬한 운동으로 시선과 부딪히고, 눈에 이르기까지 시선을 확장시키며, 또 눈에 난 입구들 자체로 강제로 밀고 들어 가면서 그 입구들을 와해시키는 경우, 그런 운동으로 인해 거기 서는 불과 물이 함께 흘러나오게 되는데, 우리는 그것을 '눈물'이 라고 부르지요. 다른 한편, 그 자신이 불이기도 한 그 운동이 반 대 방향에서 오는 불과 만날 경우, 어떤 불은 섬광처럼 튀어 오 르는가 하면 어떤 불은 안으로 들어가 수분에 둘러싸여 꺼지기 도 하며, 그 소동 속에서 온갖 종류의 빛깔들이 생겨나는데, 우 리는 그런 상태를 '눈부심'이라고 부르는 한편, 그런 상태의 산출 을 '빛나다'와 '반짝이다'라는 이름으로 불렀습니다.[431]

또 이번에는 그것들[432]의 중간에 속하는 불의 한 종류가 눈에 있는 수분에 이르러 그 수분과 혼합되지만 반짝이지는 않는 경

67e

68a

68b

우[433]도 있지요. 그렇게 수분과 섞인 불의 빛이 수분을 통해 피를 머금은 빛깔을 산출하는 것에 대해 우리는 그 이름을 '빨강'이라고 부릅니다.

또한 밝은 빛[434]이 빨강이랑 하양과 섞이면 노랑이 되지요. 그런데 그것들이 어떤 비율로 섞이는지에 대해서는, 설령 누군가가 안다고 해도, 그것을 말하는 것은 결코 현명한 일이 아닙니다. 그것들에 관해서는 누군가가 필연성을 통해서도, 그럼직한 설명을 통해서도, 적절하게 말하기가 불가능하기 때문입니다.

68c 이번에는 빨강이 검정이랑 하양과 섞이면 '보라'가 되지요. 그런가 하면 '검보라'는 그렇게 섞이고 불탄 것들에 검정이 추가적으로 섞일 때 생기죠. 그리고 '황갈색'은 노랑과 회색의 혼합으로 생겨나고, '회색'은 하양과 검정의 혼합으로 생겨나며, 그런가 하면 '연노랑'은 하양이 노랑과 섞이는 데서 생겨납니다.

그리고 하양이 밝은 빛깔과 함께 섞이고 짙은 검정에 잠기면, '암청색'이 완성되지요. 또 암청색이 하양과 섞이는 데서 '청록'이, 그리고 황갈색이 검정과 섞이는 데서 '초록'이 나옵니다.

68d 아울러 다른 것들의 경우에도, 그것들이 어떤 혼합들과 닮게 됨으로써 그럼직한 이야기를 구제할 수 있는지가 이상의 예들로부터 거의 확실해진 셈입니다. 하지만 만일 누군가가 그것들을 탐구하면서 실제로 시험해 보려 든다면, 그는 인간적인 본성과 신적인 본성 간의 차이를 알지 못하는 자일 것입니다. 왜냐하면

신은 여럿을 하나로 혼합해 내고 또 거꾸로 하나를 여럿으로 풀어내는 일을 충분히 알고 있을 뿐만 아니라 그렇게 할 수도 있는 반면, 인간들 중에는 누구도, 그것들 가운데 어느 것과 관련해서도, 지금은 물론 앞으로도 충분하지 못할 테니 말입니다.

자! 그런 식으로 그 모든 것들은 본래 필연으로부터 생겨나 있 68e 었던바, 생겨나는 것들 가운데 가장 아름답고 가장 훌륭한 것을 만든 제작자는 자족적이고도 가장 완전한 신을 낳을 적에 그 모든 것들을 넘겨받았으니,[435] 그는 그것들과 관련된 원인들을 보조적인 것들로 사용하였지만,[436] 생겨나는 모든 것들 속에서 훌륭함을 구현해 낸 것은 바로 제작자 그 자신이었던 것입니다. 실로 그러하기에 우리는 두 종류의 원인, 그러니까 필연적인 것과 신적인 것을 구별해야 해요. 그리고 신적인 것이야말로, 행복 69a 한 삶을 얻기 위해 우리의 본성이 허용하는 한, 모든 것들 속에서 탐구해야 하는 것이지요. 그리고 필연적인 것은 신적인 것들을 위해 탐구해야 합니다. 즉 필연적인 것들 없이는 우리가 진지하게 몰두하고 있는 신적인 것들만을 그 자체로 이해할 수도, 파악할 수도 없으며, 달리 어떤 식으로도 신적인 것들에 참여할 수 없다는 점을 고려하면서 말입니다.[437]

그리하여 마치 목수들 앞에 목재가 놓여 있듯이, 우리들 앞에도 두 종류의 원인이 선별되어 놓여 있어서[438] 그것들로부터 나머지 논의를 짜야 하니, 다시 한 번 간략하게 출발점으로 돌아

가, 이곳에 도달한 우리의 논의가 출발했던 바로 그곳으로[439] 신
69b   속하게 이동합시다. 그리고 이제는 앞서 한 논의들에 잘 들어맞
는 결말이자 머리를 이 이야기에다 얹어 보도록 합시다.[440] 사
실 처음에 말했던 것처럼,[441] 모든 것들이 무질서한 상태로 있었
을 때, 신은 그것들 각각 안에 자신에 대해서는 물론, 서로에 대
해서도 균형들을 산출하였으니, 이는 모든 경우와 모든 방식에
서 비례와 균형을 유지할 수 있는 것들이었습니다. 왜냐하면 당
시에는 우연이 아니고서는 무엇인가가 비례와 균형을 나눠 갖는
일이라고는 없었고, 또 오늘날 이름 불리는 것들 가운데, 예컨대
불이든 물이든 다른 뭐든 간에, 어떠한 것도 그런 이름들로 불리
기에는 결코 적합하지 않았으니까요.[442] 그러나 신은 이 모든 것
69c   들에 먼저 질서를 부여했고, 이어서 그것들로 이 우주를 구성해
냈으며, 이 우주는 자기 안에 사멸적인 생물과 불사적인 생물을
모두 포함하고 있는 하나의 생명체가 된 것입니다. 또한 신 자신
은 이 신적인 것들의 제작자가 되었고, 죽기 마련인 것들이 생겨
나도록 만드는 일은 자기에게서 태어난 자식들에게 부과했습니
다.[443]

그리고 그를 모방하는 자식들은 혼의 불사적인 원리를 건네받
고는,[444] 그다음으로 그것을 위해 사멸적인 몸체를 둥글게 빚어
냈으며,[445] 그것에다가 탈것으로 몸 전체를 주었고,[446] 몸안에다
가는 혼의 또 다른 종류인 사멸적인 것을 추가적으로 정착시켰

는데,[447] 그것은 자기 안에 무시무시하고 피할 수 없는 인상들을   69d
갖게 되니, 우선 악의 가장 강력한 미끼이기도 한 '즐거움'이 있
고, 다음으로는 좋은 것들로부터 도망치게 되는 '괴로움'이 있으
며, 다시 이번에는 분별이 결여된 한 쌍의 조언자인 '무모함'과
'공포'가 있고, 달래기 힘든 '격정'이 있는가 하면, 쉽게 속여 이끄
는 '희망'도 있지요. 그들은 이것들을 이성이 결여된 감각 및 모
든 것을 감행하려 드는 애욕[448]과 함께 섞어 냄으로써, 필연에 따
라서[449] 사멸적인 종을 구성했던 것입니다.

또한 그들은 그것들로 인해 신적인 것[450]이 더럽혀질까 걱정
하였기에, 도저히 어쩔 수 없는 경우가 아닌 한,[451] 사멸적인 것
들을 신적인 것과는 별도로 몸의 다른 거처에다 거주시켰으니,   69e
머리와 가슴 사이에 좁은 길로 경계를 설정하고는 그 가운데 목
을 놓음으로써 그렇게 했던 것이지요. 이는 신적인 것이 사멸적
인 것과 따로 있도록 하기 위함이었습니다. 그리하여 그들은 가
슴과 우리가 '몸통'이라고 부르는 것[452] 안에 혼의 사멸적인 부류
를 묶어 두었던 것입니다. 또한 사멸적인 것의 한 부류는 본성상
우월한 반면 다른 한 부류는 열등하기에, 마치 여성들과 남성들   70a
의 거소를 따로 나누듯이, 신들은 그것들의 중간에 횡격막을 격
벽처럼 세움으로써 다시 몸통 안의 공간을 둘로 나눴습니다.[453]
그리하여 혼 가운데 용기와 기개를 분유하는 것은 승리를 열망
하는 것[454]으로서, 그들은 이 부분을 머리에 더 가깝도록 횡격막

과 목 사이에 정착시켰습니다. 이는 그것이 이성의 말을 귀담아 들음으로써, 욕망의 부류가 성채(城砦)[455]로부터 하달되는 명령과 이성의 말에 어떻게 해도 자발적으로 복종하려 들지 않을 때마다, 이성과 연합하여 강제로 그것들을 제압할 수 있도록 하기 위함이었지요.

70b　　한편, 심장은 혈관의 매듭이자 사지 전체에 걸쳐 맹렬하게 순환하는 피의 원천으로서, 신들은 이것을 경비 초소[456] 안에 설치하였으니, 이는 어떤 부정의한 행위가 외부로부터 사지의 주변에 생겨난다고 이성이 신호를 보내거나, 또 그런 어떤 것이 내부의 욕구들로부터 생겨난다고 이성이 신호를 보내거나 함으로써 분기가 끓어오를 때마다,[457] 몸안의 감각할 수 있는 모든 부분이 모든 협로(狹路)[458]를 통해서 신속하게 경고와 위협을 감지하고는 그것에 귀를 기울이며 전적으로 따르도록 하기 위함이며, 아울러
70c　러 혼의 가장 훌륭한 부류가 사지 전체에 대하여 주도권을 행사할 수 있도록 하기 위함인 것입니다.

　　그런가 하면 무시무시한 것들을 예견하거나 분기가 치밀어 올라 심장이 두근거리는 경우와 관련하여, 신들은 격앙된 부분들이 그런 식으로 모두 부어오르는 것이 불의 작용 때문임을 미리 알고 있었기에, 심장에 원군[459]을 마련해 주고자 폐(肺)라고 하는 것을 심어 넣었는데, 폐의 형태로 말하자면, 그것은 푹신하고 피를 머금고 있지 않으며, 마치 해면에 뚫린 구멍들처럼 안에 작

은 구멍들을 가지고 있지요. 이는 폐가 숨과 음료를 받아들여 심
장을 식혀 줌으로써, 열기 속에서도 숨을 돌리고 완화될 수 있는   70d
여지를 제공하기 위함이지요. 그리하여 그들은 기관을 구성하는
관들을 잘라 폐를 향하도록 했고, 심장 둘레에 폐를 마치 완충재
처럼 둘러 놓았으니, 이는 분기가 심장 안에서 절정에 달할 때,
심장이 굴복하는 것 쪽으로[460] 고동치며 열기를 식힘으로써 고통
을 경감시키는 한편, 기개와 함께 이성에 더 잘 복무할 수 있도
록 하기 위함이었습니다.

　자, 이번에는 먹을 것과 마실 것을 비롯하여 몸이 자연스럽게
필요로 하는 모든 것들을 욕구하는 혼의 부류[461]에 관해 말하자
면, 신들은 그것을 횡격막과 배꼽 쪽으로 난 경계 사이에 정착시   70e
켰지요. 몸의 양육을 위해 마치 구유와 같은 것을 이 장소 안의
전체에 걸쳐 짜맞추고는 말이에요.[462] 그리고 마치 야생동물을
가둬 놓듯이, 실로 혼의 그러한 부분을 이곳에 가둬 놓은 것이지
요. 하지만 장차 죽기 마련인 종족이 생존하기 위해서는 욕구적
인 부분과의 접촉을 유지하면서 양육할 수밖에 없습니다. 그래
서 신들은 욕구적인 부분이 늘 구유 곁에 머물면서도 숙고하는
부분에서 최대한 멀리 떨어져 거주케 함으로써 소란과 아우성의
전달을 최소화하고, 혼의 가장 강력한 부분이 전체와 부분 모두   71a
에게 유익한 것을 조용히 숙고할 수 있도록 하기 위하여, 이러한
이유로 해서 그들은 이곳에다가 욕구적인 부분의 위치를 지정해

주었던 것입니다.

그런데 신들은 욕구적인 부분이 이성의 말을 이해하려 들지 않을 것이요, 또 설령 어떻게든 이성의 말을 일부 감지한다 하더라도 그 말에 귀를 기울이는 일이 그것의 본성에 속하지 않을 것이며, 오히려 그것은 밤이나 낮이나 영상들과 환영들에 아주 쉽게 미혹되리라는 것을 알았지요.[463] 그래서 신은 바로 그 점을 고려하여 간(肝)의 형태를 구성하였고, 그것을 욕구적인 부분의 거처 안에 두었지요. 신은 그것이 조밀하고 매끄러우며 반들거리고 달콤하면서도 쓴맛이 나도록[464] 고안하였는데, 이는 지성으로부터 나오는 힘이, 마치 거울에서 그러는 것처럼, 간을 통해 사유의 자국들을 받아들이고 또 영상들을 볼 수 있게 함으로써 욕구적인 부분이 두려워하도록 만들기 위함이었지요. 지성에서 오는 힘이 쓴맛의 고유한 부분을 사용하면서 무자비하게 달려들어 욕구적인 부분을 위협할 때마다, 그 힘은 쓴맛을 간 전체에 걸쳐 재빨리 스며들게 함으로써 담즙 빛깔을 띠게 하는가 하면, 간을 수축시켜서 전체적으로 거칠고 주름지게 만들 것이며, 아울러 간엽과 담낭과 간문의 경우,[465] 그 힘은 이것들을 바르게 있는 상태로부터 구부리거나 수축시키는가 하면, 이것들의 입구를 막고 닫아 버림으로써 고통과 구토를 일으키게 하지요. 그리고 이번에는 사유에서 유래하는 어떤 부드러운 영감이 정반대의 환영들을 그려 낼 때마다, 그 영감은 운동을 일으키지도 않고 자신과 반대인 본성과 부딪히려 들지도 않기에, 그것은 쓴맛으로부터 쉬게 해 주고, 간에서 본래 생겨난 단맛을 욕구적인 부분에 사용하며, 간의 모든 부분을 곧고 매끄러우며 자유롭게 펴 줌으로써, 간 주위에 거처를 정한 혼의 부분을 순조롭고 기분 좋게 만들 것입니다. 아울러 밤에는 잠자는 동안에 예언을 즐김으로써 적도에 맞는 여가를 보내도록 할 것이니, 왜냐하면 욕구적인 부분은 이성과 지혜를 나눠 갖지 못했기 때문입니다. 71d

사실 신들의 아버지가 죽기 마련인 종족을 가능한 한 가장 훌륭하게 만들라고 지시하자, 우리를 구성한 신들은 그 지시를 기억하고서, 그렇게 우리의 보잘것없는 부분까지도 바로 세움으로써 그것이 어떤 식으로든 진리와 접할 수 있도록 간 안에 예언소[466]를 설치했던 것입니다. 그런데 예언력이야말로 인간의 광기에 대한 신의 선물이라는 증거는 충분합니다. 왜냐하면 자는 동안에 분별력이 제한되거나, 아니면 질병이나 어떤 신들림[467] 같은 것에 의해 분별력을 잃거나 하는 경우가 아니고서는, 누구도 정신이 든 상태로는 신이 들린다거나 참된 예언력에 도달하거나 할 수 없으니까요. 하지만 꿈속에서든 깨어 있을 때든, 예언과 신들림에 의해 발화된 말을 기억해 내어 이해하는 일이라든가, 또 눈에 보이는 모든 환영들이 미래나 과거나 현재의 좋은 것이나 나쁜 것을 어떤 식으로 알려주고 또 누구에게 알려주는지, 그 모든 것들을 헤아림을 통해 구별해 내는 일은 분별 있는 사람에 71e 72a

게 속하는 것이지요. 자기가 보고 들은 것을 스스로 판단하는 일은 광기에 빠지거나, 여전히 그 상태에 머물러 있는 사람의 일이 아니에요. "자기를 알고 자신의 일을 행하는 것은 오직 분별 있는 사람에게만 어울린다"[468]는 옛 말씀은 틀린 말이 아닙니다.

72b 또한 해석자들의 집단을 신들림에서 비롯되는 예언의 판정관으로 정한 것이 법이라는 사실 역시 이로부터 비롯된 것이지요.[469] 혹자는 바로 그들을 '예언자들'이라고 부르기도 하지만, 그것은 그들이 수수께끼처럼 계시되는 소리와 환영을 해석하는 자들일 뿐, 어딜 봐도 예언자가 아니라는 사실을 전혀 모르고서 하는 소리지요. 오히려 예언된 것들의 '해석자들'이라고 부르는 것이 가장 바르다 할 것입니다. 그러므로 간은 이상의 이유로 해서 위와 같은 본성을 갖게 되었으며 우리가 말한 장소에 있게 된 것이니, 이는 신적인 예언 능력을 위해서인 것이지요. 또한 각각의 동물들이 아직 살아 있을 때는 그와 같은 기관이 더욱 뚜렷한 징표들을 보여 주지만, 일단 생명을 잃은 뒤에는 불투명해지고 그 예언

72c 들 역시 무엇인가를 분명하게 알려 주기보다는 더 모호한 성격을 갖게 됩니다.[470]

또한 간에 이웃하는 내장 기관의 경우 그 구조와 자리는 간의 왼편에 오게 되는데, 이는 간을 위해서, 그러니까 간이 항상 윤이 나고 깨끗한 상태를 유지할 수 있도록 그렇게 했던 것이지요. 마치 거울을 위해 준비되어 언제든 쓸 수 있도록 곁에 놓여 있

는 수건처럼 말입니다. 그리하여 신체의 질병으로 인해 간 주위에 불순물들이 생겨날 경우, 비장의 성긴 조직이 그것들을 정화하고 모두 흡수해 버리지요. 그것은 속이 비어 있고 피를 머금지 않은 것[471]으로 조직되었으니까요. 이로 인해 비장이 청소된 것 72d 들로 가득 차게 되면 커지고 곪아 부어오르며, 다시 몸이 정화되면 줄어들어서 처음과 같은 상태로 가라앉는 것입니다.

그렇다면 혼과 관련된 문제들, 즉 사멸적인 부분은 얼마나 되고 신적인 부분은 얼마나 되는지, 그것들은 어떤 방식으로 있고, 무엇과 함께 하며, 또 어떤 이유로 해서 따로 정착하게 되었는지에 대해 말하자면, 신께서 동의해 주실 때, 오직 그때에만 우리의 말이 참이라고 단언할 수 있을 것입니다. 하지만 적어도 우리가 말하려는 것이 그럼직하다는 것에 대해서는, 지금도 그렇지만 앞으로도 더 탐구를 해 나가면서 과감하게 주장해야 하니, 그렇게 주장한 걸로 합시다. 아울러 그다음의 문제도 같은 방 72e 식으로 추적해야 하는데, 그것은 몸의 나머지 부분이 어떻게 생겨났나 하는 것이었습니다.[472] 그것의 구성을 설명하는 데 무엇보다도 가장 잘 어울리는 것은 실로 다음과 같은 추론일 것입니다. 우리 종족을 구성한 신들은 음식물과 관련하여 우리 안에 있게 될 무절제함을 알고 있었고, 또 우리가 식탐으로 인해 필요한 만큼의 적당량보다 훨씬 더 많은 양을 취하려 들리라는 것을 알고 있었지요. 그리하여 질병으로 인한 급격한 파멸이 일어나

73a 지 않도록, 또한 죽기 마련인 종족이 다 자라지도 않은 채 바로
죽어버리는 일이 없도록 신들은 그것들을 내다보면서 남은 음료
와 음식의 보존을 위해 '아랫배'라고 불리는 저장소[473]를 두었고,
또 '장(腸)'이 생겨나게 하여 빙글빙글 감쌌으니, 이는 음식물이
빠르게 통과하는 바람에 다시 다른 음식물을 필요로 하도록 몸
을 강제하지 않기 위함이며, 또한 채워지지 않는 욕망을 야기함
으로써, 식탐으로 인해 온 인류가 철학과 교양을 결여하고, 우리
안에 있는 가장 신적인 것에 귀기울이지 않는 자들이 되지 않도
록 하기 위함이었습니다.[474]

73b   다른 한편, 뼈와 살 및 그와 같은 성질을 지닌 것들 모두에 관
해 말하자면 사정은 다음과 같습니다. 우선 그 모든 것들의 출발
점은 골수의 생성이지요.[475] 왜냐하면 혼이 몸에 연결되어 있는
동안 생명의 끈들이 골수 안에 묶임으로써, 죽기 마련인 종족을
뿌리내리게 하니까요. 하지만 골수 자신은 다른 것들로부터 생
겨납니다. 삼각형들 중에서도 곧음과 반듯함에서 으뜸가며 불과
물과 공기와 흙을 최대한 정확하게 산출할 수 있는 것들[476]을, 신
73c 은 그것들 각각의 부류들로부터 하나씩 따로 떼어 내고, 떼어 낸
것들을 적당한 비율로 서로 혼합해 가면서, 죽기 마련인 종족 전
체를 위해 온갖 종이 혼합된 씨앗을 고안했는데, 골수는 바로 그
삼각형들로 만들었기 때문이지요. 그다음으로 신은 골수 안에다
혼을 종류별로 심고 단단히 묶어 두었지요. 아울러 혼의 종들 각

각이 갖게 될 형태들의 수와 성질에 맞게, 신은 골수 그 자체에 대해서도 그러한 수와 성질을 갖는 형태들로 처음에 분배할 때부터 곧바로 나눠 나갔지요. 그리고 신은 마치 경작지처럼 자기 안에 신적인 씨앗[477]을 품게 될 골수의 부분을 모든 면에서 둥글게 빚어내고는 그 부분의 이름을 '뇌'라고 불렀는데, 이는 각각의   73d 생물이 완성되었을 때, 그것을 담는 그릇이 머리가 될 것이라고 보았기 때문이지요.[478] 또 이번에는 혼의 나머지, 즉 사멸적인 부분을 지니게 될 것을 둥글고 길쭉한 형태로 나누고는 그것들을 모두 '골수'라고 불렀지요. 그리고 마치 닻줄처럼, 그것들로부터 혼 전체를 묶는 끈들을 던지면서, 골수와 뇌의 둘레로부터 드디어 우리의 몸을 만들어 나갔으니, 먼저 골수 전체의 둘레에 뼈로된 덮개를 응고시킴으로써 그리 했던 것입니다.   73e

그런데 뼈를 구성한 방식은 다음과 같습니다. 신은 순수하고 고운 흙을 체로 걸러내어 이기고는 골수로 적셨지요. 그다음에 그것을 불에 넣었고, 그리고 나서 물에 담갔지요. 그러고는 다시 불에 넣었다가, 또 그다음에는 물에 담갔다가 하는 거예요. 그렇게 이쪽저쪽으로 옮기는 일을 몇 번이고 반복하면서, 이 양자를 통해서 녹지 않는 재료를 만들어 냈습니다. 신은 이것을 사용하여 생물의 뇌를 감싸는 뼈로 된 구체[479]를 둥글게 빚어내는 한편, 거기에다 좁은 통로를 남겨 두었지요. 또한 목과 등으로 이어지   74a 는 골수[480]를 감싸기 위한 척추 뼈들 역시 같은 재료로 빚어내고는, 그것들을 머리에서 시작하여 몸통 전체에 걸쳐 마치 경첩의 축처럼 아래로 끌어내렸습니다. 그러고는 씨앗 전체를 보호하고 자 그렇게 돌로 된 담을 둘러쳤고, 매개하는 힘으로서 그것 안에 들어 있는 다름의 특성을 사용하여[481] 관절을 만들어 넣었으니, 이는 운동과 구부림을 위한 것이었습니다.

74b   또한 신은 뼈라는 조직의 속성이 필요 이상으로 부서지기 쉽 고 잘 휘지도 않으며, 게다가 달궈졌다가 다시 차가워지면 괴사 를 일으켜서 자기 안에 있는 씨앗들을 빠르게 파괴해 버릴 것이 라고 생각했지요. 그런 이유로 해서 그는 힘줄과 살의 종류를 고 안하였으니, 한편으로 힘줄은 모든 지체들을 함께 묶어 주고, 축 의 둘레에서 당겨졌다 풀렸다 함으로써 몸을 구부렸다 폈다 할 수 있기 위한 것이며, 다른 한편으로 살은 혹서의 방벽이자 혹한
74c 의 보호막이요, 넘어졌을 때는 마치 모직물처럼 몸을 위해 부드 럽고 유연하게 자리를 내주며,[482] 또한 자기 안에 따뜻한 수분을 갖고 있다가 여름에는 땀을 흘려 바깥을 적심으로써 몸 전체에 알맞은 시원함을 제공하는가 하면, 겨울을 나는 동안에는 그것 이 지닌 불[483]을 통해서 바깥에서 포위해 들어오는 한기를 적절 하게 막아 내기 위한 것이었습니다.

이상의 것들을 고려하고서 마치 밀랍공처럼 우리를 성형한 신 은 물과 불과 흙을 한데 섞어 조화롭게 맞추고는, 신 것과 짠 것
74d 으로 이루어진 발효제를 그것들에 첨가하여 섞음으로써 즙이 풍

부하고 부드러운 살을 구성했지요.[484] 그리고 힘줄과 관련해서
는, 뼈와 발효제가 들어 있지 않은 살을 한데 섞고, 이 둘로부터
특성상 중간적인 것을 하나 혼합해 냈으며, 이때 노란 빛깔[485]을
첨가했습니다. 힘줄이 살보다는 더 질기고 더 끈적거리는 반면,
뼈보다는 더 부드럽고 더 축축한 특성을 얻게 된 것은 그로부터
비롯된 것이지요. 이것들을 가지고서 신은 뼈와 골수를 둘러싼
셈이니, 힘줄로는 뼈들을 서로 묶었고, 그다음에는 살을 가지고
서 그것들 모두를 위에서부터 덮었던 것입니다.   74e

   그리고 신은 뼈들 가운데서도 혼이 가장 많이 들어 있는 것은
가장 적은 양의 살로 감싼 반면, 혼이 거의 들어 있지 않은 것은
살을 가장 많이, 그리고 가장 조밀하게 해서 감쌌지요. 또한 뼈
의 관절마다에는, 이치상 그곳에는 살이 있어야 할 어떠한 필요
성도 없음이 분명하기에, 소량의 살만을 자라게 했으니, 이는 살
이 관절을 구부리는 데 걸림돌로 작용함으로써 몸을 잘 움직일
수 없게 하여 둔하게 만드는 일이 없도록 하기 위함이며, 또 살
이 많고 조밀하며 서로의 안에 아주 빽빽하게 들어찰 경우, 단단
함으로 인해 무감각함을 산출함으로써 사유와 관련된 부분의 기
억을 어렵게 하고 더욱 아둔하게 만드는 일이 없도록 하기 위함
이었지요. 그리하여 대퇴부와 정강이와 골반 주변, 위팔과 아래   75a
팔의 뼈들, 그밖에 우리 가운데 관절이 없는 모든 부분들을 비롯
하여 뼈 안의 골수에 들어 있는 혼이 미량이어서 지혜가 깃들지

않은 것들에 이르기까지, 이 모든 것들은 살로 가득 차게 되었지요. 이와 달리 지혜가 깃든 모든 것들은 살을 조금만 가지고 있지요. 감각을 위해서 — 이를테면 혀처럼 — 특정 부위의 살을 그 자체로 그렇게 구성하지 않은 이상 말이에요. 하지만 대부분의 경우에는 앞서 말한 바와 같습니다. 왜냐하면 필연에 의해 생

75b 겨나고 함께 양육된 것은 본성상 어떤 식으로도 조밀한 뼈와 풍만한 살을 받아들이면서 그와 동시에 예민한 감각을 받아들일 수는 없기 때문입니다. 만약에 두 성질이 동시에 생겨나고자 했다면, 그 성질들을 갖게 될 것은 뭐니 뭐니 해도 머리의 구조였겠지요. 또한 인류는 살과 힘줄로 된 강력한 머리를 자기 위에 얹게 됨으로써 지금보다도 두 배, 아니 몇 배는 더 장수하고 더 건강하며 고통 없는 삶을 얻었을 겁니다. 하지만 현실에서, 우리

75c 의 생성을 담당한 제작자들은, 장수하되 더 열등한 종족을 만들어야 할지, 아니면 단명하되 더 훌륭한 종족을 만들어야 할지를 따져 보면서, 더 길지만 더 보잘것없는 삶보다는 더 짧지만 더 나은 삶을 선택하는 것이 모든 면에서 더 낫다는 데 의견을 같이했지요. 이로부터 제작자들은 살과 힘줄이 아니라 얇은 뼈로 머리를 덮었던 것이니, 머리에는 아예 관절이 없었기 때문이었습니다. 그러므로 이 모든 것들에 따라, 더 잘 감지하고 더 슬기롭지만 훨씬 더 약한 것으로서, 머리가 모든 사람[486]의 몸에 덧붙여

75d 진 것입니다. 또한 그와 같은 이유로 해서 신은 마찬가지로 힘줄

을 머리의 가장 끝에다 둥글게 두르고는 목둘레에 균등하게 접합시켰으며 그것으로 턱뼈의 끝부분을 얼굴의 아래쪽에서 함께 묶었지요. 그리고 다른 힘줄들은 관절과 관절을 함께 이어 가면서 모든 지체들에 나눠 주었습니다.

자, 이번에는 우리의 입이 갖고 있는 특성에 관해 말하자면, 지금 배치된 식으로 질서를 부여한 신들은 필요한 것들과 가장 좋은 것들을 위하여 이와 혀와 입술로 그 질서를 부여했으니, 필요한 것들을 위해서는 입구를, 가장 좋은 것들을 위해서는 출구를 마련했던 것이지요. 왜냐하면 몸에 양분을 공급하기 위해 들어가는 것은 모두 필요한 것인 반면, 밖으로 흘러나와서 지혜에 복무하는 말의 흐름이야말로 모든 흐름들 가운데 가장 아름답고 가장 훌륭한 것이기 때문입니다.[487]

그런데 다시 머리에 관해 말하자면, 계절 가운데 있는 극단의 더위와 추위로 인해 그것을 그저 맨 뼈인 상태로 놔둘 수는 없었습니다. 그렇다고 해서 그것이 살덩어리에 의해 뒤덮임으로써 아둔하고 무감각하게 되는 것 역시 묵과할 수는 없는 노릇이었지요. 그래서 살의 성분이 아직 마르지 않은 동안에 그 둘레에 더 큰 외피가 생겨나 살에서 분리되니, 그것이 오늘날 우리가 '피부'라고 부르는 것입니다. 그런데 이 외피는 뇌 주변에 있는 수분으로 인해 자기 자신을 향해 모이며 둥글게 자람으로써 머리를 에워싸게 되지요. 한편 수분은 봉합선들[488]의 아래에서 솟아나

외피를 적셨고, 정수리에 이르러 마치 한데 매듭을 짓듯이 하여 외피를 닫았습니다. 한편 봉합선들이 갖는 온갖 형태는 혼의 회전과 양분의 힘에서 비롯된 것으로, 이 둘이 서로 간에 많이 다

76b 툴 경우에는 그 수가 많아지고 적게 다툴 경우에는 더 적어집니다.[489] 그리고 신적인 자[490]는 불로써 이 피부 전체에 걸쳐 둥글게 구멍을 뚫어 갔지요. 구멍이 뚫리고 그곳을 통해 체액이 밖으로 나갈 때 순수한 상태의 모든 열과 액체가 방출됩니다. 하지만 피부를 구성했던 요소들의 혼합물은 그 운동에 의해 들려 올라감으로써 바깥으로 길게 뻗어 나가긴 하는데, 이때 그것의 가늘기는 구멍과 같지만, 그 운동은 느리기 때문에 밖에서 둘러싼 공기에 의해 다시 안쪽으로 밀려 들어오게 되고, 피부 아래

76c 쪽에 뭉치면서 뿌리내리게 되지요. 그리고 그런 상태를 겪기 때문에 머리털에 속하는 것들은 피부에서 자라는 것입니다. 그것은 피부와 동류로서 실과 같은 것이지만, 냉각을 통한 압축 과정에 의해서 더 질기고 더 조밀해집니다. 즉 피부에서 떨어져 나온 머리털은 그 하나하나가 냉각됨으로써 압축된 것이지요. 실로 그렇게 제작자는 우리의 머리를 털로 뒤덮이도록 한 것이니, 한편으로는 앞서 언급한 원인들을 사용함으로써 그리 했던

76d 것이요, 다른 한편으로는 그것이 살을 대신하여 뇌 주변의 안전을 도모할 수 있는 가벼운 보호막이어야 하며, 여름과 겨울에는 충분한 그늘과 피난처를 제공하되, 감각의 예민함을 방해하는

어떠한 장애물도 있어서는 안 된다는 점을 통찰함으로써[491] 그리 했던 것입니다.

그리고 손가락과 발가락 둘레에서 힘줄과 피부와 뼈가 서로 엉기는 와중에, 이 셋으로부터 혼합된 것이 말라서 셋 모두의 성질을 공유하는 하나의 단단한 피부가 생겨났으니, 이것은 저 보조원인들을 가지고서 제작된 것이기는 하지만, 장차 있게 될 것들을 위하여 가장 원인다운 추론을 통해 구현된 것입니다.[492] 왜냐하면 우리를 구성한 신들은 장차 남자들로부터 여자들 및 여타 짐승들이 생겨나리라는 것을 알고 있었을 뿐만 아니라, 그 피조물들 중 다수가 그것도 여러 가지 것들과 관련하여 손톱과 발톱을 사용할 필요가 있으리라는 것 역시 알고 있었으니까요. 인간의 탄생과 함께 곧장 손톱과 발톱이 생겨나도록 그 윤곽을 만들어 놓은 것은 그로부터 비롯된 것입니다.[493] 그러므로 바로 그런 이유와 동기로 해서 신들은 피부와 머리카락, 그리고 손톱과 발톱을 사지의 끝부분에서 자라나게 했던 것입니다.

그런데 죽기 마련인 생물의 모든 부분과 지체(肢體)가 함께 자라나게 되긴 했지만,[494] 그것들은 필연적으로 불과 바람 속에서 살아갈 수밖에 없었고, 그로 인해 이 불과 바람에 의해 해체되고 고갈되면서 점차 쇠약해져 갔기에, 신들은 이 생물을 위한 구제책을 고안하게 됩니다. 그러니까 그들은 인간의 본성과 동류의 본성을 다른 형태들 및 감각들과 혼합함으로써 다른 생물이 돋아나도록 했던 것이지요.[495] 그것들은 오늘날 나무들과 풀들과 씨앗들로서 농업을 통해 양육되어 우리에게 길러지는 것들입니다.

77b 다. 반면에 이전에는 오직 야생의 종류에 속하는 것들만 있었는데, 그것들은 길들여진 것들보다 더 오래된 것들입니다.[496] 물론 생명을 나눠 가진 것이라면 그것이 무엇이든 모두 생물이라고 하는 것이 마땅하고 가장 바르게 말하는 것이겠지요. 그렇지만 우리가 지금 말하고 있는 것은 혼 가운데 세 번째 종을 나눠 가졌으니, 우리는 그것이 횡격막과 배꼽 사이에 자리한다고 설명하였고, 이 설명에 따르면 그것은 의견이나 추론, 그리고 지성이라고는 전혀 공유하지 않고, 욕구와 함께 즐거움과 괴로움의 감각만을 공유한다는 것이었습니다. 왜냐하면 그것은 시종일관 모든 것을 겪고, 스스로 자기 안에서 자기를 중심으로 돌며, 외부

77c 로부터의 운동은 밀쳐 내고 자기 고유의 운동을 행하지만, 본래 자신에게 속하는 것들 가운데 무엇인가를 관찰함으로써 추론하는 일은 그것이 생겨날 때부터 허용되지 않았기 때문입니다.[497] 그렇기 때문에 실로 그것은 살아 있으며 생물이나 다름없지만, 머물러 있고 뿌리내린 채 고정되어 있으니, 이는 자기 자신에 의한 운동이 결여되어 있기 때문입니다.

그리하여 그 부류에 속하는 모든 것들을, 더 강한 신들은 더 약한 우리를 위한 양식으로 심었던 것이지요. 그러고는 마치 정원에 물길을 내듯이, 우리의 몸 자체를 째고는 도관을 냈으니,

이는 마치 유입되는 흐름으로부터 물을 대는 것처럼, 그렇게 양
분을 대기 위함이었습니다. 그래서 그들은 먼저 피부와 살의 접
합부 아래에 숨겨진 도관들로서 두 갈래의 혈관[498]을 등줄기를   77d
따라 뚫었는데, 이것들이 쌍으로 되어 있는 이유는 몸이 마침 오
른쪽과 왼쪽으로 되어 있기 때문이지요. 그리고 척추를 따라 그
것들을 아래로 늘어뜨렸고, 그 둘 사이에 생식을 담당하는 골수[499]
를 가두었으니, 이는 골수가 최대한 번성하도록 하기 위함이요,
흐름이 아래쪽을 향함으로써 그곳으로부터 다른 부분들을 향해
잘 흐르게 되어 관개(灌漑)가 고르게 이루어지도록 하기 위함이
었습니다.[500]

그다음으로는 머리 부근에서 혈관들을 나누고, 나눈 것들을
서로 엇갈리게 엮어서 반대 방향으로 통과시키니, 오른쪽에서   77e
오는 것들은 몸의 왼편으로, 왼쪽에서 오는 것들은 오른편으로
기울게 함으로써 그렇게 했던 것이지요. 이는 혈관이 피부와 함
께 머리를 몸에 이어 주는 끈이 되도록 하기 위함이었지요. 왜
냐하면 머리에서 정수리 부분만큼은 힘줄로 둥글게 감싸여 있지
않았으니까요. 그리고 당연한 말이지만, 감각들을 야기하는 몸
의 상태가 좌우 각 부분들로부터 몸 전체로 확실하게 전달되도
록 하기 위함이었습니다.[501]

다음으로 이제 그들은 대략 다음과 같은 방식으로 관개시설을   78a
준비했는데, 그 방식에 대해서는 우리가 다음의 사실, 즉 더 작은

것들로 구성된 모든 것들은 더 큰 것들을 가두는 반면, 더 큰 것들로 구성된 모든 것들은 더 작은 것들을 가둘 수 없다는 사실[502]에 우선 동의한다면 한결 더 쉽게 들여다볼 수 있습니다. 그런데 불은 모든 종들 가운데 가장 작은 입자로 되어 있어서,[503] 그로 인해 불은 물과 흙과 공기 및 이들로 구성된 모든 것들을 통과하는 반면, 어떠한 것도 불을 가둘 수는 없습니다. 또한 우리의 복강에 대해서도 같은 식으로 생각해야 합니다. 즉 복강은 음식과

78b 음료가 그것 안으로 들어오면 그것들을 가두지만, 공기와 불은 복강 자체의 구조보다 더 작은 입자들이기 때문에 가둘 수 없다는 것이지요.

그래서 신은 복강에서 혈관으로의 관개를 위해 공기와 불을 사용하였으니, 즉 그것들을 가지고 마치 통발처럼 생긴 그물 조직을 짰던 것이지요. 그것은 입구 쪽에서 보면 한 쌍의 깔때기 모양을 하고 있었는데, 신은 그중 하나를 다시 한 번 양 갈래로 엮었습니다. 그리고 그 깔때기로부터 끈 같은 것을 당겨서 그물

78c 조직의 끝에서 끝까지 전체에 걸쳐 둘렀지요.[504] 그리하여 신은 그물 조직의 안쪽은 모두 불로 구성한 반면, 깔때기와 용기[505]는 공기 입자로 구성하였지요. 그러고는 이것을 조형된 생물에다가 다음과 같은 방식으로 설치하였습니다. 우선 깔때기 중 하나는 입으로 들어가도록 했지요. 그런데 그것은 두 갈래로 되어 있었기 때문에, 한 갈래는 기도를 따라 폐로 내려보냈고, 다른 한 갈

래는 기도와 나란히 복강으로 내려보냈습니다. 그리고 다른 하나의 깔때기는 둘로 가르고는 두 부분 모두 코에 난 통로를 따라 올려 보냈지요. 따라서 하나의 흐름이 입을 통해 진행하지 못할 경우에도, 그 모든 흐름들은 코를 통해서 채워질 수 있도록 한 것입니다. 또한 신은 통발의 나머지 용기를 우리 몸의 비어 있는 모든 부위에서 자라게 했지요. 그리고 어떤 때는 통발 전체가 깔때기 안으로 부드럽게 — 왜냐하면 이것은 공기로 되어 있으니까요. — 흘러들고, 어떤 때는 깔때기 쪽에서 역류하도록 만들었으며, 그와 함께 그물 조직이 몸을 통해 — 우리의 몸은 성긴 구조니까요. — 꺼져 들어갔다 다시 나왔다 하도록 하였습니다.[506] 아울러 내부에 묶여 있는 불의 광선들[507]의 경우 공기가 안팎 양쪽으로 이동하는 대로 그것을 따르도록 했으니, 이는 죽기 마련인 것이 생명을 유지하는 한 멈추지 않도록 되어 있는 것이지요. 그런데 이름 짓는 자[508]는 바로 이 부류에다가 '들숨'과 '날숨'이라는 이름을 정했다고 우리는 말하는 것입니다. 어쨌든 그 모든 활동과 겪음이 우리의 몸에 생겨나 몸이 양분과 활력을 공급받음으로써 양육되고 살아갈 수 있게 된 것이지요. 왜냐하면 숨이 안팎으로 들어오고 나가고 할 때, 내부에 있는 불은 숨과 어울리며 이 숨을 따르거니와, 이 불이 줄곧 떠돌다가 복강으로 들어가서 음식과 음료를 취하게 되면, 이것들을 분해하고 잘게 나누며, 이것들이 이동하는 출구를 통해 지나가게 하고, 마치 샘에서 물을

78d

78e

79a

길어 도관으로 흐르게 하듯이, 혈관들을 통해 이것들을 길어 냄으로써, 마치 수로처럼 몸을 가로질러 혈관의 흐름이 이어지도록 해 주기 때문입니다.[509]

하지만 다시 한 번 호흡이 겪는 것과 관련하여, 그것이 어떤 원인들로 해서 지금과 같은 그런 상태가 되었는지 살펴봅시다. 79b 그것은 이렇습니다. 움직이는 어떤 것이 들어설 수 있는 허공이라고는 일절 존재하지 않음에도,[510] 우리가 내쉬는 숨[511]이 밖으로 빠져나가는 이상, 그 결과는 이미 누구에게나 분명합니다. 즉숨은 허공으로 빠져나가는 게 아니라 이웃한 것을 그것의 자리에서 밀어내는 것이지요. 그리고 밀려난 것은 계속해서 이웃한 것을 밀쳐 내고, 이러한 필연에 따라 모든 것이 숨이 떠나간 자리로 순환적으로 밀려가며, 그리로 들어서고 또 그 자리를 채움으로써 떠나간 숨을 잇따르게 되는 것이지요. 그리고 그 모든 것 79c 은 마치 바퀴가 구르듯이 동시에 이루어지는 것이니, 이는 허공이라고는 전혀 없기 때문입니다.[512] 그리하여 바깥으로 숨을 내보낸 가슴과 폐는, 몸 주변의 공기가 살의 성긴 부분을 통해 안으로 침입하고 순환적으로 밀려 들어옴으로써, 다시 가득 찬 상태가 되지요. 다시 이번에는 공기가 돌아서 몸을 통해 밖으로 나가게 되면, 그것은 입과 콧구멍으로 난 길을 따라 순환적인 방식으로 숨을 안으로 밀어 넣게 됩니다.[513]

79d 그런데 그것들이 유래하게 된 원인에 대해서는 다음을 가정해

야 합니다. 모든 생물은 자기 안에서도 피와 혈관 주변이 가장 뜨거우니, 이는 마치 자기 안에 어떤 불의 원천이라도 들어 있는 것과 같지요. 또한 그것은 우리가 통발의 그물조직에 비유했던 것으로, 중심부는 끝에서 끝까지 전체가 불로 엮인 반면, 바깥의 다른 부분은 공기로 엮인 것입니다.[514] 자, 그런데 뜨거운 것은 본성상 자신의 공간으로, 즉 바깥에 있는 동류의 것들을 향해 나가려 한다는 데 동의해야 합니다. 그런데 출구는 두 개가 있어서, 하나는 몸을 통해 밖으로 나가는 것이고, 다른 하나는 입과 코를 통해 나가는 것이니, 뜨거운 것이 한쪽으로 쇄도해 나갈 때마다 그것은 순환적으로 다른 쪽을 밀어내지요. 반면에 떠밀린 것의 경우, 그것이 불 속에 떨어지면 뜨거워지고, 밖으로 나간 것은 차가워집니다. 그런데 열이 바뀌게 되어 다른 쪽 출구에 있는 것들이 더 뜨거워지면, 한층 더 뜨거워진 것은 다시 그곳으로 쏠리게 되고, 자신의 본성을 향해 이동함으로써 반대쪽 출구에 있는 것을 순환적으로 밀어내게 되지요. 그리고 언제나 같은 것들을 겪고 또 같은 것들을 되갚는 것은, 양자에 의해 그렇게 이쪽저쪽으로 흔들리며 순환하는 운동을 수행함으로써, 들숨과 날숨이 발생하도록 해 주는 것입니다.

그뿐만 아니라 의료용 흡각(吸角)의 효과들이라든가, 삼키는 작용, 혹은 던져진 것들의 작용을 야기하는 것에 대해서도, 그것들이 공중으로 던져진 것들이든 땅 위에서 이동하는 것들이든 간에, 모두 그런 식으로 설명을 추구해야 합니다.[515] 또한 빠르고 느리며, 높고 낮게 나타나는 모든 소리들 역시,[516] 어떤 때는 그 것들이 우리 안에서 불균등하게 발생함으로써 조화롭지 않게 진 행되는가 하면, 또 어떤 때는 균등하게 발생함으로써 조화롭게 진행되기도 하는 것입니다. 사실 먼저 출발하고 더 빠른 소리의

80b 운동이 서서히 멈추면서 느린 것과 닮아 감에 따라, 더 느린 것 은 더 빠른 것을 따라잡게 되는데, 이때 더 느린 것은 나중에 출 발하여 더 빠른 것에 다가가 그것을 움직이게 만들지요. 하지만 느린 것이 빠른 것을 붙잡기는 해도, 다른 운동을 끼워 넣거나 해서 방해하는 것이 아니라, 시작 단계에 있는 더 느린 운동을 더 빠르지만 잦아드는 운동에 맞게 비슷하게 일치시키고는, 고 음과 저음으로부터 한 가지 상태를 혼합해 냈던 것이지요.[517] 이 로부터 그것들은 분별없는 사람들에게는 감각적 쾌락을 제공한 반면, 분별이 깃든 사람들에게는 사멸적인 운동 중에 발생하는 신적인 조화의 모방[518]을 통해 지적인 즐거움을 제공하게 된 것

80c 입니다.[519] 아울러 물의 모든 흐름들뿐만 아니라, 낙뢰(落雷), 그 리고 끌어당기는 것과 관련하여 호박(琥珀)과 헤라클레스의 돌이 보여 주는 놀라운 모습들[520]에 관해 말하자면, 그 모든 것들 가운 데 어느 것에도 인력(引力)이란 결코 존재하지 않아요. 사실은 어 떠한 허공도 존재하지 않고, 그것들은 자기들끼리 서로 순환적 으로 밀어내는가 하면, 분리되고 결합되고 하면서 자기들의 자

리를 바꾸는 와중에 모든 것들 각각이 이동하는 것이니, 그 효과들이 서로 얽힘으로써, 놀라움을 야기하는 것들이 적절한 방식에 따라 탐구하는 사람에게는 분명하게 보일 것입니다.[521]

그뿐만 아니라 이 설명의 발단이 되었던 호흡도 이상과 같은 방식으로, 또 이상의 원인들로 해서 생겨났지요. 즉 앞서 말했듯이,[522] 불이 음식들을 쪼갤 때, 그것은 내부에서 숨결에 의해 흔들림으로써, 그 흔들림을 통해 복강으로부터 쪼개진 음식들을 길어 올려 그로부터 혈관을 채우는 식으로 말이에요. 또한 위의 원인들을 통해서 모든 생물들의 경우에도 양분의 흐름이 몸 전체에 걸쳐 그런 식으로 흘러들게 되는 것입니다. 아울러 새롭게 쪼개지면서 동류의 것들에서 생긴 양분들은, 열매나 풀에서 비롯된 것들로서 신이 바로 이 목적, 그러니까 우리를 위한 양식으로 심은 것들이지요.[523] 이것들은 혼합을 통해 온갖 종류의 빛깔을 띠게 되지만 그 색깔들 중에는 빨강이 가장 많이 퍼져 있으니, 이는 수분 안에서 자르고 물들이는 불의 기능에 의해 만들어진 것입니다.[524] 몸을 따라 흐르는 것의 빛깔이 우리가 묘사했던 그런 외양을 갖게 된 것은 이로부터 비롯된 것이지요. 그것은 우리가 '피'라고 부르는 것으로서 살뿐만 아니라 몸 전체의 양분이니, 이 피가 몸의 각 부분에 관개됨으로써 비게 되는 것의 바닥을 채우게 됩니다. 그런데 그 채움과 비움의 방식은 우주 전체 안에서 전체의 이동이 일어나는 식으로 생겨나는데, 그 이동

80d

80e

81a

이란 동류인 것 전체가 자기 자신을 향해 이동하는 것입니다.[525] 실제로 외부에서 둘러싸고 있는 것들은 우리를 끊임없이 해체하며, 각각의 종들에게 그와 동종의 것들을 분배해 주니까요.[526] 그런데 피를 구성하는 것들은 우리의 내부에서 잘게 쪼개지며, 마

81b 치 천체에 의해 감싸이듯이, 각각의 생명 유기체에 감싸임으로써, 우주의 운동을 모방하도록 강제되지요. 그래서 우리의 내부에서 분해된 것들 또한 각자 동류의 것들을 향해 이동함으로써[527] 비워진 부분을 즉시 채우게 되는 것입니다.[528] 사실상 흘러드는 것보다 더 많이 나갈 때는 모두가 쇠퇴하고, 더 적게 나갈 때는 성장합니다. 그리하여 생물 전체의 구조가 젊은 것은, 마치 조선대(造船臺)에서 갓 나온 배처럼,[529] 네 종류의 삼각형들을 새 것으로 갖고 있기에, 그 삼각형들 서로 간에 견고한 접합을 유지

81c 하는 반면, 그 덩어리 전체는 부드럽게 결속되어 있으니, 이는 그것이 골수에서 갓 생성되었고 또 젖으로 양육되었기 때문이지요. 실로 음식과 음료를 구성하는 삼각형들은 밖에서 들어와 생물의 조직 안에 붙잡히게 되는데, 이렇게 붙잡힌 것들은 생물 자신을 구성하는 삼각형들보다 더 오래되고 더 약한 것들이므로, 그 생물은 새로운 삼각형들을 가지고서 더 오래되고 약한 것들을 쪼개어 지배하게 되고, 다수의 닮은 삼각형들을 가지고 생물을 양육함으로써 그것을 크게 만들어 줍니다.[530] 하지만 이 삼각형들이 다른 많은 삼각형들과 오랜 시간에 걸쳐 많은 싸움들을

치러 내느라 그 뿌리가 느슨해지면,[531] 이것들은 양분으로 들어 81d
오는 것들을 더 이상 자기들과 닮은 것들로 쪼개지 못하고, 오히
려 자기들이 밖에서 다가드는 것들에 의해 손쉽게 분해되고 말
지요.[532] 그 속에서 압도되는 생물은 사실상 전반적으로 쇠퇴를
겪는데, '노년'이란 바로 그런 상태를 일컫는 말입니다. 그리고
마침내, 골수와 관련된 삼각형들을 묶어 주던 끈들이 노고를 더
이상 견디지 못하고 풀리면, 그것들은 다시 혼의 끈들을 놓아 주
게 되지요.[533] 하지만 자연스럽게 풀려난 혼[534]은 즐겁게 날아가
버립니다. 왜냐하면 자연에 반하는 모든 것은 고통스러운 반면, 81e
자연히 이루어지는 것은 즐겁기 때문입니다.[535] 그리고 죽음도
실로 같은 것이어서, 질병이나 부상에 의한 죽음은 고통스럽고
강제적인 반면, 노령과 더불어 본성에 따른 임종은 죽음들 가운
데서도 가장 고통이 덜하며, 괴로움보다는 즐거움이 더 많이 따
르는 것이지요.

그런데 질병이 어디서 오는가 하는 것은 아마 모두에게 분명
할 겁니다. 왜냐하면 몸을 구성하는 것들은 흙, 불, 물, 공기의 82a
네 종류인데, 그것들이 본성에 반하게 과잉되거나 결핍되는 경
우, 또한 그것들이 고유한 장소에서 낯선 장소로 이동하게 되는
경우, 아울러 불을 비롯하여 다른 요소들의 종류가 하나 이상이
기에 그것들 각각이 자신에게 적절하지 않은 종류를 취하는 경
우, 그리고 그와 유사한 모든 경우들이 내전[536]과 질병을 가져다

주는 것이지요.[537] 왜냐하면 각자가 본성을 거슬러 생겨나고 자리를 바꿀 경우, 이전에 차가웠던 모든 것들은 뜨거워지고, 건조

82b 한 것들이 다음에는 습해지며, 가벼운 것들은 물론 무거운 것들도 마찬가지여서, 모든 것들이 모든 면에서 모든 변화들을 받아들이기 때문입니다. 사실 우리가 말하려는 것은, 실로 오직 같은 것이 같은 것과 같은 방식으로 한결같이, 그리고 비례에 맞게 첨가되고 떨어져 나가고 할 때만이, 자신과 동일한 것으로 있으면서 건전하고 건강한 상태를 유지할 수 있으리라는 것이지요. 반면에 밖으로 나가거나 들어오거나 하면서 그 조건들 가운데 무엇인가를 어길 경우, 온갖 다양한 변질은 물론, 헤아릴 수 없는 질병과 파괴가 일어날 것입니다.

그 외에도 자연에는 이차적으로 구성된 것들[538]이 있기 때문

82c 에, 질병을 이해하려는 사람은 질병에 대해서도 이차적인 고찰을 하게 됩니다. 사실 골수와 뼈와 살과 힘줄이 저 일차적인 것들로부터 결합되었고,[539] 피 또한 방식은 다를지언정 같은 것들로부터 생겨났기에,[540] 대다수의 다른 질병들 역시 앞서 언급한 것들과 같은 식으로 발생하지요. 하지만 질병들 가운데 가장 위중한 것들은 다음과 같은 식으로 발병합니다. 즉 이차적인 것들의 생성이 역행할 때, 그때 이것들이 파괴된다는 것이지요. 사실 살과 힘줄은 본래 피에서 생겨나는 것들로서, 힘줄은 피의 섬유

82d 소로부터 그것과의 동류성으로 인해 생겨나고, 살은 섬유소에서

분리되어 응고된 응고물로부터 생겨나지요. 다른 한편 힘줄과 살에서 나오는 끈적끈적하고 기름진 성분의 경우, 이것은 뼈에다 살을 접착시키는 동시에, 골수를 감싸고 있는 뼈 자체에 양분을 공급함으로써 뼈가 자라게 해줍니다. 그런가 하면 뼈의 조밀함을 통해 걸러지는 것은 삼각형들 중에서도 가장 순수하고 가장 매끄러우며 가장 윤기가 있는 종으로서, 그것이 뼈로부터 방울방울 맺혀 떨어짐으로써 골수를 적셔 주게 됩니다. 그래서 그런 식으로 각각의 것들이 생겨날 때는 대체로 건강이 생기지만, 그 생성이 역행할 때는 질병이 생기는 것입니다. 왜냐하면 살이 해체되어 거꾸로 그 부스러기를 혈관 속으로 보낼 때, 그때 공기와 함께 혈관 속에 들어 있는 온갖 종류의 다량의 피는 색깔과 쓴맛, 더 나아가 시고 짠 특성들로 다채롭게 되며, 온갖 종류의 점액과 혈장과 담즙을 지니게 되니까요. 그런데 이 모든 것들이 손상된 채로 다시 모이면, 맨 먼저 피 그 자체를 파괴해 버리지요. 또한 이것들 자신은 더 이상 신체에 어떠한 양분도 공급하지 않으면서 혈관을 통해 모든 곳으로 이동하고, 자연스러운 순환의 질서[541]를 더 이상 유지하지 못한 채 자기들 자신으로부터 어떠한 유익함도 얻지 못하기 때문에, 자기들 스스로에게 적대적이 되는가 하면, 몸을 구성하고 자기 장소에 머물러 있는 것들의 적이 되어 파괴와 해체를 수행하는 것입니다. 그리하여 살 중에서도 가장 오래되어 녹아내린 부분은 잘 동화되지 않은 채 오랜

82e

83a

연소로 인해 검게 되고, 모든 면에서 부식됨으로써 쓴 성질을 띠

83b 며, 아직 손상되지 않은 신체의 모든 부분에 심각한 공격을 가하

지요. 그리고 어떤 때는 검은 빛깔을 띤 것이 쓴맛 대신 신맛을

띠기도 하는데, 이는 쓴 것이 한결 엷어질 때이죠. 그리고 어떤

때는 쓴 것이 피에 잠겨서 더 붉은 빛깔을 띠기도 하며, 또 검정

이 이것과 섞일 경우에는 담즙 빛깔[542]을 띠기도 합니다. 그런가

하면 노란 빛깔이 쓴맛과 섞이기도 하는데, 이는 어린 살이 불꽃

주변의 불 입자에 의해 덩달아 녹아 버릴 때입니다.

　그리고 그 모든 것들에 공통된 이름을 '담즙'이라고 붙인 것은

83c 아마 몇몇 의사들이었거나, 아니면 여러 가지 닮지 않은 것들을

들여다보고 그 속에서 모든 것들의 명칭에 어울리는 한 가지 종

류를 발견할 수 있었던 누군가였겠지요.[543] 반면에 담즙의 종류에

속한다고 말해지는 여타 모든 것들은 빛깔에 따라 그것들 각각의

고유한 이름을 얻게 된 것입니다. 그런데 혈장의 경우, 피의 맑

은 부분[544]은 무해한 반면, 검고 신맛이 나는 담즙의 부분이 열로

인해서 짠 성질과 섞일 때는 위협적인 것이 되지요. 그리고 그와

같은 것은 '신맛의 점액'[545]이라고 부릅니다. 또 이번에는 어리고

연한 살의 일부가 녹아 공기와 함께 하는 경우가 있는데, 그것이

83d 공기를 머금은 채 수분에 의해 감싸이며, 또한 그 상태로부터 하

나하나는 작아서 안 보이지만, 전체가 덩어리를 이루면 볼 수 있

는 물방울들을 구성하고, 그 거품이 생겨남으로 인해 보기에 흰

색을 띠는 경우,[546] 우리는 연한 살의 일부가 공기와 섞여 해체된 그 모든 것을 '백색 점액'[547]이라고 부릅니다. 그런가 하면 새롭게 조성되는 점액의 맑은 부분도 있는데, 그것들은 땀과 눈물,[548] 그리고 몸이 정화를 위해 매일같이 분비하는 그런 모든 입자들이지요. 그리고 그 모든 것들은 사실상 질병의 도구가 되지요. 피가 음식들과 음료들로부터 자연스럽게 채워지지 않고, 자연의 법칙들에 역행하여 반대되는 것들로부터 덩어리가 자랄 때마다 말입니다. 그리하여 질병에 의해 각각의 살이 해체된다 하더라도, 그 기반들이 버텨 낸다면,[549] 그 질병의 파괴력은 절반 정도가 될 겁니다. 왜냐하면 해체된 살이 아직은 수월하게 회복될 수 있으니까요. 그런 반면에 뼈와 살을 함께 묶어 주는 것[550]이 병에 걸릴 경우, 그리고 그 자신이 그것들로부터는 물론 힘줄로부터도 떨어져 나감으로써[551] 더 이상 뼈의 양분이 되지 못하고 뼈와 살을 잇는 끈도 되지 못할 경우, 오히려 그것이 나쁜 생활방식으로 인해 윤기 있고 매끄러우며 끈기 있는 성질로부터, 거칠고 짜며 메마른 성질로 바뀌는 경우, 뼈와 살을 묶어 주는 그 모든 것은 이와 같은 일들을 겪으면서 그 자신이 뼈에서 분리됨으로써 살과 힘줄을 향해 부스러지는 한편,[552] 살도 그 뿌리들부터 떨어져 나감으로써, 힘줄은 헐벗고 염분 가득한 상태로 방치되지요.[553] 반면에 떨어져 나간 그 살은 다시 피의 운동 속으로 빠져듦으로써 앞서 언급한 질병들[554]을 더 악화시킵니다.

83e

84b

하지만 몸과 관련된 그런 상태들이 심각하다고는 해도, 한층 더 심각한 것은 그보다 더 깊숙이 있는 것들[555]이 겪는 상태들이지요. 즉 뼈가 살의 조밀함 때문에 충분한 호흡을 하지 못하고 곰팡이에 의해 열이 남으로써 괴사가 발생하여 양분도 받아들이지 못할 경우, 또 이번에는 자기가 부스러져서 거꾸로 양분 속으로 들어갈 경우, 그리고 양분은 살 속으로 빠져들고, 살은 피 속으로 빠져들고 함으로써, 앞의 것들보다 더 고약한 온갖 질병들을 산출하는 경우 말입니다.

84c

그렇지만 무엇보다도 가장 심각한 것은 무엇인가의 결핍이나 과잉으로 인해 골수가 병에 걸릴 때이며,[556] 그때는 몸 전체가 본성과 반대로 흐르도록 강제되기 때문에, 그런 상태는 질병들 중에서도 가장 위중하고 가장 치명적인 것들을 산출하는 것입니다.

자, 이번에는 세 번째 종류의 질병에 관해 말하자면, 우리는 그것이 세 가지 방식으로 발생한다는 것을 이해해야 합니다. 즉 하나는 숨에 의해, 다른 하나는 점액에 의해, 또 다른 하나는 담즙에 의해 발생하는 것이지요. 왜냐하면 몸에 숨을 나눠 주는 기관인 폐[557]가 흘러나오는 것들로 막히는 바람에 출구를 청소하지 못할 경우, 어느 쪽으로는 숨이 들어가지 못하고, 또 어느 쪽으로는 적당량보다 더 많이 들어감으로써, 환기되지 못하는 부분들을 썩게 만드는 한편, 혈관의 다른 부분들을 압박하여 꼬아 버리고, 몸을 그 중심에 이르기까지 해체해 가다가, 횡격막을 장악

84d

하고는 그 안에 머물게 되니, 그로부터 실로 헤아릴 수 없이 많 84e
은 고통스러운 질병들이 종종 다량의 땀과 함께 발생하곤 하는
것입니다.[558] 그리고 때때로 몸안에서 살이 해체될 경우, 안에서
생겨나지만 밖으로 나가지 못한 공기는 밖에서 들어온 것과 같
은 통증을 일으키지요. 하지만 가장 극심한 통증을 일으키는 경
우는 공기가 힘줄과 그곳에 있는 작은 혈관들을 둘러싸고는 이
것들을 팽창시킴으로써, 그런 식으로 등 근육 및 그것과 연결된
힘줄들을 뒤로 당길 때이지요. 그리하여 그 질병들은 바로 그런
경직 상태를 겪는 데서 비롯된 것들로서 '강직성 경련'과 '후궁반
장(後弓反張)'이라는 이름으로 불렸습니다. 이 질병들은 그 치료
또한 어렵습니다. 사실 그런 상태를 가장 잘 해결해 주는 것은 85a
열이 동반할 때거든요.[559]

이제 백색 점액에 대해 말하자면, 그것이 몸안에 붙잡혀 있을
때는 거품에 들어 있는 공기 때문에 위험해지지요. 반면에 몸 밖
으로 난 출구를 확보할 경우에는 위험이 경감되긴 하지만, 몸을
백색 반점들로 얼룩지게 하며 그 반점들과 동류에 속하는 질병
들을 낳게 되는 것이지요.[560] 이번에는 백색 점액이 검정색의 담
즙과 뒤섞여 머리 안에 있는 가장 신적인 회전들[561]까지 퍼져 나
가고 그것들을 혼란에 빠뜨리는 경우, 자는 동안 그런 일이 일어
날 때는 혼란이 덜한 반면, 깨어 있는 사람들에게 그것이 닥칠 85b
때는 헤어나기가 더 어렵지요. 그런데 그것은 본성상 신성한 부

분을 범하는 질병이기에 '신성한 질병'[562]이라고 부르는 게 가장 타당합니다. 그런가 하면 시고 짠 점액은 분비액의 흐름으로 인해 발생하는 모든 질병[563]의 원천이지요. 하지만 분비액이 흘러드는 장소가 천차만별이기에 그것들은 온갖 다양한 이름들을 얻게 된 것입니다.

우리가 '몸에 염증을 일으킨다'고 말하는 것들의 경우, 그 모든 것들은 불타거나 달아오르거나 하는 데서 비롯되며, 모두 담즙 때문에 생겨나는 것입니다.[564] 그래서 담즙이 바깥에 배출구를 85c 확보하면 끓어오르면서 온갖 종기들을 돋아나게 하지만, 그것이 내부에 갇히면 수많은 염증성 질병들을 산출하지요. 하지만 가장 심각한 것은, 담즙이 순수한 피와 한데 섞여서 섬유소에 속하는 것들을 그것들 고유의 질서로부터 벗어나게 만들 때지요. 그 섬유소들은 너무 묽거나 진하지 않게 적도를 유지할 수 있도록, 즉 피가 열로 인해 마치 수분처럼 몸의 구멍 밖으로 흘러나가 85d 지도 않고, 잘 움직일 수 없을 정도로 진해져서 혈액 순환이 어려워지지 않도록, 피 속에 흩어져 있는 것들이거든요. 실로 이런 성질 덕분에 섬유소들은 양자 사이의 적절한 균형을 지키는 것이지요. 심지어 죽은 자의 피, 그것도 차가워지고 있는 피라 하더라도 누군가가 그것의 섬유소들을 한데 모으면, 남은 피는 모두 묽게 흐르겠지만, 섬유소들을 원래대로 놔두면 그것들은 주변의 냉기와 함께 피를 금방 응고시킬 것입니다. 그래

서 피 속의 섬유소들은 그런 특성을 갖는데, 본래 오래된 피에
서 생겨난 담즙이 다시 살에서 피로 녹아들면서 열과 수분을
머금은 채 우선 소량만 침투하는 경우, 그것은 섬유소의 특성
으로 인해 응고되며, 또한 그것이 응고되면서 강제로 냉각되면
몸안에서 추위와 오한을 발생시킵니다. 반면에 담즙이 다량으   85e
로 흘러들 경우, 그것은 자신에게 들어 있는 열을 가지고서 섬
유소들을 제압하고 끓게 만듦으로써[565] 이것들을 무질서한 상태
로 흔들어 놓지요. 그리고 만일 담즙이 섬유소들을 최종적으로
제압하기에 충분한 만큼 흘러들게 되면, 그것은 골수의 부류를
관통하여 불태우고는, 마치 배의 밧줄을 풀듯이, 그곳에 있는 혼
의 밧줄을 풀어 버리고 혼을 자유롭게 놓아주지요.[566] 반면에 담
즙의 양이 적고 몸 또한 해체를 견뎌 내는 경우, 담즙 자신이 제
압됨으로써 몸 전체에 걸쳐서 빠져나가 버리거나, 아니면 혈관
을 통해서 복강의 아래쪽 또는 위쪽으로 밀려난 뒤에, 마치 내전
을 치른 뒤에 도시에서 추방당하는 것처럼 몸에서 쫓겨 나감으   86a
로써,[567] 설사와 이질, 그리고 그와 유사한 모든 질병들을 일으키
게 됩니다.

  이번에는 주로 불의 과잉으로 인해 몸이 병드는 경우, 그것은
지속적인 발열과 고열을 발생시키죠. 반면에 공기의 과잉으로
인해 병든 몸은 매일열을 발생시킵니다. 그런가 하면 삼일열은
물의 과잉으로부터 병든 몸에서 발생하는데, 이는 물이 공기나

불보다는 느리기 때문이지요.[568] 그리고 흙의 과잉으로 인해 병든 몸은 네 번째이자 그것들 가운데 가장 느린 것으로서, 네 배의 시간 주기로 정화가 이루어지며 사일열을 발생시키는데, 여간해서는 벗어나기 어렵습니다.[569]

86b 　그리하여 몸과 관련된 질병들은 이상과 같이 생겨나는 반면, 몸의 상태에 기인하는 혼의 질병은 다음과 같은 방식으로 생겨납니다. 우선 혼의 질병은 어리석음이라는 데 동의해야겠지요. 그런데 어리석음에는 두 종류가 있으니, 그 하나는 광기[570]이고 다른 하나는 무지입니다. 따라서 누군가가 그 둘 중 어떤 상태를 겪든 간에 그 모두는 '질병'이라고 불러야 하며, 특히 과도한 쾌락과 고통은 질병들 가운데서도 혼에 가장 심각한 것이라고 놓아야 합니다. 왜냐하면 인간이 과도하게 즐거운 상태에 놓이거

86c 나 고통에 의해 반대의 상태를 겪게 되면, 앞의 것은 손에 넣고자, 그리고 뒤의 것으로부터는 도망치고자 때에 맞지 않게 서두르기 때문에, 어떠한 것도 바르게 보거나 듣거나 할 수 없고, 광분할 뿐만 아니라, 사실상 그때에는 추론이라고는 거의 나눠 가질 수 없으니까요.

　그런가 하면, 마치 적당량보다 더 많은 열매를 맺는 나무처럼, 누군가에게 정자가 골수 주변에서 흘러넘치도록 많이 생겨나는 경우, 그는 욕정을 느끼고 그와 관련된 출산을 하는 속에서 매번 수많은 고통과 수많은 쾌락을 겪게 되고,[571] 그 강력한 쾌락들과

고통들로 인해 인생의 대부분을 광란 상태로 지내며, 그런 몸으로 인해 병들고 분별없는 혼을 갖게 되지만, 사람들은 그가 병에 86d 걸려서가 아니라 고의로 나쁘게 군다고 생각하지요.[572] 하지만 사실을 말하자면, 성적 쾌락에 탐닉하는 것은 대부분의 경우, 뼈의 성긴 조직 때문에 몸안을 흐르고 적셔 대는 것들 중 한 부류가 겪는 상태로 말미암아[573] 야기되는 혼의 질병인 것입니다. 또한 일반적으로 말해서 '쾌락에 굴복한다'거나, '고의로 악을 행하기에 수치스럽다'라고 말하는 것들은 바르게 비난하는 것이 아니에요. 왜냐하면 누구도 고의로 나쁜 것이 아니라 몸의 어떤 해로 86e 운 상태로 인해, 그리고 교육받지 않고 길러짐으로 인해 나쁜 사람이 나쁘게 되는 것이요, 나쁜 것들은 모든 사람에게 미움을 사며 본의 아니게 생겨나는 것들이니까요.

다시 이번에는 고통에 관해 말하자면, 혼은 마찬가지로 몸 때문에 많은 악을 갖게 됩니다. 왜냐하면 시고 짠 점액에 속하거나, 쓰고 담즙성인 체액에 속하는 온갖 것들이 누군가의 몸안을 떠돌아다니다가 바깥으로 난 배출구를 확보하지 못하고 안에 갇힌 채, 자기들에게서 생긴 증기를 혼의 운행과 뒤섞음으로써 혼 87a 합이 이루어지면, 그것들은 정도나 빈도에서 더하거나 덜한 온갖 혼의 질병들을 만들어 내지요. 또한 그것들이 혼의 세 거처로 이동하는 경우, 그것들 각각이 침범하게 되는 장소는 온갖 종류의 변덕과 낙담으로 다채로워지는가 하면, 무모함과 비겁함, 더

나아가 망각과 아둔함으로 다채로워집니다.[574] 이에 더하여 그렇
87b 게 나쁘게 굳어진 사람들로 나쁜 정체들이 이루어지고, 또 담론
들 역시 사적으로든 공적으로든 그런 도시들의 수준에 맞게 이
루어지며, 더욱이 그것들을 치유할 수 있는 학과들 역시 어린 시
절부터 조금이라도 가르쳐지지 않을 경우,[575] 거기서 나쁜 사람
들은 모두 저 두 가지로 인해[576] 의지와는 전혀 상관없이 나쁘게
되는 것이지요. 그들 중에서 더 탓해야 할 사람들은 언제나 자식
들보다는 부모들이요, 양육을 받는 이들보다는 양육을 하는 이
들이지요. 실로 우리는 양육을 통해서는 물론, 습득하고 배워야
할 학과들[577]을 통해서도, 악에서 벗어나고 그와 반대인 것을 붙
잡도록, 할 수 있는 데까지 힘써야 할 것입니다. 하지만 그것들
은 다른 성격의 논의들[578]에 속합니다.

87c   그러면 이번에는 역으로 위의 주제에 대응되는 것, 즉 무엇을
통해서 몸과 마음을 구제할 수 있는지, 그 치유 수단을 제시하는
것이야말로 그럼직하고도 적절한 일이겠네요. 왜냐하면 나쁜 것
들보다는 좋은 것들에 관한 논의가 더 온당하기 때문입니다. 사
실상 좋은 것은 모두 아름다운데, 아름다운 것치고 균형 잡히지
않은 것은 없지요.[579] 따라서 생물도 그와 같은 것이 될 것이라
면 균형을 갖춰야 한다고 가정해야 합니다. 그런데 우리는 균형
잡힌 것들 중에서 사소한 것들에 대해서는 식별하려 들고 헤아
려 보지만, 정작 가장 고귀하고 가장 중요한 것들에 대해서는 아

무 생각 없이 지내지요! 사실 건강과 질병, 덕과 악덕의 문제를 87d
다룸에 있어서, 혼 그 자체와 몸 그 자체 사이의 균형과 불균형
보다 더 중요한 것도 없어요. 하지만 우리는 그것들 가운데 어떠
한 것도 살펴보지 않으며, 다음의 사실에 대해 주의를 기울이지
도 않지요. 즉 체형상 더 약하고 더 왜소한 몸이 강력하고 모든
면에서 월등한 혼을 갖는 경우,[580] 그런가 하면 양자가 반대로 결
합하는 경우, 그 생물은 전체적으로 아름답지 않지만, ― 왜냐하
면 그것은 가장 중요한 균형을 결여하고 있으니까요. ― 그와 반
대인 것의 경우, 그것을 볼 수 있는 사람에게는 그것이 모든 볼
거리들 중에서도 가장 아름답고 가장 사랑스럽다는 사실 말입니
다.[581]

그러므로 이를테면 다리가 과하게 길다거나, 또는 다른 어떤 87e
부분이 과잉되듯이, 자기 자신에 대해 균형이 잡혀 있지 않은 어
떤 몸이 있다면, 그것은 추할 뿐만 아니라, 노고를 함께 나누는
가운데 잦은 피로와 숱한 경련, 그리고 휘청거림으로 인해 넘어
짐을 자기 자신에 대하여 무수한 악의 원인으로 제공하거니와,
실로 우리는 우리가 '생물'이라고 부르는, 혼과 몸의 결합체에 대
해서도 같은 식으로 생각해야 합니다. 즉 그 생물 안에 있는 혼
이 몸보다 강한 상태에서 격분할 때마다 혼은 몸 전체를 흔들어
대며 몸을 그 내부로부터 질병들로 가득 채워 나가며, 또 혼이 88a
어떤 배움이나 탐구에 열중할 때마다 혼은 몸을 기진맥진하게

만들지요. 그런가 하면 혼이 가르침들을 행하고 공적으로든 사적으로든 언쟁을 할 경우, 경쟁심과 승리욕이 생겨나 몸을 뜨겁게 달구고 흔들어 댈 뿐만 아니라 체액까지 흐르게 함으로써, 이른바 의사라 불리는 사람들 중 다수를 속이고는 원인이 아닌 것을 원인이라고 말하게 만들지요. 그런가 하면 혼을 넘어서는 더 큰 몸이, 작고 유약한 정신과 함께 연결되는 경우도 있지요. 인

88b 간에게는 본래 이중의 욕구가 있어서, 하나는 몸으로 인해서 음식을 욕구하고, 다른 하나는 우리 안에 있는 가장 신적인 것으로 인해서 지혜를 욕구하는데, 위와 같은 경우에는 몸의 운동이 더 강력하여 혼을 압도하고 자기의 몫을 증대시키는 반면, 혼의 몫은 아둔하고 배움이 더디며 잘 잊게 만듦으로써 그 내부에서 가장 심각한 질병인 무지를 산출하게 됩니다.[582]

　이 양자의 질병에 맞서, 사실상 유일한 구제책이란 몸은 도외시하고 혼만 움직이게 한다거나, 혼은 도외시하고 몸만 움직이게 한다거나 하지 않는 것이지요. 이는 양자가 서로 견제함으로

88c 써 균형을 맞추고 건강을 유지하도록 하기 위함입니다.[583] 그런 식으로 수학자라든가, 또는 추론 활동을 통해서 다른 분야를 탐구하는 데 열심인 사람들은 체육을 가까이 함으로써 몸에 대해서도 운동을 제공해 줘야 합니다. 또 몸을 단련하는 데 신경을 쓰는 사람의 경우에도, 음악과 철학 전반을 활용함으로써 혼의 운동도 역으로 제공해 줘야겠지요.[584] 누군가가 정당하고 바르

게 '아름다운 동시에 훌륭한 사람'이라고 불리고자 한다면 말입니다.[585] 그리고 우리는 저것들, 즉 우주의 부분들과 같은 원리에 따라 그 형태를 모방하는 가운데, 이 부분들[586] 역시 보살펴야 하는 것입니다. 88d

사실 몸은 그 안으로 들어오는 것들에 의해 내부에서 뜨거워지거나 차가워지거나 하고, 또 외부에 있는 것들에 의해 마르거나 젖거나 함으로써, 양자의 운동에 의해 이것들로부터 잇따르는 결과들을 겪게 됩니다. 그렇다고 할 때, 어떤 사람이 가만히 있으면서 자기 몸을 그런 운동들에 내맡긴다면, 그의 몸은 압도되어 파괴되겠지요. 반면에 우리가 우주의 '양육자'이자 '유모'라고 불렀던 것[587]을 그가 모방한다면, 그리고 한순간도 가만히 있지 않고 몸을 움직인다면, 또한 지속적으로 일정한 운동을 자신에게 일으킴으로써 시종일관 안팎에서 발생하는 자연적인 운동 88e을 막아 낸다면,[588] 그리고 몸과 관련하여 불규칙한 인상을 야기하는 성질들과 부분들을 적도에 맞게 흔들어 줌으로써, 우주에 관해 우리가 말했던 앞서의 논의에 부합하게, 그것들을 동류의 것들에 따라 서로서로 질서 있게 배치해 준다면,[589] 이는 적을 적의 곁에 둠으로써 몸에서 전쟁과 질병이 생겨나도록 놔두는 것이 아니라 친구를 친구 곁에 두는 것이니, 이를 통해 건강을 산 89a출할 수 있게 될 것입니다.

이번에는 운동들에 관해 말하자면, 가장 훌륭한 운동은 자기 안에서 스스로 이루어지는 것[590]인 반면, — 왜냐하면 그것은 사유 활용 및 우주의 운동과 가장 동류에 속하는 것이니까요. — 다른 것에 의해 이루어지는 운동은 더 열등한 것이지요. 하지만 가장 열등한 것은 몸이 누워서 가만히 있을 때 다른 것들에 의해서 몸을 부분적으로 움직이게 만드는 운동입니다. 실로 그렇기 때문에, 몸을 정화하고 회복하는 일 중에서는 가장 훌륭한 것이 체육을 통한 운동이요, 배를 타거나 아니면 어떤 식으로든 피로가 발생하지 않는 것에 올라탐으로써 그 흔들림을 통해 운동하는 것이 둘째가는 것이지요. 반면에 세 번째 종류의 운동은 극단적으로 몰려 있는 사람의 경우에는 유용하지만, 그 외에 제정신인 사람은 결코 받아들여서는 안 되는 것으로서, 그것은 바로 설사제의 처방으로 인해 생겨나는 운동입니다.

89b

사실 크게 위험한 것이 아닌 한, 어떠한 질병도 약을 써서 자극해서는 안 됩니다. 왜냐하면 질병은 구조상 모두 일정한 방식으로 생물의 본성을 닮아 있기 때문입니다. 아닌 게 아니라 생물은 구조상으로 모든 종에 걸쳐 정해진 삶의 시간을 갖게 되며,[591] 개별적인 생물의 경우에도, 어쩔 수 없이 겪는 것들을 제외하면,[592] 각자가 저마다 몫으로 주어진 삶을 가지고서 태어나는 것이니까요. 왜냐하면 각 생물이 처음 생겨날 때부터 이미 일정 시간까지는 버틸 수 있도록 그것의 삼각형들이 힘을 갖춘 채 결합되어 있지만, 누구도 그 이상으로는 삶을 연장하거나 할 수 없기

89c

때문입니다. 따라서 질병과 관련된 구조의 경우에도 그 진행 방식은 같지요. 누군가가 정해진 시간의 몫을 따르지 않고 약을 써서 질병을 파괴할 경우, 질병은 사소한 것에서 심각한 것으로, 또 적은 수에서 많은 수로 되려는 경향을 띠게 됩니다. 그러므로 그와 같은 모든 것들은, 누구든 여가가 허락하는 한, 섭생의 방법을 통해 다스려야지, 약을 씀으로써 까다로운 병세를 자극해 89d 서는 안 되는 것입니다.

그러면 이상으로 결합물로서의 생물[593] 및 그것의 신체적인 부분과 관련하여, 인간이 어떻게 그것을 다스리고 또 스스로 다스려짐으로써 최대한 이성에 부합하게 살아갈 수 있는지에 대해서는 논의가 이루어진 걸로 합시다. 그런데 장차 다스릴 부분 그자체[594]에 대해서는 그것이 가능한 한 가장 아름답고 또 훌륭하게 다스릴 수 있도록, 한층 더, 그리고 우선적으로 준비를 갖춰야 합니다. 그러니 이 문제에 관해 상세하게 다루는 것은 그 자 89e 체만으로도 독립된 주제가 되기에 충분하겠지요. 하지만 누군가가 그것을 부수적인 주제로 삼아,[595] 앞선 논의들에 부합하게 따라가면서, 이어지는 문제들을 살피는 가운데 다음과 같은 설명으로 결론을 맺는다면 그 방식 또한 부적절하다고는 할 수 없겠지요.

이미 여러 차례 말했듯이,[596] 우리 안에는 세 종류의 혼이 세 가지 방식으로 거주하며, 그것들은 각각 운동 능력을 가지고 있습니다. 그러니 이번에도 같은 방식으로 최대한 간략하게 말해 봅시다. 즉 그것들의 종이 무기력한 상태로 지내고 자기에게 속한 운동을 삼간 채 가만히 있으면 가장 허약해질 수밖에 없겠지만, 혼을 단련하며 시간을 보낸다면 가장 활력이 넘치게 될 것임이 필연적이라고 말입니다. 그러므로 우리는 그것들이 서로에 대하여 균형 잡힌 운동을 유지하도록 지켜봐야 합니다.

자, 이번에는 우리 안에 들어 있는 혼의 가장 지배적인 종류에 대해 다음과 같이 생각해 봅시다. 즉 신께서는 그것을 우리 각자에게 신령[597]으로서 주셨기에, 실로 그것은 우리 몸의 가장 꼭대기[598]에 거주하며, 우리가 마치 땅이 아니라 하늘에서 자라는 식물인 양, 하늘에 있는 동류의 것들을 향해 땅으로부터 우리를 들어올리는 것이라고 주장한다면, 이 주장이야말로 가장 바르게 말하는 것이겠지요. 왜냐하면 혼이 처음으로 생겨나 자란 곳이 하늘인 이상,[599] 우리의 신적인 부분은 머리, 즉 우리의 뿌리를 그곳에다 매닮으로써 몸 전체를 곧추세우기 때문입니다. 그리하여 정욕과 승리욕[600]에 사로잡혀 이것들을 얻고자 분투하는 사람의 경우에는, 필연적으로 그가 생각하는 모든 것들이 사멸적인 것이 될 것이며, 그 역시 모든 면에서 최대한 사멸적인 존재가 될 수 있다는 점에서 조금의 모자람도 없을 것이니, 그 사람이 그런 것들을 자라게 하는 이상 그럴 수밖에 없지요. 반면에 배움을 사랑하는 일과 참된 지혜를 얻는 일에 전념하고, 자기에게 속

90a

90b

한 것들 중에서도 특히 이것들을 훈련하는 사람의 경우, 그가 진 90c
리를 포착하려고만 한다면, 필연적으로 그는 불멸하고 신적인
것을 사유할 것이요, 아울러 불사를 분유하는 것이 인간적인 본
성에도 허용되는 일이기에 그 어떤 부분도 모자라지 않을 것이
니, 그가 언제나 신적인 부분을 돌보고, 또 자기 안에 함께 살고
있는 신령을 질서가 잘 잡힌 상태로 유지하는 이상, 그 사람은
압도적으로 행복할 수밖에 없지요.[601] 그런데 무엇이든 보살핀다
는 것은 모두에게 오직 한 가지, 그러니까 각자에게 고유한 양식
과 운동을 제공한다는 것뿐입니다. 그리고 우리 안에 있는 신적
인 것과 동류인 운동들은 바로 우주가 수행하는 사유[602]와 회전
들이지요. 실로 우리들 각자는 그것들을 따르는 가운데, 우주의 90d
조화와 회전을 배움으로써, 우리가 태어날 무렵 파괴되었던 머
릿속 회전들을 바로 세우고, 이를 통해서 태초의 본성에 부합하
도록 관조자를 관조 대상과 닮게 만들어야 하며, 그것을 닮게 만
든 뒤에는 현재는 물론 이후의 시간에 대해서도 신들이 인간에
게 부과한 가장 훌륭한 삶의 목표에 도달하도록 해야 합니다.[603]

자, 드디어 이제 처음에 우리에게 부과되었던 과제,[604] 그러니 90e
까 우주의 생성에서 시작하여 인간의 탄생에 이르기까지 다뤄
보자고 했던 것이 거의 그 끝에 도달한 것처럼 보입니다. 왜냐하
면 다른 생물들은 어떻게 생겨났는가 하는 물음은, 굳이 길게 다
룰 필요 없이, 간단히 언급하는 것으로 충분할 테니까요. 사실

이것들에 대해서는 저마다 그런 식으로 설명하는 게 더 적당할 거라고 생각할 겁니다. 그러면 이러한 문제에 대해서는 다음과 같이 설명하도록 하죠.

남성으로 태어난 사람들 중에서 겁이 많고 부정의한 삶을 산 이들은 모두, 그림직한 설명에 따르면, 두 번째 탄생에서 여성으로 태어났습니다.[605] 또한 그래서 신들은 그 시기에 성적인 결합을 바라는 애욕[606]을 고안했던 것이지요. 그들은 혼이 깃든 생물을 하나는 우리 안에, 다른 하나는 여성 안에 구성했는데,[607] 그 각각을 만든 방식은 다음과 같습니다.

신들은 음료의 통로, 즉 폐[608]를 거쳐 신장의 아래로 내려가 방광에 도달한 음료를 받아들이고, 그것이 공기에 의해 압박받을 때 배출시켜 주는 통로를 뚫었는데, 그 통로는 머리에서 목을 거쳐 척추를 관통하며 조밀한 골수로 이어지는 것이었지요. 확실히 우리가 앞의 설명에서 '씨앗'이라고 불렀던 그 골수[609] 말입니다. 그런데 그것에는 혼이 깃들어 있었을 뿐만 아니라 배출구도 있었기에, 배출이 일어나는 곳에다가 생명을 분출하려는 욕구를 만들어 넣었고 생식을 위한 애욕을 완성했던 것입니다. 실로 그렇기 때문에, 남성들의 치부는 본성적으로 복종하려 들지 않고 제멋대로 굴며, 마치 이성의 말을 귀담아듣지 않는 동물처럼, 욕구로 인해 미쳐 날뛰며 모든 것들 위에 군림하려 들지요.

그런가 하면, 여성들 안에 있는 '모태'니 '자궁'이니 불리는 것

들도 같은 이유로 해서 출산의 욕구가 들어 있는 생물로서, 그것
이 적기(適期)를 지나 오랜 시간 불임을 겪게 되면, 힘겹고 신경
질적인 상태에 빠지며, 몸을 따라 온갖 곳을 떠돌면서 공기의 통
로를 막고 숨을 쉬지 못하게 함으로써, 지극히 곤란한 상태로 몰
아넣을 뿐만 아니라 다른 온갖 질병들[610]을 산출하지요. 그리고
그런 상태는, 남녀가 욕구와 애욕으로 해서 하나로 결합하고, 마   91d
치 나무에서 열매를 따듯이 열매를 따는가 하면, 경작지에 씨앗
을 뿌리듯이 자궁에다 작아서 보이지 않고 형태도 갖추어지지
않은 생명들을 뿌리고는, 다시 그것들을 분화시키고 자궁 안에
서 자라도록 양육하며, 그런 다음에는 그것들을 빛으로 인도함
으로써 생명체의 탄생을 완수할 때까지, 계속 될 것입니다.

　따라서 여성을 비롯하여 모든 암컷이 그런 식으로 생겨났던
것이지요. 반면에 새의 종류는 털 대신에 깃이 돋아나 변형된 것
으로, 악하지는 않지만 경박한 남자들로부터, 그리고 대기 중에
일어나는 것들을 탐구하긴 하지만, 단순함으로 인해[611] 보는 것
만으로도 그것들에 대한 입증이 확실하다고 믿었던 사람들로부   91e
터 생겨난 것입니다.

　이번에는 땅에 사는 짐승의 종류에 관해 말하자면, 그것들은
철학이라고는 조금도 활용하지 않고 하늘에서 일어나는 것들의
본성에 관해서는 아무것도 관찰하려 들지 않는 사람들로부터 생
겨났지요. 왜냐하면 그것들은 더 이상 머릿속 회전들을 사용하

지 않고, 가슴 주변에 있는 혼의 부분을 지도자로 삼아 따르기 때문입니다. 그래서 그런 삶의 방식으로부터 그것들은 땅과의 동류성으로 인해, 앞다리와 머리를 땅 쪽으로 늘어뜨린 채 몸을 지탱하게 되었고, 그것들의 머리끝은 길어졌을 뿐만 아니라, 혼 92a 의 각 회전들이 활동을 멈추고 찌부러지는 방식에 따라 온갖 형태를 취하게 되었지요. 그것들 가운데 네 발 동물들과 다족류에 속하는 것들이 자라나게 된 것도 그런 이유 때문입니다. 신은 지혜를 더 많이 결여한 것들에게 더 많은 발을 달았으니까요. 결국 그것들은 한층 더 땅 쪽으로 끌리게 되었지요. 하지만 바로 그놈들 중에서도 지혜를 가장 많이 결여하고 땅에 온몸을 완전히 뻗은 것들에게는 발이라고는 조금도 있을 필요가 없었기에, 신들은 그것들이 발도 없이 땅 위를 기어다니는 것들로 태어나도록 만들었습니다.

92b   그리고 네 번째로, 물에 사는 종류는 가장 어리석고 가장 무지한 자들로부터 생겨났는데, 신들은 그들을 변형시키면서 그들이 깨끗한 공기를 호흡할 가치조차 없다고 여겼으니, 이는 그것들이 온갖 잘못으로 인해 혼을 순수하지 못한 상태로 유지했기 때문이지요. 신들은 그것들이 섬세하고 순수한 공기를 호흡하는 대신, 탁하고 깊은 물속에 가서야 숨을 쉬도록 밀어냈던 것이지요. 물고기와 조개 및 물에 사는 모든 것들의 종족이 생겨난 것은 그로부터 비롯된 것이지요. 즉 그것들은 극도의 무지에 대한

징벌로 극한의 생활환경을 할당받은 것입니다. 또한 바로 그런
이유로 모든 생물은 예나 지금이나, 지성과 어리석음을 획득하
거나 상실하거나 함에 따라 모습을 바꿔 가며 서로서로 변화를
거듭하는 것입니다.[612]

자! 그러면 이제 우주에 관한 우리의 설명도 드디어 그 끝에
이르렀다고 말합시다. 죽기 마련인 생물들과 불사적인 생물들을
취하여 그렇게 충만해진[613] 이 우주는 가시적인 것들을 품고 있
는 가시적인 생물이자,[614] 가지적인 신의 모상인 감각적인 신으
로서,[615] 가장 위대하고 가장 훌륭하며 가장 아름답고 가장 완전
한 것이자, 종적으로 유일하며 수적으로 하나뿐인 이 하늘로 생
겨난 것입니다.[616]

주석

1 **한 분, 두 분, 세 분. … 우리의 네 번째 분은 어디 계시죠?** : 이 네 번째 인물이 누구인지는 알 수 없다. 다만 이 네 번째 인물의 부재는 대화에 참여한 세 인물, 즉 티마이오스, 크리티아스, 헤르모크라테스의 임무를 부각시키는 역할을 하는 것처럼 보인다.

2 **어제는 저의 손님이었고 오늘은 저를 초대하신 여러분 가운데 한 분 말입니다** : 소크라테스는 대화자들을 어제 잔치의 손님들이자, 오늘 연회의 주인들로 묘사하고 있다. 이를 통해 오늘의 모임이 어제의 잔치에 대한 화답으로 이루어진 것임을 짐작할 수 있다. 플라톤은 종종 철학적 담론을 혼의 양식이나 만찬에 비유하곤 한다(예컨대 『프로타고라스』 313c4~314b1 ; 『파이드로스』 227b6~7, 236e7~8 ; 『국가』 IX 571~e1을 보라).

3 **그는 어딘가 편찮아서요** : 비록 네 번째 인물의 정체를 알 수는 없지만, 재미있는 것은 그가 어딘가 편찮아서 모임에 빠졌다고 설명하는 이 대목이 플라톤의 또 다른 작품인 『파이돈』의 도입부(50b10)를 연상시킨다는 점이다. 거기서는 소크라테스가 독약을 마시고 죽던 날 많은 내외국인 친구들이 그의 최후를 지켜본 반면, 정작 저자인 플라톤은 아파서 함께 하지 못한 것으로 묘사되고 있다.

4   이 모임 : 여기서 "모임"으로 옮긴 그리스어 '쉬누시아(sunousia)'는 일상
    적인 회합이나 사교적인 모임을 뜻하지만, 특정 분야의 전문가나 소피
    스트들이 대중을 상대로 펼치는 강연이나 발표회를 의미하기도 한다
    (예컨대 크세노폰, 『회상』 I, 6, 11 ; 플라톤, 『프로타고라스』 335a9~c2 ; 『소피
    스트』 217d8~e3을 보라). 즉 오늘의 모임은 어제 소크라테스가 베풀어
    준 논의에 대한 답례인 셈이다.

5   제대로 손님 대접을 받은 마당에 : '손님들(xeniois)'과 '대접 받다(xenisthen-
    tas)'는 모두 '환대'를 뜻하는 그리스어 '크세니아(xenia)'와 관련된 단어
    들이다. 도시국가들 간의 교역을 중심으로 문명이 형성된 지중해 세계
    에서, 국경을 넘나드는 이방인에 대한 환대의 중요성은 단순한 미덕의
    수준을 넘어 사회적 의무에 가까운 것으로 여겨졌다. 그래서 그리스인
    들은 신들의 왕인 제우스를 '환대의 신(ho Zeus xenios)'이라고 부르며,
    환대자의 의무를 주관하고 감시하는 역할을 부여하기도 했다(예컨대 호
    메로스, 『오뒷세이아』 IX, 271).

6   어제 제가 논의했던 주제들은 정체(政體)에 관한 것들로서 그 골자는, 그러니
    까 제가 보기에 … : 직역하면 다음과 같다. "어제 정체와 관련하여 제가
    이야기한 주제들의 골자는, 제가 보기에 …." 여기서부터 본문 19b2까
    지 어제 논의의 요약이 이어지는데, 그 내용은 대체로 『국가』 II~V권
    과 일치한다. 하지만 어제의 논의가 곧 『국가』의 대화를 지칭한다고 보
    기는 어렵다. 『티마이오스』와 『국가』에 설정된 드라마적 배경에 관해서
    는 「작품 안내」 1절을 참고하라.

7   농부들을 비롯하여 여타 직업에 종사하는 이들의 집단을 전쟁에 임하는 자
    들의 집단으로부터 따로 분리해 내지 않았던가요? : 여기서 "집단"은 그리
    스어 '게노스(genos)'를 옮긴 것이다. 이 말은 유, 부류, 종족, 민족 등
    의 의미를 가지며, 우리 번역에서도 맥락에 따라 자유롭게 번역하였
    다. 여기서 '게노스'는 직업 집단 및 그에 따라 분류된 일종의 사회 계
    급의 의미로 쓰이고 있다(단 이때의 계급은 세습 등의 방식으로 고착되지
    않는다는 점에서 일반적인 의미의 계급과는 다르다. 이에 관해서는 주 19를 보

라). 도시국가 안에서 전사들의 집단을 여타 직업들과 분리해야 한다는 주장과 관련해서는 『국가』 II, 373e10~374e4을 보라.

8   소질에 따라 각자 자신에게 적합한 단 하나의 직무, 그러니까 각자에게 한 가지 직업만을 부여하였고 : 『국가』 II, 369e2~370c6 ; IV, 423d2~6을 보라.

9   도시 : "도시"는 그리스어 '폴리스(polis)'를 옮긴 것이다. 번역에 따라서는 폴리스를 '국가'나 '도시국가' 혹은 '나라'로 옮기기도 하는데, 여기서는 그냥 "도시"로 옮겼다. 잘 알려져 있다시피, 고대 그리스에서는 하나의 도시가 하나의 국가를 형성하였다. 따라서 하나의 도시는 그 자체로 법과 행정조직, 통치자, 군대 등을 갖추었고, 다른 도시들과 외교 관계를 맺고 무역 등을 수행하였다. 도시 안에는 오늘날의 타운에 해당하는 복수의 도심(都心)들이 있었으며, 이것들은 구(區)와 같은 행정 단위들로 나뉘었다. 예컨대 소크라테스는 아테나이의 알로페케 구 출신이다.

10   누군가가 외부에서든 … 무자비한 모습을 보여야 한다고 말입니다 : 플라톤은 『국가』에서 수호자들의 성향을, 친근하거나 아는 사람에게는 온순하게 굴지만 모르는 사람에게는 사납게 달려드는 혈통 좋은 개에 빗대어 설명한다(예컨대 『국가』 II, 375c2~4). 또한 완벽한 수호자들은 공동체 내부의 동료들은 물론 외부의 적들 역시 도시를 해칠 엄두를 못 내도록 만들 것이라고 말한다(III, 414b1~6). 즉 도시를 파괴하려는 적들은 외부에서(exotheno) 올 수도 있고, 공동체의 내부에서(endothen) 생겨날 수도 있다는 말이다. 그런데 『티마이오스』에 따르면, 적들에 대한 수호자들의 태도는 그들이 내국인이냐 외국인이냐에 따라 이중적이다. 내부의 적들은 수호자들의 다스림을 받고 본래 친구인 자들로서, 수호자들은 그들을 온화하게 다스려야 하는 반면, 외부의 적들과 맞서 싸울 경우에는 무자비하게 다스려야 한다는 것이다. 사실 이러한 이중성은 수호자들이 맡고 있는 임무의 성격과도 무관하지 않다. 수호자들은 내부적으로는 공동체의 치안과 질서를, 외부적으로는 국방을 담당한다. 다시 말해 내부적으로는 경찰의 임무를, 외부적으로는 군인의

임무를 수행하는 셈이다. 내부의 적이란 바로 동포 시민들 가운데 공동체의 질서를 무너뜨리는 범죄자들을 의미하며, 반면에 외부의 적이란 국경을 침입하는 외국의 군대를 의미한다. 이런 경우에 수호자들이 경찰로서 범죄자들을 단죄하는 것과 군인으로서 적군에 맞서 싸우는 태도는 다를 수밖에 없다. 왜냐하면 내부의 적은 같은 동포들로서 이들에게는 죄의 정화가 필요한 반면, 외국에서 공격해 오는 적들에게는 단호한 축출이나 침략 행위에 대한 철저한 보복만이 필요하기 때문이다.

11 수호자들의 혼은 … 온화하고 또 무자비할 수 있기 위함이지요 : 『국가』 II, 374e4~376c6을 보라.

12 교육에 관해서는 … 말하지 않았던가요? : 『국가』 II, 376e2~III, 403c3 ; III, 403c4~10b9, 410c10~412b7을 보라.

13 수비대로서 그들이 지켜 주는 사람들에게서 수호의 대가를 받되 : 여기서 "수비대"는 '에피쿠로스(epikouros)'를 옮긴 것이다. 이 말은 일차적으로 '도와주는 사람,' '조수,' '협력자'를 뜻하며, 맥락에 따라서 '경호원,' '경비대,' '원군(援軍)'이라는 뜻으로 쓰이기도 한다. 플라톤은 『국가』에서 도시국가를 이끄는 수호자들(phulakes)에 관해 언급하면서, 그들을 다시 "완전한 수호자들(phulakas panteles‒III, 414b2 ; teleous phulakes‒IV, 428d7)"과 그들의 "보조자들 내지는 협력자들(epikourous te kai boēthous-III, 414b5)"로 구분한다. 이들은 도시국가를 다스리는 이른바 철인(哲人) 통치자들과, 이들을 도와 나라를 방위하는 무사 계급을 의미한다. 하지만 『티마이오스』에서는 이 두 집단을 따로 구분하지 않고 넓은 의미에서 '수호자들'이라 부르고 있다. 그런데 이 대목은 아테나이인들, 특히 민주정을 지지했던 사람들에게 오해를 불러일으켰을 수도 있다. 왜냐하면 '에피쿠로스'는 '사병'이나 '용병'을 지칭하는 말이기도 하기 때문이다. 어쩌면 이 대목을 읽으면서 아테나이인들은 참주 페이시스트라토스(600?~528/527)가 자신의 아들들과 함께 사병을 고용해 쿠데타를 일으키고 정권을 장악한 사건을 떠올렸을지도 모른다. 전통적으로 아테나이에서 국방과 전쟁은 시민의 의무에 속하

는 일이었다. 그래서 아테나이인들은, 시민의 의무에 따라 조국을 위해 싸우는 것이 아니라 보수(misthos)를 받고 남에게 고용되어 싸우는 용병들을 '미스토토이'(misthōtoi)라고 부르며 경멸 어린 시선으로 바라보았다. 하지만 고용주로서는 자기가 고용한 용병들이 그렇게 부정적인 이름으로 불리길 원치 않았을 것이다. 예컨대 헤로도토스는 이집트 왕에게 고용되어 참전했던 이오니아인들과 카리아인들을 '미스토토이'가 아니라 '에피쿠로이'라고 불렀다(『역사』 II, 163, 169). 플라톤 역시 무사 계급을 '수비대(epikouros)'라고 부르며, 그들이 지켜 주는 사람들로부터 수호의 대가(misthos)를 받는다고 말한다. 물론 그들은 용병이 아니라 조국을 방위하는 일종의 직업군인이다. 플라톤은 자신이 구상하는 이상국가가 어정쩡한 시민 의용군보다는 전문적인 훈련을 받은 직업군인들에 의해 지켜지는 것이 바람직하다고 생각한다. 직업 군인인 이상, 그들은 당연히 보수를 받아야 한다. 하지만 그것이 그저 돈만을 바라고 고용된 현실의 용병들과 같은 모습이어서는 안 될 것이다. 그렇기 때문에 플라톤은 그들이 국가의 수비대로서 보수를 받되, 그 금액은 절제 있는 사람들에게 적당한 만큼을 넘어서는 안 된다고 못 박는 것이다.

14 일생에 걸쳐 오직 덕을 돌보는 데만 전념할 뿐, 다른 직무들에 대해서는 신경을 쓰지 않을 것이라고 말입니다 : 『국가』 III, 416d3~417b9 ; V, 464b8~c4를 보라.

15 그녀들은 본성에 있어서 남성들과 거의 같은 정도로 … 여성 모두에게도 부여해야 한다고 말입니다 : 『국가』 V, 451b9~457c3, 466c6~d5를 보라.

16 누구도 결코 개인적으로 자기 자식을 알 수 없도록 꾸밈으로써 : 『국가』 V, 460c1~d7를 보라.

17 모두가 모두를 한 가족으로, … 여길 것이라고 말입니다 : 『국가』 V, 461c7~e4를 보라.

18 남녀 통치자들이 결혼과 관련하여 어떤 추첨과 같은 것으로 은밀한 수단을 마련해야 한다고 주장했던 것을 기억하고 있지 않나요? : 『국가』 V,

459d7~460a11을 보라.

19 우리는 우수한 사람들의 아이들은 양육해야 하지만 … 내려보내야 하는 것
이지요 : 『국가』 III, 415b3~c6 ; IV, 423c6~d2 ; V, 460c1~7을 보라.
"도시의 다른 영역으로"는 "eis tēn allēn polin"을 옮긴 것이다. 이 말
을 직역하면 '다른 도시로'라는 뜻인데, 여기서는 단순히 장소 이동을
의미한다기보다는, 열등한 아이들을 통치자 집단이 아닌 생산자들이
속한 집단으로 이동시킨다는 의미로 이해해야 한다. 플라톤의 공동체
는 구성원의 성향과 능력에 따라 소속과 역할이 철저하게 구분되는 일
종의 계급 사회이다. 이것이 역사 속의 계급 사회와 가장 크게 구별되
는 점은 부모의 계급이 자식에게로 세습되지 않는다는 것이다. 확실
히 플라톤은 훌륭한 부모로부터 훌륭한 자식이 태어날 수 있다고 믿었
던 것 같다(18d7~e3). 그러나 그는 이러한 믿음을 절대화하지 않는다.
그렇기 때문에 통치자들의 자식들이라도 자라면서 자신의 능력과 가
치를 입증하지 못할 경우 생산자들의 집단으로 이동해야 한다. 반면에
생산자 계급에서 태어난 아이들도 능력과 가치를 인정받을 경우에는
얼마든지 통치자 집단에 소속될 수 있다고 보는 것이다.

20 제가 능력이 안 되는 것은 조금도 놀랄 만한 일이 아니에요 : 플라톤의 초
기 대화편들에는 소크라테스가 무지나 무경험, 혹은 무능력을 고백하
는 모습을 종종 볼 수 있다. 이러한 겸손은 대화자에 대한 반어적인 찬
양과 함께, 상대방을 자신의 문답법으로 끌어들이는 구실로써 사용되
기도 한다(예컨대 『라케스』 181d3~7 ; 특히 『국가』 I, 336e9~338b9). 하지
만 여기서 보여 주고 있는 소크라테스의 겸손은 대화자를 테스트하기
위한 반어적 장치라기보다는, 한편으로는 상대를 격려하고 다른 한편
으로는 독자들에게 대화자가 앞으로의 논의를 이끌어 가기에 충분한
능력을 갖고 있음을 강조하려는 의도라고 이해할 수 있다.

21 제가 시 짓는 이들의 집단을 무시하는 것은 결코 아니에요 : 플라톤은 『국
가』 III권과 X권에서 시인들의 활동을 비판적으로 평가하는데, 그 비판
의 핵심은 시가 본성상 모방에 불과하다는 사실에 기반한다.

22 그러나 모방하는 집단의 경우, … 모두에게 분명한 사실입니다 : 시인들이 양육의 범위를 넘어선 것들에 대해서는 행동으로 모방하는 것도 어려워하지만, 그보다는 말로써 모방하는 것을 더욱 더 어려워한다는 말이 무슨 뜻일까? 오히려 말보다는 행동으로 모방하는 것이 더 어려운 일 아닐까? 이와 관련하여 신플라톤주의자인 프로클로스(서기 5세기)는 위의 구절을 "덕이 부족한 사람의 경우, 훌륭한 사람의 행동을 관찰하고 그것을 잘 묘사하는 것도 어렵지만, 훌륭한 사람의 말을 듣고는 그것을 잘 묘사하기란 더욱 어렵다"는 식으로 해석한다. 그는 다음과 같은 예를 든다. 어떤 이야기꾼이 위대한 영웅의 삶에 관해 이야기한다고 가정해 보자. 그는 단지 영웅의 행적을 기록하기만 하면 된다. 하지만 그가 이야기 속에서 영웅의 고유한 품성을 제대로 담아내려 한다면, 이야기꾼의 품성 역시 묘사하고자 하는 영웅의 품성과 닮아 있어야 한다는 것이다. 하지만 이 대목을 이해하기 위해 꼭 프로클로스의 해석을 따를 필요는 없다. 위의 말은 "누군가의 행동을 묘사할 때, 같은 행동으로 흉내 내는 것보다 오히려 말로 풀어 설명하는 것이 더 어렵다"는 식으로 이해할 수 있다. 예컨대 무용을 알지 못하는 사람이 발레 공연을 보고 와서 다른 사람에게 그 모습을 전하려 할 때, 어렵지만 간단한 방법은 자기가 보았던 무용수의 동작을 어설프게라도 흉내 내는 것이다. 반면에 동작 하나하나를 말로 풀어 설명하려 한다면 그것은 더욱 어려운 일일 것이다. 요컨대 내가 배우지 않은 것(즉 양육의 범위를 넘어선 것)을 처음 보고는 그것을 행위가 아닌 말로 설명하기란 더욱 힘들다는 것이다.

23 그들이 전쟁과 전투를 벌이는 가운데 실력을 행사하거나 각자 말로 협상을 하면서, 어떤 것들을 얼마나 실천하고 말해야 하는지 : 이 문장은 어떻게 끊어 읽느냐에 따라 번역의 뉘앙스가 미묘하게 달라진다. 우선 원문은 다음과 같다. "hos' an hoia te / en polemōi kai makhais / prattontes ergōi kai logōi / prosomilountes hekastois / prattoien kai legoien." 이 문장을 그 구성 요소들의 유사성에 따라 순서대로 끊어 나가면 다음

과 같이 옮길 수 있다. "그들이 전쟁과 전투 속에서 / 행동과 말로써 실천하고(prattontes ergōi kai logōi) / 각자 협상을 진행하는 가운데(prosomilountes hekastois) / 어떤 것들을 얼마만큼 행하고 말해야 하는지." 하지만 우리는 이 문장이 말과 행동의 역할을 구별하여 강조하는 것으로 보고 다음과 같이 옮겼다. "그들이 전쟁과 전투 속에서 / 실력을 행사하고(prattontes ergōi) / 또 각자 말로 협상을 하면서(kai logōi prosomilountes hekastois) / 어떤 것들을 얼마나 실천하고 말해야 하는지."

24 철학자이자 정치가인 사람들로부터 벗어나 있는 것이 아닐까 : "벗어나 있는"은 그리스어 '아스토콘(astokhon)'을 옮긴 것이다. 원래 이 말은 '과녁을 벗어나다,' '빗맞다'라는 의미이다. 소피스트들이 주로 가르쳤던 과목은 논박술과 수사학이었다. 하지만 플라톤이 보기에 이것들은 얼핏 기술처럼 보이지만, 사실은 기술에 붙어 기생하는 사이비 기술로서, 일종의 요령 내지는 경험에 불과한 것이었다(『고르기아스』 462e6~466a3). 그런 점에서 소피스트들은 겉보기에 철학자들과 닮은 듯하지만, 사실은 철학자들로부터 한참 '벗어난(astokhon)' 사람들이라 하겠다.

25 입법이 가장 잘된 도시인 이탈리아의 로크리스 : 로크리스는 이탈리아 남부에 위치한 도시국가로 훌륭한 입법(eunomia)으로 유명했다. 플라톤은 『법률』(II, 638a7~b3)에서 로크리스인들이 그 지역에서 가장 훌륭한 법질서를 갖춘 것으로 유명했다고 말한다. 아리스토텔레스 역시 『정치학』(II, 12, 1274a22)에서 로크리스의 입법에 관해 언급하고 있다.

26 말의 환대 : 앞의 주 5를 보라. 특히 말의 향연에 대해서는 『고르기아스』 447a1~8 ; 『국가』 II, 352b3~6, 354a10~b1을 보라.

27 우리가 묵고 있는 크리티아스 댁 숙소에 도착하자마자 : 이탈리아에서 온 티마이오스(로크리스)와 헤르모크라테스(시라쿠사이)는 현재 크리티아스의 집에 머물고 있는 셈이다. 이들 등장인물들에 관해서는 「작품 안내」 2절을 보라.

28 예로부터 입과 귀를 통해 전승된 이야기 : "예로부터 입과 귀를 통해"를

직역하면 "옛날에 들은 것들로부터(ek palaias akoēs)" 정도가 될 것이다. 그리스어 '아코에(akoē)'는 일차적으로 '청취', '청각'을 뜻하기 때문이다. 문자가 없던 시절에 오직 입과 귀를 통해서만 전해진 옛이야기는 신화와 전설을 의미한다.

29 요청하신 것 : 즉 어제 이론적으로 다루었던 이상적인 정체가 실제 역사와 현실 속에 구현되어 살아 움직이는 모습을 보여 달라는 요청.

30 일곱 현인들 중에서도 가장 지혜로웠던 솔론 : 일곱 현인들은 대략 620~550년 사이에 지중해 지역에서 활약했던 입법가, 정치인, 철학자들 중에서 지혜로 유명했던 일곱 명을 말한다. 사람들마다 그 이름이 조금씩 다른데, 플라톤의 경우 그 일곱 명은 밀레토스의 탈레스, 뮈틸레네의 피타코스, 프리에네의 비아스, 아테나이의 솔론, 린도스의 클레오불로스, 케나이의 뮈손, 그리고 라케다이모니아의 킬론을 일컫는다(『프로타고라스』 343a1~5). 반면에 사람들에 따라서는 케나이의 뮈손 대신 코린토스의 페리안드로스를 거론하기도 한다. 이들 일곱 현인들이 남긴 어록에 관해서는 『선집』 98~109쪽을 볼 것.

31 그리고 솔론 자신도 … 전해 주신 것이에요 : 크리티아스가 들려주는 이야기의 전승 과정은 다음과 같다. 솔론 ⇨ 드로피데스(증조부) ⇨ 크리티아스(조부) ⇨ 크리티아스(화자) ⇨ 소크라테스 및 대화자들. 바로 뒤에 나오겠지만, 솔론 자신은 그 이야기를 이집트 여행 당시 그곳의 신관에게서 들었다고 한다. 이렇게 이야기의 전승 단계가 길어지고 복잡해질수록 사실 여부에 대한 검증 가능성은 점점 줄어들게 되는데, 그 복잡함의 맨 끝에 위치함으로써 사실 관계를 검증할 수 없는 이야기가 바로 신화이다.

32 대축전에 즈음하여 : "대축전"의 원어는 '대회합', '시민대축전'을 뜻하는 '파네귀리스(panēguris)'이다. 그런데 이 말은 축제들 중에서도 7월 중순에 아테나 여신을 기리는 범 아테나이 제전(Panathēnaia)을 지칭하기도 한다. 축제는 매년 열렸지만, 4년에 한 번씩은 대규모로 개최되었다. 플라톤과 동시대인이자 그의 라이벌이었던 수사가 이소크라테스

는 이 축제들과 관련하여 『시민 대축전에 부쳐(Panēgurikos)』와 『범아테나이 제전에 부쳐(Panathēnaikos)』라는 연설문을 쓰기도 했다. 요컨대 이 대목은 현재 대화가 이루어지는 시간적 배경을 알려 주고 있는 셈이다.

33 아파투리아 축제 기간 중에서도 쿠레오티스 날 : "아파투리아(Apatouria)"는 아테나이와 이오니아 지방에서 퓌아넵시온 달(Puanepsia, 10월 말~11월 초)에 디오뉘소스 신을 기리기 위해 벌이던 사흘 간의 축제였다. 이 축제의 3일째 되는 날을 "쿠레오티스(Koureōtis)"라고 부르는데, 이날 부모들은 세 살에서 네 살 무렵 아이들의 머리카락을 처음으로 잘라 주었고 마을(phratria)의 주민등록부에 이름을 올렸다고 한다.

34 일족 : "일족(一族)"은 그리스어 '프라테론(phraterōn)'을 옮긴 것으로, 원래 의미는 '같은 프라트리아(phratria)에 속하는 사람'이라는 뜻이다. 프라트리아는 제사와 종교 행사를 공동으로 주관하는 단위에서 출발한 공동체로, 고네(gonē, 씨족)보다는 크고 퓔레(phulē, 부족)보다는 작은 규모의 공동체이다. 문화인류학에서는 이 말을 씨족과 부족의 중간 개념으로서 '포족(胞族, phratry)'으로 옮기기도 하지만, 우리 대화편에서는 전문적인 의미보다는 '일족 가운데 한 명 정도'의 의미로 사용되고 있다. 이후 아테나이에서는 솔론의 개혁에 따라 하나의 퓔레 안에 세 개의 프라트리아가, 하나의 프라트리아 안에는 삼십 개의 고네가 편재된다. 아테나이가 네 개의 퓔레로 이루어졌음을 감안하면, 열두 개의 프라트리아와 삼백육십 개의 고네가 있었음을 알 수 있다.

35 모든 시인들 가운데 가장 자유로운 사람 : 여기서 "자유롭다"는 말은 시의 형식이나 내용 면에서 제약이 없고 자유분방하다는 뜻이 아니라, 다른 시인들은 돈을 대 주는 후원자들을 위해 시를 지었던 데 반해, 솔론은 타인이 아니라 자기 자신을 위해 시를 썼다는 뜻이다. 노예 노동을 경제적 기반으로 삼고 있는 고대 그리스 사회에서 자유란 정치적 사회적 맥락에서의 자유가 아닌, 경제적 자유, 즉 노동으로부터의 자유를 뜻한다.

36 **아뮈난드로스** : 아뮈난드로스라는 인물에 대해서는 달리 알려진 바가 없다. 발언의 내용을 보면, 어린이라기보다는 일족에 속하는 어른들 중 한 명으로 짐작되지만 확실하지는 않다. 다만 이야기를 전해 주는 크리티아스가 당시 90세의 최고령자로서 묘사된다는 점을 감안하여, 아뮈난드로스에게 하대(下待)하는 식으로 옮겼다.

37 **그가 아이귑토스에서 이리 가져왔던** : 아이귑토스는 이집트를 말한다. 솔론은 언제 이집트를 방문했을까? 헤로도토스의 보고에 따르면(『역사』 I, 29~30), 솔론은 집정관(594/593년) 직을 수행한 뒤에 약 10년 간 외유를 했고, 그때 이집트를 방문했다고 한다. 하지만 위의 대목에서는 그가 정치에 참여(하여 그리스의 혼란을 수습)하기 이전, 즉 대략 서기전 600년 어간에 이미 이집트를 방문했던 것처럼 묘사하고 있다. 사실 헤로도토스의 보고에는 중요한 시간 착오의 문제가 있는데, 플라톤 역시 이 문제를 염두에 두고 있는 것처럼 보인다(아래의 주 40을 보라).

38 **네일로스강** : 나일강.

39 **네일로스강의 흐름이 … '사이티코스'라 불리는 주** : "주"는 그리스어 '노모스(nomos)'를 옮긴 것이다. 헤로도토스는 이 단어를 이집트(『역사』 II, 164~166)와 페르시아(『역사』 III, 90)의 주, 또는 행정 구역(특히 페르시아 치하의 세금 징수 단위)을 지칭하는 데 사용하였다. 우리의 대화와 관련해서는 특히 『역사』 II, 165를 보자. "헤르모튀비에스들[이집트의 전사 계급]의 출신 주(州)는 부시리스, 사이스, 켐미스, 파프레미스, 프로소피티스라 불리는 섬과 나토 주의 절반이다. 헤르모튀비에스들은 이 주의 출신들이고, 가장 많았을 때는 그 수가 16만 명에 이르렀는데 그들은 어느 누구도 직업 교육을 받지 않으며 오직 전쟁에만 종사한다." 한편 이 지역의 가장 큰 도시인 사이스에 대해서는 헤로도토스가 『역사』의 여러 곳에서 언급하고 있을 뿐만 아니라(II, 59, 62, 130~132, 163, 169, 170, 171, 특히 III, 16), 저자 자신이 이곳을 직접 방문했음을 암시하기도 한다(II, 28).

40 **아마시스 왕** : 이집트의 파라오. 이집트가 페르시아에게 정복당하기 전

인 570~526년 사이에 이집트를 다스렸다. 예컨대 헤로도토스, 『역사』 I, 29~30을 보자. "솔론은 아테나이인들의 요구에 따라 입법을 해 주고 나서 10년 동안 외국에 머물렀다. … 그는 여행 중에 아이귑토스에서 아마시스를, 사르데이스에서 크로이소스를 방문했다." 또한 II, 177을 보자. "아마시스는 또 아이귑토스인들은 저마다 자신의 수입을 매년 주 장관에게 신고해야 한다는 법령을 공포했다. … 아테나이의 솔론은 아이귑토스에서 이 법을 가져다가 아테나이인들에게 시행했는데, 이 법은 훌륭한 법이므로 아테나이인들이 이 법을 언제까지나 지키기를!" 솔론이 집정관으로 활동했던 때는 대략 594/593년으로 알려져 있다. 그 후 10년 간 외유를 했다면, 그는 584/583년까지 외국에 머물러 있었던 셈이다. 그런데 아마시스는 570/569년에야 왕위에 올랐다고 한다. 따라서 헤로도토스의 보고대로라면 대략 십사 년 정도의 공백이 발생하며, 솔론이 아마시스의 법을 아테나이에 시행했다는 보고는 일종의 시간착오(anachronism)로 볼 수밖에 없다. 플라톤이 앞에서(21c5~d1) 솔론의 이집트 방문을 마치 내전 이전의 일처럼 묘사한 것 역시 이러한 시간착오를 염두에 둔 것이라고 생각해 볼 수 있다.

41 헬라스어로는, … '아테나'라고 한다네 : 예컨대 헤로도토스, 『역사』 II, 59를 보자. "아이귑토스에서는 축제들이 1년에 한 번씩이 아니라 자주 개최된다. 그중에서도 그들이 가장 성대히 개최하는 축제는 부바스티스 시의 아르테미스 제전이고, 그다음으로 중요한 것이 부시리스 시에서 열리는 이시스 제전이다. … 세 번째로 중요한 것은 사이스 시에서 열리는 아테나 제전이고, …."

42 우리와 친족이라고 주장하기까지 했다지 : 왜냐하면 아이귑토스인들에 따르면, 아테나이인들과 자기들은 같은 여신(네이트 = 아테나)의 후손들이기 때문이다.

43 포로네우스에 관하여, 또 니오베에 관하여 : 포로네우스는 그리스 신화에서 티탄족인 오케아노스와 테튀스 사이에서 태어난 이나코스의 아들이다. 알렉산드리아의 클레멘스(Stromates I, 102)나 파우사니아스(II,

188

15, 5)와 같은 작가들은 포로네우스가 최초의 인간이었다고 주장하기도 한다. 니오베는 포로네우스의 딸로서 제우스가 유혹한 첫 번째 여인이다. 오만함(hubris)으로 인해 아폴론과 아르테미스에게 열네 명의 자식들을 모두 잃은 테바이의 왕비 니오베와는 동명이인이다.

44 데우칼리온과 퓌라 : 데우칼리온은 프로메테우스의 아들이고, 퓌라는 에피메테우스와 판도라 사이에서 태어난 딸로서 둘은 부부이다. 인간의 타락에 분노한 제우스는 홍수를 일으켜 인류를 멸망시키려 하는데, 이들에게만 자신의 계획을 알림으로써 파멸을 면하게 한다. 그리하여 데우칼리온과 퓌라는 새로운 인류의 조상으로 간주된다.

45 파에톤 : 파에톤은 태양 신 헬리오스와 바다의 여신 클뤼메네 사이에서 태어났지만, 아버지가 누구인지 모른 채 어머니 손에서 자라게 된다. 이윽고 성장하여 자기 아버지가 헬리오스라는 사실을 알게 된 파에톤은 아버지를 찾아가 그의 전차를 몰아 보게 해달라고 간청한다. 그러나 아버지의 전차를 제대로 다루지 못한 탓에 지상으로 너무 가까이 내려가 땅 위의 것들을 태워 버리고 만다. 결국 제우스는 세계가 모두 타 버리는 것을 막기 위해 벼락을 내리쳐 전차를 파괴한다.

46 신화의 형식 : 신화의 특징은 그 내용의 사실 여부를 검증할 수 없다는 데 있다. 따라서 신화는 그 자체로 참도, 거짓도 아닌 이야기이다. 다만 그 안에는 일정한 교훈이나 경고, 혹은 이데올로기적인 의도가 담겨 있어서 그 내용을 공유하는 사람들을 결속시키는 역할을 한다.

47 지구 주위를 도는 것들의 이탈 : 여기서 "이탈"은 그리스어 '파랄락시스(parallaxis)'를 옮긴 것이다. 파랄락시스는 일정한 주기마다 규칙적으로 발생하는 천체들의 회전 운동을 가리킨다. 그런데 이 운동은 궤도가 일정치 않아서, 어떤 때는 별들(예컨대 혜성들)이 지구에 너무 가깝게 접근하기도 하고, 그러는 와중에 유성이 낙하하기도 한다. 이집트의 신관은 이것이 대화재와 같은 지상의 재난을 촉발시키는 원인이라고 보는 것이다. 재앙의 원인이기는 하지만, 이것은 별들의 정상적인 운행 주기 속에서 일정하게 반복되는 (예컨대 지구에 근접하는 혜성처럼)

하나의 현상일 뿐이다. 위에서 이집트의 신관이 "수많은 파멸들이 그 것도 다양한 방식으로 인간들에게 있어 왔고 또 있을 것"(22c1~2)이라고 말한 이유는 이처럼 이탈이 주기적으로 발생하기 때문이다.

48 **풀려남으로써** : "나일강이 풀려난다"라는 말은 하천의 유량 증가로 인한 범람을 뜻한다. 여타의 문명권에서 하천의 범람은 재앙을 상징하고 공포의 대상이었지만, 이집트인들은 나일강의 범람을 신의 선물이자 축복으로 간주했다. 겨울철 강우와 봄에 눈이 녹으면서 불어난 상류의 물은 강줄기를 따라 완만하게 내려오면서 주변 지역을 잠기게 만드는데, 하류 지역의 범람은 10월에 일어난다. 이 범람을 통해 비옥한 퇴적물이 하류에 쌓이고, 그 덕분에 사람들은 비가 내리지 않는 지역에서도 농사를 지음으로써 풍부한 농산물을 얻게 되는 것이다. 신관의 말은, 하늘에서 혜성이 다가오거나 유성이 떨어져 화재가 발생할 경우, 다른 지역은 모두 불타 버리지만, 이집트에서만큼은 나일강이 범람함으로써 대화재로 번지는 것을 막아 준다는 의미로 이해할 수 있다.

49 **물이 위로부터 들판으로 쏟아져 내린 적이 없고, 반대로 모든 것이 아래로부터 자연스럽게 차오릅니다** : 이집트에서는 비가 내리지 않는다는 뜻이다. 오직 나일강의 범람만이 있을 뿐이다. 따라서 다른 지역과 달리 이집트에서는 폭우로 인해 모든 것이 잠기거나 쓸려 가는 일은 발생하지 않는다. 앞서 언급했듯이, 나일강의 범람은 이집트인들에게 재앙이 아니라 오히려 신의 구원이자 축복이다.

50 **다시 일정한 주기마다** : 앞에서(22d2) 언급한 "긴 시간 주기마다"와 같은 의미이다. 요컨대 하늘로부터 쏟아져 내리는 불이나 물에 의한 파멸은 우연하고 예측 불가능한 사고가 아니라, 천체들의 운동 가운데 긴 시간 주기마다 발생하는 궤도의 변화(parallaxis)에 의한 것이다.

51 **아이들의 이야기** : 여기서 신관은 앞서 솔론이 아테나이의 조상들을 거론하기 위해 언급했던 신화들(즉 포로네우스와 니오베, 데우칼리온과 퓌라 이야기)이 아이들에게나 어울리는 이야기라고 비꼬고 있다. 사실 신화는 어른들이 아이들에게 놀이 삼아 들려주었던 옛날이야기와 다름없다.

52 그러나 그대들은 그것을 잊어버렸으니, 살아남은 자들이 수세대를 거치는 동안 문자를 통해 그들의 목소리를 남기지 못하고 죽었기 때문이오 : 기록 수단으로서의 문자(grammata)의 역할이 잘 나타나 있다. 이집트의 신관이 그리스인들을 모두 어린아이 같다고 지적한 이유는, 그리스인들이 유치해서가 아니라, 그들이 주기적인 파멸로 인해 먼 과거의 일들은 기록으로 남기지 못했고, 결과적으로 가장 가까운 과거의 사건들만을 기억하고 있기 때문이다.

53 조금도 인색하게 굴지 않을 것이오 : 직역하면 "질투라고는 일절 없소 (phthonos oudeis)" 정도가 될 것이다. 그리스어 '프토노스(phthonos)'는 타인이 소유하거나 누리는 것들에 대한 '시기심'과 '질투'를 뜻한다. 또한 더 나아가 자신의 재산이나 지식, 기술 등을 타인이 알아내는 것에 대한 '두려움'과 그로 인해 교류와 대화를 꺼리려는 일체의 마음가짐과 태도, 즉 '인색함', '아까워함' 그리고 이로부터 비롯되는 '주저함'과 '망설임' 등의 의미를 모두 포괄한다. 플라톤의 초기 대화편들에서 소크라테스는 대화자들에게 "인색하게 굴지 말고" 그들의 지혜를 나누고 덕을 가르쳐 달라고 요구하는 모습을 쉽게 볼 수 있다(예컨대 『이온』 530d4~5 ; 『고르기아스』 489a4~5 ; 『라케스』 200b6~c1 ; 『프로타고라스』 320b8~c1 ; 『에우튀데모스』 297b4~6 ; 『메논』 71d4~6 등). 사실 이러한 질투심과 인색함은 인간의 불완전함과 유한성에서 기인하는 것이다. 반면에 아무것도 아쉬운 것이 없는 신에게는 질투심이 들어설 자리가 없다(예컨대 우리 대화편 29e1~2, 그리고 『파이드로스』 247a7를 보라).

54 여신 : 이집트어로는 '네이트(Nēith)'이고 그리스어로는 '아테나(Athēna)'인 여신(주 41을 보라).

55 그 모든 것들에 관한 상세한 내용은 다음에 여가가 생기면 바로 그 기록들을 붙잡고서 하나하나 따져 보도록 합시다 : 이 대목에는 역사와 신화 사이의 긴장 관계가 놓여 있다. 만약 솔론이 그 자리에 문자로 기록된 것들을 읽었다면, 그것은 신화가 아니라 역사가 되었을 것이다. 그러나 솔론은 신관으로부터 이야기를 전해 들었을 뿐, 그 내용을 직접 문서로

확인한 것은 아니다. 그런데 화자인 크리티아스는 구천 년 전 고대 아테나이인들의 업적이 실제로 있었던 일, 즉 역사라고 주장한다. 하지만 그 내용이 기록으로 확인된 것이 아니라 그저 입과 귀를 통해 전승된 것이라면, 이야기를 전하는 화자는 입증의 부담을 벗게 된다. 그러므로 소크라테스가 살아 움직이는 동물을 보듯이 허구가 아닌 실제 정체를 보고 싶다고 요구했을 때, 크리티아스는 '실제로' 있었던 아테나이인들의 정체를 들려주겠다며 소크라테스를 만족시키지만, 사실 그 근원에는 검증 불가능한 이야기, 즉 신화가 자리 잡고 있는 셈이다.

56 먼저 그대는 신관들의 집단이 … 분리되어 있음을 눈치챘을 것이오 : 신관의 말에 따르면, 이집트에서는 세 부류의 계급, 즉 사제들, 생산자들(장인, 농부, 목자, 사냥꾼), 그리고 무사들이 법에 의해 구별되어 있다. 그런데 이러한 이집트의 법은 구천 년 전의 고대 아테나이의 법과 닮아 있다. 따라서 고대 아테나이 역시 서로 구별되는 세 부류의 계급 집단이 있었음을 짐작할 수 있다. 또한 이것은 고대 아테나이의 계급 구성이 플라톤의 『국가』에서 다루어진 계급 구성(철인통치자-무사-생산자)과도 다르지 않음을 알 수 있다. 이집트 사회의 이러한 기능적 삼분주의가 플라톤의 정치철학에 얼마나 영향을 끼쳤는지는 알 수 없으나, 적어도 위의 대목은 플라톤이 이집트의 삼분화된 사회 구성을 확실히 인지하고 있었음을 보여 준다.

57 아시아 지역 : 고대인들은 나일강을 기준으로 서쪽을 '리뷔에(리비아)'라 불렀고 동쪽을 '아시아'라고 불렀다. 나일강을 끼고 있는 이집트는 아시아에 속한다.

58 또 이번에는 지혜와 관련된 것을 보자면, 당신은 이곳의 법이 처음부터 곧장 그 질서와 관련하여 얼마나 많은 관심을 기울여 왔는지를 보게 될 것이오 : 여기서 "질서"는 그리스어 '코스모스(kosmos)'를 옮긴 것이다. 코스모스는 일차적으로 '질서', '질서 지워진 것', '장식(품)' 등을 뜻한다. 더 나아가 코스모스는 '우주' 혹은 '세계'를 뜻하기도 하는데, 그리스인들은 하늘에 수놓아진 별들을 보며 아름답고 거대한 장식을 떠올렸을 것

이다. 우리 대화편에서도 코스모스는 대개의 경우 '세계'로 옮겼다. 하지만 이 대목에서만큼은 코스모스를 '(학문의) 질서'로 옮겼다. 즉 신적인 것을 다루는 학문에서부터 인간에 관한 학문에 이르기까지, 지혜를 다루는 모든 학문들의 질서가 법에 의해 보장되었다는 뜻이다. 참고로 이 대목은 플라톤과 동시대인이자, 당대 최고의 수사가였던 이소크라테스의 『부시리스』를 연상시킨다. 『부시리스』는 이집트의 전설적인 폭군 부시리스를 예찬하는 연설문으로, 수사가가 자신의 달변을 과시하기 위해 일반 대중들 앞에서 행하는 시범 연설(epideiktikos logos)의 장르에 속한다. 이소크라테스는 이 글의 한 대목(21~23)에서 부시리스가 어떻게 이집트인들에게 다양한 학문과 기술을 마련해 주었는지, 다시 말해 학문의 질서를 수립하게 해 주었는지를 다음과 같이 묘사하고 있다. "(21) 또한 부시리스가 지혜에도 관심을 기울인 당사자였다고 누군가가 믿는다면, 그것은 그럴듯한 믿음일 것이오. 왜냐하면 그는 제사에서 얻은 수입을 통해 신관들에게 생계수단을 제공했고, 법으로 정해진 정화의식을 통해 그들의 정신건강을 지켜 주었으며, 위험한 일을 포함한 다른 임무들을 면제해 줌으로써 그들에게 여가를 보장해 주었기 때문이오. (22) 그런 조건들과 함께 생활하면서 신관들은 몸을 구하는 의술을 발명하였으니, 그것은 자칫 위험에 빠뜨릴 수 있는 약이 아니라, 매일의 양식과 같은 안전성을 지닌 것들을 사용하는 것으로서 그 유익함이 워낙 대단했기에, 사람들은 아이귑토스인들이 가장 건강하고 가장 장수한다는 데 동의할 정도였소. 다른 한편, 혼을 위해서 그들은 철학이라는 수련과목을 발명하였으니, 철학은 법을 제정할 수 있을 뿐만 아니라 있는 것들의 본성을 탐구할 수 있는 것이오. (23) 또한 그는 연장자들에게 가장 중요한 임무들을 부과하는 한편, 젊은이들에게는 쾌락을 멀리 하고, 천문학과 산술, 그리고 기하학을 탐구하는 데 시간을 보내도록 그들을 설득하였소. 그 학문들의 능력과 관련하여, 어떤 이들은 그것들이 몇몇 분야에 있어서 유용한 것들이라며 찬양하였고, 또 어떤 이들은 그것들 대부분이 덕과 관련하여 유익한 것들임을 보여 주고자 하였소."

59 그곳의 온화한 기후가 가장 슬기로운 사람들을 낼 것이라고 내다보았기 때문이오 : 여기서 "온화한 기후"는 그리스어 "tēn eukrasian tōn hōrōn"을 옮긴 것인데, 직역하면 "계절들의 잘 섞여 있음" 정도가 될 것이다. 조화로운 혼합은 플라톤 우주론의 핵심적인 생각들 중 하나이다(『파이돈』 80c5 ; 『필레보스』 26d1을 보라). 플라톤뿐만 아니라 일반적으로 그리스인들은 기후가 지혜를 비롯한 인간의 본성에 영향을 끼친다고 생각했다. 예컨대 에우리피데스, 『메데이아』 824~829를 보자. "에렉테우스의 자손들은 예로부터 가장 행복한 자들이요, / 축복받은 신들의 자손들로, / 폐허가 된 적이 없는 신성한 땅에서 태어나, / 명성이 자자한 지혜를 먹고 자라며 …." 기후와 환경이 인간에 미치는 영향에 관해서는 히포크라테스, 『공기, 물, 장소에 관하여』를 보라.

60 '헤라클레스의 기둥'이라 불리는 입구 : 사본(A)에 흠결("kaleit-")이 있는데, 우리 번역에서는 뒤에 "-ai"가 지워진 것으로 보고 '칼레이타이(kaleitai, 불리는)'로 읽었다. 반면에 복수 2인칭인 '칼레이테(kaleite, 그대들이 부르는)'로 읽는 경우도 있다. "헤라클레스의 기둥이라 불리는 입구"는 오늘날 지중해와 대서양을 가르는 지브롤터 해협을 지칭한다.

61 목이 좁은 항구 : '좁은 목'은 헤라클레스의 기둥을, "항구"는 지중해를 가리킨다.

62 반면에 저편에 있는 바다가 진짜 바다이며, … 전적으로 참되고 가장 바른 의미에서 '대륙'이라 부를 수 있는 것이지요 : 진정한 바다와 진정한 대륙에 관한 이야기로는 『파이돈』 108c5~114c8을 보라.

63 리뷔에로는 아이귑토스에 이르기까지, 에우로페로는 튀레니아에 이르기까지 : 리뷔에는 아프리카 북서부에서 이집트 서쪽 지역(나일강 서안)까지를 포괄한다(주 57을 보라). 튀레니아는 오늘날 이탈리아 중서부의 토스카나 주, 라치오 주, 움브리아 주를 포함하는 지역으로, 로마 시대 이전에는 에트루리아 문명이 정착했던 곳이기도 하다.

64 주저 없이 : 직역하면 '질투 없이(aphthonōs)'이다. 질투에 대해서는 주

53을 보라.

65 **수면 바로 아래에서** : 항해가 불가능한 이유는 수면 바로 아래에 진흙이 깔려 있어서(즉 수심이 너무 얕아서) 배가 지나갈 수 없기 때문이라는 것이다.

66 **걸림돌처럼 막고 있기 때문이오** : 신관의 이야기가 끝나면서 화자인 크리티아스가 어렸을 적에 조부인 크리티아스로부터 들은 이야기도 모두 끝나게 되고, 이제 다시 소크라테스와 일행들 간의 대화가 이어진다.

67 **이분** : 헤르모크라테스를 가리킨다(20c4~d4).

68 **커다란 즐거움과 놀이를 동반한 것들이었고** : 아이들이 노인들 곁에 모여 앉아 옛날 이야기를 청해 듣는 것처럼, 신화는 종종 아이들의 놀이에 비유되곤 한다(주 51을 참고하라).

69 **지워지지 않는 밀랍화의 착색된 부분처럼** : 직역하면 "지워지지 않는 그림의 불로 지진 부분들처럼." 플리니우스에 따르면(『박물지(Naturalis Historia)』 XXXV), 밀랍화의 과정은 다음과 같다. 우선 미리 가열해 놓은 강철 팔레트에 다양한 색깔의 밀랍 덩어리를 녹여 담는다. 그다음에 녹은 상태의 밀랍을 붓으로 적셔 화폭(주로 벽 또는 배의 선체)에 칠한다. 칠해진 밀랍은 식으면서 금방 응고되는데, 이때 다시 달궈진 철필(鐵筆)로 응고된 밀랍을 지져 가며 그림을 완성하는 것이다.

70 **그것은 오늘 여신께 바치는 제사와도 … 대단한 것입니다** : 소크라테스는 여기서 두 가지를 강조하고 있다. 하나는 아테나 여신을 기리는 축제일에 즈음하여(주 32를 보라.) 고대 아테나이인들의 업적을 이야기하는 것은 주제적으로 잘 어울린다는 점이며, 다른 하나는 앞으로의 논의가 지어낸 이야기(muthos)가 아니라 실제로 있었던 사건에 관한 설명(logos)이라는 점에서 가치가 있다는 것이다.

71 **우주** : "우주"는 그리스어 '판(pan)'을 옮긴 것이다. '판'은 일차적으로 '전부', '모든', '온' 등을 뜻하는 말이지만, 그리스인들은 '세계 전체', '온 우주', '세상 모든 것' 혹은 간단히 '만유(萬有)' 등을 언급할 때도 이 말을 사용했다. 『티마이오스』에서는 이 단어 외에도, '코스모스

(kosmos, 질서/장식)'와 '우라노스(ouranos, 하늘/천구)' 등이 같은 의미로 사용되고 있는데, 본 번역에서는 이 용어들을 맥락에 따라 비교적 자유롭게 옮겼다. 다만 대체로 '판'은 '우주'로, '코스모스'는 '세계'로, 그리고 '우라노스'는 '하늘'로 옮겼다.

72 그는 세계의 생성에서 시작하여 인간의 본성에 이르러 발언을 끝낼 것입니다. … 그리고 남은 문제들에 대해서는, 그것들이 우리의 동포 시민들, 즉 아테나이인들과 관련된 일인 양 간주하고서 발언을 이어 갈 것입니다 : 소크라테스에 대한 답례로서 준비된 담론이 우주의 기원, 인간의 기원, 그리고 도시의 기원이라는 순서로 계획되었음을 알 수 있다. 즉 플라톤의 우주론은 한편으로는 자연철학의 전통에 서 있지만, 다른 한편으로는 정치철학과도 이어져 있는 셈이다. 그리고 이러한 주제적 연속성은 미완의 상태로 중단된 『크리티아스』와 플라톤의 유작인 『법률』에서 찾아볼 수 있다.

73 언제나 신에게 기도를 드리니까요 : 소크라테스가 복수로 언급한 신들(theous, 27b9)을 티마이오스는 단수의 신(theon, 27c3)으로 받고 있다. 하지만 바로 아래에서는 다시 남신들은 물론 여신들에게도 기도를 해야 한다고 주장한다. 이 신(들)이 누구를 지칭하는지는 알 수 없다. 다만 대화자들이 탐구를 수행하기에 앞서 신들에게 기도하는 모습은 플라톤의 여러 대화편들에 나타난다(예컨대 『필레보스』 25b8~10, 61b11~c2 ; 『법률』 X, 887c5~6 ; 『에피노미스』 980c1~5 ; 『여덟째 편지』 353a1~2).

74 그것이 어떻게 생겨났는지, 아니면 혹시 생겨나지 않은 것은 아닌지에 대해 : 이 대목은 우주의 기원과 관련하여 여러 가지 해석과 논쟁을 불러일으켰다. 다수의 해석자들은 이 대목의 앞부분("그것이 어떻게 생겨났는지")에 주목하여 『티마이오스』를 글자 그대로 해석한다. 즉 이 우주는 신적인 장인이 특정 시점에 무질서한 상태의 물질들을 질서로 이끎으로써 만들어 냈다는 것이다. 반면에 적잖은 수의 다른 해석자들은 이 대목의 뒷부분에 주목하여 『티마이오스』를 비유적으로 읽어 내는

데, 이에 따르면 이 우주는 특정 시점에 제작을 통해 생겨난 것이 아니라 애초부터 질서 있고 조화로운 전체로서 있어 왔으며, 『티마이오스』의 우주 제작 신화는 학생들이나 독자들을 쉽게 이해시키기 위해 만들어 낸 이야기라는 것이다.

75 언제나 있는 반면 생겨나지 않은 것은 무엇인가? 그리고 언제나 생겨나되 결코 있지 않은 것은 무엇인가? : 티마이오스는 이 대목에서 우주론의 첫 번째 전제, 즉 존재와 생성의 대립에 관해 언급하고 있다. 플라톤에 따르면 우주는 생겨난 것이다. 그런데 우리의 번역이 따르고 있는 파리 사본(A)과 달리, 몇몇 다른 사본들(FY)과 고대 후기의 플라톤주의자들이 쓴 주석들, 그리고 키케로의 라틴어 번역("… et quod gignatur nec umquam sit?")에는 뒤에 나오는 "언제나(aei)"가 빠져 있다. 그 경우 "언제나 있는 반면 생겨나지 않은 것은 무엇인가? 그리고 생겨나되 결코 있지 않은 것은 무엇인가?"로 옮길 수 있다. 이 대목 역시 플라톤의 우주론을 글자 그대로 읽어야 하는지, 아니면 비유적으로 해석해야 하는지를 놓고 논쟁이 제기된 부분이다. 몇몇 철학자들은 우주가 티마이오스의 묘사처럼 신적인 장인의 활동에 의해 특정 시점에 제작되었다고 보며, 플라톤의 우주론을 글자 그대로 받아들인다. 반면에 다른 몇몇 철학자들은 원래 우주란 "언제나" 생성과 변화의 와중에 있는 것이요, 특정 시점에 생겨난 것일 수 없다고 본다. 따라서 이들은 우주 제작 신화가 사실은 감각 세계의 본성을 쉽게 가르치기 위한 비유적인 장치라고 주장한다. 그런데 위의 대목에서처럼 우주가 '언제나 생겨나는 중'이라고 읽는다면, 이 독법은 우주가 '특정 시점에 생겨났다'고 보는 글자 그대로의 해석과 잘 맞지 않는다. 그래서 글자 그대로의 해석을 지지하는 사람들은 뒤에 오는 "언제나"가 비유적 해석을 지지했던 필사가들에 의해 가필되었을 것으로 의심하고서 빼고 읽었던 것이다.

76 확실히 이성적 설명과 함께 하는 사유를 통해 파악되는 것은 언제나 동일하게 있는 것인 반면, 비이성적인 감각을 동반하는 판단을 통해서 의견의 대상이 되는 것은 생겨나고 소멸하는 것일 뿐 진짜로는 결코 있지 않은 것입니다 :

플라톤 우주론의 두 번째 전제. 존재는 이성적 설명과 함께 하는 지성적 사유에 의해 파악되며 그 결과로 확고한 지식을 얻게 되는 반면, 생성과 소멸을 겪는 것은 이성이 없는 감각에 의해 포착되며, 이를 통해 얻게 되는 것은 지식이 아니라 그럼직한 의견일 뿐이다(예컨대 『국가』 VI, 507b2~11, 509d1~4 ; 『정치가』 269d5~79). 한편, 이 대목에서 "생겨나고 소멸하는 것"은 그리스어 "gignomenon kai apollumenon"을 옮긴 것으로서, 그리스 철학에서 생성과 소멸은 분리될 수 없는 일종의 짝 개념이다. 즉 생겨난 것은 모두 소멸될 수 있고, 소멸될 수 있는 것은 모두 생겨난 것이다. 심지어 이 우주 역시 신적인 제작자에 의해 생겨난 것이기에 그런 한에서는 소멸될 수 있다. 우주의 소멸 가능성에 관해서는 41a7~b6를 보라.

77 생겨나는 것은 모두 필연적으로 어떤 원인에 의해 생겨나는 것입니다. 왜냐하면 무엇이든 원인 없이는 생겨날 수 없기 때문입니다 : 플라톤 우주론의 세 번째 전제. 생겨난 모든 것은 반드시 어떤 원인에 의해 생겨난 것이다. 이 우주가 생겨난 것이라면, 생성의 원인을 상정하는 것이 자연스러운 일이다. 이때 원인은 신의 계획처럼 지성이 깃든 것일 수도 있고, 사물에 내재해 있는 힘이나 성질처럼 물질적이고 기계적인 것일 수도 있다. 원인에 관해서는 『파이돈』 96e7~99d3을 보라.

78 형태와 특성 : 이것들은 각각 '이데아(idea)'와 '뒤나미스(dunamis)'를 옮긴 것이다. 우선 이데아는 넓은 의미에서 '한 사물의 본성이 드러나는 모양과 형태'를 뜻한다. 플라톤 철학의 다른 맥락에서 이데아는 감각세계의 원리가 되는 가지적 형상들을 지칭하기도 한다. 다음으로, 뒤나미스는 '능력', '성능', '가능성' 등으로 옮길 수 있는데, 플라톤이 보기에는 한 사물의 본질(ousia) 내지는 본성(phusis)을 드러내 주는 것이 바로 이 뒤나미스이다. 그런데 이 능력이 드러나는 방식은 두 가지이다. 하나는 행위(ergon)로서, 이때 뒤나미스는 일정한 활동이나 작용을 행하는 원리가 된다. 다른 하나는 상태(pathos)인데, 이때 뒤나미스는 다른 것의 작용을 겪거나 겪은 결과가 된다. 다시 말해 능력은 행

함(능동)이나 겪음(수동)을 통해서 그 능력을 지닌 것의 존재를 드러낸
다고 할 수 있다. 다른 한편, 뒤나미스는 기하학에서 '평방근(제곱근)'을
뜻하기도 한다(32a1, 54b4~5).

79 그것의 제작자가 언제나 동일함을 유지하는 것을 보면서 그와 같은 어떤 것
을 본(本)으로 삼아 그것의 형태와 특성을 산출해 낼 때마다. 그렇게 완성된
것은 모두 필연적으로 아름다울 것입니다. 반면에 그것의 제작자가 생겨난
것을 보고 그렇게 태어난 것을 본으로 삼는다면, 그것은 아름답지 않을 것입
니다 : 여기서 "제작자"는 그리스어 '데미우르고스(dēmiourgos)'를 옮긴
것이다. 데미우르고스는 대중(dēmos)를 위해 일(ergon)하는 사람을 의
미하며, 일차적으로는 '장인(匠人)'을 뜻한다. 과거 자연철학자들은 요
소들의 결합과 분리를 통해 우주의 생성을 설명했다. 반면에 플라톤의
『티마이오스』는 우주의 기원을 장인의 노동이라는 관점에서 설명한 최
초의 작품이다. 마치 인간 장인이 주어진 재료를 가공하여 제품을 만
들어 내듯이, 우주 제작자인 데미우르고스는 감각의 영역에 속한 소재
들을 가공함으로써 우주를 제작한다. 그런데 장인이 무엇인가를 제작
한다고 할 때 아무런 계획도 없이 되는 대로 만드는 경우는 없다. 그는
설계도를 따르거나, 적어도 만들려는 것의 완성된 모습을 머릿속에 떠
올리며 그것을 모델로 삼아 제작을 해 나갈 것이다. 이때 설계도나 모
델이 완전하다면 그것을 따라 만든 제품 역시 훌륭하겠지만, 설계도나
모델이 불완전하거나 결함이 있다면 제품은 훌륭하지 못할 것이다. 이
관점은 우주의 제작에도 마찬가지로 적용된다. 우주 제작자가 아름다
운 결과를 산출하기 위해서는 불완전한 것이 아닌 가장 완전한 모델을
사용해야 한다. 왜냐하면 완전한 것을 모델로 삼아 만들어 낸 것이 불
완전한 것을 모델로 삼아 만들어 낸 것보다 더 아름답고 훌륭할 것이
기 때문이다. 그런 모델은 생성과 소멸에서 자유롭고, 일체의 운동이
나 변화를 겪지 않으며, 항상 자기 자신과 같은 것, 즉 자기 동일성을
유지하는 것일 수밖에 없다.

80 그것은 생겨났습니다. … 생겨나고 태어난 것들로서 밝혀진 것입니다 : 이

대목의 논변은 다음과 같이 구성할 수 있다. 감각을 통해 파악되는 것은 생겨나고 소멸되는 것이다(28a2~4). 이 세계는 볼 수 있고 만질 수 있는 것(즉 감각을 통해 파악되는 것)이다. 따라서 이 세계는 생겨난 것이다. 예컨대 『국가』 VI, 507b2~11 ; 『정치가』 269d5~e1을 보라.

81 **생겨난 것은 필연적으로 어떤 원인에 의해 생겨났다** : 플라톤은 여러 곳에서 생성의 인과적 원리를 자주 언급하곤 한다. 예컨대 바로 위의 28a4~6을 보라. 그 외에도 29d7~e1, 38d6~e1, 44c4~d2, 46d1~e6, 57e1~58a2, 68e1~69a5, 87e3~5 ; 『파이돈』 98c4~8, 99b2~6 ; 『필레보스』 27b1~2 ; 『법률』 X, 891e4~9를 보라.

82 **이 우주의 제작자이자 아버지를 … 모든 사람들에게 설명하기란 불가능한 일이지요** : "우주의 제작자이자 아버지"는 신적인 장인 데미우르고스를 의미한다. 모든 사람들에게 데미우르고스를 설명할 수 없는 까닭은 무슨 특별한 비밀이 있어서가 아니라 사람들이 이해할 수 없기 때문이다. 오늘날 모든 사람들에게 상대성 이론을 이해시키는 것이 불가능한 것도 같은 사정이라 하겠다.

83 **짜맞춘 자** : 그리스어 동사 '테크타이노마이(tektainomai)'는 주로 나무를 가공하여 무엇인가를 만들어 내는 행위를 뜻한다. 여기서 데미우르고스의 활동은 목수의 노동에 비견되고 있다.

84 **본 가운데 어떤 것을 보고서** : 28a6~b2를 보라.

85 **누구에게든 입에 담는 것조차 허락되지 않는 것** : 즉 이 세계가 아름답지 않고 우주 제작자도 훌륭하지 않다는 것.

86 **사정이 그렇다면** : 즉 이 세계가 불변하는 것을 본으로 삼아 만들어진 것이라면.

87 **설명이란 무엇인가를 해명하는 것으로서 바로 그 무엇과 동류이니까요** : 플라톤은 인식과 그 대상(존재)이 같은 본성을 지녔다고 본다. 즉 인식의 대상이 불변하고 안정적이며 언제나 동일성을 유지할 경우, 그것에 대한 설명 역시 확실하고 틀림없는 반면, 계속해서 변화하며 불안정한 상태를 유지하는 대상에 대해서는 그 설명 역시 잠정적이고 개연적일

수밖에 없다.

88 즉 안정적이고 확고하며 … 그럼직하다는 것입니다 : 영원불변하는 본으로서의 대상에 대한 설명은 역시 안정적이고 흔들림이 없다. 반면에 본의 모상으로서의 감각 대상에 대한 설명은 그럼직한 것일 수밖에 없다. 자연에 대한 '그럼직한 설명(eikos logos)' 혹은 '그럼직한 이야기(eikos muthos)'에 대해서는 「작품 안내」의 5절을 참고하라.

89 존재가 생성에 관계하는 것처럼, 그렇게 진리는 믿음에 관계하는 것이지요 : 위에서와 마찬가지로 인식과 존재 간의 상관성에 관해 언급하고 있다. 예컨대 『국가』 VI, 511d6~e5 ; VII, 533e7~534a8.

90 누구 못지않게 그럼직한 설명을 제공할 수 있다면 : "누구"는 그리스어 '메데노스(mēdenos–none, nothing)'를 옮긴 것이다. 하지만 이 단어는 사람이 아니라 같은 문장 안에 있는 "설명(logos)"을 지칭한다고 볼 수도 있는데, 그럴 경우 "그 어떤 설명 못지않게 그럼직한 설명을 제공할 수 있다면"으로 옮길 수 있다. 사실 여기서는 이 번역이 문법적으로 좀 더 자연스럽긴 하다. 하지만 이 대목이 파르메니데스의 철학시를 연상시킨다고 보는 버넷(M. Burnyeat 2009, p. 172, n. 13)의 해석에 따라 우리 번역에서는 메데노스가 사람을 지칭하는 것으로 보았다. 지금은 단편으로만 전해지는 파르메니데스의 『자연에 관하여』에서, 여신은 파르메니데스에게 진리의 길뿐만 아니라 의견의 길에 대해서도 가르쳐 주겠다고 말한다. 전통적인 독법에 따르면 해당 대목은 다음과 같다. "이 배열 전체를 그럼직한 것으로서 나는 그대에게 표명하노라. 도대체 가사자들 가운데 누구도 견해에 있어서(tis … brotōn gnōmēi) 그대를 따라잡지 못할 정도로."(DK 28B8, 60~61 / 『선집』 287~288쪽). 다만 버넷 자신도 밝히고 있듯이, 그의 파르메니데스 단편 독법은 소수 의견 쪽에 가깝다. 이와 달리 전통적 독법에서는 주어를 "견해(gnōmē)"로 보아, "도대체 가사자들의 어떠한 견해도(tis … brotōn gnōmē) 그대를 따라잡지 못할 정도로"라고 읽는다. 이 논란에 관해서는 『선집』 288쪽의 주 66을 참고하라. 반면에 소수 의견을 지지하는 입장으로는 제멜리(M.

Gemelli 2013, p. 26)의 해석을 참고할 수 있다.

91 말하는 사람인 저나 판관이신 여러분이나 : 티마이오스의 발언은 우주론
을 다루지만, 그 형식이나 사용되는 어휘들에 있어서는 종종 법정 연
설의 특징들이 나타나기도 한다. 예컨대『파이돈』69d6∼e4를 보라.

92 당신의 전주곡은 ⋯ 주제부를 우리에게 들려주시지요 : "전주곡"과 "주제
부"는 각각 '프로오이미온(prooimion)'과 '노모스(nomos)'를 옮긴 것이
다. 또한 동사 '페라이네(peraine)'는 '(노래나 이야기를) 들려주다'로 옮겼
다(예컨대『국가』VII, 531d7∼e1). 소크라테스는 티마이오스가 신들에게
바치는 기도와 함께 우주 탐구의 전제로서 언급한 내용(27c1∼29d3)을
시인이 본격적인 노래에 앞서 무사 여신들에게 기도를 하며 부르는 서
시(예컨대 호메로스,『일리아스』I, 1∼7 ;『오뒷세이아』I, 1∼10)와 같은 것으
로 간주하는 듯 보인다. 참고로 위의 용어들은 동시에 법정 용어들로
사용되기도 하며, 그 경우 각각 '전문(前文, prooimion)', '법률(nomos)',
그리고 '변론을 펼치다(perainō)'라는 뜻으로 쓰인다.

93 생성된 것, 그러니까 이 우주를 구성한 자는 ⋯ 구성했는지 : "생성된 것"
은 '게네시스(genesis)'를 옮긴 것이다. 원래 이 말은 '생성'을 뜻하지만,
이곳과 바로 아래(29e4, "geneseōs kai kosmou")에서는 "생성된 것"으
로 옮겼다. 한편, "구성한 자"와 "구성했는지"에 해당되는 단어는 각각
'쉬니스타스(sunistas)'와 '쉬니스테미(sunistēmi)'인데, 이 말은 여러 개의
조각들을 결합하여 하나의 전체를 구성한다는 의미이다.

94 그는 훌륭했습니다. 그런데 훌륭한 이는 어떠한 것에 대해서도 결코 인색하
지 않았지요. 또한 인색함에서 벗어나 있었기에, 그는 모든 것들이 최대한
자신과 닮기를 원했습니다 : 초기 자연철학자들과 달리 플라톤은 우주의
생성을 장인의 노동이라는 관점에서 설명하려 한다. 이러한 관점에서
그는 우주가 만들어진 원인을 우주 제작자인 데미우르고스의 훌륭함
에서 찾는다. 데미우르고스는 신이다. 신은 모든 면에서 훌륭하고 좋
다(예컨대『국가』II, 379b1∼c7). 그런데 모든 면에서 훌륭하고 좋은 것은
어떠한 결핍이나 부족함도 겪지 않는다. 그리고 결핍이나 부족함이 없

기에, 신에게는 어떠한 인색함이나 질투도 있을 수 없다(예컨대 『파이드로스』 234d4). 따라서 신은 조금의 인색함도 없이 모든 것들이 자기처럼 훌륭하기를 바랐고, 이러한 바람이 우주 제작의 동기가 되었던 것이다 (인색함의 의미에 대해서는 주 53, 64를 보라).

95 그런데 가장 훌륭한 자가 가장 아름다운 것 이외의 다른 일을 행한다는 것은 예나 지금이나 허용될 수 없는 일입니다 : 이 말은 '좋고 훌륭한 자가 고의로 나쁜 것을 행할 수 없다'는 일종의 윤리학적 주지주의(ethical intellectualism)에 기반한 주장이라고 볼 수 있다. 주지주의 윤리학의 기본 입장은 대체로 다음과 같다. 모든 사람은 좋은 것(진리, 선, 아름다움, 행복 등)을 원하며, 누구도 나쁜 것(거짓, 악, 추함, 불행 등)을 원하지 않는다. 그렇기 때문에 누군가가 무엇이 좋고 나쁜지를 안다면, 그는 오직 좋은 것을 추구하고 나쁜 것은 피하려 할 것이다. 그러므로 누군가가 나쁜 일을 행한다면, 그는 그것이 나쁜 줄 모르기 때문에 행하는 것이다. 이에 관해서는 『프로타고라스』 358a1~359a1을 보라.

96 지성이 혼과 떨어져서 무엇인가에 생겨나는 일은 불가능하다 : 이와 비슷한 주장은 『소피스트』(249a6~8)에서도 찾아볼 수 있다. 그러나 이런 분명한 언급에도 불구하고, 지성이 혼과 떨어져 있을 수 있느냐 없느냐 하는 문제는 플라톤주의자들 사이에서 끊임없는 논란거리였다. 왜냐하면 티마이오스는 우주 제작자인 데미우르고스를 지성으로 간주하는데 (47e4), 막상 혼을 만든 것은 바로 이 데미우르고스이기 때문이다. 그러므로 이 문제는 데미우르고스의 철학적 위상을 둘러싼 논쟁과 함께, 데미우르고스의 우주 제작 신화를 글자 그대로 받아들일 것인가, 아니면 비유적으로 받아들일 것인가 사이의 논쟁과 분리될 수 없다. 이에 대해서는 「작품 안내」 4절을 참고하라.

97 신의 구상(構想)에 따라 : "구상"은 그리스어 '프로노이아(pronoia)'를 옮긴 것이다. '프로노이아'는 '앞을 내다보고(先見), 멀리 생각하다(遠慮)'라는 뜻이다. 로마인들은 이 단어를 '프로위덴티아(providentia)'로 옮겼는데, 이 말 역시 '앞을 내다본다'는 의미이다. 이 단어는 플라톤 이

후, 고대 후기와 특히 기독교 시대에 이르러 신의 '섭리(攝理)'를 뜻하는 용어로서 매우 중요하게 사용된다. 섭리란, 만유가 그 시작에서 끝에 이르기까지 전체로서 신의 지성 안에서 계획되고 인식된 것을 말한다. 서기 6세기의 신플라톤주의자이자 기독교 철학자 보에티우스는 섭리를 『철학의 위안』(IV, 산문 6, 7~13)에서 다음과 같이 설명하고 있다. "모든 사물의 탄생과 변화하는 자연의 진보, 그리고 어떤 식으로든 움직이는 것의 경우, 그것들은 원인, 질서, 형상을 신의 정신의 항상성으로부터 얻는다. 이 항상성은 단일성이라는 성채 안에 놓인 것으로서, 수행되어야 할 일들에 다양한 방식을 만들어 주었다. 그 방식이 신의 저 순수한 지성 안에서 인식될 때 그것은 섭리라고 불리지만, 그 방식이 움직이고 배치되는 것들과 관련될 때 선조들은 그것을 운명이라고 불렀다. … 신은 만들어야 할 것들을 섭리를 통해서 단일하고 항구적으로 배치하지만, 운명을 통해서는 그가 배치한 것들을 다양하게, 그리고 시간에 따라 조성하는 것이다. 그러니 행해지는 모든 것의 부동의 단일한 형상이 섭리이며, … 그것들의 움직이는 상태와 시간에 따른 질서가 운명이라는 것은 명백하다." 이렇듯 고대 후기와 기독교 철학에서의 섭리는 신의 지성 안에 모든 것의 처음과 끝이 완전히 실현된 것으로서 존재한다. 이 섭리가 감각 세계에서 과거, 현재, 미래라는 시간의 질서와 인과연쇄에 따라 순서대로 전개될 때 사람들은 이것을 운명이라고 부른다. 다만 『티마이오스』에서는 프로노이아를 신의 섭리로 보기에는 곤란한 점이 있다. 왜냐하면 데미우르고스는 신이긴 하지만, 기독교의 신과 달리, 모든 것을 자기 안에 완성된 것으로서 갖고 있지는 않기 때문이다. 모든 것이 완전히 실현된 상태로 있는 것은 오히려 가지적인 형상들이다. 즉 만유의 이법(理法)은 신 안에 있지 않고, 본으로서의 형상들에 있는 셈이다. 데미우르고스는 그런 형상들을 관조하고 모방함으로써 감각 세계를 제작한다. 따라서 데미우르고스의 구상(pronoia)은 우주가 형상들을 최대한 닮도록 만들되, 제작 후에는 우주가 그러한 닮음을 스스로 유지해 나갈 수 있도록 미리 내다보며 계획하는 것이라 하겠다.

98 사정이 그렇다면 : 우주가 혼과 몸을 지닌 하나의 생물이라면.

99 본래 부분의 성격을 지닌 것들 : 여기서 "부분"은 그리스어 '메로스 (meros)'를 옮긴 것인데, 이 말에는 '부분'이라는 뜻 외에도 물체의 '입자' 그리고 '종(種)'의 의미도 들어 있다. 또한 "성격"으로 옮긴 '에이도스(eidos)'에도 '형태', '형상', '성격' 등의 뜻과 함께 '종'이라는 의미가 들어 있다. 따라서 위의 대목은 모든 것을 포괄하는 전체가 아니라 부분적이거나 종적인 것들을 뜻한다. 이 논변은 기본적으로 부분과 전체 중에는 전체가 더 우월하다는 생각에 기반해 있다. 즉 이 우주가 온전한 것이기 위해서는 전체인 것을 닮아야지, 부분적인(종적인) 것을 닮아서는 안 된다는 것이다.

100 그것 : 즉 감각적인 우주의 모델이 되는 가지적인 형상들의 영역.

101 왜냐하면 그것은 가지적인 생물 모두를 … 포함하고 있듯이 말입니다 : 이데아들의 영역과 그것을 본으로 삼아 생겨난 감각 세계가 전체 대 전체로서 닮음 관계를 형성하고 있다.

102 그러므로 이 우주가 그 유일함에 있어서 완전한 생물과 닮도록 하기 위해서 … 이 하늘은 하나이자 단일한 종으로 생겨나 있는 것이며 앞으로도 그렇게 있을 것입니다 : 우주가 하나라는 주장과 관련하여 티마이오스의 논변은 다음과 같다. 우주는 가지적인 본을 닮은 것이다. 가지적인 본은 가지적인 영역에 있는 모든 것들을 담고 있는 완전한 것이어야 한다. 그렇지 않다면 그것을 모방한 감각 세계는 완전할 수 없을 것이다. 그런데 모든 것을 담고 있는 두 번째 본이란 있을 수 없다. 만일 있다면, 두 번째 본은 첫 번째 본과 구별되는 것이기에, 모든 것을 담고 있다고 할 수 없을 것이기 때문이다. 따라서 본이 완전한 것이기 위해서는 앞의 두 본을 포괄하는 세 번째 본이 필요할 것이다. 하지만 그 경우, 감각 세계 역시 앞의 두 본들보다는 이 세 번째 본을 닮는 편이 더 나을 것이다. 그러므로 이 우주는 두 개의 본이 아니라 가장 완전한 하나의 본을 닮아야 하며, 그 하나의 본을 최대한 닮은

것으로서 우주 자신도 하나라는 것이다. 여기서 우주가 하나라는 주
장은 기본적으로 본이 하나이지 둘일 수 없다는 논변에 기반한다. 하
지만 이 우주가 본의 모상이라면, 하나의 본으로부터 여러 개의 우주
가 나올 수 있지 않을까? 이 물음에 대해 티마이오스는 별다른 언급
을 하지 않는다. 다만 그 유일함에 있어서 완전한 본을 닮기 위해서
는 우주 역시 수적으로 하나여야 한다는 정도로 이해할 수 있다. 가
지적인 본의 영역이 완전한 것이라면 그것은 하나여야 한다. 우리의
우주 역시 본을 가장 완전하게 닮은 것이라면 하나일 수밖에 없다는
것이다. 우주가 온전히 하나이고 자기의 바깥에는 아무것도 없는 게
더 낫다는 주장에 대해서는 32c5~33b4에서 보충적인 논의가 이루어
진다.

103 불이 없다면 결코 어떠한 것도 볼 수 없을 것입니다 : 불과 눈, 그리고 시
각의 작용에 대해서는 45b2~46a2를 보라.

104 또 무엇인가 단단한 것 없이는 만질 수도 없겠지요 : 살과 살의 감각인 촉
각들에 대해서는 61c3~64a1을 보라.

105 신이 우주의 몸을 구성하기 시작했을 때, 불과 흙으로 그것을 만들어 나간
것은 그로부터 연유된 것입니다 : 여기서 우주의 몸은 '천체(天體)'를 말
한다. 우주가 지각될 수 있기 위해서는 인간이 빈번하게 사용하는 감
각을 통해 포착될 수 있어야 한다. 그 대표적인 것이 시각과 촉각인
데, 이 두 감각을 가능케 해 주는 것은 바로 불과 흙이다. 하지만 이
둘만으로는 충분치 않다. 천체를 구성하기 위해서는 불과 흙 이외에
다른 두 가지 요소, 즉 공기와 물이 있어야 한다. 그런데 티마이오스
는 불과 흙이 있어야 할 필요성을 감각(시각과 촉각)의 확실성을 가지
고서 설명한 반면, 공기와 물에 대해서는 수학적인 비례를 이용하여
그 존재의 필요성을 주장할 것이다. 여기서 티마이오스의 이야기는
데미우르고스가 천체를 구성하는 데 불과 흙, 그리고 공기와 물이 필
요했다는 순서로 나아가지만, 실제로 플라톤의 고민은 이미 완성된
우주에서 자연을 구성하고 있는 불, 공기, 물, 흙을 관찰하면서 이것

들 각각의 존재 이유를 설명하는 것이다. 그리고 플라톤이 4원소들의 존재를 설명하기 위해 취한 관점은 목적론적인 설명이다. 즉 천체를 보고 만질 수 있기 위해서는 시각(불)과 촉각(흙)이 필요했고, 천체가 평면보다는 입체로서 있는 편이 더 나았으며, 입체로 있기 위해서는 불과 흙 외에도 이 둘을 묶어 줄 수 있는 두 개의 항(공기, 물)이 더 필요했다는 것이다. 이렇듯 목적론적 관점에 따르면 4원소들은 그 존재 이유를 갖는다. 물론 모든 고대 철학자들이 플라톤처럼 목적론적인 관점을 취하는 것은 아니다.

106 끈들 중에서 가장 아름다운 것은 자신과 자신이 묶어 주는 것들을 최대한 하나로 만들 수 있는 것인데, 본성상 그것을 가장 아름답게 완수하는 것은 비례입니다 : "비례"는 '아날로기아(analogia)'를 옮긴 것이다. '아날로기아'는 말 그대로 '로고스를 따르는 것(ana logon)'으로서, 두 관계 사이의 동일성을 나타내는데, 이때 관계 안에 들어오는 항은 셋이 되기도 하고(a:b = b:c), 넷이 되기도 한다(a:b = c:d).

107 왜냐하면 뭐가 됐든 세 수들 가운데, 그러니까 그것들이 입방수들이든 평방수들이든 간에 : 이 대목은 문장 구조 및 단어의 의미와 관련하여 학자들마다 해석이 분분하고, 번역 또한 역자들에 따라 다양하게 갈린다. 먼저 문장의 구조와 관련해서, "세 개의 수들(arithmōn triōn)", "입방수들(ogkōn)", 그리고 "평방수들(dunameōn)"이 어떤 관계인가 하는 것이다. 우리 번역에서는 "세 개의 수들"을 수 일반으로 보고, "입방수들"와 "평방수들"이 수 일반의 하위 종으로서 포함되는 것으로 이해하였다. 하지만 "세 개의 수"를 "입방수"와 "평방수"를 포함하는 상위 개념이 아니라 이것들과 동등한 다른 종류의 수로 볼 수도 있다. 그럴 경우 "세 개의 수들, 혹은 세 개의 입방수들, 혹은 세 개의 평방수들 가운데 …" 정도로 옮길 수 있다. 신플라톤주의 철학자인 프로클로스는 『플라톤의 「티마이오스」 주석』에서, 앞의 "세 개의 수들"은 산술적인 수, 가운데의 "입방수들"은 기하학적 단위, 그리고 마지막 "평방수들"은 음악에서의 화성학적 단위를 의미한다고 보았다. 그

리고 플라톤은 이들 세 종류의 수에 깃든 비례 관계로부터 각각 산술 평균(arithmetic mean), 기하 평균(geometric mean), 조화 평균(harmonic mean)을 염두에 두고 있었다는 것이다. 해석이 지닌 설득력에도 불구하고 이 독법은 본문의 내용으로부터 너무 나아간 것처럼 보인다. 하지만 어떤 독법을 취하든 간에, 천체가 요소들의 수적인 비례를 통해 결합됨으로써 구성되었다는 점은 분명하다.

또 다른 논란거리는 이 대목에 사용된 '옹코스(ogkos)'와 '뒤나미스(dunamis)'의 의미가 무엇인가 하는 것이다. 옹코스는 3차원적인 크기, 즉 부피를 갖는 '덩어리'를 뜻한다. 이 단어는 수와 관련해서 '입방수(혹은 세제곱수)'로 옮길 수 있다. 반면에 뒤나미스는 앞서 보았듯이 힘, 성능, 특성, 잠재성 등을 뜻하지만(주 78 참조), 수학에서는 '평방수(제곱수)'를 뜻한다. 하지만 몇몇 학자들은 플라톤에게 있어서 뒤나미스는 수가 아니라 선(grammē)으로 이해해야 한다고 지적한다. 그런 점에서 뒤나미스는 평방수가 아니라 제곱을 통해 평방수(정수, 예컨대 '2')가 될 수 있는 평방근(제곱근, 예컨대 '√2')을 뜻한다고 본다(예컨대 『테아이테토스』 143a7~b3). 그리고 이들은 옹코스가 입방수를 의미하기는 하지만, 오래 된 용법에서는 이 단어가 정수를 의미하며, 플라톤 역시 다른 대화편에서 옹코스를 입방수가 아닌 산술적인 수의 총합의 의미로 사용하고 있음(예컨대 『법률』 V, 737c2~3)을 지적한다. 따라서 이 해석에 따르면 '옹코스'는 '정수'로, '뒤나미스'는 (정수가 될 수 있는) '제곱근' 정도로 옮길 수 있으며, 다음과 같이 번역할 수 있다. "왜냐하면 뭐가 됐든 세 개의 수들 가운데, 그것들이 정수든, 평방근이든 간에."

108 가운데 수의 경우, 첫수가 자신과 관계하는 것처럼 … 그것들은 서로 같은 것들이 됨으로써 모두가 하나일 것이기 때문입니다 : 예컨대 2, 4, 8을 들어 보자. 2:4 = 4:8 (첫수가 가운데 수에 관계하듯이 가운데 수는 끝수에 관계), 8:4 = 4:2 (끝수가 가운데 수에 관계하듯이 가운데 수는 앞의 수에 관계), 4:8 = 2:4 (가운데 수가 앞과 끝이 됨), 4:2 = 8:4 (첫수와 끝수가 가운

데가 됨). 여기서 "모든 것들은 필연적으로 같은 것들로 귀결될 것"은 관계의 동일성을 뜻하며, "모두 하나일 것"은 비례를 통해 구조적 통일성을 확보한다는 뜻으로 볼 수 있다.

109 즉 불이 공기에 관계하는 것처럼 그렇게 공기는 물에 관계하고, 또 공기가 물에 관계하듯이 물은 흙에 관계하게 만들어 함께 묶고는, 볼 수 있고 만질 수 있는 것으로서 하늘을 구성했습니다 : 자연이 불, 공기, 물, 흙의 네 가지 원리적 요소들로 이루어졌다고 처음 주장한 사람은 플라톤보다 약 육십 년 정도 앞서 태어난 엠페도클레스이다(예컨대 DK 31B6 = 『선집』349쪽 : "우선 만물의 네 뿌리들에 대해 들어 보게. / 빛나는 제우스[불]와 생명을 가져다주는 헤레[흙/공기]와 아이도네우스[공기/흙], / 또 그녀의 눈물로 가사적인 샘들을 적시는 네스티스[물] 말일세."). 하지만 플라톤과 엠페도클레스의 요소들에는 두 가지 점에서 큰 차이가 있다. 우선 엠페도클레스는 불, 공기, 물, 흙을 자연의 근본 원리들(arkhē)로 보았다. 이와 달리 플라톤은 이러한 원소들이 근본적인 것들이 아니라 기하학적인 도형들로부터 구성된 것들이라고 생각한다(예컨대 55d4~56c7을 보라). 하지만 무엇보다도 플라톤은 세계의 근본 원리를 감각적인 사물의 영역이 아니라 가지적인 형상의 영역에서 찾는다. 또 다른 차이는 엠페도클레스가 불, 공기, 물, 흙의 네 가지 원리들과, 이것들의 결합과 분리의 원인이 되는 친애(philia)와 미움(neikos)을 그저 주어진 것들로서 당연히 여기는 반면, 플라톤은 불, 공기, 물, 흙이 왜 우주를 구성하는 요소가 되었는지 그 까닭을 일련의 논증을 통해 설명하고 있다는 점이다. 즉 감각적인 우주는 볼 수 있고 만질 수 있어야 하는데, 이를 위해서는 불과 흙이 필요하다. 이것들이 함께 하기 위해서는 매개자를 통해 일정한 관계를 형성해야 하는데, 그중 가장 아름다운 것은 비례 관계를 통한 결합이다. 그런데 이 우주가 평면이 아니라 입체라면 매개자는 하나가 아니라 둘이어야 한다. 따라서 불과 흙 사이에 공기와 물이 매개자로서 제기되는 것이다. 이와 같은 설명을 통해서 플라톤은 네 가지 원소들의 존재 이유

가 우주를 가장 아름답게 구성하기 위한 것임을 보여 준다. 즉 엠페
도클레스를 비롯한 이른바 자연철학자들이 원소들의 기계적인 결합
과 분리를 설명하는 것으로 그치는 반면, 플라톤은 원소들의 존재와
운동에 그 이유와 목적이 있음을 강조한다고 볼 수 있다.

110 그것들로부터 친애를 얻었으며 : 플라톤이 네 가지 요소들을 결합시키
는 원인으로 친애(philia)를 언급한 것은 엠페도클레스를 연상시킨다
(예컨대 DK 31B17 = 『선집』 357쪽 : "또한 이것들은 끊임없이 자리바꿈을 결
코 멈추지 않거늘, / 어느 때에는 사랑에 의해 그것들 전부가 하나로 합쳐지
나, / 다른 때에는 다시 불화의 미움에 의해 따로 떨어지기 때문이네."). 하
지만 플라톤의 경우, 이 친애는 그냥 있는 것이 아니라 요소들의 비
례적 통일성으로부터 비롯된 것이다. 또한 플라톤은 엠페도클레스와
달리 분리의 원인이 되는 '미움(neikos)'은 언급하지 않는다. 왜냐하면
데미우르고스가 제작한 우주는 해체를 겪지 않기 때문이다. 이와 비
슷한 언급으로는 예컨대 『고르기아스』 507e3~508a8을 보라.

111 그것을 묶어 놓은 자가 아닌 다른 자에 의해서는 풀리지 않게 되었습니
다 : 생겨난 것은 소멸되기 마련이라는 것은 일종의 플라톤 우주론에
서 공리와도 같은 것이다(주 76을 보라). 무엇인가가 일정한 방식의 결
합을 통해 생겨났다면, 그것은 역순으로 분리를 겪음으로써 해체되
고 소멸될 수 있기 때문이다. 그리고 이는 우주의 경우에도 마찬가지
이다. 다만 우주는 그것을 결합시킨 자가 원치 않는 한 결코 해체를
겪지 않을 것이다(주 187을 보라).

112 시도 때도 없이 : 이 말은 그리스어 '아카이로스(akairōs)'를 옮긴 것으
로, '적기(適期)가 아닌' 혹은 '때 이르게'를 뜻하는 부사어이다. 다수
의 번역자들은 이 부사를 뒤에 오는 동사 '해체하다(luei)'와 연결시켜
서 "때 이르게(akairōs) 몸을 해체시키는가 하면"으로 옮기고 있다. 문
법적으로 보아도 동사와 연결시키는 것이 한결 더 자연스럽다. 그러
나 데미우르고스에 의해 제작된 이 우주는 불사이기 때문에, 천체는
때와 상관없이 해체되지 않는다. 우리 번역에서는 이 점을 감안하여

아카이로스를 동사인 '해체하다'에 연결하기보다는, 분사인 '부딪혀 오는(prospiptonta)'과 연결하여 "시도 때도 없이 부딪혀 옴에 따라"로 읽었다.

113 질병과 노화를 초래함으로써 : 노령으로 인한 신체의 쇠약과 몸의 질병에 관해서는 81b~86a를 보라.

114 신은 우주를 구형으로, … 모든 형태들 가운데 가장 완전하고 자기 자신과 가장 닮은 것으로 만들었으니 : 구는 모든 도형들 가운데 가장 균형 잡힌 것이며, 어떤 측면에서 보아도 항상 같은 형태를 유지하는(즉 자기 자신과 가장 닮은) 것이다. 플라톤은 이러한 성질을 구의 정의, 즉 3차원 공간에서 한 점으로부터 같은 거리에 있는 점들의 집합이라는 정의로부터 도출한 것처럼 보인다.

115 호흡에 필요한 공기 역시 둘러싸고 있지 않았으며 : 이 대목은 우주가 공기에 둘러싸여 있다고 생각했던 아낙시메네스나(예컨대 DK 13B2 = 『선집』 151쪽 : "에우뤼스트라토스의 아들이자 밀레토스 사람인 아낙시메네스는 … 공기인 우리의 혼이 우리들을 결속해 주는 것처럼, 바람과 공기는 세계 전체를 또한 감싸고 있다고 그는 말한다."), 우주 역시 호흡을 한다고 믿었던 일부 퓌타고라스주의자들을 염두에 둔 것이라고 추측할 수 있다(아리스토텔레스, 『자연학』 IV, 6, 213b22~27 : "퓌타고라스주의자들 역시 허공이 존재하며, 하늘이 허공도 들이마시기에, 그것은 무한정한 숨결로부터 와서 하늘로 들어간다고 말했다.").

116 그것은 자신을 소비하여 자신에게 양분으로 공급하고 : 왜냐하면 우주 밖에는 아무것도 없기 때문이다. 자기를 소비하여 자기를 먹인다는 말은 자신의 생존을 위해 외부의 양식에 의존하지 않는다는 생각을 함축하며, 이는 바로 아래 나오는 자족성(autarkeia, 33d2)의 특징이기도 하다.

117 모든 것을 자기 안에서 자기에 의해 겪거나 행하도록 기술적으로 고안된 것이지요 : 직역하면 "… 기술로부터 생겨났던 것입니다(ek tekhnēs gegonen)." 다시 한 번 초기 자연철학의 우주론과의 차이점이 드러나

고 있다. 즉 플라톤에게 있어서 우주는 자연적인 운동이나 변화의 결과로 생겨난 것이 아니라, 제작자의 의지와 함께 기술적인 노동의 결과로서 만들어진 것이다.

118 **일곱 운동** : 전, 후, 좌, 우, 상, 하, 그리고 회전 운동을 말한다. 앞의 여섯 운동은 인간 혼의 회전 운동이 몸안에 갇히게 되면서 생겨난 것들이다. 이들 운동에 관해서는 43a6~b5를 보라.

119 **같은 방식으로 같은 곳에서, 그리고 자기 안에서 회전하게 함으로써** : 자기를 따라 돌며, 자신의 한계를 벗어나지 않는 회전, 즉 자전을 말한다.

120 **장차 있게 될 신을 위한, 언제나 있는 신의 헤아림** : "헤아림"은 그리스어 '로기스모스(logismos)'를 옮긴 것으로 '추론', '계산' 및 (계산에 따른) '계획' 정도의 의미를 갖는다. 또한 여기서 "언제나 있는 신"은 우주 제작자인 데미우르고스를, "장차 있게 될 신"은 데미우르고스가 제작하고 있는 우주를 말한다.

121 **혼을 몸의 중심에 놓고는 전체에 걸쳐 뻗어 나가게 했고, 더 나아가 몸의 외곽을 혼으로 감쌌으며** : 이 우주는 혼과 몸이 결합된 하나의 생물이다. 이때 우주의 혼은 천체의 중심으로부터 전체에 걸쳐 퍼져 있을 뿐만 아니라 천체의 외곽을 둘러싸기까지 한다. 물론 그렇다고 해서 우주 혼이 천체의 바깥에 위치한다는 말은 아니다. 이 우주는 유일한 것으로서 우주 밖에는 아무것도 없기 때문이다.

122 **지인(知人)** : "지인"은 그리스어 '그노리몬(gnōrimon)'을 옮긴 것이다. 원래 이 말은 잘 아는 사람, 혹은 앎을 통해 익숙해지거나 가까워진 사람이나 그런 사람들과의 관계를 의미하는데, 플라톤은 '친구(philon)'라는 표현 말고 굳이 이 단어를 추가함으로써, 이 우주가 앎의 능력, 즉 지성을 갖고 있음을 강조하려는 듯하다. 또한 이 대목은 엠페도클레스의 우주론을 겨누고 있는 것처럼 보인다. 엠페도클레스의 세계는 지성 없이 오직 사랑과 불화에 의해서만 결합되거나 해체된다. 반면에 플라톤의 우주는 데미우르고스의 지성적 활동을 통해 제작되었고, 불화가 들어설 자리가 없으며, 천체는 그 중심에서 외곽

212

에 이르기까지 지성과 친애에 의해 단단히 결속되어 결코 해체를 겪지 않는다.

123 더 나이든 것이 더 젊은 것에 의해 지배받도록 놔두지는 않았을 테니까요 : 고대 그리스인들은 연장자의 가치를 높이 평가했다. 위의 주장은 다음과 같은 논변에 기반한다. 연장자가 젊은이를 지배해야지, 젊은이가 연장자를 지배하는 것은 적절하지 않다. 혼과 몸 중에서 다스리고 지배하는 쪽은 혼이다. 그런데 지배하고 다스리는 쪽이 더 젊은 것은 어울리지 않는다. 그러므로 신은 혼이 연장자가 되도록 몸보다 먼저 만들었을 것이다.

124 하지만 우리는 어떤 식으로든 우연성을 적잖이, 또 되는 대로 나눠 갖고 있는지라 설명도 대략 그런 식으로 할 수밖에요 : 데미우르고스의 활동이 이성적인 숙고와 구상에 따라 진행되는 것과 달리, 우리 인간의 삶은 대체로 우연적인 요소들에 의해 좌우되고 그때그때의 상황에 지배된다. 우주의 기원에 대한 우리의 설명 역시 어쩌다 보니 데미우르고스의 실제 작업 순서와 다르게, 더 젊은 천체의 제작에 대한 설명을 연장자인 우주 혼의 제작보다 먼저 하고 말았다는 뜻이다.

125 또 이번에는 : 현대의 편집자들은 이 두 단어를 빼자고 제안했지만, 다수의 사본들에 실려 있을뿐더러(AFPWY 1812 Plut. Procl.), 특별히 빼야 할 이유가 없다고 보아, 넣고 읽었다.

126 같음과 다름에 대해서도 : 원문은 "tēs te tautou phuseōs au peri kai tēs tou heterou"이다. 여기서 그리스어 "퓌시스(phusis, 속격은 phuseōs)"는 기본적으로 '자연', '(타고난) 성질', '본성' 등을 의미하지만, 종종 '~인 본성이나 성질을 지닌 것' 정도의 뉘앙스만을 전달하며 문장 내의 명사나 대명사를 강조해 주기도 하는데, 그 경우 따로 번역하지 않는다. 위의 대목 역시 "같음의 본성과 다름의 본성"이 아니라 "같음과 다름"으로 옮기는 것이 더 적절하다. 『티마이오스』에는 이처럼 '퓌시스'를 번역하지 않는 경우가 제법 빈번히 등장하는데, 그 위치는 다음과 같다. 35a4, 36c6, 37a4, 42c1, 42c4, 50b8, 52b8,

53c8, 56c5, 71e8, 74a7, 74d1, 75a1, 75b1, 75d3, 76a1, 80e5, 82d4, 84c4.

127 그는 나눌 수 없고 항상 같음을 유지하는 있음과 물체들의 영역에서 생겨 나고 나눌 수 있는 있음의 중간에서, 양자로부터 세 번째 종류의 있음을 혼 합해 냈습니다. 또 이번에는 같음과 다름에 대해서도 … 이것들을 있음과 함께 혼합하여 셋으로부터 하나를 만들어 내고는 : 티마이오스는 혼의 재 료로 있음과 같음과 다름이 사용되었다고 말한다. 이것들은 다시 가 분적인 것과 불가분적인 것으로 구분된다. 티마이오스에 따르면, 데 미우르고스는 이것들 각각을 취한 뒤에 모두 혼합하여 우주 혼을 만 들었다는 것이다. 이 재료들 각각의 의미와 플라톤의 의도에 관해서 는 「작품 안내」 7.1절을 보라. 데미우르고스가 우주 혼의 재료를 혼 합하는 과정은 다음과 같은 도식으로 표현할 수 있다.

	1차 혼합	2차 혼합
가분적 있음(존재) 불가분적 있음(존재)	} 중간적 있음(존재)	
가분적 같음(동일자) 불가분적 같음(동일자)	} 중간적 같음(동일자)	} 혼
가분적 다름(타자) 불가분적 다름(타자)	} 중간적 다름(타자)	

그림 1. 우주 혼의 제작

128 그는 전체에서 한 부분만을 떼어 냈고 : "떼어 내다"는 그리스어 '아파이 레인(aphairein)'을 옮긴 것이다. 이 말은 기하학에서 선이나 면 등을 일정한 간격으로 잘라낸다는 의미이다. 데미우르고스는 가분적인 영 역과 불가분적인 영역에 각각 속해 있는 있음과 같음과 다름을 가져 와서 하나로 혼합한 뒤에, 이제 이 덩어리를 수적인 비례에 따라 분 할할 것이다.

129 먼저 그는 전체에서 한 부분만을 … 떼어 냈습니다 : 그렇게 함으로써

1, 2, 3, 4, 9, 8, 27의 수를 얻게 된다. 이것들은 각각 $1-2-4-8$ 의 계열과 $1-3-9-27$의 계열을 형성하는데, 전자는 2n 계열 ($2^0-2^1-2^2-2^3$)이 되고 후자는 3n 계열($3^0-3^1-3^2-3^3$)이 된다. 이를 도식으로 표현하면 다음과 같이 된다.

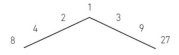

그림 2. 우주 혼의 분할

130 거기서 : 즉 아직 남아 있는 중간적인 있음과 같음과 다름의 혼합으로 부터.

131 그리하여 각 간격 안에는 두 개의 중항이 있도록 했는데, 하나는 같은 비율에 따라 그것들의 한 극단보다 크고 다른 한 극단보다는 작은 것인 반면, 다른 하나는 같은 수에 의해 한 극단보다 크고 다른 한 극단보다는 작은 것이었습니다 : 두 개의 중항 가운데 앞의 것은 조화 중항(harmonic mean)이고, 뒤의 것은 산술 중항(arithmatic mean)이다. 보통 '산술 평균'과 '조화 평균'이라고 부르며, 산술평균은 두 수 사이의 평균값을 구할 때, 조화 평균은 양 극단 사이에서 발생한 운동의 평균값을 구할 때 사용된다. 위의 티마이오스의 설명을 따라가 보면, 예컨대 두 극단 6과 12가 있다고 할 때, 조화 중항은 8이다. 우선 8은 6보다 2만큼 큰데, 이때 2는 6의 1/3이다. 또한 8은 12보다 4만큼 작은데, 이때 4는 12의 1/3이다. 따라서 8은 같은 비율(meros), 즉 1/3에 의해 한 극단(6)보다 크고 다른 극단(12)보다 작은 셈이다. 다른 한편 6과 12의 산술 중항은 9이다. 이때 9는 6보다 3만큼 크고, 12보다 3만큼 작다는 점에서 같은 수(3)에 의해 한 극단(6)보다 크고, 다른 한 극단(12)보다 작다고 할 수 있다. 이것들은 보통 다음의 공식에 의해 구해진다. 산술 평균＝a＋b／2 , 조화 평균＝2ab／a＋b.

132 그런데 이 연쇄들로부터 앞의 간격들 안에 3/2과 4/3와 9/8의 간격들이 생

겨났는데 : 다음의 도식으로 표현할 수 있다.

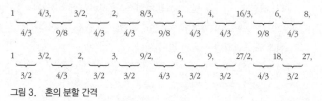

그림 3. 혼의 분할 간격

이 두 계열을 함께 놓고 중복되는 부분을 빼면 다음과 같은 계열을 얻게 된다.

$$1-4/3-3/2-2-8/3-3-4-9/2-16/3-6-8-9-27/2-18-27.$$

133 그는 9/8의 간격으로 모든 4/3의 간격들을 채워 나가면서 그것들 각각의 부분들을 남겨 놓았으니, 그렇게 남겨진 부분의 간격은 수적인 비율이 256/243인 항들을 갖게 되었지요 : 지금까지 언급된 비례 간격은 다음과 같이 표현할 수 있다.

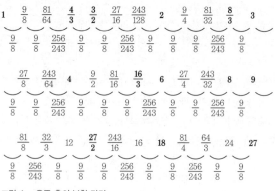

그림 4. 우주 혼의 분할 간격

이러한 분할 과정을 통해서 모든 수들 사이에는 각각 4/3, 3/2, 9/8

그리고 256/243의 비례항들이 생김을 볼 수 있다. 그런데 이 네 가지 비례항들은 모두 플라톤 시대에 알려져 있던 음악과 관련되어 있다. 즉 4/3는 4도 음정, 3/2은 5도 음정, 9/8는 온음, 그리고 256/243은 두 온음 사이의 음정을 채우고 난 나머지(leimma)가 된다.

134 그리하여 그는 부분들로 잘라내는 데 썼던 앞의 혼합물을 그런 식으로 이제 모두 소비하게 되었습니다 : 이상과 같이, 데미우르고스가 일련의 수학적인 비례에 따라 있음, 같음, 다름이라는 재료로 혼합된 덩어리를 나누는 과정은 마치 대장장이가 쇠를 녹여 원환 모양의 혼천의(渾天儀, 모형 천구)를 만드는 모습을 연상시킨다(이에 대해서는 주 182를 보라).

135 그러고는 그렇게 구성된 것 전부를 길게 둘로 잘랐고, … 같음의 운동은 평면을 따라 오른쪽으로 돌게 했고, 다름의 운동은 대각선을 따라 왼쪽으로 돌게 했으며, 지배권은 같음과 닮음의 회전에 주었지요 : 같음과 다름의 궤도에 관해서는 다음의 그림을 참조하라.

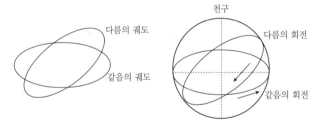

그림 5. 같음의 궤도와 다름의 궤도

여기서 "평면을 따라(kata pleura)"라는 말은 같음의 회전을 수평으로 돌게 했다는 뜻이다. 다른 곳에서 '플레우라(pleura)'는 도형의 변(邊)을 의미하기도 한다(예컨대 『메논』 82c5~8 ; 『테아이테토스』 147e9~148a4를 보라). 반면에 다름의 회전을 "대각선을 따라(kata diametron)" 돌게 했다는 말은 평평하지 않고 비스듬하게 돌게 했다는 뜻이다(이에 대해서는 『국가』 VI, 510d5~511a1을 보라). 한편, 데미우르고스는 두 개의 회전 궤도 가운데 지배권을 같음의 궤도에 주어 다름의 궤도를 지배하게 한다. 따라서 다름의 궤도는 오른쪽에서 왼쪽으로 자기 고유의 회전을 하지만, 그와 동시에 같음의 지배를 받고 있기 때문에, 궤도 전체가 비스듬한 상태에서 천구의 축을 중심으로 왼쪽에서 오른쪽으로 자전하게 된다.

136 반면에 안쪽의 회전은 여섯 번에 걸쳐 잘라내어 서로 다른 크기의 원 일곱 개를 만들었는데 : 앞에서 말한 수적 비례에 따른 분할이 여기서 다시 언급되고 있다. 다음의 그림을 보라.

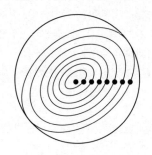

중심으로부터 지구, 달, 태양, 금성, 수성, 화성, 목성, 토성

그림 6. 다름의 궤도 위의 행성들

데미우르고스는 동일자의 원은 그대로 두고, 타자의 원을 여섯 번에 걸쳐 분할함으로써 여섯 개의 간격으로 도는 일곱 개의 궤도(1, 2, 3, 4, 8, 9, 27)를 만든다. 이것들은 각각 플라톤 시대에 알려져 있던 일곱 행성들, 즉 달, 태양, 수성, 금성, 화성, 목성, 토성의 궤도가 된다. 우주의 중심에서 움직이지 않고 있는 것은 물론 지구다(지구의 상태에 대해서는 주 180을 보라).

137 빠름에 있어서 셋은 비슷하게 돌도록 했고 : 태양, 수성, 금성을 말한다. 38c7~d4를 보라.

138 넷은 서로 간에는 물론 앞의 셋과도 비슷하지는 않되 비례에 따라 돌도록

하였습니다 : 달, 화성, 목성, 토성을 말한다.

139 혼은 중심에서부터 … 하늘을 바깥에서 둥글게 감싸고는 : 앞서도 언급되
     었지만(주 121참조), 혼이 몸안에 들어 있을 것이라는 생각과 달리, 우
     주 혼은 천체의 중심에서 시작하여 모든 면에 걸쳐 퍼져 있으며, 천
     체의 바깥쪽(표면)을 감싸기까지 한다.

140 지혜가 깃든 삶 : 몇몇 학자들은 이 대목에 주목하여, 데미우르고스는
     우주 혼의 지성적인 부분이 의인화된 것으로서, 그 정체는 사실상 우
     주 혼 가운데 가지적인 형상이 조명된(즉 지혜가 깃든) 부분이라고 주
     장하기도 한다(예컨대 H. F. Cherniss, 1944, Appendix XI). 물론 이러한
     주장은 데미우르고스를 우주 혼의 지성적 부분으로 환원시키는 것에
     다름 아니며, 이러한 해석이 가능한 것은 티마이오스의 우주 제작 신
     화를 비유적으로 읽을 때이다. 이에 관해서는 「작품 안내」 6.2.2절을
     보라.

141 그리고 천체는 사실상 눈에 보이는 것으로 생겨난 반면, 눈에 보이지는 않
     지만 이성의 능력과 조화를 분유한 혼은, 가지적이며 항상 존재하는 것
     들 가운데 가장 훌륭한 자에 의해서, 태어난 것들 중에서도 가장 훌륭한
     것으로 생겨났던 것입니다 : 다수의 번역자들은 중기 플라톤주의자
     인 플루타르코스(서기 45?~120?)의 독법을 따라 "가장 훌륭한 것(tou
     aristou)"이 "가지적이며 항상 존재하는 것들(tōn noētōn aei te ontōn)"
     에 속한다고 본다(플루타르코스, 「티마이오스에서 혼의 산출에 관하여」 8,
     101B~C). 그 경우 "가지적이며 항상 존재하는 것들 가운데 가장 훌륭
     한 자"는 데미우르고스를 가리키고, "태어난 것들 중에서도 가장 훌
     륭한 것"은 우주 혼을 가리킨다고 볼 수 있다. 반면에 신플라톤주의
     자인 프로클로스는 이 독법에 반대한다(프로클로스, 「플라톤의 「티마이
     오스」 주석」 II, 294, 1~18). "가지적이며 항상 존재하는 것들"을 형상들
     로 볼 경우, 가장 훌륭한 자인 데미우르고스는 형상들보다 우월한 자
     가 될 것이다. 하지만 이는 받아들이기 어렵다. 그래서 그는 "가지적
     이며 항상 존재하는 것들"을 "이성의 능력과 조화"에 연결시키고, 이

것을 혼이 분유했다고 해석한다. 즉 "그리고 천체는 사실상 가시적인 것으로 생겨난 반면, 눈에 보이지는 않지만 가지적이며 항상 존재하는 것들의 이성적 능력과 조화를 분유한 혼은, 가장 훌륭한 자에 의해 생겨났으며, 생겨난 것들 가운데 가장 훌륭한 것으로 생겨났던 것입니다." 우리 번역에서는 플루타르코스의 독법을 따라 "가장 훌륭한 것"을 데미우르고스로 보았다. 사실 '가지적이며 항상 존재한다'는 성질은 형상들을 규정하는 대표적인 특징이지만, 데미우르고스에게 속하는 성질이기도 하다. 왜냐하면 데미우르고스 역시 눈에 보이는 대상이 아니며 생겨난 것도 아니기 때문이다. 또한 데미우르고스가 가지적이며 항상 존재하는 것이라고 해서 반드시 형상들이어야 할 필요는 없다. 즉 가지적이며 항상 존재하는 데미우르고스가 마찬가지로 가지적이며 항상 존재하는 형상들을 관조하고 모방하여 우주 혼과 천체를 생겨나게 했다고 볼 수 있다. 따라서 "가지적이며 항상 존재하는 것들 중에서도 가장 훌륭한 것"이라는 표현은, 이를테면 많은 지성(적인 것)들 중에서도 가장 뛰어난 지성으로서, 데미우르고스의 훌륭함을 강조하려는 표현으로 이해할 수 있다. 예컨대 "왜냐하면 이 우주는 생겨난 것들 중에서 가장 아름다우며, 그 제작자는 원인들 가운데 가장 훌륭하니까요."(29a5~6).

142 혼은 자기 전부에 걸쳐 운동함으로써, … 또 겪게 되는지를, … 말해 줍니다 : 이 대목은 다음과 같이 읽을 수도 있다. "혼은 자기 전부에 걸쳐 운동함으로써, 그 어떤 것이 무엇과 같고 무엇과 다른지, 특히 무엇에 대하여, 어떤 측면에서, 어떤 식으로, 그리고 언제 그것들 각각이 다른 것과 관계하여 존재하고, 또 겪게 되는지를, 생겨나는 것들에 있어서는 물론, 항상 같음을 유지하는 것들에 대해서도 말해 줍니다." 어떤 독법을 취하든 간에, 이 대목에서 티마이오스는 혼의 인식론적 기능을 언급하고 있다. 혼은 운동의 원리인 동시에 앎의 원리이다. 즉 우리가 무엇인가를 지각하고 그것에 개념을 부여하며 이런저런 판단을 통해 믿음이나 앎을 갖게 되는 것은 모두 혼의 기능을 통

해서이다. 혼의 인지적 기능에 관해서는 「작품 안내」 7.1절을 참고하라.

143 자신에 의해 움직여지는 것 안에서 : 스스로 운동하는 것, 즉 혼을 뜻한다. 플라톤은 『파이드로스』(245c5~246a2)에서 혼을 운동의 원리로 규정한 바 있다.

144 바르게 있으면서 : 원문은 "orthos ŏn" (AYW Rivaud). "바르게 진행하면서(orthos iŏn)"로 읽은 경우도 있다(Procl. Plut. Stob. Burnet).

145 이성적인 것 : 원어는 '로기스티콘(logistikon).' 일반적으로 로기스티콘은 사유 주체에게 속하는 추론 능력을 의미하지만, 이 대목에서만큼은 다수의 번역자들이 프로클로스(『플라톤의 「티마이오스」 주석』 II 312, 12~22)의 해석에 따라 로기스티콘을 이성적 사유의 대상이 되는 것, 즉 형상들로 이해한다.

146 그것 : 원어는 "아우타(auta)"로, 앞의 형상들을 가리키는 복수 대명사지만, 여기서는 단수인 "이성적인 것(to logistikon)"을 받는 것으로 보아 단수(그것)로 옮겼다.

147 지성의 활동과 지식 : 원문은 "nous episteme te." 여기서 "누스(nous)"는 지성이 아니라 "지성의 활동(intellection)"으로 옮겼다. 왜냐하면 지성은 생겨나거나 만들어지는 것이 아니기 때문이다. 반면에 지식은 지성의 활동을 통해 완성된다.

148 이 양자가 생겨나는 곳 : 즉 의견과 지식이 생겨나는 곳.

149 그런데 이 양자가 생겨나는 곳과 관련하여 행여 누군가가 그곳이 혼 말고 다른 곳이라고 말한다면, 그는 온갖 것에 대해 떠들지언정 정작 진리는 빼먹는 것이겠지요 : 앎은 지성 안에 있고(즉 지성의 활동을 통해 얻어지며), 지성은 혼 안에 있다는 생각에 대해서는 『소피스트』 249a4~8 ; 『필레보스』 30c9~d5를 보라.

150 영원한 신들을 위한 성소(聖所) : "성소"는 그리스어 '아갈마(agalma)'를 옮긴 것이다. 원래 아갈마는 신을 기리기 하기 위해 만든 신전, 신상, 또는 신을 묘사한 그림이나 성물 등을 뜻한다. 여기서는 데미우

르고스가 제작한 우주를 가리킨다. 우리는 신을 볼 수 없지만, 이렇게 만들어진 것들은 신의 모방물 내지는 반영으로서 모두 어떤 식으로든 신을 드러내 주는 것이라 할 수 있다. 요컨대 이 우주는 눈에 보이지 않는 신들(즉 형상들)을 모방해서 만든, 눈에 보이는 신인 셈이다. 가지적인 신과 가시적인 신의 관계와 관련해서는 『법률』 XI, 930e7~931a4를 보라.

151 아버지는 기뻐하였고, 또 흐뭇한 마음에 한층 더 우주를 그것의 본과 닮은 것으로 만들어 내리라 마음먹었습니다 : 여기서 데미우르고스는 마치 감정을 지닌 인간처럼 묘사되고 있다. 앞서 훌륭함으로 인해 아무런 질투나 인색함도 없었던 데미우르고스는 다른 모든 것들이 자기처럼 훌륭해지기를 바랐고(eboulēthē, 29e3), 이제는 그렇게 훌륭하게 제작된 우주를 보고 기뻐하며(ēgasthē), 흐뭇한 마음에(euphrantheis), 더욱더 이 우주를 닮게 만들기로 마음먹는다(epenoēsen). 이러한 표현들을 통해서 데미우르고스는 그저 헤아리고 계산하며 이를 바탕으로 활동하는 기능적인 주체에 머물지 않고, 바람과 의지의 주체이자, 행위 결과를 향유하고 즐기는 감정의 담지자이기도 함을 알 수 있다. 데미우르고스의 철학적 위상에 대해서는 「작품 안내」 6.2.2절을 보라.

152 영원한 생물 : 가지적인 형상들을 말한다. 이에 관해서는 30c2~31c3을 보라.

153 그는 영원의 어떤 움직이는 모상(模像) 같은 것을 만들기로 마음먹었고, … 영원을 모방하여 수에 따라 진행하는 영원한 모상을 만들어 내니, 그것을 우리는 '시간'이라고 부르게 된 것입니다 : '시간'의 정의이다. 즉 시간이란 형상의 영원성을 운동과 변화의 영역에 구현해 내기 위해 고안된 장치로서, 수에 따라 규칙성을 유지한 채 영원히 진행하는 운동인 것이다.

154 그런데 그 모든 것들은 … '있었다'와 '있을 것이다'는 시간의 종류로서 생겨난 것들인데 : 이 문장에서는 "있었다"와 "있을 것이다" 대신 '였다'와 '일 것이다'로 옮길 수도 있다. 여기에 사용된 동사 '엔(ēn)'과 '에

스타이(estai)'는 각각 영어의 be 동사에 해당되는 그리스어 동사 '에이나이(einai)'의 미완료과거(혹은 반과거)와 미래 시제이다. 고대 그리스어에는 과거, 현재, 미래를 지칭하는 어휘가 따로 없었기에 이처럼 '있었다(였다)', '있다(이다)', '있을(일) 것이다'라는 말로 과거, 현재, 미래를 대신한다.

155 왜냐하면 그 둘은 운동들이니까요 : 그 둘은 물론 과거(있었다)와 미래(있을 것이다)이다. 즉 과거(에 있었던 것이 사라져서 지금은 있지 않다)와 미래(에 있을 것은 아직 생겨나지 않았다)는, 존재의 영역이 아니라 운동과 변화의 영역에 속한다.

156 즉 … 생겨난 것'이고,' … 생겨나는 것'이며,' … 생겨날 것'이요,' … 있지 않은 것'이다'라는 표현도 있습니다만 : 여기서 작은따옴표 속의 '이고,' '이며,' '이요,' '이다'는 모두 그리스어의 '에이나이(einai)' 동사(있다/이다)에 해당된다. 즉 사람들은 일상의 대화 속에서 '에이나이'라고 말함으로써 과거와 미래의 것들은 물론, 심지어는 존재하지 않는 것들에 대해서까지 마치 '있는(~인) 것처럼' 말하지만, 실제로 그런 표현들은 존재에 관해 정확하게 말하는 것이 아니라는 지적이다.

157 하지만 여기서 이 문제들을 세밀하게 따져 보기에는 적당한 때가 아닌 듯하네요 : 과거, 현재, 미래 같은 것들이나 더 늙음(연장자임), 더 젊음(연하임) 같은 것들처럼, 시간의 속성과 관련된 주제는 『파르메니데스』(140e1~141e10, 151e3~155e3 등)에서 다뤄진다. 다만 그 맥락은 『티마이오스』와 다르다.

158 혹시라도 그것들에게 해체라는 게 일어난다면 : 하지만 우주의 해체 가능성은 앞서 암묵적으로 제거된 바 있다(예컨대 36e2~5).

159 왜냐하면 실로 본이야말로 영원함 전체에 걸쳐 있는 것인 반면, 하늘은 처음부터 끝까지 모든 시간에 걸쳐 있어 왔고, 있으며, 또 있을 것이니까요 : 형상들도 영원하고, 형상들을 모방하여 데미우르고스가 제작한 감각 세계도 영원하지만, 둘의 영원성은 다르다. 형상들은 생성과 소멸은 물론 일체의 운동과 변화도 겪지 않으며 처음과 끝이 모든 면에서 완

결된 것으로서 시간과 상관없이, 즉 무시간적으로 영원히 존재한다. 반면에 우리가 사는 감각 세계는 운동과 변화 속에서, 다시 말해 시간 속에서 영원한 것이다. 시간의 규정에 대해서는 주 153을 보라.

160 시간의 생성과 관련하여 그와 같은 신의 추론과 계획으로부터, 즉 시간이 태어날 수 있도록 : 한 문장 안에서 시간에 관한 언급이 특별한 이유 없이 반복되고 있는 점에 주목하여, 뒤에 나오는 언급(즉 "시간이 태어날 수 있도록")이 후대의 필사자에 의해 가필되었을 것이라고 추측하는 학자도 있다(예컨대 L. Brisson, 2017, 236, n. 19).

161 궤도들 : "일곱 개의 궤도들"은 '페리포라(periphoras)'를 옮긴 것이고, 그 뒤로 이어지는 하나하나의 "궤도"는 그리스어 '퀴클론(kuklon, 기본형은 kuklos)'을 옮긴 것이다. '퀴클로스'는 다른 곳에서 '원'으로 옮기기도 했다. 페리포라가 운동의 진행이라는 측면을 강조한다면, 퀴클로스는 회전 운동이 진행된 궤적을 부각시키는 측면이 강하다. 그래서 몇몇 학자들은 티마이오스가 행성의 궤도들을 띠 모양으로 만들어 놓은 혼천의(渾天儀, 모형 천구)를 염두에 두고서 발언을 하는 중이라고 추측하기도 한다(혼천의에 관해서는 주 134, 182를 보라). 다만 위의 맥락에서 페리포라와 퀴클로스의 의미 차이는 거의 없어 보인다.

162 태양과 헤르메스의 별과 샛별이 서로 따라잡는가 하면, 마찬가지로 서로 따라잡히곤 하는 것은 그로부터 비롯된 것입니다 : 예컨대 해가 뜨기 전에 수성과 금성이 동쪽에 나타나고(즉 수성과 금성이 태양을 앞섬), 해가 진 후에 수성과 금성이 서쪽에 나타나는(즉 수성과 금성이 태양에 따라 잡힘) 현상이 그렇다.

163 반면에 다른 것들의 경우 : 다른 행성들, 즉 화성, 목성, 토성.

164 그것들의 자리를 마련했는지 : "자리를 마련하다"는 그리스어 '히드뤼사토(hidrusato)'를 옮긴 것이다. 원래 이 말은 신을 기리기 위하여 신전이나 신상을 '건립하다', '세우다', '(자리를) 마련하다' 등의 의미로 쓰인다. 티마이오스는 각각의 별들을 궤도에 위치시키는 것을 마치 신들에게 자리를 마련해 주는 식으로 언급하고 있다.

165 혼이 깃든 끈으로 몸이 결속된 생명체 : 행성들을 말한다. 모든 생물은 혼과 몸의 결합이며, 별들 역시 혼과 몸으로 결합된 생명체이다. 인간의 경우 노령이나 질병, 혹은 사고 등으로 인해 혼이 몸에서 풀려나가면 죽음에 이르지만, 별은 혼과 몸의 분리를 겪지 않는다. 따라서 별은 불사이며, 불사라는 점에서 신이다. 달리 말하면, 별들은 데미우르고스에 의해 만들어진 신들이자 우리가 눈으로 볼 수 있는 신들이기도 하다.

166 비스듬한 채로 있으면서 같음의 운동과 교차하면서 그것의 지배를 받는 다름의 운동을 따라 : 같음의 회전과 다름의 회전은 서로 대각선으로 비스듬하게 교차하며, 둘 사이의 지배권은 같음의 회전에게 부여되었다. 이에 대해서는 36c5~d1을 보라.

167 별들은 동시에 서로 반대되는 두 방향으로 진행하는데, 같음의 운동이 그것들의 궤도들을 모두 나선형으로 돌게 함으로써, 가장 빠른 운동인 자신으로부터 가장 느리게 멀어지는 것을 가장 가깝게 보이도록 했기 때문입니다 : 앞서 데미우르고스는 같음의 회전과 다름의 회전을 나누어, 전자는 수평으로 후자는 대각선으로 교차시킨 뒤에 지배권을 같음의 회전에 주어 다름의 궤도를 지배하게 했다(주 135를 보라). 그러고는 다름의 회전을 여섯 등분하여 일곱 개의 궤도를 만들고 그 위에 일곱 개의 행성들을 각자 반대 방향으로 돌게 했다(주 136을 보라). 행성들은 각자 자신의 궤도에 따라 어떤 별은 왼쪽에서 오른쪽으로, 또 어떤 별은 오른쪽에서 왼쪽으로 돈다. 회전 속도 역시 다양해서, 예컨대 태양은 자신의 궤도를 도는 데 일 년이 걸리고 달은 한 달이 걸린다. 하지만 다름의 궤도들은 모두 같음의 회전의 영향을 받는다. 그래서 다름의 궤도는 각자에게 고유한 회전을 하는 동시에, 궤도 전체가 비스듬하게 기운 채 마치 뒤집어지듯이 같음의 궤도를 따라 왼쪽에서 오른쪽으로 회전하게 된다. 다음의 그림을 참고하라.

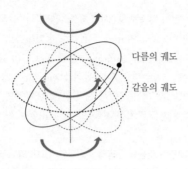

다름의 궤도

같음의 궤도

그림 7. 같음의 영향을 받고 있는 다름의 궤도

태양과 달을 비롯하여 다름의 궤도들 위에 놓인 행성들이 매일 동쪽에서 떠서 서쪽으로 지는 것은 바로 이들 다름의 궤도들이 통째로 같음의 회전을 따라 돌기 때문이다. 그렇다면 지구에서 볼 때 다름의 운동은 어떻게 보일까? 예를 들어 태양은 매일 동쪽에서 뜨지만, 그것이 뜨는 위치는 조금씩 달라진다. 같은 동쪽이어도 어느 계절에는 해가 장독대 위로 뜨지만, 매일 그 위치가 조금씩 오른쪽으로 이동하면서 다른 계절에는 장독대 옆의 소나무 숲 위로 뜬다. 그리고 이러한 이동은 태양이 회귀선에 도달할 때까지 지속된다. 이렇게 뜨는 위치가 달라지는 것은 태양이 다름의 궤도를 따라 서서히 진행하고 있기 때문이다. 즉 태양은 (같음의 영향으로) 매일 동쪽에서 뜨지만, (다름의 궤도를 돌기에) 매일 뜨는 위치가 조금씩 달라지고, 이것이 전체적으로는 나선형을 취하는 것처럼 보인다.

168 자격을 갖춘 모든 생물들 : 천체의 운행을 관찰하면서 같음과 다름의 본성을 이해할 수 있는 능력을 지닌 사람들.

169 완전한 해 : 플라톤에 따르면, 혼의 회전 중에서는 같음의 회전만이 완벽하게 규칙적이며 한결같다. 그렇기 때문에 티마이오스는 오직 이것만이 시간 측정의 궁극적인 표준이라고 본다. 한편 시간이란 운동과 연결된 것이기에, 운동을 겪지 않는 형상들의 영역에는 시간이

존재하지 않는다. 반면에 감각 세계 안에서 각각의 별들은 저마다의 운동에 따라 각기 고유한 시간에 관여한다. 그것들 가운데 우리는 주로 태양과 달의 운동을 기준으로 삼아 시간을 측정하는 것이다. 하지만 다른 별들 역시 고유한 회전 주기를 갖고 있으며, 그것을 측정하면 각각의 별에 고유한 시간을 얻을 수 있다. 이렇듯 우주의 시작과 동시에 운동을 시작한 별들은 궤도의 크기와 빠르기의 차이에 따라 저마다 다양한 시간들을 만들어 낸다. 하지만 그렇게 서로 다른 속도로 궤도를 따라 끊임없이 회전하는 별들은 언젠가(플라톤에 따르면 대략 삼천육백 년 주기로) 최초의 출발 때와 동일하게 모든 별들이 일직선상에 모이게 되는데, 이때를 '완전한 해(teleios eniautos)' 혹은 '대년(大年, great year)'이라고 부른다. 이 시간은 모두에게 공통된 시간이자 다른 모든 시간들을 지배하는 기준이 되며, 다른 모든 별들의 시간들 역시 이때부터 다시 시작된다. 이에 관해서는 『국가』 VIII, 546b3~4를 보라.

170 정점을 돌아 나오는 : 원문은 "eskhen tropas"인데, 이 말은 '정점에 도달하(여 하나의 순환을 마치고 다시 출발한)다'는 뜻이다. '트로파스 (tropas)'의 단수 형태인 '트로페(trope)'는 하지나 동지와 같은 지점(至 點)을 의미한다.

171 본뜨면서 : 여기서 '본을 뜨다'로 옮긴 분사 '아포튀포메노스 (apotupoumenos)'는 일반적으로 연성(軟性) 재료를 가지고 하는 일, 예를 들어 밀랍을 녹여 봉인하는 일 등을 묘사할 때 사용한다. 예컨 대 『테아이테토스』 194b2~6을 보라.

172 그리하여 그는 진정한 생물에 속하는 종들로는 어떤 것들이 얼마나 있는지 를 파악하는 대로 : 여기서 "진정한 생물"은 형상들을 말한다. 감각 세계가 수많은 생명체들을 자기 안에 포함하고 있는 하나의 생물이듯이, 그것의 본이 되는 형상의 영역 또한 수많은 가지적 생물들(형상들)을 담고 있는 생물 그 자체인 것이다.

173 그것들은 네 가지인데, 하나는 하늘에 사는 신들의 부류이고, … 종족이었습

니다. : '부류'와 '종족'은 각각 '게노스(genos)'와 '에이도스(eidos)'를 옮긴 것인데, 플라톤은 이 두 용어를 특별한 의미 차이 없이 번갈아 가며 사용한다. 흥미로운 점은 여기에 언급된 네 부류의 생물들은 감각 세계의 네 가지 요소들을 연상시킨다는 점이다. 즉 신적인 부류 ⇨ 불, 날개 달린 부류 ⇨ 공기, 수중 생물 ⇨ 물, 육상 생물 ⇨ 공기.

174 가장 강력한 자의 지혜 : 같음의 궤도를 가리킨다. 따라서 같음의 궤도에 놓인 신적인 부류란 곧 붙박이별(항성)들이라고 생각해 볼 수 있다 (예컨대 40a7~b6).

175 그것들을 온 하늘에 둥글게 배치하고는 전체에 걸쳐 그것들로 수를 놓음으로써 하늘의 진정한 장식이 되도록 하였습니다 : 『국가』 VIII, 529c7~d5에도 같은 표현이 나온다.

176 같은 것들에 관해 항상 같은 것들을 생각하기 때문이며 : 혼의 운동과 인식의 형성에 대해서는 37b3~c5를 보라.

177 반면에 다섯 운동들과 관련해서는 별들이 운동하지 않고 멈춰 있도록 했으니 : 즉 일곱 개의 운동(전, 후, 좌, 우, 상, 하, 회전 운동) 가운데 별은 오직 회전 운동과 전진 운동만을 수행한다. 일곱 운동에 관해서는 34a2를 보라.

178 별들 중에서도 떠돌지 않고 … 머물러 있는 모든 것들 : 붙박이별을 말한다.

179 앞서 이야기했던 것 : 떠돌이별(행성)들의 탄생에 관한 이야기는 39b2~c5을 보라.

180 우주를 관통하는 축을 중심으로 뭉쳐진 : "뭉쳐진"은 '헤일로메넨(heilomenēn)' (AP)을 옮긴 것이다. 즉 지구는 우주의 중심에 머물면서 움직이지 않는다. 반면에 위의 대목을 '감도는(illomenēn)' (FY 1812)으로 읽는 수도 있는데, 그 경우 지구는 우주의 중심에 머물지만 일종의 자전 운동을 수행한다고 이해할 수 있다. 플라톤의 『파이드로스』 (26e4~247a2)에서 소크라테스는 신들의 혼이 천구의 끝을 향해 비행하는데, 유일하게 화로의 여신인 헤스티아만은 우주의 중심에 머물며 움직이지 않는다고 말한다. 몇몇 학자들은 신들의 비행이 별들의

운행을 상징한다고 보며, 그 가운데 헤스티아는 우주의 중심에 고정되어 있는 지구를 상징한다고 해석한다. 이에 관해서는 장 피에르 베르낭, 2005, 3장(특히 1~2절)을 참고하라.

181 신들 자신의 춤 : 즉 별들의 회전과 주기적인 운행.

182 모형들 : 천체 운동을 살피는 데 쓰는 일종의 모형 천구, 즉 '혼천의'를 뜻하는 것으로 보인다(주 134, 161을 보라).

183 신령들 : 신령들은 '다이모논(daimonōn, 단수는 daimōn)'을 옮긴 것인데, 이어지는 대목에서 티마이오스는 호메로스와 헤시오도스가 전해 준 전통적인 신들의 이름을 열거한다. 티마이오스가 지금까지는 우주 및 하늘의 별들을 모두 '신들(theoi)'이라고 불러 놓고서, 신화에 등장하는 전통 신들에 대해서는 '신령들'이라고 부르는 것은 전통 신화 속의 신들과 이들에 관해 노래하는 시인들을 다소 평가절하하려는 의도가 담겨 있다고 볼 수 있다.

184 가이아와 우라노스의 자식들로 오케아노스와 테튀스가 태어났지요. 또 그들로부터 포르퀴스와 크로노스, 그리고 레아 및 그들 세대의 신들이 태어났고, 이번에는 크로노스와 레아로부터 제우스와 헤라, 그리고 그들의 형제자매들이라고 이야기되는 모든 신들이 태어났으며 아울러 이들의 자식들인 다른 신들도 태어났습니다 : 티마이오스가 전해 주는 신들의 족보는 오늘날까지 우리에게 전해지고 있는 헤시오도스의 『신들의 계보』와 미묘하게 어긋나는 부분이 있다. 헤시오도스에 따르면, 가이아로부터 우라노스(하늘), 우레아(산맥), 폰토스(바다)가 나왔으며, 다시 이 가이아와 우라노스 사이에서 오케아노스와 테튀스, 크로노스와 레아 등의 티탄족들이 태어났고, 이들 중 크로노스와 레아로부터 제우스와 헤라 등 올림포스의 신들이 나왔다고 한다. 『신들의 계보』에서는 오케아노스와 테튀스, 크로노스와 레아가 같은 티탄족으로 형제자매인 반면, 티마이오스의 설명에서는 부모 자식 관계로 되어 있다. 또 헤시오도스는 포르퀴스(바다의 신)를 가이아와 폰토스의 자식으로 묘사하지만, 티마이오스는 포르퀴스가 오케아노스와 테튀스의 자식이

라고 말한다. 재미있는 점은 티마이오스가 말한 포르퀴스의 족보가 오르페우스교의 단편과도 일치한다는 사실이다. 그래서 몇몇 학자들은 티마이오스가 열거한 신들의 족보가 오늘날 소실된 오르페우스교의 내용 가운데 일부일 것이라고 추측하기도 한다. 하지만 확실한 것은 아무것도 없다. 어쩌면 전통 신화에 대해 비판적 태도를 취했던 플라톤이 풍자 등의 목적으로 일부러 신들의 족보를 혼란스럽게 만들었다고 볼 수도 있다.

185 모습을 드러낸 채 돌고 있는 신들뿐만 아니라 원할 때만 모습을 드러내는 신들에 이르기까지 : 눈앞에서 돌고 있는 신들은 언제나 하늘에서 돌고 있는 별(의 신)들을 말하고, 원할 때마다 모습을 드러내는 신들은 인간이나 동물로 둔갑하여 우리 앞에 나타나는 신화 속의 신들을 말한다. 시인들이 들려주는 신들에 관한 플라톤의 평가에 대해서는 예컨대 『국가』 II, 380d1~383c7을 보라.

186 신들에게서 난 신들이여 : 원문은 "theoi theōn"이다. 이 문장의 번역에는 약간의 논란이 있다. 우선 '신들 중의 신들이여'로 읽을 수 있다. 그럴 경우, 데미우르고스는 별들을 '신들 가운데서도(theōn) 으뜸가는 신들(theoi)'로 부른다고 볼 수 있다. 하지만 데미우르고스가 왜 굳이 별들을 그렇게 불렀는지 설명하기 어렵다. 반면에 우리 번역에서는 "신들에게서 난 신들"로 읽었는데, 이때 "신들에게서(theōn)"는 생성의 본이 되는 가지적 형상들을, "신들이여(theoi)"는 데미우르고스가 이 형상들을 보고 만든 별의 신들을 의미한다.

187 나로 인해 생겨난 것들은 적어도 내가 원하지 않는 한 해체되지 않을 것이다 : 생겨난 모든 것은 소멸되기 마련이다. 우주 역시 생겨났기에 소멸을 피할 수 없다. 하지만 제작자인 데미우르고스가 원치 않는 한 우주는 소멸되지 않는다. 이에 관해서는 주 111을 보라.

188 그대들이 생겨날 때 결속에 사용된 저 끈들 : 생명의 끈(혼)과 몸의 결속(탄생)에 대해서는 38e5를, 몸으로부터 혼의 풀려남(죽음)에 대해서는 81d5~7을 보라.

189 죽기 마련인 것들 : '죽기 마련인 것들'은 그리스어 '트네타(thnēta, 단수
는 thnēton)'를 옮긴 것이다. 이 말은 '죽음을 피할 수 없는'이라는 뜻
으로, 불사신에 대비되어 인간을 포함한 모든 유한한 생명체들을 가
리킨다. 여기서 죽기 마련인 것들 세 부류는 날개 달린 것들, 뭍에 사
는 것들, 그리고 물에 사는 것들을 가리킨다. 39e7~40a2를 보라.

190 모든 종류의 생물 : 별들을 제외한 사멸적인 생물들을 말한다.

191 '신적인 것'이라 불리며 그것들 안에서 항상 그대들과 정의를 따르려는 것
들을 다스리는 것 : 인간 혼의 지성적인 부분을 말한다. 우주 혼과 마
찬가지로 인간의 혼은 몸에 심긴 뒤에 몸의 지배자가 된다. 그런데
우주는 자족적이며 불사적이기 때문에 우주 혼은 이데아들을 관조하
면서 그 질서에 따라 우주 전체의 질서와 조화를 유지하는 일에 힘쓸
뿐이다. 이와 같은 우주 혼의 일은 곧 지성의 활동이며, 우주 혼은 곧
지성 혼을 의미한다. 반면에 인간은 죽기 마련일뿐더러 자족적이지
도 못하기에, 태어나서 죽을 때까지 자신의 생명을 유지하기 위한 활
동을 지속적으로 수행해야 한다. 그리고 몸을 건사하고 보살피는 일
역시 몸의 지배자인 혼의 몫이 된다. 그러므로 인간의 혼은 우주 혼
처럼 이데아들을 관조하면서 삶을 통해 그 질서를 모방하려는 지성적
인 활동 외에도, 삶 자체를 유지시키기 위한 활동을 하지 않을 수 없
다. 그 하나는 생식활동이며, 혼의 욕구적인 부분(식욕, 성욕)에 의해
수행된다. 다른 하나는 외부로부터의 위험에 대처하는 활동으로, 이
것은 혼의 기개적인 부분(격정, 분노)에 의해 이루어진다. 이 부분들은
데미우르고스가 아닌 별의 신들에 의해 제작되는데, 티마이오스는
이 부분들을 혼의 '사멸적인 부분'이라고 부른다. 60d7~70a7을 보라.

192 나머지 것에 대해서는 그대들이 불사적인 것에 사멸적인 것을 엮어 생명체
들을 만들고 태어나게 하라. 또 그것들에게 양식을 주어 자라게 하고, 쇠하
거든 다시 거둬들이도록 하라 : 인간 혼의 윤회 신화에 대해서는 『파이
드로스』 246a3~250c6을 보라.

193 희석용기 : 원어는 '크라테르(kratēr)'로 포도주와 물을 혼합하는 용기

를 말한다. 그리스인들은 포도주를 마실 때 그 원액을 물에 희석하여 마셨다. 희석하지 않고 원액 그대로 마시는 사람은 자제력이 없거나 돼먹지 못한 술고래라는 인상을 받곤 하였다. 포도주와 물의 혼합 비율은 술을 마시는 상황에 따라 달랐다고 하는데, 긴 대화를 원할 경우에는 1:3으로, 즐거운 기분을 원할 경우에는 1:2로, (드물긴 하지만) 흥청거리며 왁자지껄한 분위기를 원할 때는 1:1로 혼합했다고 한다. 데미우르고스가 크라테르에다가 혼의 재료들을 넣고 섞었다는 것은 원래 이것이 (포도주와 물의) 적절한 비율에 따른 혼합을 위한 도구라는 사실과 무관하지 않다.

194 앞서 사용한 것들의 나머지 : 우주 혼을 제작하는 데 쓰고 남은 '있음', '같음', '다름'의 혼합. 우주 혼의 재료에 관해서는 35a1~8과 「작품 안내」 7.1절을 보라.

195 혼들을 별들의 수만큼 나누었고, 각각의 혼을 각각의 별에 할당해 주었지요 : 따라서 인간 혼의 수는 별의 수와 같다. 즉 데미우르고스는 별의 수만큼 인간의 혼들을 만든 뒤에, 이것들을 별의 신들에게 맡겨 인간의 몸과 결합하도록 만든 셈이다.

196 운명으로 정해진 법률 : 예컨대 『파이드로스』 248c2 ; 『법률』 X, 904c8~9를 보라.

197 마차에 태우듯이 태워 우주의 본성을 보여 주었고, 그것들에게 운명으로 정해진 법률에 관해 이야기해 주었습니다 : 예컨대 『파이드로스』 246a3~250c6, 특히 248c2~e3을 보라.

198 첫 탄생은 모두에게 한 가지로 정해질 것이요, … '남자'라고 불릴 그 어떤 종이 될 것이라고 말입니다 : 이 설명에 따르면, 첫 탄생에서는 모든 혼이 인간 남성으로 태어난다. 남녀가 나뉘는 것은 그 이후의 탄생부터이다. 출생과 윤회의 규칙에 관해서는 90e1~92c3을 보라.

199 거센 인상들로부터 : 여기서 "인상(印象)"은 그리스어 '파테마(pathēma)'를 옮긴 것이다. 원래 이 단어는 '무엇인가를 겪다'라는 뜻을 지닌 동사 '파스코(paskhō)'에서 비롯된 말로서, 하나의 물체가 작용을 가하

여 다른 물체에 산출한 결과 내지는 효과를 의미한다. 외부의 어떤 대상들이 몸에 부딪혀 와서 그 충격이 혼에 전달되는데, 그렇게 도달한 인상은 혼에 감각작용(aisthēsis)을 촉발시킨다. 또한 그 인상은 혼의 이성적인 부분을 자극함으로써 가지적 형상을 떠올리도록 하는 이른바 상기의 계기를 제공하기도 한다. 예컨대 플라톤, 『필레보스』 33d2~e6을 보자. "그때그때 우리의 몸이 겪은 것들 중 어떤 것들은 혼에까지 이르기 전에 몸에서 소멸하여 혼으로 하여금 느끼지 못하게 하는 데 반해, 다른 것들은 그 둘 다를 통과하여 각각에 고유할 뿐 아니라 그 둘에 공통되기도 한 진동과 같은 어떤 것을 일으킨다고 생각하네." 하지만 플라톤이 파테마를 언급하는 맥락은 생각보다 훨씬 복잡하며 그 의미도 조금씩 달라지는데, 우리 대화편에서 이 말은 크게 세 가지 의미로 사용되고 있다. 첫째, 파테마는 몸이 외부의 사물과 부딪히면서 충격을 받을 때, 몸이 '겪는 상태'나 몸이 받은 '영향' 혹은 '효과'를 뜻한다. 몸이 받은 충격은 혼까지 전달되어 다양한 감각들을 촉발시키는데, 이때 파테마는 혼이 갖게 되는 '인상'이나 '느낌'을 의미한다. 마지막으로, 드물긴 하지만, 파테마는 몸이 사물과 부딪히면서 얻게 되는 인상의 내용, 즉 사물의 성질을 가리키기도 한다.

200 쾌락과 고통 : '즐거움과 괴로움'으로 옮길 수도 있다. 신체적인 쾌락과 고통은 서로 대립되면서도 분리될 수 없는 인상이다(예컨대 『파이돈』 60b1~c7을 보라). 즐거움과 괴로움의 본성에 대해서는 우리 대화편 64a2~65a1을 보라.

201 애욕 : "애욕"은 그리스어 '에로스(erōs)'를 옮긴 것이다. 이 단어는 성적인 결합의 욕구, 욕구의 주체(사랑하는 자, erōn)와 대상(사랑받는 자, erōmenos), 주체의 능동적 행위(eran)와 수동적 행위(erasthai)를 모두 포괄하며, 그리스 신화에서는 사랑을 주관하는 인격신(Erōs)으로 등장한다. 비슷한 말로는 '성애'로 옮길 수도 있다. 우리 번역에서는 맥락에 따라 '애욕' 또는 '성애'로 옮겼다.

202 이것들을 따르는 모든 것들 및 본성상 그 반대편에 서 있는 모든 것들 :

다양한 감정들(pathē, 단수는 pathos)을 말한다(감정의 몇몇 사례들에 관해서는 69c8~d4를 보라). 플라톤이 감정에 대해 따로 정의를 내린 적은 없다. 다만 아리스토텔레스의 정의를 참고할 수 있는데, 그에 따르면, "감정이란 사람들이 자신의 판단에 대하여 의견을 바꾸게 하는 것들로서 여기에는 괴로움이나 즐거움이 수반되는데, 이를테면 분노, 연민, 공포와 같은 것들, 그리고 그와 반대되는 것들이 이에 해당된다"(『수사학』 II, 1, 1378a19~22). 또한 "감정이란 욕구, 분노, 공포, 자신감, 질투심, 기쁨, 친애, 미움, 갈망, 부러움으로서, 일반적으로 즐거움이나 괴로움이 수반되는 것을 말한다"(『니코마코스 윤리학』 II, 5, 1105b21~23).

203 정해진 시간 동안 삶을 잘 영위한 사람은 다시 고향 별의 거처로 돌아가서 : 41d8~e1 및 주 195를 보라.

204 그것에 실패한 자는 … 그 타락의 방식과 비슷하게, 그와 같은 어떤 짐승의 본성으로 바뀌게 될 것이요 : 인간의 타락과 동물로의 재탄생에 대해서는 90e1~92c3을 보라. 그리고 『파이돈』 81e5~82b4도 참고하라.

205 신은 그들 각자가 저지를 악에 대해 책임을 지지 않기 위하여, 이 모든 것들을 그들에게 고지해 주고는 : 개별 혼들이 세상에 내려간 뒤에 잘못을 범하게 되면, 그들에 대한 비난의 일부가 제작자인 데미우르고스에게 돌아갈 수 있다. 이를 면하기 위하여 데미우르고스는 혼들을 별의 신들에게 넘겨주기 전에 운명의 법칙들을 미리 알려 주는, 이른바 고지의 의무를 다함으로써, 향후 있게 될 그들의 타락에 대한 책임을 피하려는 것이다.

206 여전히 인간의 혼에 추가적으로 생겨날 필요가 있는 모든 것들 : 인간 혼의 사멸적인 부분들, 즉 기개와 욕구를 말한다. 이 부분들은 데미우르고스가 만들지 않고 별의 신들이 만든 것이다. 41c7~8과 주 191을 보라.

207 그것이 자기 스스로 악의 원인이 되지 않도록 말입니다 : 그리스어의 "hoti mē" 구문을 목적(~하지 않도록)으로 읽었다. 하지만 이 구문을

조건(~제외하고)으로 읽을 수도 있다. 그 경우 '피조물 자신이 스스로 악의 원인이 되는 경우를 제외하고'로 옮길 수 있다. 즉 데미우르고스는 별의 신들에게 피조물들을 가능한 한 가장 아름답고 훌륭하게 조종하는 일을 맡겼다고 볼 수 있다. 어느 쪽으로 읽든지, 제작자는 자신의 피조물이 저지를지도 모르는 악행에 대해 책임을 지지 않게 되는 셈이다. 예컨대 『국가』 X, 617d6~e5를 보라.

208 **신은 실로 이 모든 것들을 지정해 주고는 자기에게 고유한 일상의 거처에 머물게 되었습니다** : 이 대목의 의미가 분명하지 않다. 데미우르고스가 "자기에게 고유한 일상의 거처에 머물렀다(emenen en tōi heautou kata tropon ēthei)"라고 말할 때, 이것은 마치 '현역에서 은퇴하여 고향으로 돌아갔다'는 언급처럼 보인다. 그러나 그 거처가 어딘지 특정할 수 없으며, 무엇보다도 우주의 안(감각 세계)이나 밖(형상들의 영역)에 그런 거처가 있는지를 확인할 길이 없다. 또한 일상의 거처에 머물렀다는 말이 완전한 은퇴를 의미하는지 어떤지도 알 수 없다. 이 대목을 글자 그대로 해석할 경우, 데미우르고스는 우주 제작에서 완전히 손을 떼고 그의 일은 별의 신들에게 계승되었다고 봐야 한다. 반면에 이 대목을 비유적으로 해석할 경우, 데미우르고스는 여전히 활동을 한다고 봐야 한다. 즉 '머물렀다'로 번역되는 동사 '에메넨(emenen, 기본형은 menō)'은 단순히 정지나 활동 중단을 의미한다기보다는, 여전히 자신의 본성 안에 머물면서(즉 본성을 유지하는 가운데) 자기 고유의 활동을 수행한다고 볼 수 있다.

209 **자식들은 아버지의 지시를 명심하고는 그것을 따르게 되지요** : "자식들"은 데미우르고스가 만든 별의 신들을 가리킨다. 이제는 별의 신들이 데미우르고스의 역할을 대신하게 되는데, 이들이 제작하는 것들은 인간의 신체 기관과 인간 혼의 사멸적인 부분, 그리고 식물이다.

210 **불사의 원리** : 데미우르고스가 제작한 인간 혼을 말한다. 인간은 죽기마련인 생물이지만, 인간의 혼은 (엄밀히 말해 혼의 지성적인 부분은) 데미우르고스가 직접 만들었기에 제작자가 원치 않는 한 해체되지 않는

다. 또한 그렇게 '불사'라는 의미에서 인간 혼의 지성적 부분은 신 내지는 신적인 것이라 할 수 있다.

211 이 세계로부터 불과 흙과 물과 공기의 부분들을 다시 돌려줄 것들로서 빌리고는 : '다시 돌려준다'는 말은 인간이 죽은 뒤에 몸이 해체되어 다시 자연의 요소들로 환원된다는 의미로 이해할 수 있다. 자연철학자인 아낙시만드로스는 사물의 생성과 소멸을 자연에서 일어나는 부정의와 그것에 대한 응보(즉 정의의 실현) 과정이라고 보았다. 예컨대, 심플리키오스, 『아리스토텔레스의 「자연학」 주석』 24, 13 [= DK 12A9, B1 = 『선집』 135쪽]을 보자. "그것[근원]은 물도 아니고, 원소라고 불리는 것들 가운데 다른 어떤 것도 아니며, 다른 무한정한 어떤 본연의 것으로서, 그것에서 모든 하늘들과 그것들 속의 세계들이 생겨난다. 그리고 그것들로부터 있는 것들의 생성이 있게 되고, [다시] 이것들로 [있는 것들의] 소멸도 필연에 따라 있게 된다. 왜냐하면 그것들은 부정의에 대한 배상과 보상을 시간의 질서에 따라 서로에게 지불하기 때문이다."

212 질서와 이성을 결여한 채 그저 임의로 진행하며 : 인간 혼이 몸안에 막 들어왔을 때, 달리 말하면 아기가 갓 태어났을 때의 상태를 의미한다. 그런데 이 상태는 데미우르고스가 우주 제작에 착수하기 이전의 무질서한 혼돈 상태를 연상시킨다(30a2~6을 보라).

213 모두 여섯 개의 운동을 갖지요 : 천구는 같음의 궤도를 따라 오직 회전 운동만을 한다(34a3~5). 천구 안의 행성들은 회전 운동과 전진 운동만을 한다(40a7~b4). 하지만 인간을 비롯한 다른 동물들은 회전 운동을 제외하고 나머지 여섯 운동(전, 후, 좌, 우, 상, 하)을 하며 살아가게 된다.

214 각각의 생물을 향해 부딪혀오는 것들에 대한 인상들 : "인상들"은 그리스어 '파테마타(pathēmata, 단수는 pathēma)'를 옮긴 것이다. 일차적으로 파테마는 무엇인가와 접촉하면서 받은 효과와 인상을 의미하지만(주 199를 보라), 경우에 따라서는 접촉하는 대상에 내재한 성질을 가

리키기도 한다. 여기서는 외부 사물과의 접촉을 통해 인식 주체가 겪게 되는 인상의 내용, 즉 사물에 내재한 성질을 의미한다(예컨대 61c5를 보라).

215 실로 그런 이유로 해서, 그때 이후로 모두 '감각들'이라 불리게 된 것들이 지금도 여전히 그렇게 불리고 있는 것입니다 : "감각들"은 그리스어 '아이스테세이스(aisthēseis, 단수는 aisthēsis)'를 옮긴 것이다. "그때 이후로" 감각들이라 불리게 되었다는 것은 언제를 말하는 것일까? 아마도 누군가가 감각들에 대해 처음으로 '아이스테시스'라는 이름을 명명했을 때를 의미하는 것 같다. 신플라톤주의자인 프로클로스는 이 표현이 일종의 『크라튈로스』식 어원 분석을 통한 이름 짓기를 암시한다고 지적한다. 플라톤은 『크라튈로스』에서 이름의 기원과 본성을 탐구하면서 그리스어 단어들을 그 어원들에 따라 다양하게 분석하는데, 위의 대목 역시 '아이스테시스'라는 이름의 기원을 그 어원 분석을 통해 설명했다는 것이다. 프로클로스, 『플라톤의 「티마이오스」주석』 III 332, 5~8을 보자. "그런데, '감각(aisthēsis)'이라는 단어는 '쏘다(aissein)'와 '놓음(thesis)'에서 비롯되었을 것이다. 감각되는 것들은 외부로부터 '움직여'지고, 감각 기관들 '안에 자리하니' 말이다."

216 끊임없이 흐름이 지나는 관(管) : 피를 통해 몸안에 영양을 공급해 주는 혈관을 말한다.

217 각각 셋씩인 두 배와 세 배 간격들, 그리고 3/2, 4/3, 9/8의 중항들 및 연결항들 : 혼의 제작 과정에 대해서는 35b4~36b6을 보라. 인간의 혼은 우주 혼과 그 구조에 있어서는 같으나, 순수성에 있어서는 우주 혼보다 떨어진다(41d5~7을 보라).

218 이것들은 묶어 놓은 자에 의해서가 아니고는 절대로 풀리지 않기에 : 즉 제작자가 원치 않는 한 해체되지 않는다는 뜻이다. 주 111, 187을 보라.

219 이를테면 … 나타나는 것처럼 말입니다 : 하지만 물구나무선 사람과 보는 사람들이 서로 마주해 있다면, 상대방의 왼쪽과 오른쪽은 동일하게 나타날 것이다. 서로의 왼쪽과 오른쪽이 반대로 나타나기 위해서

는 오히려 서로 똑바로 서서 마주 보아야 한다. 따라서 위의 문장에서 왼편이 오른편으로, 오른편이 왼편으로 나타나기 위해서는, 물구나무선 사람과 보는 사람들이 서로 마주 보는 것이 아니라, 같은 위치에 서서 같은 방향을 본다고 이해해야 한다.

220 이것이 무엇과 같은 것이고 또 무엇과 다른지, 참과는 반대로 부름으로써 거짓과 어리석음이 생겨나며 : 플라톤의 『소피스트』(262e5~264b8)에 따르면, 참은 담론이 그 대상인 존재와 일치할 때, 거짓은 담론이 존재와 일치하지 않을 때 발생한다. 또한 거짓은 두 개의 대상이 같다고 말하지만 실제로는 그 둘이 서로 다를 때 발생한다.

221 혼이 담긴 용기(容器) 전체 : 원문은 "to tēs psukhēs hapan kutos"이며 직역하면 '혼이 들어 있는 빈 곳 전체' 정도가 될 것이다. "용기"라고 옮긴 그리스어 '퀴토스(kutos)'는 원래 속이 비어 있거나 움푹 들어간 것(예컨대 화병)을 뜻한다. 신플라톤주의자인 프로클로스는 혼을 담은 것은 그 전체가 곧 혼을 의미한다고 보았다. 반면에 현대의 주석가들은 퀴토스를 물리적인 것으로 보아 혼이 담긴 몸의 빈 부분을 뜻한다고 보았다. 우리 대화편에서 이 용어는 위의 대목 외에도 혼의 이성적 부분이 위치하는 머리(두개골, 45a6~7) 및 비이성적 부분의 자리인 흉강과 복강, 좀 더 정확하게는 머리와 배꼽 사이(67a4, 69e6 등)를 언급할 때 사용되고 있다.

222 혼이 사멸적인 몸안에 묶일 때마다, 처음에 그것은 지성이 없는 상태가 됩니다 : 인간은 태어날 때마다 지성이 결여된 채(엄밀히 말하면 지성이 마비된 채) 세상에 나온다. 갓난아기를 보라! 우주 혼은 몸에 심김과 동시에 지적인 활동을 시작하는 반면(36e2~5), 인간의 혼은 처음에는 마비된 상태로 몸에 심기며, 교육을 통해서 점차적으로 지성을 활성화시킨다고 할 수 있다(90d1~7).

223 누군가에게 바른 양육이 교육을 보조한다면 : 바른 양육과 교육을 통한 혼의 보살핌에 대해서는 87a7~b9를 보라.

224 가장 큰 질병 : 여기서 "가장 큰 질병"이란 '무지'를 말한다. 플라톤은

기본적으로 모든 악이 무지에서 비롯되며, 그런 점에서 악은 일종의 질병이라고 생각한다(86d1~2를 보라). 이러한 생각은 '덕이 곧 앎'이라는 윤리적 주지주의와 이어진다(30a6~7 및 주 95를 보라).

225 반면에 이를 등한시한다면, 그는 일생 불구인 삶을 살고는, 불완전하고 어리석은 채 다시 하데스로 가게 됩니다 : 여기서 주의해야 할 것은 누군가가 '어리석기 때문에' 하데스로 간다는 것이 아니라, 어리석은 자는 '어리석은 채로' 하데스에 간다는 점이다. 지혜로운 사람이나 어리석은 사람이나 죽으면 모두 그 혼들은 하데스로 간다. 다만 어리석은 채로 하데스에 간 혼은 더 길고 더 고통스러운 형벌을 받게 될 것이다.

226 신들의 어떤 구상으로 해서 : "구상"은 그리스어 '프로노이아(pronoia)'를 옮긴 것이다. 프로노이아의 철학사적 의미에 관해서는 주 97을 보라. 또한 이 대목은 인간의 혼과 몸의 기능에 대한 목적론적인 관점을 보여 준다. 이 외에도, 천체를 구성하는 4원소에 대한 목적론적 설명에 대해서는 주 105를, 그리고 신체 기관에 대한 목적론적 설명에 대해서는 주 493을 보라.

227 실로 신적인 두 개의 회전 : 인간의 혼을 말한다. 우주 혼을 모방하여 같음의 회전과 다름의 회전으로 이루어져 있다.

228 그것은 오늘날 우리가 '머리'라고 부르는 것으로서 가장 신적일 뿐만 아니라 우리 안에 있는 모든 것들의 주인 노릇을 하는 것이지요 : 인간 혼이 우주 혼의 축소판이듯이, 인간의 머리는 천체의 축소판이다. 천체가 구형을 띠기 때문에, 머리 역시 구형으로 되어 있다. 또한 우주 혼이 천체의 주인이듯이, 인간 혼은 몸에 대하여 주인 노릇을 하게 된다(34c5를 보라).

229 신들은 탈것이자 용이한 이동 수단으로서 머리에 몸을 제공했던 것이지요 : 천체가 손이나 발 같은 기관 없이 완전한 구로서 자전을 하고 별들 역시 회전 운동을 하는 것과 달리, 인간은 몸을 이용하여 전후, 좌우, 상하의 여섯 방향으로 움직이게 된다(주 213을 보라).

230 신 : 지금까지 계속 "데미우르고스의 자식들" 내지는 "별의 신들"처럼

신들이 복수로 언급된 것과 달리, 여기서는 신이 단수로 언급되고 있다. 아마도 별의 신들 가운데 하나이거나, 아니면 별의 신들을 대표 단수로서 언급한 것이라고 볼 수 있겠다.

231 우리의 가장 신적이며 가장 신성한 것 : 물론 혼의 지성적인 부분을 가리킨다.

232 신들은 태울 수 있는 성질이 아니라 순한 빛을 산출하는 성질을 지닌 모든 불로 매일의 낮에 고유한 물질이 생기도록 고안했습니다 : 우리에게 낮 혹은 날(日, hēmera)은 시간적인 개념이지만, 티마이오스가 보기에 낮과 날은 그 자체로 물질적인 것이다. 이때 낮을 구성하는 요소는 불인데, 사물을 태우는 강한 불이 아니라 빛을 발산하여 시각을 가능케 해 주는 순한 불이다. 반면에 해가 지면 이 순한 불 역시 물러나고, 그렇게 해서 낮이 사라지고 밤이 오게 된다. 번역에는 나타나지 않지만 "순한(hēmeron) 빛"과 "매일의 낮(hēmera)" 사이에는 발음의 유사성을 통한 언어유희가 있다.

233 이는 눈 전체를, 또 무엇보다도 그 중심을 : 눈 전체는 안구를, 그 중심은 눈동자를 의미한다.

234 그 중심을 매끄럽고 촘촘하게 압착하여 : "압착하여"는 그리스어 '쉼필레산테스(sumpilēsantes, 기본형은 sumpileō)'를 옮긴 것이다. 이 동사는 한국어로 '압착하다', '무두질하다', 또는 '축융(縮絨)하다' 정도로 옮길 수 있겠는데, 이것들은 각각 포도주 제조를 위해 포도를 눌러 으깨거나(압착), 가죽을 두드려서 매끄럽게 만드는 일(무두질), 또는 양모를 서로 겹친 뒤에 두드리거나 약품 등을 뿌려 조밀하게 만드는 일(축융)을 뜻한다. 이 말은 직조술(織造術, sumplokē)'과 관련하여『정치가』(281a5)에도 한 차례 등장한다.

235 더 거친 불들은 모두 막아 내고, 그와 같이 그 자체로 순수한 불만을 통과시키도록 만듦으로써 : 빛의 유출과 유입을 통해서 시각을 설명하는 것은 자연철학자인 엠페도클레스에게서 영감을 얻은 것으로 보인다(예컨대 DK 31B84 =『선집』411~412쪽). 시각에 관한 플라톤의 설명으로

는 『메논』 76c7~d7을 보라.

236 닮은 것이 닮은 것을 향해 흘러나오고 결합이 이루어짐으로써 : 닮은 것은 닮은 것과 친구라는 생각에 기반한 주장이다.

237 그래서 낮의 빛이 시각의 흐름 주위에 올 때마다 … 우리가 '본다'라고 말하는 것입니다 : 시각이 발생하는 과정은 대체로 다음과 같다. 눈에서 나가는 순수한 불과 낮의 순한 불이 만나 비슷한 것들끼리 서로 이어져 일직선의 흐름을 이루게 되고, 이 흐름이 무엇인가와 접촉하여 그 충격을 눈을 통해 혼까지 전달할 때, 그것을 '시각'이라고 부르는 것이다.

238 사실 내부의 불과 외부의 불 각각이 서로 관계를 맺는데, 그것들이 매끄러운 것 주변에서 여러 차례 변형되다가도 매번 다시 하나가 되면, 그런 모든 것들은 필연적으로 반사되어 나타나는 것이지요. 매끄럽고 빛나는 표면의 주변에서 얼굴 주변의 불이 눈 주변의 불과 결합하니까요 : 티마이오스에 따르면, 눈에서 나오는 광선(내부의 불)과 사물에서 나오는 광선(외부의 불)이 서로 만나 일직선을 이룰 때 시각이 형성된다. 그런데 이번에는 눈에서 나오는 불의 흐름과 사물에서 나오는 불의 흐름이 거울 표면(매끄러운 것 주변)과 부딪칠 경우, 그곳에서 두 개의 흐름이 이리저리 이어지다가 결국에는 하나로 일치를 볼 때, 우리는 거울 표면을 매개로 해서(즉 반사를 통해) 사물에 대한 시각을 얻게 되는 것이다.

239 하지만 왼쪽 것들은 오른쪽 것들로 보이게 되는데, … 전체가 뒤집혀 보이게끔 합니다 : 예를 들어 보자. 일반적으로 앞에 마주 서 있는 사람을 볼 경우, 상대방의 왼편은 오른편으로, 오른편은 왼편으로 보인다. 하지만 우리 대화편에서 말하고 있는 것은 거울에 비친 사람을 볼 때이다. 이때 거울이 평면일 경우(46b4~6), 상대방의 왼편은 거울 속에서도 왼편으로 나타나고, 상대방의 오른편은 거울 속에서도 오른편으로 나타난다. 반면에 거울의 양 끝이 돌출한 오목거울일 경우(46b6~c3), 상대방의 왼편은 거울의 왼편에 부딪혔다가 오른편으로 반사되고, 상대방의 오른편은 거울의 오른편에 부딪혔다가 왼편으로 반사됨으로써, 반사된 상의 좌우는 실제로 마주한 사람의 좌우와 동

일하게 나타난다. 아래의 그림을 참고하라.

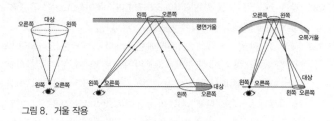

그림 8. 거울 작용

240 그런데 이 모든 것들은 보조원인에 속하는 것들로서 : 지금까지 논의된
시각 메커니즘을 말한다. 눈의 구조라든가 눈에서 흘러나오는 불의 운
동은 어떻게 시각이 기능하는지는 설명하지만, 무엇을 위해 인간에게
시각이 주어졌는지, 다시 말해 왜 인간이 시각을 갖는지에 대해서는
아무런 설명도 해 줄 수 없다. 그런 점에서 시각 메커니즘은 시각을 발
생시키는 참된 원인이 아니라 보조적인 원인에 머문다. 플라톤이 보기
에 시각이 인간에게 부여된 이유와 목적을 설명해 줄 수 있는 참된 원
인은 오직 지성뿐이다. 하지만 이러한 언급을 통해서 티마이오스의 우
주론은 데미우르고스의 지성적 활동을 통해 만들어진 것으로부터, 자
연을 구성하는 물질들의 구조와 특성, 그리고 데미우르고스가 어떻게
이것들을 사용하는지에 대한 설명으로 이행하게 된다.

241 있는 것들 가운데 지성을 갖기에 적절한 유일한 것을 들자면, 우리는 혼이
라고 말해야 할 테니까요 : 지성과 혼의 관계에 대해서는 30b3 및 주
96을 보라.

242 타자에 의해 움직이면서 필연에 의해 타자를 움직일 수밖에 없는 것들에 속
하는 원인들은 둘째가는 것들로서 추구해야 하는 것입니다 : 스스로 움직
이며 자기가 운동의 원천이 되는 것은 혼이다. 이에 대해서는 『파이드
로스』 245c5~246a2를 보라. 또한 『티마이오스』에 나타난 혼과 운동의
관계에 관해서는 「작품 안내」 6.3.3절을 참고하라.

243 두 종류의 원인들에 대해 모두 말하되, 지성을 겸비하고 아름답고 좋은 것

들을 제작하는 원인들과, 지혜가 결여된 채 매번 무질서하고 우연적인 결과를 산출하는 원인들을 구별해야 하는 것입니다 : 하지만 이 문장은 뒤집어서 볼 필요도 있다. 즉 우리는 지성적인 원인과 지성이 결여된 기계적 원인을 구별해야 하지만, 우주를 제작하는 데는 이 둘이 모두 사용되고 있음을 잊어서는 안 된다. "두 종류의 원인에 대해 모두 말하는" 것은 바로 그런 이유 때문이다.

244 철학에 속하는 것 : 원문은 "to genos philosophias"인데, 직역하면 '철학의 종류' 정도가 될 것이다. 하지만 아직 철학의 분과가 생겨나기 이전이니 '철학의 종류'라고 보기는 어렵고, '철학적 실천'이나 '철학 일반' 혹은 그냥 '철학'으로 읽어도 무방하다.

245 다른 덜한 것들에 대해서는 철학을 하지 않는 사람들이 눈이 먼 채로 애통해하며 덧없이 탄식할 뿐이거늘, 무엇 때문에 우리가 그런 것들을 칭송하겠습니까? : 에우리피데스의 비극 한 대목을 패러디한 것처럼 보인다. 『포이니케 여인들』1758~1763을 보자. "이름난 조국의 시민들이여, 나 오이디푸스를 보시오. / 나는 저 유명한 수수께끼를 풀고는 가장 위대한 인간이 되었고, / 피에 굶주린 스핑크스의 힘을 혼자 제압했건만, / 지금은 아무 명예도 없이 비참하게 나라에서 쫓겨나고 있소이다. / 하지만 무엇 때문에 이를 애통해하며 덧없는 탄식을 한단 말이오? / 인간이면 누구나 신들의 엄혹한 뜻을 참고 견뎌야 하거늘!"

246 그러니까 신이 우리에게 시각을 마련하고 선물해 준 것은 … 방황이라고는 일절 없는 신의 회전들을 모방함으로써 우리 안의 방황하는 회전들을 바로 세울 수 있도록 하기 위한 것입니다 : 좋은 삶의 출발점은 가시적인 것들 가운데 가장 규칙적인 것, 즉 천체 운동의 관조에서 시작된다고도 볼 수 있다.

247 그리고 장단도 마찬가지예요 : 플라톤은 『국가』에서 가락(melos)을 구성하는 세 가지 요소로 가사(logos), 화음(harmonia), 그리고 장단(rhuthmos)을 들고 있다. 『국가』 III, 398c11~d10을 보라.

248 원군(援軍) : 원어는 '에피쿠로스(epikouros)'이다. 이 단어는 대화의 도

입부(18b3)에서는 수호자 계급들을 지칭하는 말로 사용되며, 거기서는 "수비대"로 옮겼다. 주 13을 참조하라. 하지만 이 대목에서는 바로 위에 언급된 "연합군(summakhos)"에 호응하는 말처럼 보인다.

249 **자, 그렇다면 지나온 논의들은 약간을 제외하고는 지성에 의해 제작된 것들로서 제시되었습니다** : 티마이오스는 여기서 처음으로 데미우르고스의 노동을 지성의 활동으로 규정하고 있다. 따라서 데미우르고스는 일종의 지성인 셈이다. 다만 그 지성이 독립된 실재인지, 우주 혼의 지성적인 부분인지, 아니면 지성적인 신인지, 혹은 지성과 지혜의 원인이 되는 이데아를 의미하는지에 대해서는 학자들마다 입장을 달리 한다. 이에 대해서는 「작품 안내」 6.2.2를 참고하라. 지금까지 논의에서, 지성에 의해 만들어진 것은 우주 혼과 우주의 몸, 별들, 그리고 인간의 혼과 몸이다. 다만 인간의 몸은 데미우르고스가 직접 만든 게 아니라 그의 명령을 받은 별의 신들이 만들었으니, 지성들에 의해 만들어졌다고 볼 수 있다. 반면에 인간의 혼과 몸이 처음 결합할 때 생겨나는 다양한 감각들(43a6~44b1)이라든가 시각의 메커니즘(45b2~46c6)은 지성의 산물이 아니다. 티마이오스가 "약간을 제외하고"라고 말한 것은 바로 이것들을 가리킨다.

250 **하지만 필연으로 인해 생겨난 것들 역시 우리의 설명에 추가되어야 합니다** : 티마이오스는 생성의 원인으로 지성 이외에 필연을 거론하고 있다. 여기서 필연은 앞에서 언급했던 시각 메커니즘 등과 같은 생성의 보조원인을 가리킨다(주 240을 보라). 이 보조원인은 아마도 자연의 요소들에 고유하게 들어 있는 성질과 성능을 의미할 것이다. 이것들은 지성이 결여되어 있기에 무질서하고 맹목적이며 임의적인 결과를 산출하는 것이다. 그런데 티마이오스는 이렇게 무질서하고 맹목적이며 임의적인 원인을 '필연'이라고 부르고 있다. 이것은 우리가 일반적으로 필연을 이해하는 방식과는 다른 것처럼 보인다. 왜냐하면 필연은 우연에 반대되는 말로서, 논리적으로나 자연적으로나 원인과 결과가 확실하게 이어져 있음을 의미하기 때문이다. 예컨대 우리는 '참인 전

제들로부터 참인 결론이 필연적으로 도출된다'고 말하는가 하면, '이러이러한 원인으로부터 이러이러한 결과가 필연적으로 발생한다'고 말하기 때문이다. 하지만 필연에 대한 이러한 이해 방식 안에는 우연성이라고는 조금도 들어설 여지가 없다. 반면에 티마이오스는 필연이 무질서하고 맹목적이며 임의적인 것이라고 생각한다. 심지어 조금 아래에서 그는 필연을 "방황하는 원인"이라고 부르기까지 한다(48a6~7). 이렇게 볼 때, 티마이오스가 말하는 필연에 대해서는 논리적 필연성이나 자연 세계의 인과적 필연성과는 다른 관점의 접근과 이해가 필요하다. 이에 관한 자세한 논의는 이 책의 「작품 안내」 6.3절을 참고하라.

251 그런데 지성은 생겨나는 것들 가운데 대부분을 가장 훌륭한 것으로 이끌도록 필연을 설득하여 지배하였으니, … 필연이 지혜로운 설득에 굴복함으로써 그렇게 처음부터 이 우주가 구성되었던 것입니다 : 티마이오스는 지성과 필연의 관계를 "설득"이라는 정치적인 표현을 사용하여 묘사하고 있다. 고등종교의 신과 달리 지성(데미우르고스)은 전능하지 않다. 그렇기 때문에 필연을 모두 지배하는 것이 아니라 대부분(ta pleista) 지배하며, 그것도 강제가 아닌 설득을 통해서만(hupo peithous) 지배할 수 있다.

252 방황하는 원인의 종류 : 필연을 가리킨다. '필연이 방황한다'는 말의 의미에 대해서는 위의 주 250과 「작품 안내」 6.3절을 참고하라.

253 자, 그렇다면 다시 되돌아가야 합니다. … 이번에도 그렇게 그것들에 관해 처음부터 다시 시작해야 합니다 : 제2부의 시작이다. 여기서는 필연으로부터 생겨난 것, 즉 지성이 개입하기 이전의 자연 상태와 그 요소들의 형태와 특징, 성능 등이 주요하게 다뤄진다. 위 문장에서처럼 '다시 처음의 출발점으로 돌아가서 논의를 새롭게 시작하자'라는 식의 표현은 이후 69a6~b2에서 한 번 더 나타나는데, 그곳은 제3부의 출발점이다. 제3부에서는 지성과 필연의 협동을 통해 만들어진 것, 즉 인간의 신체에 관한 설명이 이루어진다.

254 하늘의 생성 이전에 불과 물과 공기와 흙의 본성이 그 자체로 어땠는지, 또 그것들은 어떤 상태를 겪었는지를 살펴봐야 합니다 : 글자 그대로 해석을 하자면, 우주의 질서(kosmos)가 갖추어지기 이전 상태를 말한다. 주의해야 할 것은 "하늘의 생성 이전"에서 "이전"은 존재론적 우선성을 의미하지 시간적 우선성을 의미하지는 않는다는 점이다. 왜냐하면 시간은 별들(즉 시간의 도구들, 41e5, 42d5)의 제작과 함께 생겨났기 때문이다.

255 사실 지금껏 누구도 그것들의 생성을 밝혀낸 적이 없지만 : 하지만 질료적인 요소들에 대한 탐구를 통해 세계의 시원을 추구했던 것은 소크라테스 이전 자연철학자들의 전통에 속한다. 예컨대 아리스토텔레스, 『형이상학』 A, 3, 983b6~18은 다음과 같다. "대다수의 최초의 철학자들은 질료적 원리들이 모든 것의 유일한 원리라고 생각했다. 실로 존재하는 것이 그것으로부터 이루어지며, 그것에서 최초로 생겨났다가 소멸되어, 마침내 그것으로 [되돌아가는데], 그것의 상태는 변하지만 실체는 영속하므로, 그들은 그것을 원소이자 원리라고 주장했던 것이다. 그렇기 때문에 그들은 어떠한 것도 생겨나지도 소멸되지도 않는다고 믿었다. 이런 본성은 언제나 보존된다고 생각하기 때문이다." 플라톤 역시 이러한 전통을 모르지 않았을 터임에도 불구하고, 굳이 티마이오스의 입을 통해 "지금껏 누구도 그것들의 생성을 밝혀 낸 적이 없다"고 단언했다는 것은 이제부터 전개할 자신의 설명이 기존의 철학자들에게서는 찾아볼 수 없는 독창적인 것임을 암시한다. 실제로 그는 자연 세계 전체의 구조를 물질적인 원소들이 아닌, 기하학적인 도형들을 가지고서 설명하게 된다(53c4~57d6을 보라).

256 우주를 구성하는 자모(字母)들 : "자모"는 그리스어 '스토이케이아(stoicheia)'를 옮긴 것이다. 이 말은 기본적으로 문자의 구성 단위를 뜻하지만, 여기서는 자연 세계를 구성하는 요소 내지는 원소를 뜻하기도 한다. 예컨대 『테아이테토스』 201e1~2은 다음과 같다. "일차적인 것들, 말하자면 그것들로부터 우리나 다른 모든 것들이 합성되는

요소들(stoicheia)."

257 하지만 그것들을 마치 음절의 종류에 속하는 것들인 양 비교하는 것은 …
오직 분별력이 달리는 사람이나 그럼직한 것으로 비교할 것입니다 : 아마
도 레우키포스와 데모크리토스에 대한 암시인 것처럼 보인다. 이들
은 자연의 원소들을 단어를 구성하는 자모들에 빗대어 설명한다. 예
컨대 아리스토텔레스, 『형이상학』A, 4, 985b5는 다음과 같다. "레
우키포스와 그의 동료 데모크리토스는 꽉 찬 것과 허공을 원소들
(stoicheia)이라고 말하며, 전자를 있는 것, 후자를 있지 않은 것이라
고 부른다." (DK67A6 = 『선집』 545쪽)

258 그럼직한 설명이 지닌 특성을 일관되게 지켜가면서, 그 어떤 것 못지않
게, 아니 오히려 더 그럼직한 방식으로, … 설명할 수 있도록 노력할 것입
니다 : 자연 과학에 대한 플라톤의 태도를 엿볼 수 있다. 진리에 관한
담론은 오직 하나인 반면, 자연에 대한 그럼직한 설명은 여럿일 수
있다. 관건은 어떤 것이 더 개연적이냐 덜 개연적이냐 하는 것이다.
그럼직한 설명의 의미에 대해서는 「작품 안내」 5절을 참고하라.

259 자, 그러면 이번에도 논의의 출발에 즈음하여, … 수호신께 기도한 뒤에 다
시 논의를 시작합시다 : 27c3~d1 및 주 73을 보라.

260 그때는 우리가 두 가지만을 구별했습니다만 : 존재와 생성의 구별, 그
리고 이에 기반한 가지적인 것과 감각적인 것의 구별을 말한다
(27d6~28a1 및 주 75를 보라).

261 그렇다면 그것은 본래 어떤 특성을 갖는다고 가정해야 할까요? : "본래 어
떤 특성"은 "tin' oun dunamin kata phusin"을 옮긴 것이다(A Budé,
Fraccaroli, Brisson, Fronterotta). 반면에 전치사 '카타(kata)' 대신 접속
사 '카이(kai)'를 취한 독법도 있다(FWY Burnet, Zeyl). 이 경우 '그렇다
면 그것은 어떤 특성과 본성을 갖는다고 가정해야 할까요?' 정도로
읽을 수 있다.

262 모든 생성의 수용자로서 마치 유모와도 같은 것 : 이것이 어렵고도 불
분명한 것의 정체로서 오늘날 우리가 '공간' 혹은 '장소'라고 부르

는 것이다. 플라톤은 "생성의 수용자(geneseōs hupodokhē)"와 "유모 (tithēnē)" 외에도 '어머니(mētēr)', '공간(khōra)', '장소(topos)', '자리 (hedra)' 등 다양한 표현을 사용한다. 플라톤의 공간 이론에 관해서는 「작품 안내」 6.3.1절을 참고하라.

263 불, 그리고 불과 함께 하는 것들에 관해 제기되는 난문과 먼저 대결하지 않을 수 없거든요 : "난문과 먼저 대결하다"는 그리스어 '프로아포레테나 이(proaporēthēnai)'를 옮긴 것이다. 몇 줄 아래 나오는 "난문에 맞서 (diaporēthentes)"도 같은 맥락에서 이해할 수 있다. 여기서 제기되는 난문이란 불, 공기, 물, 흙의 본성과 관련하여 제기되는 문제들이다. 티마이오스는 어렵고도 불분명한 본성을 지닌 수용자의 문제를 다뤄야 한다고 말하지만, 수용자의 본성에 다가가기 위해서는 우선 감각을 통해 다가오는 불, 공기, 물, 흙의 본성을 검토할 필요가 있다. 왜냐하면 공간은 그 자체로 감각에 포착되지 않기 때문이다. 철학적 문제의 제기와 탐구 순서에 관한 설명으로는 아리스토텔레스, 『형이상학』 B, 1, 995a24~b4를 참고하라.

264 어떤 믿을 만하고 확고한 표현을 사용하기가 어렵다는 것입니다 : 언어가 존재하는 것들을 지칭하고 표현한다고 할 때, 우리가 말을 통해서 무엇인가를 이해하기 위해서는 언표의 대상이 안정적이어야 한다. 즉 무엇인가에 대해 말을 하는 동안에 그 대상이 바뀌어 버린다면, 말은 그 대상을 놓치게 되고 듣는 사람은 무엇을 말한 것인지 알 수 없게 될 것이다. 그런데 감각 세계 안의 모든 것들이 끊임없이 운동·변화한다면, 우리의 언어는 그 대상을 결코 안정적으로 포착할 수 없을 것이며, 따라서 대상에 대한 믿을 만하고 확고한 인식 역시 가져다주지 못할 것이다.

265 그것에 관해서는 어떻게 말하고, 또 이것들에 관해서는 어떤 식으로, 그리고 무슨 말을 할 때 : "그것"은 생성의 수용자를, "이것들"은 불, 공기, 물, 흙을 가리킨다.

266 물이 되어 흐르는가 하면 : "흐르는"은 그리스어 '레온(rheon)'을 옮긴 것

이다. 여기서는 비가 되어 떨어진다는 정도의 의미로 이해할 수 있다.

267 물로부터 다시 흙과 돌이 생겨남으로써 : 엄밀히 말하면 이 대목은 티마
이오스가 뒤에서 다룰 요소 이론과 일치하지 않는다. 티마이오스에
따르면 불, 공기, 물, 흙은 모두 요소삼각형들로 구성된다. 이때 불,
공기, 물은 모두 같은 직각 부등변삼각형들로 구성되는 반면, 흙만은
직각 이등변삼각형들로 이루어진다(54b8~d2). 그렇기 때문에 불, 공
기, 물은 농후화나 희박화를 통해(즉 삼각형들의 결합과 분리를 통해) 상
호전화가 가능하지만, 이것들과는 다른 요소삼각형으로 구성된 흙은
결합이나 분리를 통해 다른 원소들로 전화되지 않고, 다른 원소들 역
시 흙으로 전화되지 않는다(56d1~6). 다만 이 대목은 티마이오스의
(즉 플라톤 자신의) 요소 이론을 밝힌다기보다는 사람들의 관찰을 통해
일반적으로 나타나는 자연 현상을 기술한 것이라고 볼 수 있다.

268 먼저 지금껏 우리가 물이라고 불러 온 것이 응고되면, 우리가 그렇게 여기
듯이, 돌과 흙이 됨을 봅니다. … 그렇게 그것들은 순환적으로 서로 간에 생
겨나듯이 나타나는 것입니다 : 이 대목에서 사용된 주동사들은 모두 감
각 기관(특히 시각)에 나타나는(phainetai) 것들에 대한 관찰(horōmen)
과 이를 기반으로 형성된 믿음(dokoumen)과 관련된 것들이다. 이것
들은 모두 우리가 감각 세계와 조우하는 방식이라 할 수 있겠다.

269 진리에 부합하는 가장 안전한 대답은 '금이다'라고 말하는 것입니다 : 수용
자의 첫 번째 비유. 플라톤은 금의 비유를 통해서 공간이 갖고 있는
질료적인 성격에 주목하고 있는 것처럼 보인다. 금의 비유가 갖는 의
미에 대해서는 「작품 안내」 6.3.1절을 참고하라.

270 결코 그것들을 '그것들이다'라고 말해서는 안 됩니다 : 대안적 번역은 "그
것들을 '있는 것들(hōs onta)'인 양 말해서는 안 됩니다."이다. 어느 쪽
으로 읽든 그 의미는 크게 다르지 않다. 왜냐하면 "그것들"이라고 대
상을 확정해서 말할 수 있는 것들은 생겨나거나 소멸하는 것들이 아
니라 오직 "있는 것들(즉 존재)"뿐이기 때문이다.

271 모든 물체를 받아들이는 것 : 생성의 수용자를 가리킨다. 여기서 주목

해야 할 것은 수용자가 받아들이는 것이 물체라는 사실이다. 즉 수용자는 감각 사물들, 다시 말해 이데아의 모상들을 받아들일 뿐 이데아 자체를 받아들이지는 않는다.

272 **형태** : "형태"는 그리스어 '모르페(morphē)'를 옮긴 것이다. 모르페는 특히 플라톤에게 있어서 사물의 윤곽 내지는 외적인 한계를 가리킨다.

273 **새김바탕** : 수용자의 두 번째 비유. "새김바탕"은 그리스어 '에크마게이온(ekmageion)'의 역어로 박종현 · 김영균 번역본에서 가져온 것이다. 에크마게이온은 찍히거나 새겨짐으로써 무엇인가의 형태를 받아들이는 것을 말하며, 그리스인들의 일상생활에서는 밀랍 서판을 의미하기도 한다. 예컨대 『테아이테토스』에서는 인간의 혼을 다양한 인상이 찍히는 밀랍 서판과 같은 것으로 간주한다(191c9, 194d6, e6, 196a3). 문제는 에크마게이온의 번역어인데, 『테아이테토스』의 번역자인 정준영은 이 단어를 "새김판"으로 옮겼다(정준영 2013, 356~357, n. 692를 보라). 이 번역어는 에크마게이온의 성질을 잘 드러내 주긴 하지만, 우리 대화편에서 사용하기에는 조금 곤란한 면이 있다. 왜냐하면 티마이오스가 말하는 에크마게이온은 2차원의 판이 아니라, 3차원 상에서 물체적인 성질에 형태를 부여해 주는 일종의 입체적인 바탕을 의미하기 때문이다. 티마이오스에 따르면, 감각 세계 안의 다양한 성질들은 그 자체로는 자신의 형태를 갖고 있지 않다. 예컨대 불은 뜨겁고 타오르는 성질일 뿐, 그 자체로서는 어떤 정해진 형태를 갖고 있지 않다. 하지만 이 타오르는 성질이 수용자라는 바탕에 찍히고 새겨짐으로써 불의 형태로 나타나게 된다. 그런가 하면 우리가 물이라고 부르는 것은 사실 흐르고 적셔지는 성질이며, 이 성질 역시 수용자가 찍히고 새겨짐으로써 물의 모습으로 나타나는 것이다. 요컨대 수용자는 마치 3D 프린터로 3차원 상에 물체를 출력해 내듯이, 다양한 감각 성질들에 어울리는 입체적인 옷을 제공해 준다고 할 수 있다. 우리 번역에서는 새로운 번역어를 찾기보다는, 기존의 번역어 가운데 박종현 · 김영균이 만들어 낸 "새김바탕"이 에크마게이온의

특성을 매우 잘 표현해 준다고 생각하여 이 번역어를 그대로 사용하기로 하였다. 이에 관해서는 「작품 안내」 6.3.1절을 참고하라.

274 그런데 듣고 나는 것들은 언제나 '있는 것들'의 모상들이며, 설명하기는 쉽지 않지만 어떤 놀라운 방식으로 그것들로부터 얻은 자국들인데, 그 방식에 대해서는 다음에 살펴보도록 하겠습니다 : 바로 위에서처럼(50b5~6), 여기서도 플라톤은 수용자에 들어오는 것들이 형상들이 아니라 감각적인 것들(즉 형상의 모상들이자 형상들로부터 얻은 자국들)이라고 말한다. 반면에 아리스토텔레스는 플라톤이 『티마이오스』에서 수용자가 형상들을 받아들인다고 쓴 것으로 해석한다. 아리스토텔레스, 『자연학』 IV, 2, 209b33~210a2을 보자. "여담이긴 하지만, 어쨌든 플라톤은 다음을 말해야 한다. 그가 『티마이오스』에서 썼듯이, 참여하는 것이 큼[의 형상]과 작음[의 형상]이든 질료이든 간에, 만일 참여하는 것이 장소라면, 왜 장소 안에는 형상들과 수들이 있지 않은지 말이다." 가지적 형상들이 어떤 놀라운 방식으로 감각 사물들에 찍히는지 "다음에 살펴보도록 하겠다"는 티마이오스의 말과 달리, 이에 관한 논의는 이 대화편에서 이루어지지 않는다.

275 세 종류, 즉 생겨나는 것, 생겨나는 곳, 그리고 생겨나는 것이 태어날 때 닮게 되는 출처 : "생겨나는 것"은 감각 사물들, "생겨나는 곳"은 생성의 수용자인 공간, 그리고 "생겨나는 것이 닮게 되는 출처"는 형상들의 영역을 의미한다.

276 모든 형태들로부터 벗어나 있어야 합니다 : 여기서 "형태들"은 그리스어 '에이돈(eidōn, 단수는 eidos)'을 옮긴 것이다. 플라톤 철학에서 에이도스는 가지적인 형상을 의미하지만, 이 맥락에서는 사물의 보임새, 즉 형태를 의미한다. 즉 생성의 수용자는 생겨나는 모든 것들에 형태를 제공하지만, 정작 그 자신은 아무런 형태도 갖고 있지 않다는 뜻이다.

277 바로 그것이 주어졌을 때 처음부터 : 원문은 "prōton tout' auto huparkhon"인데, 우리 번역에서는 이 대목을 4격 독립 분사구문으로 해석하여 '처음에 바로 그것(즉 재료)이 주어졌을 때' 정도의 의미

로 읽었다. 즉 장인들은 먼저 시작 단계에서 주어진 재료들을 가지고
서 기술적인 고안을 통해 좋은 향이 나는 향유를 만든다는 의미일 것
이다. 반면에 다른 번역자들은 이 부분을 단순한 시간 표현이라고 보
기도 하는데, 그 경우 '바로 그 시작 단계에서부터 기술적으로 고안하
듯이' 정도로 옮길 수 있다.

278 그 향기를 받아들이는 액체는 최대한 냄새가 없도록 만드는 것과 같습니
다 : 이와 비슷한 예로는 플라톤, 『국가』 IV, 429d4~e5를 들 수 있다.
이 구절에서 플라톤은 염색 일을 설명하면서 향유 제작과 비슷한 묘
사를 하고 있다.

279 모상들을 자기 전체에 걸쳐 몇 번이고 훌륭하게 받아들이려 하는 것 : 가
지적인 형상들은 감각적인 것들의 영역에 일정한 방식으로 분유됨으
로써, 이를 통해 우리는 '감각 사물들'이라고 부르는 형상의 모상들을
얻게 된다. 그런데 이 감각 사물들은 오직 수용자를 통해서만 자신의
형태와 성질을 드러낸다. 따라서 감각 세계에서 사물이 드러나는 것
은 형상들이 직접 수용자에 분유되는 식이 아니라, 먼저 형상들과 감
각적인 것들 사이의 분유/참여 관계, 그리고 감각적인 것들과 수용자
사이의 수용/표현 관계를 통해 진행된다고 할 수 있다. 이에 대해서
는 위의 50b5~6과 50c4~6 및 주 271과 273을 참고하라.

280 그것은 비가시적이고 형태가 없는 어떤 종에 속하며, 무엇이든 받아들이는
가 하면, 지극히 당혹스러운 방식으로 가지적인 것에 참여하는 것이자 가
장 파악하기 힘든 것이라고 : 티마이오스는 지금까지 '수용자'라고 불러
온 공간의 성격들을 이곳에서 정리하고 있다. 우선 공간은 눈에 보이
지 않는다. 그것은 작아서가 아니라 그 자신이 아무런 형태나 모양
도 갖고 있지 않기 때문이다. 공간의 두 번째 특징은 '수용자'라는 이
름에서 알 수 있듯이 모든 것을 받아들이는 수용성에 있다. 사실 우
리가 지각하는 것들은 모두 공간 안에 있다. 마지막으로, 공간은 낮
은 수준의 추론을 통해서 파악된다. 티마이오스는 이것을 "당혹스러
운 방식으로 가지적인 것에 참여한다"고 표현하는데, 왜냐하면 공간

은 시각은 물론 어떠한 감각으로도 포착되지 않고, 다만 사물의 지각을 통해서 간접적으로 공간의 존재를 '알 수 있기' 때문이다. 예컨대 우리는 "무엇인가가 있다면 그것은 '어딘가에' 있다"고 말하며, "'어디에도' 없다면 그것은 없다"고 말한다. 이때 그 "어디"가 바로 공간이라 하겠다. 따라서 생성의 수용자인 공간은 형상은 아니지만, 형상과 비슷하게 가지성을 갖는다고 할 수 있다. 조금 아래에서 티마이오스는 공간이 일종의 서출적 추론(logismos tis nothos, 52b2)을 통해서 우리에게 알려진다고 말한다.

281 그 자체로 있다고 말하는 그 모든 것들 : 물론 가지적인 형상을 가리킨다. 형상은 생성과 소멸로부터 자유롭고 어떠한 운동과 변화도 겪지 않으며, 항상 자기 자신을 유지한다는 점에서 그 자체로 있는 것이다. '그 자체인 것'의 성격에 대해서는 『파이돈』 79d1~6을 참고하라.

282 그러그러한 실재성을 가진 것들 : 여기서 "실재성"은 그리스어 '알레테이아(alētheia)'를 옮긴 것이다. 알레테이아는 기본적으로 참 또는 진리를 의미하지만, 여기서는 진리의 대상인 실재를 의미한다.

283 말 : 티마이오스는 가지적인 형상이 실재가 아니라 그저 말(logos)일 뿐일 수 있겠냐고 반문하고 있다. 여기서 "말"로 번역한 '로고스(logos)'는 '개념(concept)'으로 옮길 수도 있다. 플라톤은 『파르메니데스』에서 화자인 파르메니데스의 입을 통해 형상 이론을 비판적으로 검토하는데, 그 가운데 "형상이 과연 개념일 수 있는가"라는 문제를 다루기도 한다. 플라톤은 『파르메니데스』(132b3~d4)에서 위의 문제를 포함하여 형상 이론에 제기될 수 있는 다양한 비판 가능성들을 검토한다.

284 그렇다면 저 자신으로서는 다음의 입장에 투표하겠습니다 : 여기서 "투표하다"의 원문을 직역하자면 '조약돌을 놓다(tithemai psēphon)'이다. 이것은 고대 그리스인들의 투표를 가리키는 말인데, 재미있는 점은 여기서 "놓다"로 옮긴 그리스어 동사 '티테마이(tithemai)'가 '가정하다(hupotithēmi)'는 뜻으로 이어진다는 사실이다. 예컨대 플라톤의 또 다

른 대화편인『파이돈』(105b5)에서 소크라테스는 혼의 불사를 증명하기 위한 방법으로 형상의 존재를 가정한다(hupothemenos).

285 만일 지성과 참된 의견이 별개의 서로 다른 두 부류라면, 그것들, 즉 형상들은 … 그것들 자체로서 존재한다는 것입니다 : 티마이오스의 입장은 대략 다음의 논증을 담고 있다. 모든 앎과 믿음에는 그 대상이 있다 (앎과 믿음은 무엇에 대한 앎이요, 믿음이다). 만일 앎과 믿음이 서로 다른 두 종류에 속하는 것들이라면, 이들 각각의 대상들 역시 서로 구별되는 것들일 것이다. 앎의 대상은 감각이 아니라 지성을 통해 파악되는 것들로서 존재한다. 앎과 그 대상의 관계에 대해서는,『국가』V, 478a12~b2을 보라.

286 반면에 몇몇 사람들이 그렇게 보듯이 : 의견과 지식(앎, episteme)을 구별하지 않고, 의견 가운데 참인 의견(orthē doxa)을 곧 지식으로 보려는 사람들을 말한다. 플라톤은『테아이테토스』에서 앎에 대하여 세 가지 정의를 시도하는데, 그 하나는 앎을 지각으로 보는 것이고 (151d7~186e12), 다른 하나는 앎을 참된 판단(참인 의견)으로 보는 것이며(187b4~201c7), 마지막 하나는 앎을 설명을 동반한 참된 판단으로 보는 것이다(201c8~210b3). 하지만 이 세 가지 정의는 모두 앎의 본성을 규정하는 데 실패한다.

287 사실 이것들 중 하나는 가르침을 통해서, 다른 하나는 설득을 통해서 우리 안에 생겨나지요 : 전자는 앎을, 후자는 의견을 가리킨다. 예컨대『고르기아스』454c6~455a7 ;『테아이테토스』201a4~c7을 보라.

288 하나는 언제나 참인 설명을 동반하는 반면, 다른 하나는 아무런 설명도 없지요 : 플라톤의 인식론에서 설명의 본성과 기능에 관해서는『메논』97c4~98b10 ;『향연』202a5~9을 보라.

289 지성은 신들이나 분유할 뿐 인간들 중에는 소수의 부류만이 분유한다고 말해야겠지요 : 지성을 분유한 사람들은 지혜를 추구하는 사람들, 가지적인 형상을 탐구하며 그 일부를 이해한 사람들을 말하며, 아마도 철학자들이 이런 사람들에 해당된다고 하겠다. 이런 사람들에 대한 묘

사로는 『파이드로스』 249c4~d3을 보라.

290 다음으로 셋째 것은 … 공간의 부류로서 언제나 존재하는 것이며 : 가장 오래 된 사본(A)에는 "다음으로(au – 직역하면, "이번에는")"와 "부류(genos)" 사이에 흠결이 있다. 하지만 무엇이 손상되었는지는 알 수 없다. 반면에 이 둘을 붙여 읽은 사본(P)도 있는데('다음으로 셋째 것은 언제나 존재하는 공간의 부류로서'), 아마도 사이에 들어갈 만한 특별한 내용이 없다고 보았을 것이다. 우리 번역에서는 이 흠결을 빼야 할 이유가 없다는 브리송의 독법을 좇아 흠결을 살려 두었다(L. Brisson 2017, 251, n. 374). 하지만 사본의 손상된 내용을 알 수 없는 한, 어느 쪽의 독법을 취하든 번역은 크게 달라지지 않는다.

291 서출적 추론 : 공간은 감각의 영역에 속하지만 정작 감각을 통해 포착되는 것이 아니라, 감각되는 사물을 매개로 하여 일종의 추론을 통해 파악된다. 이에 대해서는 주 280을 보라.

292 "존재하는 모든 것은 필연적으로 어느 장소에 있어야 하고, 일정한 공간을 점유해야 하며, 땅에도 없고 하늘 어디에도 없는 것은 아무것도 없다" : 무엇인가가 있다면 그것은 '어딘가'에 있으며 '어디에도' 있지 않은 것은 있지 않다는 생각은, 공간 이론에 대한 일종의 공리라 할 수 있다. 이에 대해서는 아리스토텔레스의 다음과 같은 설명을 참조할 수 있다. "마찬가지로 자연학자는 무한에 대해서 알아야 하는 것처럼, 장소에 대해서도, 그것이 있는지 있지 않은지, [있다면] 어떻게 있는지, 또 그것이 무엇인지를 알아야 한다. 왜냐하면 누구나 있는 것들은 어딘가에 있다고 여기기 때문이다. (왜냐하면 있지 않은 것은 어디에도 있지 않기 때문이다. 사실 트라겔라포스니 스핑크스니 하는 것이 어디에 있단 말인가?)"(『자연학』 IV, 1, 208a27~30).

293 모상의 경우, 그것이 생겨나는 기반 자체가 결코 모상 자신에 속할 수 없고, 언제나 다른 어떤 것의 영상으로서 움직이는 것인 이상 : 모상은 그것의 본과 관련하여, 본과 다른 동시에 다른 만큼 본과 닮았다고 하는 상반된 성질을 갖게 된다. 예컨대 감각 사물은 가지적 형상에 참여하

는 만큼 그 형상을 닮게 된다. 하지만 이 닮음은 완전할 수 없다. 만일 완전하다면, 감각 사물과 형상은 더 이상 닮지 않고 같아질 것이기 때문이다. 그렇다면 왜 감각 사물은 그것이 참여하는 형상과 똑같아질 수 없을까? 어쩌면 플라톤에게 있어서 수용자의 존재가 이 물음에 답을 줄 수도 있다. 감각 사물은 형상에 참여함으로써 형상의 모상이 되고, 형상이 지닌 성질과 그 이름을 얻게 된다. 동시에 감각 사물은 수용자 안에 머물며 수용자를 통해 자신을 표현한다. 감각 사물이 형상에 참여함으로써 형상을 닮되, 형상과 똑같아질 수 없는 까닭은 그것이 오직 수용자를 통해서만 자신을 드러낼 수 있기 때문이라고 생각해 볼 수 있다. 가지적인 형상들은 감각적인 것들에 분유되지 수용자에 직접 분유되지는 않는다. 그런데 감각적인 것들은 바로 수용자를 통해서 (그리고 오직 수용자를 통해서만) 자신의 형태와 성질을 드러낸다. 그러나 그 형태와 성질은 바로 감각적인 것들이 형상에 참여함으로써 모방한 것들이다. 감각 사물이 형상에 참여하면서도 똑같지 못하고 닮을 수밖에 없는 이유는 그 닮음이 드러나는 방식이 직접적이지 않고 수용자를 매개로 하기 때문이라 할 수 있다.

294 그것들이 같은 것이면서 동시에 둘이 되는 일은 결코 없으리라는 것이지요 : 즉 같은 것이면 오직 하나일 뿐, 같은 것이면서 둘일 수는 없다는 의미이다. 둘이 하나가 아니라 둘로서 있는 것은 둘 사이에 조금이라도 다른 점이 있어서 그것들이 서로 구별되기 때문이다. 둘이 완전히 똑같다면 그것들은 하나이지 더 이상 둘일 수 없다. 우리가 똑같음을 '동일(同一)하다'라고도 말하는 것은 이러한 이유에서이다.

295 제가 투표한 쪽과 관련하여 : 51d3과 주 284를 보라.

296 하늘이 생겨나기 이전부터 : 즉 데미우르고스가 우주를 제작하기 이전 상태를 말한다. 『티마이오스』의 우주 제작 신화를 글자 그대로 읽을 것인가, 비유적으로 읽을 것인가에 따라 그 의미를 달리 해석할 수 있다. 두 가지 해석의 차이에 대해서는 「작품 안내」 4절을 참고하라.

297 흙이나 공기의 형태 : 여기서 "형태"는 '모르페(morphē)'를 옮긴 것이

다. 주 272를 보라.

298 **도형과 수를 가지고서** : 자연을 구성하는 원소들을 기하학적인 도형들 (53c4~57d6)과 수적인 비례를 사용하여 결합시킨다는 의미로 이해할 수 있다. 여기서 "도형"은 그리스어 '에이도스(eidos)'를 옮긴 것이다. 에이도스는 플라톤 철학에서 가지적인 형상을 의미하고, 일반적인 맥락에서는 사물의 형태와 모양, 혹은 사물이 지닌 성질이나 해당 사물이 속한 종을 의미하지만, 여기서는 기하학적인 도형을 뜻하는 그리스어 '스케마(skhēma)'와 같은 의미로 사용되고 있다.

299 **질서가 부여되고** : 원어는 '디아탁시스(diataxis)'인데, 이를 직역하면 '질서 부여'라는 뜻이다. 데미우르고스의 세계 제작은 '무로부터의 창조(creation ex nihilo)'가 아니라 이미 있는 것들에 질서를 부여하는 방식으로 이루어진다. 따라서 데미우르고스의 개입 이전에도 우주를 구성하는 재료들은 무질서한 상태로 있었던 셈이다.

300 **교육을 통해 공유하고 있으니 따라오실 수 있을 겁니다** : 대화 참여자들의 능력에 대해서는 19e8~20b1을 보라.

301 **직선으로 둘러 싸인 평면** : 원문은 "hē de orthē tēs epipedou baseōs"이며, "orthē" 다음에 "phusis"가 생략된 것으로 보인다. 직역하면 '평면의 곧은 성질'이라는 뜻이다. "평면"은 "epipedou baseōs"를 옮긴 것이다. 원래 'bainō'에서 유래한 'basis'는 '걸음'(예컨대 34a1)을 뜻하지만, 기하학에서는 '밑변(geometrical base)'(예컨대 55e3)을 의미하는가 하면, 경우에 따라서는 'epipedon(면)'과 함께 '입체의 드러나 보이는 면(face)'을 지칭하기도 한다.

302 **하나는 서로 같은 두 변의 양쪽으로부터 직각으로 이등분된 부분을 갖는 것이고, 다른 하나는 서로 같지 않은 변들 위에서 동등하지 않게 할당된 부분을 직각으로 갖는 것입니다** : 하나는 직각 이등변삼각형을 말하는 것이고, 다른 하나는 직각 부등변삼각형을 말한다. 티마이오스의 설명에 따르면, 물체를 구성하는 요소삼각형들은 하나의 직각과 두 개의 예각들을 가진 삼각형들로 이루어진다. 그리고 이 삼각형들은 같은

예각을 지닌 직각 이등변삼각형과 서로 다른 예각(즉 서로 다른 길이의 변의 끝에 있는 두 각)을 가진 직각 부등변삼각형들로 나뉜다.

303 필연과 함께 그림직한 설명에 따라 : 원문은 "kata ton met' anagkēs eikota logon." 감각 세계를 구성하는 물체들을 다룬다는 점에서 티마이오스의 설명은 확고한 진리에 따른 설명이 아니라, 개연성에 의존하는 그림직한 설명(eikos logos)에 머문다. 하지만 티마이오스는 그림직한 설명이 "필연과 함께(met anagkēs)" 한다고 말한다. 개연성과 필연이 어떻게 공존할 수 있을까? 여기서의 필연은 2부의 초입에 묘사된 "방황하는 원인(hē planōmenē aitia, 48a6~7)"을 가리킨다. 그런데 이 원인은 공간에 담긴 물체적 성질들의 무질서한 운동이다 (52e~53b). 이제부터 티마이오스는 이 무질서한 운동의 정체를 해명할 것인데, 그것은 기하학적인 도형들의 특성에 대한 탐구를 통해서 수행될 것이다. 요컨대 티마이오스는 필연, 즉 물질적 원소들의 흔적에 담긴 무질서한 운동을 기하학적인 도형들이 지닌 특성들로 환원하려 한다고 볼 수 있다.

304 가장 아름다운 네 가지 물체가 되는 것들은 어떤 것들이기에, 자기들끼리 닮지 않았으면서도, 그것들 중 몇몇이 해체됨으로써 서로로부터 생겨날 수 있는가 : 플라톤에 따르면, 흙을 제외하고 불, 공기, 물은 상호전화가 가능하다. 이에 관한 논의는 54b8~d2, 특히 56c8~57c6에서 주로 이루어진다.

305 우리는 불과 흙, 그리고 비례에 따라 그 중간에 놓인 것들의 생성에 관한 진리를 얻게 될 겁니다 : 제1부의 논의에서(32b3~32b8), 티마이오스는 왜 데미우르고스가 우주의 몸을 구성할 때 불, 공기, 물, 흙의 네 가지 원소를 사용했는지 설명한 바 있다. 이에 대해서는 「작품 안내」 7.2절을 참고하라.

306 왜냐하면 그것들 각각이 하나씩의 부류에 따라 있는 것들인 이상 : 불, 공기, 물, 흙의 구조에는 각각에 고유한 기하학적 도형들이 부여된다. 이 도형들에 대해서는 54d2~55c4를 보라.

307 우리가 충분하게 파악했다고 단언할 수 있도록 열의를 다해야 할 것입니다 : 겸손의 표현이다. 우리는 물체들의 기하학적 본성을 모조리 파악하기란 불가능하고, 그저 설명을 하기에 충분한 정도로만 알 수 있을 뿐이다.

308 직각 이등변삼각형은 한 가지 유형만을 할당받은 반면, 직각 부등변삼각형은 무수히 많은 유형들을 할당받았지요 : 여기서 "유형"은 "퓌시스(phusis)"를 옮긴 것이다. 대개는 자연, 본성, 성질, 소질이나 천성의 뜻으로 쓰이며, 경우에 따라서는 특별한 의미 없이 문장 내의 다른 단어를 강조하는 역할을 하기도 하지만, 여기서는 삼각형의 형태적 특징을 의미한다. 직각 이등변삼각형들은 크기만 다를 뿐 그 유형은 모두 같은 반면, 직각 부등변삼각형은 하나의 직각만을 공유할 뿐 크기와 유형 모두에서 천차만별이라는 뜻이다.

309 정삼각형 : 직역하면 등변삼각형(isopleuron trigōnon). 조금 뒤에 언급되겠지만(54d7~e3), 정삼각형은 여섯 개의 직각 부등변삼각형들로 이루어진다.

310 그에게는 우정의 상이 기다리고 있을 겁니다 : 즉 모든 삼각형 가운데 정삼각형이 가장 아름다운 것이 아님을 누군가가 입증할 수 있다면, 그가 우승 트로피를 가져가는 것에 대하여 누구도 질투하거나 시기하지 않을 것이다.

311 다른 하나는 더 긴 변이 더 짧은 변보다 제곱에서 언제나 세 배가 되는 삼각형입니다 : 빗변(hypothenuse)을 h라고 했을 때, 짧은 변이 $h/2$, 긴 변이 $h\sqrt{3}/2$인 직각 삼각형이 이에 해당된다. 예를 들어 빗변이 4일 경우, 짧은 변은 $2(= 4/2)$, 긴 변은 $4\sqrt{3}/2$가 되고, 다시 이들 각각을 제곱하면(kata dunamin), 빗변은 16, 짧은 변은 4, 긴 변은 12가 되어 짧은 변(4)과 긴 변(12)이 세 배의 차이를 갖게 된다.

312 네 종류에 속하는 것들은 모두 서로로부터 서로에게로 생겨나는 것처럼 보입니다만, 그것은 바르게 나타나는 것이 아니기 때문이지요 : 요소들의 상호전화에 관해서는 예컨대 49b7~c7을 보라. 그러나 플라톤에 따르

면, 네 종류의 원소들(불, 공기, 물, 흙)은 상호전화를 겪는 것처럼 보일 뿐 실제로는 모두가 상호전화를 하지는 않는데, 앞으로 보겠지만, 그 이유는 원소들을 구성하는 요소삼각형의 종류가 다르기 때문이다.

313 오직 세 가지 물체만이 그럴 수 있지요 : 요소들 간의 상호전화는 같은 삼각형으로 구성된 불, 공기, 물 사이에서만 가능하다.

314 덩어리 : 원어는 '옹코스(ogkos)'이다. 옹코스의 의미에 대해서는 31c4~32a1를 보라.

315 일차적인 형태 : 여기서 "일차적(prōton)"이라는 말은 도형 가운데 가장 단순하다는 의미이다. 삼차원 도형 가운데 가장 단순한 종에 해당하는 것은 정사면체이다.

316 하나의 정삼각형이 수적으로 여섯 개인 요소삼각형들로부터 생겨나지요 : 아래 그림을 보라.

그림 9. 정삼각형의 구성

317 가장 무딘 각 다음에 나오는 각 : 가장 무딘 각은 둔각(鈍角, 즉 90도보다 크고 180도보다 작은 각) 중에서 가장 넓은 각(이를 테면 179도)을 말하며, 따라서 가장 무딘 각 다음에 오는 각은 결국 평각(平角, 180도)을 의미한다. 당시 사람들에게는 아직 180도인 평각이나 그 이상의 각인 우각(優角)에 대한 개념이 없었던 것으로 보인다.

318 구 전체를 동등하고 닮은 부분들로 나눌 수 있는 첫 번째 종류의 입체 : 첫 번째 종류의 입체는 정사면체를 가리킨다. 정사면체는 여섯 개의 직각 부등변삼각형으로 이루어진 면이 네 개가 모여 구성된다. 이때 언급된 "구"는 정사면체에 외접한 구를 가리키는 것으로 보인다. 예컨대 에우클레이데스는 정사면체를 구성하는 것(puramida sustēsasthai)

과 정사면체를 구 안에 내접시키는 것(sphairāi perilabein tēi dotheiēi)을 같은 부류의 문제로 취급했다.

그림 10.   정사면체와 구에 내접한 정사면체

319 두 번째 물체 : 정팔면체이다. 정팔면체는 여덟 개의 정삼각형(마흔 여덟 개의 요소삼각형)이 모여 네 개의 평면각들로부터 하나의 입체각을 여섯 번(스물네 개의 평면각으로부터 여섯 개의 입체각을) 발생시킴으로써 이루어진다.

그림 11.   정팔면체의 구성

320 다른 한 편, 세 번째 것은 … 생겨난 것입니다 : 정이십면체를 말한다. 정이십면체는 이십 개의 정삼각형(백이십 개의 요소삼각형)으로 구성되며, 다섯 개의 평면각들로부터 하나의 입체각을 열두 번(육십 개의 평면각으로부터 열두 개의 입체각을) 발생시킴으로써 이루어진다.

그림 12.   정이십면체의 구성

321 그리하여 두 요소삼각형 중 하나가 이것들을 산출한 뒤에 물러나고 : 즉 정사면체, 정팔면체, 정이십면체는 모두 직각 부등변삼각형들로부터 생겨난 것들이다.

322 이번에는 직각 이등변삼각형이 네 번째 물체를 낳게 되니, 이 삼각형이 네 개씩 결합되고 그 중심으로 직각들을 모아냄으로써 하나의 정사각형을 산출해 냈던 것입니다 : 다음의 그림을 보라.

그림 13. 정사각형의 구성

323 그리고 그렇게 구성된 물체의 형태는 입방체로서, 그것은 여섯 개의 평면 정사각형을 면으로 갖는 것이었습니다 : 정육면체. 정육면체는 여섯 개의 정사각형(스물네 개의 직각 이등변삼각형)이 모여 여덟 개의 꼭짓점을 갖게 되는데, 이때 각 꼭짓점은 세 개의 모서리와 만남을 통해서 세 개씩 직각을 갖게 된다.

그림 14. 입방체의 구성

324 다섯 번째 물체 : 정사면체, 정팔면체, 정이십면체, 그리고 정육면체 이외의 이 다섯 번째 도형이 무엇인지에 대해 티마이오스는 더 이상의 언급을 하지는 않는다. 하지만 학자들은 이것이 정십이면체를 의미할 것이라고 본다. 정십이면체는 한 개의 꼭짓점마다 세 개의 면이 만나며, 열두 개의 정오각형으로 이루어진다.

그림 15. 정십이면체의 구성

티마이오스가 정십이면체의 구성에 관해 아무런 언급도 하지 않은 이유는 아마도 정십이면체가 지금까지 사용한 두 부류의 요소삼각형들로는 만들어질 수 없다는 것을 알았기 때문일 것이다. 고대인들은 공을 만들 때, 정오각형으로 자른 가죽 열두 장을 이어 꿰맴으로써 정십이면체 형태로 만들었다고 전해지는데, 그들은 이 정십이면체가 구체에 가장 가까운 도형이라고 생각했던 듯하다. 이와 비슷한 묘사로는, 예컨대『파이돈』110b5~c1이 있다. "그렇다면, 벗이여, 우선 이 지구는 보기에 다음과 같다고 이야기되네. 위에서 보면 그것은 마치 열두 조각으로 된 가죽 공처럼 다채롭고 색들로 나뉘어 있는데, …."

325 이 우주를 다채롭게 그려내기 위하여 : "다채롭게 그려내다(diazōgra-phōn, 직역하면 '다채롭게 칠하다')"라는 말이 정확하게 무엇을 의미하는지는 확실치 않다. 아마도 하늘에 수놓인 다양한 성단들과 별자리들을 지칭하는 것처럼 보인다.

326 세계가 무한개라고 말하는 것이야말로 숙지하고 있어야 할 영역에서 실로 미숙한 자가 취할 입장이라고 생각할 겁니다 : "미숙한 자"는 그리스어 '아페이로스(apeiros)'를 옮긴 것이다. 아페이로스는 '무한(정)하다'는 뜻과 함께 '경험이 없다'는 뜻도 가지고 있다. 우주의 수가 무한하다(apeiros)고 주장하는 것은 경험이 필요한(empeiros) 분야에서 미숙한(apeiros) 사람이나 취할 법한 입장이라는 것이다.

327 반면에, 생겨난 우주가 한 개라고 말하는 것이 진리에 부합하는지, 아니면 다섯 개라고 말하는 것이 진리에 부합하는지에 대해서라면, 그는 그것이 오히려 멈춰 서서 고민을 해 봄직한 문제라고 생각할 것입니다 : 이미

앞에서 티마이오스는 그럼직한 설명에 따라 이 우주가 본의 단일성을 모방하여 하나로 있는 편이 여러 모로 더 낫다고 주장한 바 있다 (31a2~b3, 32b5~33c4). 그런데 왜 이제 와서 갑자기 다섯 개의 우주를 언급하는 것일까? 더욱이 바로 이어지는 대목에서 자신은 그럼직한 설명에 따라 우주가 단일한 것이라고 보지만, 다른 사람은 다르게 볼 수도 있다며, 다섯 개의 우주에 대하여 긍정도 부정도 하지 않는다. 다섯 개의 우주가 무엇을 의미하는지, 플라톤이 왜 갑자기 다섯 우주를 언급하는지, 그리고 이런 관점으로 보는 다른 사람은 과연 누구인지, 플라톤은 더 이상 아무것도 알려 주지 않는다. 다만 지금까지의 논의들 속에서 우리가 떠올릴 수 있는 것은 우주를 구성하는 데는 다섯 가지 도형, 즉 정사면체, 정팔면체, 정이십면체, 정육면체, 그리고 정십이면체가 사용되었다는 것과, 뒤에 자세히 다루어지겠지만, 이것들이 각각 불, 공기, 물, 흙, 그리고 하늘(아이테르)을 구성한다는 것 정도이다. 이와 관련하여 우리가 참고할 수 있는 거의 유일한 전거는 플루타르코스인데, 그는 자신의 논고인 『델피에 새겨진 문자 E에 관하여』(11, 389F~390A)에서, 플라톤은 우주가 단일한 것으로 생겨났지만 어떤 방식으로는 다섯 개의 우주가 서로 결속된 것으로 보았다고 말한다. "설령 우주가 수적으로나 종적으로나 하나라고는 해도, 아리스토텔레스도 그렇게 생각하듯이(『천체론』 I, 8~9), 어떤 방식으로는 그것[sc. 전체 우주] 역시 다섯 개의 우주로부터 구성되고 조화롭게 결속된 상태라는 것이다." 즉 우주는 하나이지만, 그것은 동시에 불, 공기, 물, 흙, 그리고 하늘이라는 다섯 물질들에 할당된 영역들로 이루어졌다는 것이다. 따라서 다섯 개의 우주는 사실 단일한 우주 안에서 각각의 물질(과 그것을 구성하는 도형들)에 할당된 다섯 개의 영역을 암시하는 것이라고 볼 수 있다. 즉 가장 아래에는 지구(흙 = 정육면체)가 있고, 가장 위에는 천구를 채우는 아이테르(= 정십이면체)가 있으며, 그 사이에는 위에서부터 차례로 별(불 = 정사면체)과 공기(대기 = 정팔면체), 그리고 땅 위를 흐르는 물(= 정이십면체)의 영역이 있다는 식으로 말이다. 이 영역들 가운데 맨 위의 아이테르와 맨 아래 흙의 경우, 이것들을 구성하는 기본 도형들이 각각 정오각형과 직각 이등변삼각형으로서, 불, 공기, 물을 구성하는 직각 부등변삼각형과 다르기 때문에, 나머지 것들과 섞이지 않고 자기들의 위치와 형태를 고수한다. 반면에 양자 사이에 놓인 불(정사면체)과 공기(정팔면체)와 물(정이십면체)은 모두 동일한 직각 부등변삼각형들로 구성된 것들이기에 상호전화가 가능하다.

328 우주가 본래 신으로서 하나임을 분명히 밝히는 바이지만 : 주 102를 보라.

329 처음에 가정했던 삼각형들 : 53c4~55c6을 보라.

330 정사각형이 등변삼각형보다 부분에 있어서나 전체에 있어서나 필연적으로 더 안정된 상태를 유지하지요 : 전체를 보자면, 네 개의 등변(정사각형)이 세 개의 등변(정삼각형)보다 더 안정될 수밖에 없다. 또한 부분을 보아도, 직각 이등변삼각형(넷이 모여 정사각형 구성)이 직각 부등변삼각형(여섯이 모여 정삼각형 구성)보다 더 안정될 수밖에 없다.

331 그럼직한 설명을 구제하게 되는 것이지요 : 즉 감각 세계를 구성하는 기본 원소들이 모두 기하학적인 도형의 결합으로 환원되는 것이며, 달리 말하면 기하학을 통한 현상의 구제라고도 볼 수 있다.

332 가장 가벼우니까요 : 원어는 '엘라프로스타톤(elaphrostaton).' 삼차원 도형들 가운데 정사면체는 가장 날카롭고 가장 뾰족하며 가장 적은 수의 도형들로 이루어졌기에 가장 가볍다. 여기서 주목할 점은 삼차원 입체를 구성하는 도형의 수와 형태가 크기뿐만 아니라 무게까지도 규정한다는 사실이다. 즉 가장 적은 수의 도형들로 구성된 원소가 가장 가볍다는 것이다. 정다면체를 구성하는 삼각형들의 수는 다음의 표와 같다.

불	정사면체	부등변삼각형 24개 (= 4면 × 6개의 직각 부등변삼각형)
공기	정팔면체	부등변삼각형 48개 (= 8면 × 6개의 직각 부등변삼각형)
물	정이십면체	부등변삼각형 120개 (= 20면 × 6개의 직각 부등변삼각형)
흙	정육면체	이등변삼각형 24개 (= 6면 × 4개의 직각 이등변삼각형)

333 도처에 있는 다양한 특성들 가운데 비례에 속하는 것들 : 예컨대 32a7~
c4를 보라.

334 필연이 자발적으로든 설득에 의해서든 신에게 복종하는 한 : 티마이오스
는 필연이 데미우르고스에게 지배되는 방식을 두 가지로, 즉 자발적
인 복종과 설득을 통한 복종으로 구별하고 있다. 데미우르고스가 필
연을 지배한다는 것의 의미에 대해서는 「작품 안내」 6.3.2절을 보라.

335 왜냐하면 그것이 다른 형태로 가는 일은 결코 없을 테니까요 : 불, 공기,
물이 모두 같은 직각 부등변삼각형들로부터 이루어진 반면, 흙은 직
각 이등변삼각형들로 이루어졌기 때문에, 불과 공기, 물은 삼각형들
의 결합과 해체에 따라 상호변화가 가능한 반면, 흙은 설령 불이나
다른 요소들과 부딪혀서 쪼개진다 하더라도, 다른 것들로 바뀌지 않
고 직각 이등변삼각형의 구조(즉 흙의 성질)를 그대로 유지한다.

336 물이 불에 의해 나뉘거나 또는 공기에 의해 나뉠 경우, 불의 입자 하나와
공기 입자 두 개가 구성되어 생겨날 수 있지요 : 한 개의 물 입자(요소삼
각형 백이십 개로 구성된 정이십면체) = 한 개의 불 입자(요소삼각형 이십
사 개로 구성된 정사면체) + 두 개의 공기 입자(요소삼각형 마흔여덟 개로
구성된 정팔면체).

337 해체된 한 개의 입자 : 여기서 "입자"는 '메로스(meros)'의 번역어이다.
메로스의 의미에 대해서는 주 99를 보라.

338 공기 조각들의 경우, 해체된 한 개의 입자로부터 불의 입자 두 개가 생겨날

수 있을 것입니다 : 한 개의 공기 입자(요소삼각형 마흔여덟 개로 구성된 정팔면체) = 두 개의 불 입자(요소삼각형 이십사 개로 구성된 정사면체).

339 두 개 반의 공기 입자로부터 한 개의 온전한 물의 형태가 결속되어 있게 될 것입니다 : 한 개의 물 입자(요소삼각형 백이십 개로 구성된 정이십면체) = 두 개 반의 공기 입자 (요소삼각형 마흔여덟 개로 구성된 정팔면체).

340 왜냐하면 각각 자신과 닮고 동일한 부류에게는 어떤 변화를 일으키는 것이 가능하지 않을뿐더러, 동일하고 닮은 상태로 있는 것에 의해서는 무엇인가를 겪는 것도 가능하지 않기 때문이지요 : 예컨대 불이 불을 불 이외의 다른 것으로 변화시킨다든가, 반대로 불이 불에 의해 불 이외의 다른 것으로 변화하는 일은 일어나지 않는다. 한편 티마이오스는 이 대목에서 '닮음(homoios / homoiōs)'과 '같음(tauton / kata tauta)'을 거의 같은 의미로 사용하고 있다. 하지만 엄밀히 말해서 닮음과 같음이 적용되는 영역은 동일하다고 말할 수 없다. 사실 같음은 가지적인 영역에만 적용될 수 있다. 왜냐하면 감각 세계에서는 같은 것들이란 존재하지 않기 때문이다. 감각 세계에서 우리가 경험할 수 있는 것은 최대한 닮은 것들뿐이다. 플라톤은 『파이돈』에서 감각 세계에는 같은 것들을 경험할 수 없고 오직 닮은 것들만을 볼 수 있을 뿐이지만, 우리가 경험해 본 적도 없는 같음의 관념을 가지고 있다는 사실에 기반하여, 인간의 혼은 태어나기 이전에 같음 자체를 경험했을 것이라고 말한다(『파이돈』 74a2~75a4). 하지만 『티마이오스』에서 플라톤은 닮음과 같음을 거의 동의어처럼 함께 사용하고 있다. 다만 우리는 플라톤이 이 둘을 함께 사용할 경우, 같음은 기하학적인 것들(예컨대 요소삼각형)의 성질을 암시하고, 닮음은 자연적 것들(예컨대 불, 공기, 물, 흙과 같은 원소들)의 성질을 암시한다고 추측해 볼 수 있다.

341 반면에 그것들이 … 해체를 그치지 않을 것입니다 : 작은 입자들(예컨대 불)이 더 큰 입자들(예컨대 공기나 물)에 의해 해체될 때, 두 가지 경우의 수가 발생한다. (1)불의 요소삼각형들이 결합을 통해 처음에는 공기로, 그다음에는 물로 전화될 경우(즉 강한 것으로 될 경우), 요소삼

각형들이 결합을 통하여 자신들을 해체시킨 것과 같은 것에 이르면, 닮은 것들 간에는 더 이상의 충돌이나 해체가 생겨나지 않는다(예컨대 57a3~5). 그렇지 않고서 (2)요소삼각형들이 물에 이르기 전에 먼저 공기로 결합되는 과정에서 다른 종류의 입자들(예컨대 물)과 충돌할 경우, 다시 두 가지 가능성이 발생한다. ①공기로 결합하던 입자들은 충격으로 해체되었다가 다시 새로운 공기 입자로 결합되거나(자기와 닮은 것을 향해 도망침), 또는 ②아예 그것들이 물의 입자들(즉 충돌의 승리자)에 들러붙어서 그 곁에 머물게 된다(이 경우 변화의 최종 단계는 물이 될 것이다). 지금까지의 논의들을 간단히 도식으로 표현하면 다음과 같다.

  1{불} (= 4△).
  2{불} (= 2×4△) = 1{공기} (= 8△).
  1{불} (= 4△) + 2{공기} (=2×8△) = 1{물} (= 20△).
  2 1/2{공기} (= 2 1/2×8△) = 1{물} (= 20△).

342 수용자의 운동 때문에 : 직역하면 '받아들이는 자의 운동 때문에(dia tēn tēs dekhomenēs kinēsin).' 수용자의 운동에 관해서는 52d4~53a7을 보라.

343 그와 같은 원인들 : 물론 이 원인들은 지성의 계획에 따른 것들이 아니라 필연에 의한 것들, 구체적으로 말해 요소삼각형들의 성질에 기반한 원인들이다. 이것들은 데미우르고스가 우주 제작에 보조적으로 사용하는 원인들이기도 하다. 보조원인에 관해서는 주 250을 보라.

344 그런데 그것들의 형태들 안에서도 다양한 부류들이 생겨나는 까닭은 두 삼각형 각각이 … 구성될 때 처음부터 그저 한 가지 크기만을 가진 삼각형이 나왔던 것이 아니라 더 작기도 하고 더 크기도 한 삼각형들이 나왔는데, 그 수가 그 형태들 안에 들어 있을 수 있는 부류들만큼이나 많았던 것이지요 : 티마이오스는 앞에서 요소삼각형들이 모여서 정삼각형과 정사각형을 구성한다고 말한 바 있다(54d2~55c4). 그런데 그렇게 구성된 정삼각형들과 정사각형들이 이번에는 자기들끼리의 결합을 통해서 다른

크기의 정삼각형과 정사각형들을 만들 수 있다. 예를 들어 정사각형 네 개가 모이면 더 큰 크기의 정사각형을 만들어지고, 정삼각형 네 개가 모이면 네 배 더 큰 정삼각형이 나오게 된다. 그리고 이와 같은 방식의 조합을 통해서는 다양한 크기의 정삼각형과 정사각형이 얼마든지 생겨날 수 있다. 또한 이렇게 다양한 크기의 정삼각형과 정사각형들은 역시 각자 결합을 통해서 다양한 크기의 정다면체들이 나올 수 있는 것이다. 아래 그림을 참고하라.

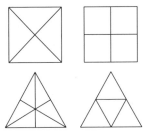

그림 16. 다양한 크기의 정삼각형과 정사각형

345 확실히 그것들에 관해서는 이미 이야기했지만 : 수용자가 겪는 무질서한 운동(52d2~53a8) 및 요소들의 상호전화(56e8~57c6)에 관한 논의들을 말한다.

346 오히려 이것들 없이는 : 즉 운동을 일으키려는 것들과 운동을 겪는 것들 없이는.

347 그리고 부등함의 발생에 대해서는 우리가 위에서 다루었지요 : 원소들 및 그 구성 요소들의 다양성(57c7~d6)에 관한 논의들을 말한다.

348 운동과 이동 : "운동"은 '키네시스(kinesis)'를, "이동"은 '포라(phora)'를 옮긴 것이다. 키네시스는 일차적으로 운동을 뜻하지만, 여기서는 물리적인 운동이라기보다는 요소들 간의 결합과 분리를 통해 서로 뒤바뀜을 의미하는 것처럼 보인다(예컨대 49b7~c7을 보라).

349 그렇다면 다시 이렇게 이야기하도록 하지요 : 여기서 티마이오스는 요소들을 움직이는 기계적인 운동에 관해 다루려 한다. 주의해야 할 것

은 우리가 사는 세계에서는 기계적인 운동 역시 일정하게 질서 잡힌 운동이라는 사실이다. 왜냐하면 기계적인 운동도 근본적으로는 우주 혼이 천체에 일으킨 것이기 때문이다.

350 우주의 회전은 … 모든 것들을 단단히 죄고 빈 공간이라고는 일절 남겨 놓지 않는다고 말입니다 : 플라톤의 우주는 꽉 차 있으며 허공은 존재하지 않는다(59a1~2, 79b1~c1을 보라).

351 틈 : 원어는 '디아케나(diakena)'이다. 하지만 이것은 허공(kenon)의 존재를 의미하지는 않는다. 오히려 이것은 정다면체들 사이의 틈을 가리킨다. 다시 말해 정다면체들이 결합하여 하나의 덩어리를 이룰 때, 이 결합이 꽉 짜이지 않아서, 다면체들 사이에 작은 틈이 생겨난다는 의미이다. 이를테면 우리는 우주가 아무런 성격도 갖지 않은 수용자로 가득 찬 거대한 구라고 상상할 수 있다. 그런데 그 수용자의 대부분은 네 가지 유형의 정다면체들에 따라 이런저런 방식으로 배열된다. 그런데 수용자를 채우고 있는 정다면체들 사이에는 아직 정삼각형이나 정사각형에 의해 둘러싸이지 않은 수용자의 부분들이 남아 있다고 생각할 수 있다. 티마이오스는 이 부분을 '틈'이라고 부르며, 이곳으로 더 작은 입자들이 들어오게 된다고 말하는 것이다.

352 가장 큰 입자들로 이루어진 것들은 그 구조 안에 가장 큰 틈을 남겨 둔 반면, 가장 작은 것들은 가장 작은 틈을 남겨 두었으니까요 : 예를 들어 물을 구성하는 정이십면체들 사이에 난 틈은 공기를 구성하는 정사면체들 사이에 있는 틈보다 더 클 것이다.

353 점유하는 장소 : 직역하면 '장소들의 점유(tēn topōn stasin)' 이다. 여기서 "점유"로 옮긴 그리스어 '스타시스(stasis)'는 '정지(상태)'라는 뜻과 함께 일정한 '장소의 점유'라는 뜻도 가지고 있다. '정지'를 취할 경우 '머물러 있는 장소' 정도로 옮길 수 있다. 우리 번역에서는 현재 티마이오스가 입자들의 결합과 분리를 통한 운동과 변화를 논의하고 있는 맥락임을 고려하여 '점유'의 의미로 옮겼다. 그 외에도 '스타시스'는 '내전' 혹은 '내분'이라는 뜻으로 쓰이기도 한다. 82a6, 85e10~86a1

및 주 536, 567을 보라.

354 불꽃에서 흘러나오는 것으로서 태우지는 않고 눈에 빛을 제공하는 것이라든가 : 이 부분은 앞서 눈과 시각의 메커니즘을 다룰 때(45b2~d6) 일부 언급했다.

355 잉걸 속에 : 원문은 "en tois diapurois." 불꽃이 잦아든(꺼진) 후에 남은 불이라는 점에서, '잿불'이나 '깜부기불' 정도로 옮겨도 무방하나 그리스어 '디아퓌로스(diapuros)'가 일차적으로는 '이글이글하다'는 의미이기에 좀 더 강한 뜻을 지닌 '잉걸(장작 또는 숯의 이글거리는 부분)'로 옮겼다. 몇몇 학자들에 따르면, 이 단어는 장작뿐만 아니라 달궈진 쇠를 가리키기도 한다(예컨대 L. Brisson, 2017, 258, n. 464).

356 안개 : 재미있는 점은 티마이오스가 안개를 물과 공기의 혼합으로 보지 않고, 공기의 일종으로 보고 있다는 사실이다. 뒤에서(66e3~4) 그는 안개에 대해 좀 더 자세히 설명하는데, 그에 따르면 안개란 공기에서 물로 이행하는 것이다(반면 물에서 공기로 이행하는 것은 증기이다).

357 다른 이름 없는 종들도 있는데, 그것들은 삼각형들의 부등함 때문에 생겨난 것들입니다 : 이미 앞에서 다양한 물체들이 생겨나는 이유를 삼각형들의 크고 작음에서 찾은 바 있다(57c8~d6).

358 더 크고 균등한 것들로 이루어진 종은 균등함으로 인해 굳어지기에, 앞의 것보다 더 안정적이며 무겁지요 : 엄밀히 말하면, 무거움은 조밀함에서 비롯된다(예컨대 53a1을 보라). 균등한 것은 불균등한 것에 비해 그 입자들의 틈이 더 조밀하기에 더 무겁다고 할 수 있다.

359 다시 이번에는 불이 거기서 빠져나갈 경우, 그것이 허공으로는 빠져나갈 수 없기에 : 왜냐하면 플라톤의 우주에는 허공이 존재하지 않기 때문이다(58a5~b2을 보라). 허공이 있지 않음에도 불구하고, 어떻게 운동이 이루어질 수 있는지에 대해서는 79b1~c1을 보라.

360 아다마스 : 헤시오도스는 『신들의 계보』(161)에서 아다마스(adamas)를 잿빛(polios)의 금속(아마도 무쇠?)으로 묘사하는데, 이것은 크로노스가 아버지인 우라노스를 거세할 때 사용한 낫의 재료가 된다. 철기시

대 이전 사람들에게 아다마스는 상상 속의, 가장 단단한 금속을 의미했던 것으로 보인다(a-damazein = 길들일 수 없다). 반면 플라톤은 『국가』(X, 616c5~7)에서 필연의 여신이 천구의 회전을 유지하는 데 사용하는 방추의 대(ēlakatē)와 고리(agkistron)가 아다마스로 되어 있다고 말한다. 또한 『정치가』(303d10~e5)에서 아다마스는 구리(khalkos), 은(arguros)과 함께 금의 한 속(屬, suggenēs)으로서 언급된다. 그런가 하면 『고르기아스』(508e6~509a4)에서 소크라테스는 "불의를 행하는 자가 불의를 겪는 자보다 낫지 않다"에 관한 논증이 아다마스만큼이나 견고하다(adamantinos)고 주장하기도 한다.

361 그밖에 그와 비슷한 것들의 경우에도 : 지금까지의 논의를 보면 티마이오스는 모든 종류의 금속이 물에서 비롯된 것으로 여기고 있음을 알 수 있다. 왜냐하면 쇠는 열을 가하면 녹아서 액체가 되기 때문이다.

362 그 형식에 관해 말하자면 : 관계대명사 '헨(hēn)'을 풀어 옮긴 것이다(tēn eikotōn muthōn [⋯] idean).

363 항상 존재하는 것들 : 물론 가지적 형상들을 말한다. 27d5~28a4를 보라.

364 적도에 맞고 분별 있는 놀이 : 이러한 표현은 바로 위에서 언급한 "그럼직한 이야기(eikos muthos, 59c6)"와 이어진다. 대화의 도입부에서 크리티아스가 말했듯이, 옛날이야기(muthos = 신화)는 아이들의 놀이(paidia) 소재이기도 하다(23b5, 26b7~c1 및 주 51, 68을 보라).

365 물이 불과 섞이는 경우 그것은 전부 미세하고 액체 상태인 것이 되며, 그 운동성과 땅 위를 구르는 방식 때문에 '액체'라 불리지요 : 직역하면 다음과 같다. "그것은 전부 미세하고 액체 상태인 것으로, 이는 그것의 운동성과 땅 위로 구르기에 젖은 길이라 불리는 그것의 길 때문이며." 학자들은 여기서 '땅 위로 구르는 길(hēn kulindroumenon epi gēs)'이 액체(hugron)의 어원인 "땅 위로 흐르는 것(to huper gēs rheon)"을 암시한다고 보고 있다. 반면에 '땅 위로 구르는 젖은 길(tēn hodon hēn kulindroumenon epi gēs hugron)'을 아예 '물길'로 보는 학자도 있는데(예컨대 L. Brisson, 2017, 259, n. 479), 그는 이 대목이 호메로스를 암

시한다고 해석한다. 예컨대 호메로스, 『오뒷세이아』 III, 71을 보자. "오! 이방인들이여, 그대들은 뉘시오? 어디로부터 <u>습한 바닷길(물길)</u>을 항해해 오셨소?"

366 불을 포함하고 있는 종들 : 앞으로 언급될 네 가지 종들은 모두 액체지만 그 안에 미세한 불의 입자들을 포함하고 있어서, 이 불에 의해 열이나(포도주) 불을 발생시키거나(기름), 신체 부위를 확장시키거나(꿀), 살을 태우거나(산성즙) 할 수 있다.

367 그 특징이 뚜렷하다 것들 : "그 특징이 뚜렷하다"는 그리스어 '디아파네(diaphanē)'를 옮긴 것이다. 이 말은 원래 '투명하다' 내지는 '분명하다' 정도의 의미를 갖는데, 여기서는 시각적인 두드러짐보다는 불의 입자를 포함한 액체가 지닌 특징의 뚜렷함을 강조하는 것처럼 보인다. 참고로 투명함의 성질에 대해서는 67d5를 보라.

368 시각적으로 확산되는가 하면 : 이 액체가 흰색 계통임을 의미한다. 티마이오스는 흰색이 시선을 확산시키는 반면, 검정색은 그 반대의 경향을 갖는다고 말한다(67e5~6).

369 반짝거리며 : 눈부심을 야기하는 빛남과 반짝거림에 대해서는 68a2~b1을 보라.

370 특성 : 원어는 '뒤나미스(dunamis)'이다. 이것들은 신체의 감각 기관을 자극하는 일정한 힘 내지는 성능을 지닌다고 이해할 수 있다(뒤나미스의 의미에 대해서는 주 78을 보라).

371 단맛 : 66b7~c7을 보라.

372 꿀 : 몇몇 번역자들은 여기서 말하는 "꿀(meli)"이 벌로부터 얻은 것이 아니라, 꽃이나 나무 등에서 채취한 달콤한 즙을 지칭한다고 지적한다(예컨대 F. M. Cornford 1937, 254, n. 6 ; F. Fronterotta 2006, 309, n. 256 ; L. Brisson 2017, 260, n. 489).

373 마지막은 태워서 살을 분해하는 것인데, 거품의 종류에 속하며 모든 즙들로부터 분비되는 것으로서 '산성즙'이라 불립니다 : "모든 즙들로부터 분비된(ek pantōn aphoristhen tōn khumōn) 산성즙(opos)"이 정확히 무

엇을 의미하는지가 불분명하다. 우선 "산성즙"으로 옮긴 '오포스' (opos)는 원래 도려낸 나무의 뿌리나 줄기에서 흘러나오는 수액(樹液) 을 가리키는 말이다. 또 이 말은 무화과나무의 수지(樹脂)를 가리키 기도 하는데, 이것은 우유 등을 굳히는 응유효소(凝乳酵素)로 사용된 다(예컨대 아리스토텔레스, 『기상학』 IV 7, 384a 이하; 『동물 발생론』 IV 4, 771b25~26; 772a24~25). 다음으로, '아포리스텐(aphoristhen)'은 '분비 (分泌)'와 '구별(區別)'이라는 두 가지 의미로 해석이 가능하다. 후자의 경우 산성즙이 다른 즙들과는 '구별되는' 것으로서 신맛을 낸다는 의 미로 이해할 수 있고, 전자의 경우 다른 모든 즙들이 발효될 때 그것 들로부터 떨어져 나와 '분비되는' 것 정도로 이해할 수 있다.

374 자신의 장소 : 각각의 입자들에 고유한 장소에 대해서는 52e5~53a7 및 주 328을 보라.

375 하지만 그것 주변에 허공이라고는 일절 없지요 : 여기서는 콘포드(F. M. Cornford, 1937)와 브리송(L. Brisson, 2017) 등의 독법을 좇아 "kenon d' ou perieikhen autōn ouden"로 읽었다(A2). 직역하면 "그런데 허 공은 결코 그것을 둘러싸고 있지 않지요." 이와 달리 버넷(J. Burnet) 과 리보(A. Rivaud) 등은 "kenon d' hupereikhen autōn ouden (그런 데 어떠한 허공도 그것들 위에 있지 않지요)"로 읽었다(F). 하지만 콘포드 가 지적하듯이, 이 경우 "그것들(autōn)"이 무엇을 지칭하는지가 불 확실하다(F. M. Cornford 1937, 255, n. 2). 허공의 부정에 관해서는 58a5~b2를 보라.

376 이 공기가 무겁기 때문에 : 공기가 무거운 것은 그것이 위에서 아래 로 흙을 압박하는 한에서 그렇다. 무거움(과 가벼움)에 대해서는 63b2~e8을 보라.

377 새로운 공기 : 흙에서 물이 떨어져 나가면서 새로 생긴 공기.

378 물에 녹지 않을 정도가 된 : 예컨대 아리스토텔레스, 『기상학』 IV, 383b9~10을 보자. "마른 열에 의해 단단해진 것들 중에서 어떤 것들 은 물에 녹지 않는 반면, 또 어떤 것들은 물에 녹는다."

379 크기가 같고 균등한 입자들로 된 것은 투명하여 더 아름다운 반면 : 예컨대 수정이 그렇다.

380 흙이 불의 작용에 의해 녹는 경우도 있는데, 그것이 다시 차가워지면 검은 빛깔을 띤 돌이 됩니다 : 즉 용암. 예컨대 아리스토텔레스, 『기상학』 IV, 6, 385b5~17을 보라.

381 혼합된 것 : 물과 흙으로 혼합된 것을 말한다.

382 입안의 감각과 관련된 조합에 잘 들어맞는 것으로서, 관습에 따라 말하자면, 신이 사랑한다고 하는 : "입안의 감각과 관련된 조합"은 미각(味覺)을 의미한다. 특히 이 대목은 중기 플라톤주의자인 플루타르코스가 언급한 덕분에 그 의미가 한결 분명해졌는데, '신이 사랑한다 (theophiles)'는 말을 통해서 소금이 제의에 사용되었음을 암시한다고 볼 수 있다. 예컨대 플루타르코스, 『향연석에서 제기된 질문들』 684 F ; L. Brisson, 2017, 260, n. 500 ; F. Fronterotta, 2006, 312, n. 262를 보라.

383 그렇게 : 물로써는 해체되지 않고 불에 의해서만 해체되도록.

384 그런데 불과 물이 함께 결합된 것들은 … 오직 불만이 와해시킬 수 있습니다 : 지금까지의 설명에 따라 결속된 입자들이 해체되는 경우를 정리해 보면 다음과 같다.

    1) 흙(60e2~61a3).

        1.1) 물과 흙이 결속된 경우 : 오직 불만이 해체 가능(60e2~3).

        1.2) 흙 입자들끼리 결속된 경우(60e3~61a3).

            1.2.1) 입자들이 강력하게 구성되지 않은 경우 : 오직 물로만 해체 가능(60e3~61a1).

            1.2.2) 입자들이 단단히 구성된 경우 : 오직 불만이 해체 가능(61a2~3).

    2) 물(61a3~6).

        2.1) 아주 강력하게 결속된 경우 : 오직 불만이 해체 가능(61a3~4).

  2.2) 결속이 약한 경우 : 불(삼각형으로 분리하여)과 공기(틈을 만들어 내어)로 해체 가능(61a4~6).

  3) 공기(61a6~7).

   3.1) 결속력이 강한 경우 : 공기는 오직 공기의 구성 요소(삼각형?)만이 해체 가능(61a6~7).

   3.2) 결속력이 약한 경우 : 오직 불만이 해체 가능(61a7).

385 흙과 물로 혼합된 물체에 속하는 것들의 경우 : 60e2~3에서 시작한 논의를 다시 거론하고 있다.

386 물이 흙을 상대로 했던 것과 같은 그런 일을 불이 공기를 상대로 행함으로써 : 원문은 "pur aera apergazomena" (FWY 1812)이다. 이 대목은 학자들마다 서로 다른 독법을 취한다. 먼저 버넷(J. Burnet, 1903)은 "공기(aera)"를 빼자고 제안한다. 반면 테일러(A. E. Taylor, 1928)와 콘포드(F. M. Cornford, 1937, 257, n. 1), 그리고 질(D. Zeyl, 2000, 54, n. 72)은 논의의 맥락을 고려하여 "공기(aera)"를 '물(hudōr)'로 고쳐 읽자고 제안한다. 이와 달리 리보(A. Rivaud, 1925)와 브리송(L. Brisson, 2017, 261, n. 506)은 "공기(aera)"를 굳이 빼거나 고쳐 읽어야 할 이유가 없다고 보고 사본을 유지했다. 마지막으로 프론테로타(F. Fronterotta, 2006, 314~315, n. 266)는 "불(pur)"과 "공기(aera)"를 모두 빼고 번역하지 않았다. 우리 번역에서는 사본대로 "공기(aera)"를 넣고 읽는 쪽을 택했다.

387 그것들의 인상들 : 엄밀히 말하면 인상을 통해서 받아들이게 된 사물의 성질들이라 할 수 있다. 인상에 관해서는 주 199, 214를 보라.

388 살과 살 주위에 있는 것들의 생성 : 이 주제는 73b1~76e6에서 주요하게 다루어진다.

389 혼의 사멸적인 부분 : 혼의 기개적인 부분과 욕구적인 부분을 말하며, 이것에 관한 논의는 69d6~70a7에서 이루어진다.

390 그러니 먼저 한쪽을 가정해야 하며, 그렇게 가정했던 것들로는 나중에 다시 돌아갈 것입니다 : 플라톤이 보기에 감각 성질에 관한 설명은 우선

살의 조직에 관한 논의를 전제로 한다. 하지만 조직에 관한 논의는 다시 온냉건습을 비롯하여 단단함 및 부드러움 같은 성질들에 대한 검토를 필요로 한다. 그런데 이러한 성질들은 결국 감각 성질에 다름 아니다. 그러므로 둘 중 어느 쪽에서 탐구를 시작하든지 간에, 한쪽 의 탐구는 다른 쪽의 결과를 전제로 삼을 수밖에 없는 셈이다.

391 왜냐하면 그 느낌이 일종의 날카로움이라는 것은 … 그런 인상과 이름을 부여한 것이라고 추론해야 합니다 : 여기서 티마이오스는 관찰을 통해 불의 성질이 정사면체와 관계있음을 정당화하려는 것처럼 보인다. 원소의 성질들과 도형의 관계에 대해서는 55e7~56c7을 보라.

392 우리 안의 수분 : 살에 포함되어 있는 수분을 말한다. 74c1~3을 보라.

393 불균등하고 운동 중에 있는 수분을 균등함과 압축을 통해 부동의 상태로 만듦으로써 응결시킨다는 것이지요 : 정지는 균등함에, 운동은 불균등함에 기인한다(57d7~58a1을 보라).

394 또 이것들은 서로 간에도 그렇습니다 : 딱딱함과 부드러움은 한 물체가 다른 물체에 대하여 저항하느냐 양보하느냐에 따라 규정된다는 점에서 상대적인 성질들이라 할 수 있다.

395 정사각형들로 이루어진 것 : 흙을 말한다.

396 만일 어떤 단단한 것이 우주의 한 중심에서 균형을 이루고 있다면, 그것은 극단들 가운데 어느 방향으로도 결코 이동하지 않을 것이니, 극단들은 모든 면에서 닮아 있기 때문이지요 : 여기서 어떤 단단한 것은 지구를 가리킨다. 천체는 구의 모양을 하고 있으며(예컨대 33b1~7), 지구는 천구의 한복판에 위치하는데(예컨대 40b8~c3), 이는 지구가 우주 전체의 모든 극단들로부터 같은 거리만큼 떨어져 있음을 의미한다. 모든 극단들로부터 등거리에 있기 때문에 어느 쪽으로도 움직이지 않는다는 생각은 서기전 6세기 밀레토스의 철학자 아낙시만드로스의 주장에서 처음 제기된 것으로 전해지는데, 그는 다음과 같이 말했다고 한다. "옛사람들 가운데 아낙시만드로스처럼 그것[지구]은 균형으로 인해 머물러 있다고 말하는 이들이 있다. 왜냐하면 가운데 자리 잡고 있어

서 극단들과 균등한 관계에 있는 것은 위나 아래로나 [좌우] 어느 한 쪽으로 움직이는 것이 적절치 않고, 반대쪽들로 동시에 움직일 수도 없어서 머물러 있어야만 하기 때문이다." (아리스토텔레스, 『천체론』 II, 13, 295b10~15 = DK 12A26 = 『선집』, 144~145쪽).

397 누군가가 그것 둘레를 둥글게 돈다면, … 어떤 장소는 아래고 어떤 장소는 위라고 말하는 것은 분별 있는 사람이 할 일이 아니지요 : "위"나 "아래"는 특정한 위치나 장소를 지칭하는 것이 아니라, 구의 중심으로부터 균등하게 뻗어 있는 둘레의 상대적인 이름이라는 것이다.

398 우리가 다루었던 인상들 : "인상"들은 그리스어 '파테마타(pathēmata)'를 옮긴 것이다. 파테마타의 의미에 대해서는 주 199를 보라. 혼이 겪는 여러 가지 인상들에 대해서는 42a3~b3을 보라.

399 괴로움과 즐거움을 갖는 인상들 : "괴로움"과 "즐거움"은 쾌락과 고통으로 옮길 수도 있다. 이 둘은 서로 대립되면서도 분리 불가능하다(주 200, 『파이돈』 60b1~c7을 보라).

400 우리가 앞서 구별한 바 있는 : 55d8~56b6을 보라.

401 분별을 지닌 것 : 원문에 있는 단어는 '프로니모스(phronimos)'이다. 혼의 지성적인 부분을 말한다.

402 특성 : 원문에 있는 단어는 '뒤나미스(dunamis)'이다. 몸을 통해 들어온 인상이 지닌 힘 내지는 성능을 말한다.

403 이러한 것들 : 인상이 잘 전달되지 않아 감각을 느끼지 못하는 신체의 부분들.

404 뼈와 머리카락, 그리고 우리 안에 지니고 있는 주로 흙으로 된 부분들이 해당되지요 : 인간의 몸 가운데 주로 흙으로 구성된 부분은 살을 가리킨다. 뼈와 머리카락, 살 등의 구성에 대해서는 73b1~76e6을 보라.

405 앞의 것들 : 인상이 잘 전달되어 감각을 잘 느끼게 되는 신체의 부분들.

406 그것들[시각과 청각] 속에는 불과 공기의 특성이 가장 지배적인 것으로 들어 있기 때문입니다 : 시각과 불의 관계에 대해서는 45b4~47c4, 청각과 공기의 관계에 대해서는 47c4~e2를 보라.

407 시각은 낮 동안에 생기는, 우리와 동류인 물질이라고 앞서 언급한 바 있지요 : 티마이오스는 앞에서 우리가 낮(날)이라고 부르는 것이 사실은 시간이 아니라 빛으로 구성된 물질이라고 언급한 바 있다. 이에 대해서는 45b4~6 및 주 232를 보라.

408 확장과 수축 : 원어는 '디아크리시스(diakrisis)'와 '쉉크리시스(sugkrisis)'이다. 시각뿐만 아니라 대부분의 감각은 입자를 받아들이는 관들의 확장과 수축을 통해서 이루어진다(예컨대 60a8~b1, 65c4~5, 66c4, 67e7 등).

409 사실 거기서는 잘리든, 불에 타든, 혹은 다른 무엇을 겪든 간에 … 강제라고는 일절 들어 있지 않으니까요 : 시각의 작용과 시각에 나타나는 여러 가지 빛깔들에 대해서는 67c4~68c7을 보라.

410 더 큰 입자로 이루어진 관들이 … 본래 상태와 달라질 때는 고통을, 그리고 다시 같은 상태로 회복될 때는 즐거움을 말입니다 : 쾌락과 고통을 급격한 상태 변화와 회복으로 설명하는 것에 대해서는 『필레보스』 31d4~32b8을 보라.

411 혼의 사멸적인 부분 : 혼의 기개적인 부분과 욕구적인 부분을 말한다. 주 447을 보라.

412 향기 : 티마이오스는 향기와 관련된 쾌락과 고통을 유쾌함과 불쾌함으로 설명한다. 67a1~6을 보라.

413 우리가 앞서 즙에 관해 말하면서 : 즙에 대해서는 59e5~60b5을 보라.

414 거친 성질들이나 매끄러운 성질들 : 바로 위의 63e8~64a1을 보라.

415 휘젓게 만드는 경우 : "휘젓다"는 그리스어 '퀴카스타이(kukasthai)'를 옮긴 것이다. 이 말은 원래 치즈를 만들기 위해 우유를 휘저어 굳히는 행위를 뜻한다. 이와 비슷한 표현이 호메로스에도 나온다. 예컨대 『일리아스』 V, 902~904를 보자. "마치 흰 우유에 무화과즙을 섞어 저으면 / 젓자마자 흐르던 우유가 금방 굳어지는 것처럼 / 꼭 그처럼 빨리 그[= 파이에온]는 난폭한 아레스를 낫게 해 주었다."

416 속이 빈 것들 : 원문에 있는 단어는 '코일라(koila)'이다. 여기서 "속이 빈 것들"은 유기물의 부패와 해체로 인해 발생하는 거품을 가리킨다.

417 최대한 본성에 맞게 모든 것들의 자리를 잡아 주기에 모두에게 즐겁고 기분
      좋은 것이 되니 : 앞에서 티마이오스는 즐거움을 변화된 상태로부터 본
      래 상태를 빠르게 회복하는 것이라고 규정한 바 있다(64d1~2를 보라).

418 단맛 : 단맛은 하나이지만, 단맛과 대립되는 맛들은 매우 다양하다,
      예컨대 앞서 거론된 찌르는 맛과 쏘는 맛(65c7~d4), 쓴맛과 짠맛
      (65d4~e4), 매운맛(65e5~66a2), 신맛(66a2~b7)은 모두 단맛과 대립
      된다.

419 안개 : 주 356을 보라.

420 일정한 수의 단순한 종들 : 냄새는 그 수를 한정할 수 없다. 예를 들어
      우리는 "향긋한 냄새는 열 개이다"라거나 "고약한 냄새는 스무 개이
      다"라는 식으로 말하지 않는다. 오히려 유쾌한 냄새와 불쾌한 냄새를
      기준으로 하여 무한히 다양한 냄새들이 생겨난다고 할 수 있다.

421 유쾌한 것과 불쾌한 것 : 그리스어 원문에서는 각각 '헤뒤(hēdu)'와 '뤼
      페론(luperon)'인데, 이 둘은 '즐거운 것'과 '괴로운 것'을 의미하기도
      한다. 냄새 역시 감각의 일종으로서 쾌락과 고통에 의해 규정되는 성
      질인 것이다. 다만 후각은 쾌락과 고통의 정도가 다른 감각들만큼 강
      하지는 않다고 할 수 있다(65a6을 보라).

422 우리의 정수리에서 배꼽 사이에 놓여 있는 비어 있는 공간 전체 : 머리에서
      배꼽 사이의 비어 있는 공간들, 즉 비강, 구강, 흉강, 복강을 가리킨다.

423 어떤 원인들로 해서 청각과 관련된 인상들이 발생하는지 말해야 합니다 :
      사실 여기서 말하는 "원인"이란 청각이 발생하는 기계적인 원인을
      뜻한다. 청각의 참된 원인에 대해서는 46c7~e6에서 이미 언급한 바
      있다.

424 간의 자리 : 간은 혼의 욕구적 부분이 머무는 곳이자 예언이 이루어지
      는 자리이기도 하다. 이에 관해서는 71d5~72c2를 보라.

425 소리의 조화에 관한 문제들은 향후 논의 속에서 반드시 이야기되어야 할
      것입니다 : 예컨대 79e10~80b8을 보라.

426 빛깔은 각각의 물체들에서 흘러나온 불꽃들로, 이것들은 감각과 관련하여

시각에 비례하는 입자들을 갖고 있습니다 : 빛깔의 정의에 대해서는 『메논』 76d3~5를 보라.

427 시각이 생겨난 원인들에 관해서는 앞서 그 자체로 이야기한 바 있습니다 : 45b2~46c6을 보라.

428 그러니 여기서는 빛깔들과 관련하여 그것들에 적합한 논의를 해 나가는 것이 가장 그럼직하고 또 적절하겠지요 : 티마이오스는 이른바 색채 이론을 전개하는 이곳에서도 자신의 설명이 '그럼직함(eikos)'의 수준을 벗어나지 않는다고 못 박고 있다.

429 흰 것과 검은 것 역시 위의 성질과 같은 인상들이지만, 다른 기관 안에 생겨나기 때문에 바로 그런 이유로 해서 다른 것들인 양 나타나는 것입니다 : 티마이오스는 하나의 원인(즉 수축과 확장)을 가지고서 다양한 감각 현상들에 대한 설명을 시도하고 있다. 즉 살의 열과 혀의 찌르는 맛과 시각에 나타나는 검정은 모두 수축을 통해 설명할 수 있으며, 살의 차가움과 혀의 매운맛, 그리고 시각에 드러나는 흰 빛깔은 확장을 통해 설명할 수 있다는 것이다.

430 다른 종류에 속하는 불 : 불의 종류에 관해서는 58c5~d1을 보라.

431 그런 상태의 산출을 '빛나다'와 '반짝이다'라는 이름으로 불렀습니다 : 고대 그리스인들은 빛남과 반짝임 역시 색의 일종으로 간주했다. 현대인들이 색채(色彩, tint)의 차이에 민감한 것과 달리, 고대인들은 색조(色調, tone)의 차이에 민감했던 것으로 보인다.

432 그것들 : 밝고 반짝이는 빛깔의 입자들.

433 그것들의 중간에 속하는 불의 한 종류가 눈에 있는 수분에 이르러 그 수분과 혼합되지만 반짝이지는 않는 경우 : 반짝임을 산출하는 입자와 하양과 검정을 산출하는 입자 사이의 중간적인 것.

434 밝은 빛 : 원어는 '람프론(lampron)'이다. 형용사로 쓰일 때는 '빛나다'로 옮기기도 했다. 위의 주 431을 보라.

435 생겨나는 것들 가운데 가장 아름답고 가장 훌륭한 것을 만든 제작자는 자족적이고도 가장 완전한 신을 낳을 적에 그 모든 것들을 넘겨받았으니 :

"생겨나는 것들 가운데 가장 아름답고 가장 훌륭한 것"(30b5~6)과 "자족적이고도 가장 완전한 신"(30d1~3)은 모두 데미우르고스가 제작한 이 우주를 말한다.

436 그는 그것들과 관련된 원인들을 보조적인 것들로 사용하였지만 : 46c7~d1을 보라.

437 즉 필연적인 것들 없이는 우리가 진지하게 몰두하고 있는 신적인 것들만을 그 자체로 이해할 수도, … 참여할 수도 없다는 점을 고려하면서 말입니다 : "필연적인 것들"이란 기계적인 원인들을 말한다. 이것들은 참된 원인이 아니라, 데미우르고스와 별의 신들이 보조적으로 사용한 것들이지만, 우주의 몸을 비롯하여 각종 생명체들을 제작하기 위해서 필요로 했던 것들일 뿐만 아니라, 인간이 우주의 본성에 관한 참된 앎에 다다르기 위해서도 반드시 탐구하고 이해해야 하는 것들이다.

438 마치 목수들 앞에 목재가 놓여 있듯이, 우리들 앞에도 두 종류의 원인이 선별되어 놓여 있어서 : "두 종류의 원인(직역하면 '원인들의 종류')은 지성적인 원인(데미우르고스, 별의 신들)과 지성이 결여된 원인(필연)을 말한다. 티마이오스의 이야기는 지성에 의한 세계 제작(29d7~47e2)과 필연으로부터 야기되는 우주 생성 이전의 상태(47e3~69a5)에 대한 것에서, 이제 세 번째 부분, 즉 지성이 필연을 설득하여 만들어 낸 것들(69a6~ 92c9)로 이어진다. 그는 여기서 인간 혼의 사멸적인 부분들, 신체 기관들, 인간 이외의 식물과 동물을 비롯하여 각종 질병 및 건강과 관련된 문제들을 다룰 것이다. 한편 위에서 언급된 "목재"는 그리스어 '휠레(hulē)'를 옮긴 것이다. 철학사(특히 아리스토텔레스 철학)에서 흔히 '질료(質料)'로 번역되곤 하는 이 단어는 일차적으로 나무, 숲을 뜻하며, 목공의 재료로 가공된 목재를 의미한다.

439 이곳에 도달한 우리의 논의가 출발했던 바로 그곳으로 : 예컨대 42e5~44d2를 보라.

440 앞서 한 논의들에 잘 들어맞는 결말이자 머리를 이 이야기에다 얹어 보도록 합시다 : 플라톤은 담론을 하나의 생명체에 비유하곤 한다. 따

라서 생명체가 머리와 몸통, 사지 등을 지니며, 그것들이 서로 유기적인 관계를 맺으면서 각각의 기능을 수행하는 것처럼, 담론 역시 그 자체로 고유한 부분과 기능을 가져야 한다. 예컨대 『고르기아스』 505c10~d3를 보자. "[소크라테스] 하지만 옛날이야기도 중간에 그만두는 것은 옳지 않다고들 하네. 머리를 얹어서 이야기가 머리 없이 떠돌지 않게 해야 한다는 말이지. 그러니 우리의 논의가 머리를 가질 수 있도록 나머지 질문에 답해 주게." 『법률』 VI, 752a2~4에 있는 구절은 다음과 같다. "이야기를 하다가 일부러 머리 없는 상태로 남겨두고 싶지는 않습니다. 이야기가 그런 상태로 사방으로 헤매면 꼴사납게 보일 테니까요." "이야기에 머리를 얹다"라는 표현의 의미에 관해서는 브리송(L. Brisson 1992, 71~75)을 참고하라.

441 처음에 말했던 것처럼 : 30a2~6, 53a7~b7, 56c3~7를 보라.

442 또 오늘날 이름 불리는 것들 가운데, 예컨대 불이든 물이든 다른 뭐든 간에, 어떠한 것도 그런 이름들로 불리기에는 결코 적합하지 않았으니까요 : 왜 그런지에 대한 이유는 수용자의 성질을 다루는 49a6~50c6에서 자세히 이야기된 바 있다.

443 신 자신은 이 신적인 것들의 제작자가 되었고, 죽기 마련인 것들이 생겨나도록 만드는 일은 자기에게서 태어난 자식들에게 부과했습니다 : 앞에서 (42a7~d3) 데미우르고스는 별(의 신)들을 만든 후에, 그들에게 죽기 마련인 생물의 제작을 맡긴 바 있다.

444 그리고 그를 모방하는 자식들은 혼의 불사적인 원리를 건네받고는 : 42d2~e4를 보라.

445 사멸적인 몸체를 둥글게 빚어냈으며 : "둥글게 빚어내다"로 옮긴 '페리토르네우에인(peritorneuein)'은 본래 도기공의 일을 가리키는 말이다. 여기서 '둥글게 빚어진 사멸적인 몸체'란 혼의 불사적 원리가 담기는 부분, 즉 머리를 말한다.

446 탈것으로 몸 전체를 주었고 : 몸통과 사지는 결국 머리의 이동수단인 셈이다. 예컨대 44d8~45a2를 보라.

447 몸안에다가는 혼의 또 다른 종류인 사멸적인 것을 추가적으로 정착시켰는
데 : 지금까지의 인간 혼은 데미우르고스가 만들어서 별의 신들에게
나눠 준 것으로서, 데미우르고스가 직접 제작했기에 불사이다. 이 혼
은 인간의 지성에 해당되는 것으로 머리에 위치한다. 반면에 인간이
살아가기 위해서는 신체적인 기능을 담당하는 종류 역시 필요한데,
그것들은 이를테면 외부의 위험에 대한 방어 기능(공포나 분노)이라든
가, 생존을 이어 나가기 위한 자발적인 기능(식욕이나 성욕)을 수행한
다. 플라톤이 『국가』에서 혼을 그 기능에 따라, 숙고하고(지성), 화를
내며(기개), 욕구하는(욕구) 부분으로 나눈 것은 잘 알려져 있다. 『티마
이오스』에서는 이 세 부분 가운데 뒤의 두 가지를 하위의 신들이 만
든 '사멸적인 종들'이라고 규정하고 있다. 사실 지성을 제외한 기개와
욕구는 모두 신체의 보호 및 유지와 관련된 것들이라 할 수 있다. 그
런데 죽음이란 몸으로부터 혼이 분리되는 것에 다름 아니다. 혼이 떠
나간 신체는 자연의 요소들로 해체되며, 삶을 유지하기 위해 수행했
던 모든 기능, 즉 기개와 욕구는 자연스럽게 사라질 수밖에 없다.

448 모든 것을 감행하려 드는 애욕 : "애욕은" '에로스(erōs)'를 옮긴 것이다.
그리스 신화에서 에로스는 사랑의 신격화로서 묘사된다. 플라톤 역
시 『향연』에서 에로스를 빈곤의 여신 페니아와, 수단과 방편의 신격
화인 포로스 사이에서 태어난 아들로 묘사한다. 그렇기 때문에 에로
스는 한편으로 어머니를 닮아 늘 가난한 상태로 머물지만, 다른 한
편으로는 아버지를 닮은 덕에 결핍된 것을 얻기 위한 수단과 방편
을 모색한다. 한마디로 에로스는 결핍된 것을 채우려는 일종의 욕구
(epithumia)라 할 수 있다. 플라톤, 『파이드로스』 237d3~4를 보라.

449 필연에 따라서 : 혼이 몸안에 위치하게 되면, 몸에서 일어나는 물질의
운동으로부터 결코 자유로울 수 없다. 위에서 언급한 여러 감정들은
혼이 물질의 운동과 조우한 결과 '필연적으로' 생겨난 것들이다.

450 신적인 것 : 혼의 신적인 부분, 즉 지성을 말한다.

451 도저히 어쩔 수 없는 경우가 아닌 한 : 별의 신들은 혼을 몸안에 정착시

키는 일을 맡았기에, 이 일을 함에 있어서 물질에 내재한 필연의 힘으로부터 온전히 자유로울 수는 없다. 예컨대 56c3~7을 보라.

452 '몸통'이라고 부르는 것 : "몸통"은 '토락스(thōtax)'를 옮긴 것이다. 몸안의 비어 있는 부분, 즉 강(腔)에 대한 설명으로는 주 221을 참조하라.

453 마치 여성들과 남성들의 거소를 따로 나누듯이, 신들은 그것들의 중간에 횡격막을 격벽처럼 세움으로써 다시 몸통 안의 공간을 둘로 나눴습니다 : 횡격막을 기준으로 흉강과 복강을 나눴다는 뜻. 고대 그리스의 건물에는 남자들의 숙소와 여자들의 숙소가 따로 분리되어 있었다. 재미있는 것은 횡격막 위쪽의 흉강에는 기개(thumos, 남성명사)가 거주하는 반면, 횡격막 아래쪽의 복강에는 욕구(epithumia, 여성명사)가 위치한다는 점이다.

454 혼 가운데 용기와 기개를 분유하는 것은 승리를 열망하는 것 : 예컨대 『국가』 IV, 440a8~b7, 441e4~442c8 ; VIII, 550a4~b7 ; IX, 581a9~10을 보라.

455 성채(城砦, akropolis) : 혼의 신적인 종류에 해당되는 지성의 거처.

456 경비 초소 : 지성을 도와 욕구를 제압하는 기개가 머무는 자리를 말한다.

457 어떤 부정의한 행위가 … 생겨난다고 이성이 신호를 보내거나 함으로써 분기가 끓어오를 때마다 : 몸의 안팎에서 일어나는 부정의에 대한 분노는 심장에 위치한 기개의 활동이라 할 수 있다. 이는 공동체의 안팎에서 발생하는 부정의에 대처하는 도시 수호자들의 모습과도 같다. 17c10~18a2를 보라.

458 협로(峽路) : 그리스어 '스테노폰(stenōpōn)'을 옮긴 것이다. 이 말은 원래 좁은 길, 내지는 해협(海峽)을 뜻한다. 예컨대 호메로스, 『오뒷세이아』 XII, 234~236을 보자. "우리는 한숨을 쉬며 해협을 향해 항해를 계속 했소. / 한쪽에는 스퀼라가 살고 있었고 다른 한쪽에서는 고귀한 카륍디스가 / 바다의 짠물을 무시무시하게 빨아들이고 있었소." 플라톤의 작품들 중에서는 유일하게 이곳에 한 번 등장할 뿐인데, 여기서는 '좁은 혈관'들을 가리키는 것처럼 보인다.

459 원군 : 그리스어 '에피쿠리안(epikourian)'을 옮긴 것이다. 원래 군사
     용어인 이 말의 의미와 용법에 관해서는 주 13을 보라.

460 굴복하는 것 쪽으로 : 원문은 "eis hupeikon"이다. "굴복하는 것"은 '부
     드러운 것'을 뜻하며, 여기서는 '폐'를 가리킨다(부드러움과 딱딱함에 관
     해서는 62b6~8을 보라). 심장을 감싸고 있는 폐는, 스펀지처럼 작은 구
     멍들이 나 있고 쿠션처럼 푹신하다.

461 욕구하는 혼의 부류 : 식욕과 성욕을 포함하여 욕구와 관련된 기능을
     수행하는 혼의 부분. 예컨대 『국가』 IV, 439d6~e1을 보라.

462 마치 구유와 같은 것을 이 장소 안의 전체에 걸쳐 짜맞추고는 말이에요 :
     여기서 "구유"는 위(胃)를 가리킨다. 이 말은 플라톤의 『파이드로스』
     (246a3~247e8)에도 한 번 등장하는데, 거기서 혼은 마부(지성)와 두
     필의 말(기개와 욕구)로 구성된, 날개 달린 마차와 같다고 묘사된다.
     한편, 신들의 혼이 천계 여행에서 돌아오면, 마부는 구유 곁에 말들
     을 세우고는 신들의 음식인 넥타르와 암브로시아를 먹인다.

463 아주 쉽게 미혹되리라는 것을 알았지요 : "미혹되다"는 그리스어 '프쉬카
     고게오(psychagōgeō)'를 옮긴 것이다. 이 말을 풀어보면, '혼을 이끈다
     (psukhē + agaein)'라는 뜻으로, 원래는 그리스 신화에서 죽은 자들의
     혼을 하데스로 인도한다는 헤르메스의 일과 관련하여 사용되었다.
     하지만 그 의미가 확장되어 사람들의 정신에 일정한 영향을 끼치는
     일, 즉 유혹하거나 기만한다는 뜻으로 사용되며, 플라톤은 『파이드로
     스』(261a7~8)에서 설득의 기술인 수사학을 (청중의) 혼을 이끄는 기술
     (psukhagōgia)이라고 규정하기도 한다.

464 조밀하고 매끄러우며 반들거리고 달콤하면서도 쓴맛이 나도록 : 매끄
     러움에 대해서는 63e8~64a1, 반들거림(빛남과 반짝임)에 대해서는
     68a7~b1, 단맛에 대해서는 66c1~7, 쓴맛에 대해서는 65d4~e1을
     보라.

465 아울러 간엽과 담낭과 간문의 경우 : 간을 간엽(間葉, lobos), 담낭(膽囊,
     dokhē), 간문맥(肝門脈, pulē)의 세 부분으로 나누는 것은 이미 에우

리피데스의 작품에서도 발견된다. 예컨대 에우리피데스, 『엘렉트라』 826~829를 보자. "그러자 아이기스토스가 [도축한 송아지의 ─ 인용자] 내장을 손에 집어 들고 살폈어요. 그런데 간엽이 없었고, 문정맥(門靜脈 = 간문맥)과 그 옆의 담낭은 살펴보는 이에게 닥칠 재앙을 예고했어요."

466 예언소 : 전통적으로 제사와 예언을 행하는 사람들은 제물로 사용된 동물의 내장, 특히 간을 보고서 신들의 전조를 읽어 냈다. 티마이오스가 간을 예언의 장소로 보는 이유는 간이 꿈을 꾸는 장소라고 생각했기 때문이다.

467 신들림 : 원어는 '엔투시아스모스(enthousiasmos)'로서 사람 안에(en) 신(theos)이 들어와 있는 상태를 뜻한다. 플라톤은 예언자나 시인이 이런 상태를 겪는다고 보았는데, 이들이 미래를 예언하고 아름다운 시를 짓는 것은 자신의 기술을 통해서가 아니라, 자기 안에 들어온 신들의 힘을 빌려서 그렇게 한다는 것이다. 신들림의 본성에 관해서는 『파이드로스』 243e9~245a8, 『이온』 533c9~535a2를 보라.

468 "자기를 알고 자신의 일을 행하는 것은 오직 분별 있는 사람에게만 어울린다" : 예컨대 플라톤, 『카르미데스』 161b3~7, 164d3~5 ; 『국가』 IV, 443b1~2를 보라.

469 또한 해석자들의 집단을 신들림에서 비롯되는 예언의 판정관으로 정한 것이 법이라는 사실 역시 이로부터 비롯된 것이지요 : 사람들이 예언자라고 부르는 이들은 결국 꿈이라든가 전조(前兆), 이적(異蹟) 등 다양한 방식으로 인간에게 전해지는 신의 말을 해석하는 사람들인 셈이다.

470 또한 각각의 동물이 아직 살아 있을 때는 … 모호한 성격을 갖게 됩니다 : 동물의 내장기관, 특히 간을 살펴봄으로써 행하는 예언에 관한 언급이다. 고대 그리스인들은 제물로 사용된 동물의 간이나 내장기관의 빛깔이나 모양을 보고 신의 뜻을 예언하곤 했다(주 465를 참고하라).

471 피를 머금지 않은 것 : 피를 머금지 않은 조직이라는 점에서는 폐와 비슷하다(70c6).

472 그것은 몸의 나머지 부분이 어떻게 생겨났나 하는 것이었습니다 : 티마이
오스는 61c7~d4에서 향후 다뤄야 할 것들로 살과 살 주변의 것들과
혼의 사멸적인 부분을 언급한 바 있다. 그 가운데 혼의 사멸적인 부
류에 관해서는 방금 다루었으니, 이제 남은 것은 신체 중에서 살을
비롯하여 살 주변의 기관들(내장, 뼈, 힘줄 등)이라 하겠다.

473 저장소 : 원어는 '휘포도케(hupodokhē)'이다. 다른 곳에서는 생성의 수
용자로서 공간을 의미하지만, 여기서는 섭취된 음식물을 받아들여
저장하는 몸안의 장소를 의미한다.

474 식탐으로 인해 온 인류가 철학과 교양을 결여하고, 우리 안에 있는 가장 신
적인 것에 귀기울이지 않는 자들이 되지 않도록 하기 위함이었습니다 :
"우리 안에 있는 가장 신적인 것"은 인간 혼의 지성적인 부분을 가리
킨다. 이 대목에서는 신체적인 욕구에 대한 집착(특히 식탐)이 철학과
교양의 결여를 야기할 수 있음을 간접적으로 경고하는 것처럼 보인
다. 하지만 『티마이오스』의 도입부에도 언급되었듯이, 인류의 주기적
인 파멸 역시 철학과 교양의 결여를 발생시킨다(23a5~b3).

475 그 모든 것들의 출발점은 골수의 생성이지요 : "출발점"은 그리스어 '아르
케(arkhē, 시원, 원리)'를 옮긴 것이다. 여기서 티마이오스는 뼈와 살, 그
리고 이것들과 관련된 모든 신체 기관이 골수의 생성에서 비롯된다고
말한다. 하지만 골수가 그 자체로 원리인 것은 아니다. 바로 밑에서
언급되지만, 골수 역시 더 근본적인 원소들로부터 생겨난 것이다.

476 삼각형들 중에서도 곧음과 반듯함에서 으뜸가며, 불과 물과 공기와 흙을
최대한 정확하게 산출할 수 있는 것들 : 각각의 원소들(불, 공기, 물, 흙)
은 모두 삼각형들에서 비롯된 정다면체들로 구성된다. 하지만 우리
가 유념해야 할 것은 물질의 세계에서는 어떠한 기하학적 구성도 결
코 완벽한 상태에 도달할 수 없다는 사실이다. 요컨대 위 대목에서
"최대한(malista) 정확하게 산출할 수 있는 것들"이라는 표현은 역설적
으로 감각 세계의 불완전성을 암시한다고 할 수 있다.

477 신적인 씨앗 : 혼의 불사적인 부분, 즉 지성을 말한다.

478 그것을 담는 그릇이 머리가 될 것이라고 보았기 때문이지요. : 그리스어로
뇌(egkephalon)는 '머리(kephalos) 안(en)에 든 것'이라는 뜻이다.

479 뇌를 감싸는 뼈로 된 구체 : 두개골(頭蓋骨).

480 목과 등으로 이어지는 골수 : 척수(脊髓).

481 매개하는 힘으로서 그것 안에 들어 있는 다름의 특성을 사용하여 : 여기
서 말하는 "다름의 특성(thaterou … dunamei)"이란 무엇일까? 거의 모
든 학자들은 이것이, 데미우르고스가 우주 혼을 구성할 때 같음의 본
성과 함께 사용했던, 다름의 본성(즉 타자성)을 암시한다고 본다. 하
지만 회전 운동을 제외하고 우주에서 일어나는 모든 운동이 타자성
에 기인한다는 논의가 이미 앞에서 이루어진 마당에, 굳이 척추의 운
동을 설명하기 위해 새삼스레 다름의 특성을 다시 거론하는 것은 일
견 불필요해 보인다. 그래서 뤽 브리송은 이 말이 다름의 본성을 가
리키는 게 아니라, 관절을 구성하는 두 부분 가운데 한 가지(thaterou)
를 지칭한다고 본다. 즉 관절은 두 개의 뼈(경첩의 경우에는 축을 감싸
는 두 부분)가 서로 작용을 주고 받으면서 움직이는 구조라는 것이다.
이러한 관점을 따르면, '매개하는 힘으로서 그것들 안에 들어 있는 한
가지(thaterou) 특성을 사용하여' 정도로 옮길 수 있다(L. Brisson, 2017,
269, n. 646 ; F. Fronterotta, 2000, 364~365, n. 346). 하지만 우리 번역
에서는 다수의 해석을 따랐다.

482 넘어졌을 때는 마치 모직물처럼 몸을 위해 부드럽고 유연하게 자리를 내주
며 : 딱딱함과 부드러움에 관해서는 62b6~7을 보라.

483 그것이 지닌 불 : 따뜻한 수분 안에 들어 있는 불.

484 신 것과 짠 것으로 이루어진 발효제를 그것들에 첨가하여 섞음으로써 즙
이 풍부하고 부드러운 살을 구성했지요 : 즙에 관해서는 59e5~60b5,
짠맛에 관해서는 65e1~4, 발효와 그 원인이 되는 신맛에 관해서는
66b1~7을 보라.

485 노란 빛깔 : 노란색에 대해서는 68b5~6을 보라.

486 모든 사람 : "사람"으로 옮긴 그리스어 '아네르(anēr)'는 엄밀히 말

해 남성을 뜻한다. 신들이 만든 최초의 인간은 모두 남성이었다. 오직 남성들만 있었기에, 자식을 낳기 위한 생식의 과정 역시 오늘날의 유성생식과는 달랐을 것이다. 다만 티마이오스는 그 과정이 어땠는지에 대해서는 언급하지 않는다. 반면에 여성들은 따로 만들어진 것이 아니라, 인간의 윤회 과정 속에서 남성들로부터 생겨났으며 (90e6~91a1), 그 이후에야 유성생식을 통한 자식의 출산이 이루어지게 된다.

487 몸에 양분을 공급하기 위해 들어가는 것은 모두 필요한 것인 반면, 밖으로 흘러나와서 지혜에 복무하는 말의 흐름이야말로 모든 흐름들 가운데 가장 아름답고 가장 훌륭한 것이기 때문입니다 : 이 대목에서는 필연의 영역에 속하는 양분의 흐름(유입)과 지성 활동의 결과인 말의 흐름(유출)이 대조를 이루고 있다.

488 봉합선들 : 두개골의 접합부인 두개골 봉합선(suture)을 말한다.

489 봉합선들이 갖는 온갖 형태는 혼의 회전과 양분의 힘에서 비롯된 것으로, … 적게 다툴 경우에는 더 적어집니다 : 플라톤은 몸에 들어오거나 나가는 양분의 흐름이 혼과 충돌함으로써(43a6~44d2) 혼의 회전을 일그러뜨릴수록 두개골 봉합선의 형태가 변하고 그 수도 늘어난다고 생각한다. 혼의 궤도가 심하게 파괴될 경우에는 머리 모양도 바뀌게 되는데, 인간의 머리는 둥근 반면 다른 동물들의 머리는 길쭉한 것이 바로 이런 이유 때문이다. 즉 머리가 구체인 것은 천구를 닮은 동시에 지성적인 혼의 회전에 최적화된 형태라 할 수 있는데, 혼의 회전 궤도가 파괴된 동물의 경우에는 머리 모양이 길쭉해졌다는 것이다 (91e2~92a2를 보라).

490 신적인 자 : 원문은 "touto to theion." 다수의 역자들은 이 '신적인 것'이 뇌이며, 구체적으로는 뇌 안에 있는 혼의 불사적인 부분이라고 본다. 실제로 이 말은 69d6(to theion, 신적인 것)와 73c7(to theion sperma, 신적인 씨앗)에서 지성을 대신하는 표현으로 사용되고 있다. 하지만 왜 제작자가 아니라 오히려 제작의 대상이 되는 뇌(와 인간 혼의 불사적 부

분)가 난데없이 제작에 참여하는지를 설명하기가 쉽지 않다. 그래서 이것이 뇌가 아니라 데미우르고스나 그의 명령을 받은 별의 신들을 지칭하는 대표 단수로 보자는 제안도 있다. 즉 이 신적인 자는 바로 아래(76c6~7)에 나오는 "제작자(ho poiōn)"를 뜻한다는 것이다.

491 여름과 겨울에는 충분한 그늘과 피난처를 제공하되, 감각의 예민함을 방해하는 어떠한 장애물도 있어서는 안 된다는 점을 통찰함으로써 : 인간의 신체는 어떠한 이유에서도 지성적인 활동을 방해하는 방향으로 만들어져서는 안 된다. 75a7~c3을 보라.

492 그리고 손가락과 발가락 둘레에서 … 하나의 단단한 피부가 생겨났으니, 이것은 저 보조원인들을 가지고서 제작된 것이기는 하지만, 장차 있게 될 것들을 위하여 가장 원인다운 추론을 통해 구현된 것입니다 : 손톱과 발톱을 말한다. 이것들이 단단한 성질을 띠게 된 것은 이것들을 구성하는 성분들 때문이지만(보조원인), 굳이 이것들이 생겨난 까닭은 장차 생겨날 인간 이외의 동물들의 생존을 신들이 고려했기 때문이다(참된 원인). 참된 원인과 보조원인의 관계에 대해서는 46c7~e6을 보라.

493 인간의 탄생과 함께 곧장 손톱과 발톱이 생겨나도록 그 윤곽을 만들어 놓은 것은 그로부터 비롯된 것입니다 : 인간은 손톱과 발톱을 사용할 일이 별로 없지만, 인간이 타락으로 인하여 다음 생에 동물로 태어날 경우 손톱과 발톱의 필요성이 높아질 것을 통찰하여, 대강이나마 그 윤곽을 만들어 놨다는 뜻이다. 플라톤은 "손톱과 발톱이 마침 단단한 성분의 요소들이 결합함으로써 결과적으로 그러한 형태와 성질을 갖게 되었다"라고 말하는 데 그치지 않고(이것은 기계론적인 설명이다), 앞으로 태어날 동물들의 생존을 위하여 신들이 고안해 낸 것이라고 설명함으로써 목적론적 태도를 취하고 있다. 윤회와 다른 동물로의 재탄생에 대해서는 90e6~92c3을 보라.

494 죽기 마련인 생물의 모든 부분과 지체(肢體)가 함께 자라나게 되긴 했지만 : "죽기 마련인 생물"은 인간을 가리킨다. "부분"과 "지체"는 각각 그리스어 '메레(mere, 단수는 meros)'와 '멜레(melē, 단수는 melos)'를 옮

긴 것이다. 부분과 지체의 관계에 대해서 아리스토텔레스는 다음과 같이 설명하고 있다. 아리스토텔레스, 『동물지』 I, 1, 486a8~13을 보자. "[동물의 부분들 가운데] 어떤 것들은 '부분(merē)'이라고 불릴 뿐만 아니라 '지체(melē)'라고도 불린다. 이때 지체란 부분들로 이루어진 전체이면서 자신 안에 다른 부분들을 갖고 있는 것을 말하는데, 예컨대 머리, 다리, 손, 팔 전체, 그리고 몸통이 이에 해당된다. 왜냐하면 그것들은 그 자체로 전체의 부분들이지만, 그것들에는 다른 부분들이 속하기 때문이다." 예를 들어 머리는 몸의 한 부분이지만, 그 자체로 보면 자기 안에 눈, 코, 입 등을 부분으로 갖고 있는 전체라고 할 수 있다.

495 그러니까 그들은 인간의 본성과 동류의 본성을 다른 형태들 및 감각들과 혼합함으로써 다른 생물이 돋아나도록 했던 것이지요 : "다른 생물"이란 식물을 말한다. 식물은 자연 속에서 신체의 고갈을 피할 수 없는 인간을 위하여 신들이 마련해 준 식량인 것이다. 그런데 인간이 식물을 섭취하여 고갈된 몸을 보충할 수 있기 위해서는, 그 본성이 인간의 본성과 동류여야 한다. 반면에 식물의 형태나 그 감각 능력은 인간과 달라야 한다. 만일 같다면, 식물은 인간과 다를 바 없을 것이고, 결과적으로 인간이 생존을 위해 인간을 잡아먹는 셈이 될 것이기 때문이다.

496 그것들은 오늘날 나무들과 풀들과 씨앗들로서 농업을 통해 양육되어 우리에게 길러지는 것들입니다. 반면에 이전에는 오직 야생의 종류에 속하는 것들만 있었는데, 그것들은 길들여진 것들보다 더 오래 된것들입니다 : 이 대목에서 플라톤이 식물에 관해 언급하면서 사용한 "야생 상태"와 "길들여짐," "양육," 그리고 "길러짐"과 같은 표현은 모두 동물에도 그대로 사용되는 것들이다. 즉 식물 역시 동물과 마찬가지로 길들여졌으며(hēmera), 길들여지기 이전에는 야생 상태(agria)였다는 것이다. 그러므로 마치 목축과 가축의 관계처럼, 농업은 식물에 대하여 일종의 양육 내지는 조련의 역할을 한다고 볼 수 있다.

497 왜냐하면 그것은 시종일관 모든 것을 겪고, 스스로 자기 안에서 자기를 중

심으로 돌며, 외부로부터의 운동은 밀쳐 내고, 자기 고유의 운동을 행하지만, 본래 자신에게 속하는 것들 가운데 무엇인가를 관찰함으로써 추론하는 일은 그것이 생겨날 때부터 허용되지 않았기 때문입니다 : 식물은 한 장소에 뿌리박고 있을 뿐 장소 이동을 할 수 없기에 그 존재 방식이 기본적으로 수동적일 수밖에 없다. 하지만 그렇다고 해서 식물이 운동을 안 하는 것은 아니다. 식물은 물과 양분을 흡수하여 잎과 꽃을 피우고 열매를 맺으며 자라나는 생장 활동을 한다. 위 대목에서 "스스로 자기 안에서 자기를 중심으로 도는" 운동은 식물 안에서 이루어지는 물과 양분의 순환으로 볼 수 있다. 바로 뒤의 "외부로부터의 운동을 밀쳐 낸다"는 표현은 식물이 외부 대상을 능동적으로 밀어낸다는 뜻이 아니라, 식물 역시 자연의 요소들로 이루어진 연장체로서 외부의 자극이나 충격에도 쉽게 스러지지 않고 버틴다는 뜻으로 볼 수 있다. 즉 물과 양분의 흡수와 이를 통한 생장 활동, 그리고 외부의 자극에 저항하며 자기 자신을 유지하는 것 등은 식물에 고유한 운동이라 할 수 있다. 자신에게 고유한 운동을 하기 위해서는 운동의 원리인 혼을 갖고 있어야 한다(예컨대 『파이드로스』 245c1~246a2를 보라). 그런데 티마이오스가 바로 앞에서 언급했듯이(77b3~6), 식물의 혼에는 욕구적인 부류만 있을 뿐, 사유와 추론을 가능케 하는 지성이나, 외부 대상에 대하여 회피나 공격을 감행할 수 있는 능력인 기개는 들어 있지 않다.

498 피부와 살의 접합부 아래에 숨겨진 도관으로서 두 갈래의 혈관 : 대동맥과 대정맥을 지칭하는 것처럼 보인다. 플라톤 시대에는 아직 이 둘이 구별되지 않았다.

499 생식을 담당하는 골수 : 척수를 가리키는 것 같다(74a1~3을 보라).

500 흐름이 아래쪽을 향함으로써 그곳으로부터 다른 부분들을 향해 잘 흐르게 되어 관개(灌漑)가 고르게 이루어지도록 하기 위함이었습니다 : 혈관을 일종의 관개시설로 설명하는 모습은 아리스토텔레스에게서도 찾아볼 수 있다. 아리스토텔레스, 『동물 부분론』 III, 5 668a11~19를 보

자. "그것은 마치 정원 안에 관개시설이 설치되어 단 하나의 원천, 즉 수원으로부터 여러 다양한 수로들을 통해 끊임없이 모든 곳으로 물을 나눠 주고, 또 건물을 지을 때는 기반시설의 도면 전체를 따라 돌들이 배치되는 것과 같으니, 전자의 경우 정원에 심긴 것들은 물로부터 자라기 때문이고, 후자의 경우 기반시설은 돌들을 배치함으로써 지어지기 때문이다. 이와 동일한 방식으로 자연 또한 피를 몸 전체에 걸쳐 관개하였으니, 왜냐하면 본성상 피는 몸 전체의 질료이기 때문이다."

501 그리고 당연한 말이지만, 감각들을 야기하는 몸의 상태가 좌우 각 부분들로부터 몸 전체로 확실하게 전달되도록 하기 위함이었습니다 : 플라톤 시대에는 아직 신경의 존재를 알지 못했다. 그래서 티마이오스는 오늘날 우리가 신경계에 부여하는 감각의 전달 기능을 혈관에 부여하고 있다. 즉 우리의 감각은 혈관을 흐르는 피의 흐름을 통해서 전달된다고 보는 것이다.

502 더 작은 것들로 구성된 모든 것들은 더 큰 것들을 가두는 반면, 더 큰 것들로 구성된 모든 것들은 더 작은 것들을 가둘 수 없다는 사실 : 58a7~c4를 보라.

503 그런데 불은 모든 종들 가운데 가장 작은 입자로 되어 있어서 : 56a3~4를 보라.

504 그래서 신은 복강에서 혈관으로의 관개를 위해 공기와 불을 사용하였으니, 즉 그것들을 가지고 마치 통발처럼 생긴 그물 조직을 짰던 것이지요. 그것은 입구 쪽에서 보면 한 쌍의 깔때기 모양을 하고 있었는데, 신은 그중 하나를 다시 한 번 양 갈래로 엮었습니다. 그리고 그 깔때기로부터 끈 같은 것을 당겨서 그물 조직의 끝에서 끝까지 전체에 걸쳐 둘렀지요 : 우선 "통발"은 그리스어 '퀴르토스(kurtos)'를 옮긴 것이다. 이것은 고대인들이 사용하던 어구(漁具)로, 입구는 넓지만 목이 좁아서 미끼 냄새를 맡은 물고기가 일단 통발 안으로 들어오면 빠져나가기 어려운 형태로 되어 있다. 여기서 "통발처럼 생긴 그물 조직"은 호흡을 수행하는 기관이 된

다. 그리고 "한 쌍의 깔때기"는 각각 기도에서 폐에 이르는 부분과 식도에서 복부에 이르는 부분을 지칭하는 것처럼 보인다. 아래의 그림을 참고하라. "깔때기"는 그리스어 '엥퀴르티온(egkurtion)'을 옮긴 것이다. 사실 이 깔때기가 정확히 무엇을 가리키는지에 대해서는 여러 가지 의견들이 있어 왔지만, 함께 언급되고 있는 통발(kurtos)을 생각한다면, 통발의 입구(en-kurtion)쯤에 해당된다. 한편, "끈 같은 것"으로 옮긴 그리스어 '스코이노스(skhoinos)'는 원래 '골풀'이나 '갈대', 혹은 골풀을 꼬아 만든 '끈'을 뜻한다.

그림 17. 통발과 순환기

505 용기 : "용기(容器)"는 그리스어 '퀴토스(kutos)'를 옮긴 것이다(주 221을 보라). 다른 곳에서는 '강(腔)'으로 옮기기도 했는데, 여기서는 직조되어 속이 빈 통발 모양의 구조를 가리킨다. 일상적으로는 골풀 등으로 엮은 바구니나 광주리를 뜻하기도 한다. 예컨대 에우리피데스, 『이온』 36~40을 보자. "헤르메스 : 그래서 나는 형님인 록시아스[아폴론]에게 호의를 베풀고자, 엮은 광주리(plekton … kutos)를 이곳으로 가져와, 아이가 눈에 띄도록 광주리를 열어 둔 채(anaptupsas kutos) 이 신전의 계단에 갖다 놓았지."

506 그리고 어떤 때는 … 몸을 통해 … 꺼져 들어갔다 다시 나왔다 하도록 하였습니다 : 우리가 숨을 내쉴 때는 흉곽이 홀쭉해져서 마치 안쪽으로 꺼

져 들어가는 것처럼 보이고, 숨을 들이쉴 때는 흉곽이 부풀어 올라서 밖으로 나오는 것처럼 보이는 현상을 설명하고 있다.

507 내부에 묶여 있는 불의 광선들 : 그물 조직의 안쪽을 구성하고 있는 불의 입자들을 말한다.

508 이름 짓는 자 : 플라톤은 『크라튈로스』(388e1~389a4)에서 사물에 이름을 부여하는 일이 입법가의 역할이라고 말한다.

509 마치 샘에서 물을 길어 도관으로 흐르게 하듯이, … 혈관의 흐름이 이어지도록 해 주기 때문입니다 : 온몸의 혈관으로 피를 순환시키는 심장의 역할을 말한다. 심장의 역할에 대해서는 70a7~b2를 보라.

510 움직이는 어떤 것이 들어설 수 있는 허공이라고는 일절 존재하지 않음에도 : 허공의 부정에 관해서는 58a4~7, 59a1~2, 60c1~2를 보라.

511 숨 : 원어는 '프네우마(pneuma).' 맥락에 따라 공기(aēr) 대신 쓰이기도 하는데, 그 경우에는 프네우마를 숨이 아니라 '공기'로 옮겼다.

512 즉 숨은 허공으로 빠져나가는 게 아니라 이웃한 것을 그것의 자리에서 밀어내는 것이지요. 그리고 밀려난 것은 계속해서 이웃한 것을 밀쳐 내고, … 그 모든 것은 마치 바퀴가 구르듯이 동시에 이루어지는 것이니, 이는 허공이라고는 전혀 없기 때문입니다 : 밀쳐 내고 밀려나는 일이 모든 곳에서 동시에 발생하지 않는다면, 그 사이에 틈(허공)이 생길 것이다. 따라서 밀쳐 내고 밀려나는 작용은 마치 바퀴가 구를 때 모든 면이 동시에 회전하면서 각 부분이 연속해서 이웃하는 부분의 자리를 차지하게 되는 것과 같다. 아리스토텔레스는 이것을 "상호전위(antiperistasis)"라는 말로 설명하는데(예컨대 『자연학』 IV, 8, 215a14~19 ; VIII, 10, 267a15~17을 보라), 우리는 이런 생각의 기원을 서기전 6세기 무렵의 자연철학자인 엠페도클레스의 단편에서 찾아볼 수 있다. 그는 허공의 존재를 부정하면서도(DK 31B13, 14 = 『선집』 348쪽), 자연을 구성하는 네 뿌리들(불, 공기, 물, 흙)이 서로 간의 끊임없는 자리바꿈을 통해 운동한다고 말한다(DK 31B17 = 『선집』 356~361쪽).

513 그리하여 바깥으로 숨을 내보낸 가슴과 폐는, … 순환적인 방식으로 숨을

안으로 밀어 넣게 됩니다 : 살을 통해 들어온 공기가 코와 입을 통해 나가고, 코와 입을 통해 들어온 공기는 살을 통해 나가는 방식으로 호흡을 설명하고 있는 것처럼 보인다. 결국 플라톤이 보기에 호흡은 코와 입을 통해서만 수행되는 것이 아니라, 온몸을 통해 이루어지는 셈이다. 아래의 그림을 참고하라.

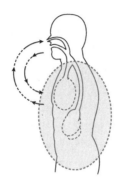

그림 18. 호흡기

플라톤의 호흡 이론에 대하여 아리스토텔레스는 『자연학 소론집』(472b13~20)에서 다음과 같이 설명한다. "플라톤은 더운 숨이 입을 통해 밖으로 나올 때, 주변에 있는 공기가 밀려 이동하면서 성긴 살을 통해서―빈 곳이라고는 없기에 서로 있는 곳을 맞바꾸며―안에 있던 더운 숨이 나왔던 곳과 같은 곳으로 들어간다고 말한다. 그리고 그것이 데워져 다시 같은 곳으로 나오고, 밖으로 나간 더운 공기를 입을 통해 몸안으로 밀어 돌린다고 말한다. 그리고 우리가 숨을 들이쉬고 내쉬면서 이런 과정을 끊임없이 계속해서 행한다고 말한다."

514 **중심부는 끝에서 끝까지 전체가 불로 엮인 반면, 바깥의 다른 부분은 공기로 엮인 것입니다** : 통발의 구조에 대해서는 78b2~c3을 보라.

515 **그뿐만 아니라 의료용 흡각(吸角)의 효과들이라든가, … 모두 그런 식으로 설명을 추구해야 합니다** : 밀침과 밀려남을 통한 순환적인 자리바꿈

현상과 관련하여 플루타르코스는 『도덕론』(1004D~1006B)에서 다음의 일곱 가지 사례를 설명하고 있다. ① 의료용 흡각의 기능, ② 삼키는 행위, ③ 위로 던져진 물체가 떨어지는 현상, ④ 물이 흐르는 현상, ⑤ 벼락, ⑥ 호박과 자석, ⑦ 높은 음과 낮은 음의 조화. ① 의료용 흡인기의 기능 : 뜨거운 컵을 살에 붙이면, 컵 안의 뜨거워진 공기는 운동성이 활발해져서 컵의 표면에 난 작은 구멍들을 통해 밖으로 빠져나가는데, 컵 바깥에는 허공이 따로 존재하지 않기에, 컵을 둘러싸고 있던 바깥 공기를 밀어내게 된다. 그리고 이 바깥 공기는 밀려나면서 다시 살을 압박하게 되는데, 이때 컵 안에 갇혀 있던 살의 부분이 뜨거운 공기가 빠져나간 곳으로 부풀어 오르게 되는 것이다. ② 삼키는 행위 : 입안과 식도는 언제나 공기로 가득 차 있는데, 혀가 음식을 목 안으로 밀어 넣으면, 목안의 공기가 입천장까지 밀려나온 뒤에 다시 음식의 뒤를 따르며 목안으로 밀어 넣는다. ③ 던져진 물체의 추락 : 위로 던져진 물체는 공기를 양쪽으로 가르게 되고, 양쪽으로 밀려난 공기는 던져진 물체의 윗부분에 모이면서 물체를 아래로 밀어낸다. 그 외에 ④, ⑤, ⑥의 설명은 주 521을, ⑦의 설명은 주 517을 보라.

516 또한 빠르고 느리며, 높고 낮게 나타나는 모든 소리들 역시 : 청각과 소리의 본성에 대해서는 67a7~c3을 보라. 플라톤은 높은 음과 낮은 음을 소리의 빠름과 느림으로 이해한 것처럼 보인다.

517 사실 먼저 출발하고 더 빠른 소리의 운동이 서서히 멈추면서 느린 것과 닮아 감에 따라, … 고음과 저음으로부터 한 가지 상태를 혼합해 냈던 것이지요 : 티마이오스는 지금까지 여러 가지 자연 현상들을 밀침과 밀림을 통한 순환과 자리바꿈으로 설명해 왔다. 그렇다면 소리의 운동은 어떻게 설명할 수 있을까? 즉 서로 다른 높이의 소리들이 만날 때(⑦) 그것들이 밀치거나 밀리지 않고 오히려 서로 합쳐져서 협화음을 내는 것처럼 들리는데, 이는 어떻게 설명할 수 있을까? 티마이오스의 설명에 따르면, 공기 중에서 소리가 전파되는 것은 이를테면 발사체의 운동과 비슷하다. 그래서 소리의 높낮이는 발사체의 속도에 대응된다. 즉

고음은 빠른 운동에, 저음은 느린 운동에 해당된다고 볼 수 있다. 이 경우 서로 다른 두 개의 소리가 만나서 서로 밀쳐 내지 않고 조화를 이루게 되는 것은, 낮은 음이 높은 음과 서로 같은 속도로 만나 일치할 때뿐이다. 좀 더 정확히 말하자면, 높은 음에 의해 발생한 운동이 점차 느려지면서 낮은 음이 산출한 운동의 속도와 같아짐으로써 하나가 될 때라는 것이다. 요컨대 높낮이가 서로 다른 두 소리가 만나서 협화음을 이루는 것처럼 들리는 것은 두 소리의 빠르기가 같아져서 하나로 일치를 본 상태라 하겠다.

518 사멸적인 운동 중에 발생하는 신적인 조화의 모방 : "사멸적인 운동"은 음악을 말한다. 음악은 시작과 끝이 있기에 사멸하는 운동이다. 그렇지만 음악은 조화를 통해 아름다운 소리를 낸다는 점에서 무질서한 소음과는 구별된다. 청각의 본성과 음악에 관해서는 47c4~e2를 보라.

519 이로부터 그것들은 분별없는 사람들에게는 감각적 쾌락을 제공한 반면, 분별이 깃든 사람들에게는 사멸적인 운동 중에 발생하는 신적인 조화의 모방을 통해 지적인 즐거움을 제공하게 된 것입니다 : 소리의 조화(특히 음악)는 신이 인간에게 준 선물이다. 이에 관해서는 예컨대 47c6~e2를 보라.

520 헤라클레스의 돌이 보여 주는 놀라운 모습들 : "헤라클레스의 돌"이란 자석(磁石)을 말한다. 예컨대 플라톤, 『이온』 533d1~e3을 보라. 한편, 쇠가 자석에 끌리는 현상을 밀고 밀리는 상호전위를 통해 설명하는 것은 엠페도클레스에게서 처음 나타난다. 예컨대 알렉산드로스 아프로디시아스, 『문제와 해결』 II, 23 (72, 9 Bruns = DK 31 A 89)을 보자. "자석에 관하여. 왜 자석은 쇠를 끌어당기는가? 엠페도클레스의 말에 따르면, 그것은 자석과 쇠 양자에서 흘러나오는 것들 덕분이다. 즉 자석 표면의 구멍들과 쇠에서 흘러나오는 입자들이 서로 일치하기에 쇠가 자석을 향해 이동한다는 것이다. 한편으로, 자석에서 흘러나오는 입자들은 쇠의 표면에 난 구멍들 위에 있는 공기를 밀쳐 내고 그렇게 구멍들을 막고 있던 공기를 이동시킨다. 다른 한편, 공기가

떨어져 나가면 쇠는 조밀한 흐름을 따르게 된다. 그런데 쇠로부터 흘러나온 입자들이 자석에 난 구멍들을 향해 이동할 경우 그 입자들은 이 구멍들과 일치하고 잘 맞아떨어지기 때문에, 쇠 역시 흘러나온 것들과 함께 자석을 따르고 자석을 향해 이동한다는 것이다."

521 사실은 어떠한 허공도 존재하지 않고, 그것들은 자기들끼리 서로 순환적으로 밀어내는가 하면, 분리되고 결합되고 하면서 자기들의 자리를 바꾸는 와중에 모든 것들 각각이 이동하는 것이니, 그 효과들이 서로 얽힘으로써, 놀라움을 야기하는 것들이 적절한 방식에 따라 탐구하는 사람에게는 분명하게 보일 것입니다 : 결국 놀라워 보이는 현상들도 알고 보면 밀고 밀리는 상호전위를 통해서, 즉 자연적인 원인들을 통해서 설명되어야 한다는 뜻이다. 상호전위를 통한 자연 현상의 설명으로는 다음과 같은 예들을 들어 볼 수 있다(주 515에서 계속). ④ 물의 흐름은 그 표면에 있는 공기의 소용돌이나 역류에 의해 물이 밀려남으로써 이루어지는 것이다. ⑤ 벼락이 떨어지는 것은 구름들 간의 충돌을 통해서 불이 땅으로 곤두박질치고, 또 불이 공기를 쪼개는 와중에 겪게 되는 공기의 반작용을 통해 같은 방향으로 밀려나는 데서 비롯된 것이다. ⑥ 호박과 자석 또한 엄밀하게 말해서 끌어당긴다고 할 수 없다. 그와 반대로, 그것들의 구멍들에서 발산된 것들이 일종의 궤도를 만들어 내고 주변의 물체들을 자기들 쪽으로 떠미는 것이다. 호박의 경우, 막힌 구멍들을 뚫기 위해서는 사전에 그것을 문질러줘야 한다(마찰). 오직 쇠만이 자석에 이끌리는 이유는, 호박의 구멍에서 발산된 것들이 미끄러지거나 그냥 통과해 버리지 않을 만큼의 적당한 조밀함을 갖고 있기 때문이다.

522 즉 앞서 말했듯이 : 79a5~e9를 보라.

523 아울러 새롭게 쪼개지면서 동류의 것들에 속하는 양분들은, 열매나 풀에서 비롯된 것들로서 신이 바로 이 목적, 그러니까 우리를 위한 양식을 위하여 심은 것들이지요 : 76e7~77c5를 보라. 티마이오스에 따르면, 식물은 인간의 식량으로서 신들에 의해 고안된 것이다. 이 대목에서 플라

톤에게 어느 정도 채식주의의 경향이 있다고 추측할 수도 있다. 이에
관해서는 김유석 (2015, 42~50쪽)을 보라.

524 수분 안에서 자르고 물들이는 불의 기능에 의해 만들어진 것입니다 : (피의) 빨강은 빛의 한 종류가 수분과 섞이면서 일어나는 현상이다. 예컨대 68b1~5을 보라.

525 그런데 그 채움과 비움의 방식은 우주 전체 안에서 전체의 이동이 일어나는 식으로 생겨나는데, 그 이동이란 동류인 것 전체가 자기 자신을 향해 이동하는 것입니다 : 자연을 구성하는 원소들의 이동 방식에 대해서는 58a4~c4를 보라.

526 외부에서 둘러싸고 있는 것들은 우리를 끊임없이 해체하며, 각각의 종들에게 그와 동종의 것들을 분배해 주니까요 : 생명유기체가 죽으면 부패를 통해 요소들로 해체되고, 그렇게 해체된 요소들은 자기들과 동종의 자연물로 되돌아간다. 이에 관해서는 앞의 주 211을 보라.

527 그런데 피를 구성하는 것들은 우리의 내부에서 잘게 쪼개지며, ⋯ 각자 동류의 것들을 향해 이동함으로써 : 자연에서 생물의 죽음과 그에 따른 해체가 일어나는 것과 마찬가지로, 인간의 몸안에서도 피를 구성하는 것들은 잘게 해체되며, 해체된 피의 성분(즉 양분)은 신체를 구성하는 동종의 요소들에게로 분배된다. 혼에 있어서 대우주(세계 혼)와 소우주(인간 혼)의 관계가 설정되듯이, 몸에 있어서도 대우주(자연 전체)와 소우주(인간 신체)의 관계가 설정된다고 할 수 있다.

528 비워진 부분을 즉시 채우게 되는 것입니다 : 플라톤의 우주에는 허공이 존재하지 않기에 인간 몸의 빈 부분 역시 허용될 수 없다.

529 마치 조선대(造船臺)에서 갓 나온 배처럼 : 여기서 "조선대"는 그리스어 '드뤼오코이(druokhoi)'를 옮긴 것인데, 이 말은 일차적으로 배의 용골을 괴는 데 사용하는 버팀목이나 지지대를 뜻한다. 하지만 이 말이 엄격하게 조선술과 관련된 용어인지는 확실치 않다. 좀 더 일반적으로는 '작업대' 정도의 의미로 이해할 수도 있겠다. 그 경우 위 대목은 '마치 작업대에서 갓 나온 제품처럼'으로 옮길 수 있다.

530 실로 음식과 음료를 구성하는 삼각형들은 밖에서 들어와 생물의 조직 안에 붙잡히게 되는데, … 다수의 닮은 삼각형들을 가지고 생물을 양육함으로써 그것을 크게 만들어 줍니다 : 음식의 섭취를 통한 성장에 관해서는 예컨대 『파이돈』 96d1~6을 보자. "음식물들로부터 살은 살에 더해지고, 뼈는 뼈에, 그리고 같은 원리로 각각의 것에 그것들에 고유한 것이 더해지게 되면, 바로 그때 작은 덩치였던 것이 후에 크게 되는 것이고, 이런 식으로 작은 사람이 큰 사람이 되는 것이라고 말일세."

531 하지만 이 삼각형들이 … 그 뿌리가 느슨해지면 : 직역하면 '삼각형들의 뿌리(hē rhiza tōn trigonōn khalāi)가 … 느슨해지면.'이다. 요소삼각형들 자체는 해체되지 않기에, 여기서 말하는 "뿌리(rhiza)"는 요소삼각형들을 결속시켜 주는 기반이나 토대 정도를 뜻한다고 볼 수 있다.

532 오히려 자기들이 밖에서 다가드는 것들에 의해 손쉽게 분해되고 말지요 : 요컨대 몸의 해체를 야기하는 것은 외부에서 부딪혀 오는 물체들인 셈이다. 이에 관해서는 33a2~6을 보라.

533 그리고 마침내, 골수와 관련된 삼각형들을 묶어 주던 끈들이 노고를 더 이상 견디지 못하고 풀리면, 그것들은 다시 혼의 끈들을 놓아 주게 되지요 : 살아 있는 동안에 혼은 골수 안에서 생명의 끈으로 묶여 있게 된다(예컨대 73b3~c6을 보라). 반면에 죽음은 몸에서 혼이 분리되는 것이다(예컨대 『파이돈』 64c4~8을 보라).

534 자연스럽게 풀려난 혼 : 즉 자살이나 질병, 혹은 사고 등으로 죽은 것이 아니라 천수를 누리고 자연사한 경우를 말한다.

535 왜냐하면 자연에 반하는 모든 것은 고통스러운 반면, 자연히 이루어지는 것은 즐겁기 때문입니다 : 즐거움과 괴로움의 본성에 관해서는 64c8~d3을 보라.

536 내전 : 원어는 '스타시스(stasis).' 이 말은 원래 '정지' 또는 '점유'를 의미한다(주 353을 보라). 티마이오스는 질병을 신체의 구성 요소들의 조화가 깨진 상태로 보고, 이를 몸안에서 일어나는 '내전'이나 '내분'으로 부르는 듯하다. 질병과 내전의 관계에 대해서는 85e10~86a1을

보라. 참고로 『소피스트』(228a4~9)를 보자. "[엘레아의 이방인] 아마 당신은 질병이 내분과 같은 것이라고 생각한 적이 없나 보군요?—[테아이테토스] 그 점에 대해서도 제가 뭐라고 대답해야 할지 모르겠네요.—[이방인] 당신은 내분이 본래 동족인 것이 어떤 파괴로 말미암아 불일치하게 되는 것 말고 다른 어떤 것이라고 생각하시오?—[테아이테토스] 전혀요!"

537 왜냐하면 몸을 구성하는 것들은 흙, 불, 물, 공기의 네 종류인데, … 내전과 질병을 가져다주는 것이지요 : 신체의 질병과 관련하여 티마이오스는 그 원인들을 크게 다음의 세 부류로 나눠 살펴볼 것이다. (1) 요소들의 과잉이나 결핍, 혹은 잘못된 이동에서 비롯되는 질병들(81e6~82b7), (2) 신체의 조직과 관련된 질병들(82b8~84c7), (3) 마지막으로 호흡(84c8~85a1), 점액(85a1~b5), 담즙(85b5~86a2), 열(86a2~8)과 관련된 질병들.

538 이차적으로 구성된 것들 : 일차적인 구성물인 불, 공기, 물, 흙이 결합을 통해 이차적으로 구성된 신체 기관들.

539 사실 골수와 뼈와 살과 힘줄이 저 일차적인 것들로부터 결합되었고 : 골수에 관해서는 73b1~e1, 뼈에 관해서는 73e1~74a7, 그리고 힘줄에 관해서는 74d2~e1을 보라.

540 피 또한 방식은 다를지언정 같은 것들로부터 생겨났기에 : 피는 음식물이 네 가지 원소들로 분해된 결과로서 생겨난 것이다. 80d6~81b4를 보라.

541 자연스러운 순환의 질서 : 규칙적인 맥박을 가리키는 듯하다.

542 담즙 빛깔 : 원어는 '콜로데스(kholōdes)'로서 다수의 사본들(AFY)이 그렇게 읽고 있다. 이와 달리 갈레누스의 독법을 받아들여 '클로오데스(khloōdes, 초록)'로 읽는 학자들도 있다. 티마이오스는 앞에서(68c7) 초록이 황갈색과 검정의 혼합으로 나온다고 말한 바 있다. 반면에, 위의 대목에서 말하는 빛깔은 피에 잠겨 붉은 빛깔을 띠게 된 쓴 것이 검정과 결합해서 나온 것이어서 간단히 초록이라고 단정하기는 어렵다.

543 여러 가지 닮지 않은 것들을 들여다보고 그 속에서 모든 것들의 명칭에 어울리는 한 가지 종류를 발견할 수 있었던 누군가였겠지요 : 다양한 것들에 공히 걸쳐 있는 하나의 이데아(성질)를 포착하여 규정하는 기술은 변증술이다. 그러므로 여기서 말하는 그 "누군가"는 아마 의사들 가운데 변증술에 능한 사람일 것이다. 이러한 변증술의 역할에 관해서는 『필레보스』 16c1~17a5를 보라.

544 피의 맑은 부분 : 원문은 "haimatos oros"이다. 원래 '오로스(oros)'는 '유장(乳漿)'을 뜻하는데, 이것은 젖 성분에서 단백질과 지방을 제거하고 남은 부분으로서, 치즈를 만들 때 엉킨 젖을 거르고 남은 액체를 가리킨다. 예컨대 『오뒷세이아』에서 오뒷세우스 일행은 퀴클롭스(외눈박이 거인)인 폴뤼페모스의 동굴에서 그릇들마다 유장이 가득 들어 있음을 발견한다. 『오뒷세이아』 IX, 222~223을 보자. "그리고 통이든 대접이든 그릇이란 그릇은 모두 유장(乳漿)이 가득 했으니, 손으로 만든 이 그릇들에 그자는 젖을 짰던 것이오." 하지만 우리 텍스트에서는 피를 거른 뒤에 남은 물과 같이 맑은 부분으로서 '혈청(血淸)'을 가리킨다.

545 신맛의 점액 : 산성 점액으로 위산에 속하는 것들을 가리키는 듯하다.

546 그것이 공기를 머금은 채 수분에 의해 감싸이며. … 그 거품이 생겨남으로 인해 보기에 흰색을 띠는 경우 : 물방울과 거품의 발생에 관해서는 66a2~b7을 보라.

547 백색 점액 : 아마도 가래나 그와 비슷한 것들.

548 땀과 눈물 : 땀에 관해서는 74c1~3, 눈물에 관해서는 67e6~68a2를 보라.

549 그 기반들이 버텨 낸다면 : 비록 살이 파괴된다 하더라도 살과 뼈를 묶어 주는 끈이 무사하여, 살의 뿌리들이 상하지 않는 경우를 말한다. 이와 대조적으로, 바로 이어지는 대목에서는 더 심각한 상황, 즉 살과 뼈를 이어 주는 끈이 손상되고 살이 그 뿌리들로부터 떨어져 나가는 상황을 언급하고 있다.

550 뼈와 살을 함께 묶어 주는 것 : 앞서 티마이오스는 이것이 힘줄과 살에서 나오는 끈적끈적하고 기름진 성분이라고 언급한 바 있다. 82d2~5를 보라.

551 뼈와 살을 함께 묶어 주는 것이 병에 걸릴 경우, 그리고 그 자신이 그것들로부터는 물론 힘줄로부터도 떨어져 나감으로써 : 사본에 흠결이 있어서 학자들마다 서로 다른 독법을 취하고 있다. 여기서는 리보(A. Rivaud, 1925)의 독법을 따라 "auto ex ekeinon † hama kai neurōn apokhōrizomenon (그 자신이 저것들로-즉 뼈와 살-은 물론, 힘줄들로부터도 떨어져 나감으로써)"라고 읽었다. 하지만 다음과 같이 달리 읽을 수도 있다. 버넷(J. Burnet, 1905) "auto ex inon † haima kai neurōn apokhōrizomenon (피 자체가 섬유소와 힘줄로부터 떨어져 나감에 따라)" ; 콘포드(F. M. Cornford, 1937, 399, n. 3) "au to ex ekeinōn nama kai neurōn apokhōrizomenon (다시 이번에는 저것들과 힘줄들로부터 떨어져 나오는 흐름이)." ; 질(D. Zeyl, 2000, 79, n. 89) : "au to ex ekeinōn hama kai neurōn apokhōrizomenon (다시 이번에는 저것들과 함께 힘줄로부터 떨어져 나오는 것이)."

552 그 자신이 뼈에서 분리됨으로써 살과 힘줄을 향해 부스러지는 한편 : "살과 힘줄을 향해"는 "hupo tas sarkas kai ta neura"를 옮긴 것이다. 전치사 '휘포(hupo)'는 통상 '아래'를 뜻하지만, 이 대목에서는 다수의 번역자들이 콘포드(Cornford 1937, 339, n. 3)의 제안에 따라 '~쪽을 향해(up into)'로 옮겼다. 만약 '아래'로 읽을 경우, 뼈와 살을 묶어 주는 것이 뼈에서 분리되어 '살과 힘줄 아래로' 부스러진다고 읽어야 하는데, 이것은 부자연스럽다. 왜냐하면 실제로는 피부 아래에 가죽이, 가죽 아래에 살과 힘줄이, 그리고 살과 힘줄 아래 가장 깊숙한 곳에 뼈가 위치하기 때문이다. 따라서 '살과 힘줄 아래로'보다는 '살과 힘줄을 향해'로 읽는 것이 한결 자연스러워 보인다. 그렇지만 어쨌든 이 질병의 원인은 분명하다. 피에서 살과 힘줄이 생겨나고, 다시 살과 힘줄에서 형성된 끈적끈적하고 기름진 성분이 뼈를 자라게 하는 것이

자연스러운 과정인데, 이러한 과정이 역행함으로써 병이 발생한다는 것이다. 이와 관련해서는 82c7~d5를 보라.

553 힘줄은 헐벗고 염분 가득한 상태로 방치되지요 : 소금은 흙과 물의 혼합으로 생겨난 것이다(60d4~e2). 그리고 살은 불과 물과 흙의 혼합에 신맛과 짠맛의 발효제를 섞어 만든 것이다(74c5~d2). 따라서 질병으로 인해 살이 해체되고 힘줄로부터 떨어져 나갈 경우 살의 구성 성분인 소금만 남게 되는 것이다.

554 앞서 언급한 질병들 : 이차적으로 구성된 살과 뼈와 힘줄 등의 생성이 역행하면서 발생하는 질병들로서, 구체적으로는 해체된 살의 부스러기가 혈관에 섞여 들어가면서 생기는 문제들. 82e2~83a5을 보라.

555 그보다 더 깊숙이 있는 것들 : 원문은 "ta pro toutōn"인데 여기서 전치사 "프로(pro)"는 '~앞에'라는 뜻이기에, '그보다 앞에 있는 것들'이라고 옮기는 것이 더 정확하다. 하지만 우리 번역에서는 콘포드(F. M. Cornford, 1937, 340)와 브리송(L Brisson, 2017)의 해석을 좇아 'pro'를 '더 깊숙이(deeper ; plus profond)'로 옮겼다. 왜냐하면 이 대목에서 티마이오스는 살과 힘줄보다 더 아래 감싸여 있는 뼈에 관한 질병을 다루려 하기 때문이다. 달리 말하면, 질병에 관한 시선이 몸의 외부로부터 내부를 향해 이동하고 있다고 볼 수 있다. 이에 관해서는 주 553, 그리고 L. Brisson, 2017, 275, n. 754를 보라.

556 무엇인가의 결핍이나 과잉으로 인해 골수가 병에 걸릴 때이며 : 앞서 (73b5~c3) 티마이오스는 골수가 가장 곧고 반듯한 삼각형들로 이루어진 불, 공기, 물, 흙의 혼합을 통해 생겨났다고 언급한 바 있다.

557 몸에 숨을 나눠 주는 기관인 폐 : 하지만 앞의 설명에 따르면, 폐에는 숨을 운반하는 기능이 없다. 폐는 스폰지와 같은 구조로 되어 있으며, 심장을 식혀 주는 기능을 한다(70c1~d6). 실제로 호흡(들숨과 날숨)은 폐가 아니라 몸을 채우고 있는 통발 구조에서 발생하는 공기의 유입과 유출을 통해 설명되고 있다(78c3~79c7).

558 폐가 흘러나오는 것들로 막히는 바람에 출구를 청소하지 못할 경우, … 헤

아릴 수 없이 많은 고통스러운 질병들이 종종 다량의 땀과 함께 발생하곤 하는 것입니다 : 폐결핵이나 늑막염 같은 폐 관련 질환을 가리키는 듯하다. 참고로 땀에 관해서는 74c1~5과 83d7~e2를 보라.

559 그리하여 그 질병들은 바로 그런 경직 상태를 겪는 데서 비롯된 것들로서, '강직성 경련'과 '후궁반장(後弓反張)'이라는 이름으로 불렸습니다. … 그런 상태를 가장 잘 해결해 주는 것은 열이 동반할 때거든요 : 강직성 경련 (tetanos)은 '강축'이라고도 하는데, 히포크라테스 시대에는 종종 경련 (spasmos) 일반을 가리키는 말로 사용되기도 했다. 또한 아리스토텔레스는 『동물지』(VIII 24, 604b4~6)에서 "동물들 역시 강직성 경련에 걸리는데, 그 증상으로는 혈관이 경직되고 머리와 목도 그러하며, 다리가 뻣뻣해진 채 돌아다닌다"라고 적고 있다. 이러한 경련 혹은 강직성 경련 증세를 보이는 환자들의 경우 경련에 이어 열이 함께 발생하게 되는데, 이렇게 함께 발생한 열에 의해 강직이 점차 해소된다고 보았다. 후궁반장(opisthotonos)은 몸이 활처럼 뒤로 젖혀지며 경련을 일으키는 현상을 말하며, 역시 히포크라테스의 저술(『유행병』 V, 75~76)에 언급되어 있다.

560 반면에 몸 밖으로 난 출구를 확보할 경우에는 … 몸을 백색 반점들로 얼룩지게 하며 그 반점들과 동류에 속하는 질병들을 낳게 되는 것이지요 : 주로 코카서스 인종에게 나타나는 백반증이나, 발병 초기에 피부가 하얗게 변하는 한센병 등 피부 관련 질병들을 가리키는 것처럼 보인다.

561 가장 신적인 회전들 : 같음과 다름의 회전으로 구성된 혼의 지성적 부분을 말한다. 인간의 혼이 몸에 결합되는 과정에 대해서는 42e6~43a6을 보라.

562 신성한 질병 : 간질(癎疾, epilepsy)을 말한다. 고대인들이 간질을 신성한 질병(hierē nousos)이라고 불렀던 것에 관해서는 히포크라테스, 『히포크라테스 선집』(2011, 91~128쪽)을 보라.

563 분비액의 흐름으로 인해 발생하는 모든 질병 : 분비액이 머리에서 몸으로 흘러내리면서 발생하는, 이른바 카타르성(katarroika) 염증을 총칭

하는 것처럼 보인다.

564 우리가 '몸에 염증을 일으킨다'고 말하는 것들의 경우, 그 모든 것들은 불타거나 달아오르거나 하는 데서 비롯되며, 모두 담즙 때문에 생겨나는 것입니다 : 티마이오스는 염증이 생기는 것(phlegmainein)을 불에 타고(kaesthai) 달아오른다(phlegesthai)는 표현과의 연관성에서 찾고 있는데, 이는 염증을 점액(phlegma) 관련 질환과 구별하려는 의도인 것처럼 보인다. 즉 염증은 점액이 아니라 담즙에 의해 발생하는 질병이라는 것이다.

565 반면에 담즙이 다량으로 흘러들 경우, … 섬유소들을 제압하고 끓게 만듦으로써 : 끓어오르는 현상은 신맛으로 인해 생겨난다(66b6~7). 담즙은 살의 가장 오래 된 부분이 녹아서 생겨난 것이다. 담즙의 발생에 대해서는 83a5~c4를 보라.

566 마치 배의 밧줄을 풀듯이, 그곳에 있는 혼의 밧줄을 풀어 버리고 혼을 자유롭게 놓아주지요 : 티마이오스는 앞에서(73c2~4) 신이 혼들을 종류별로 골수에 묶어 두었다고 언급한 바 있다. 혼이 골수에서 풀려나 자유롭게 된다는 것은 곧 인간의 죽음을 의미한다.

567 마치 내전을 치른 뒤에 도시에서 추방당하는 것처럼 몸에서 쫓겨 나감으로써 : 질병을 내전(stasis)에 비유하는 것에 관해서는 주 536을 보라.

568 이는 물이 공기나 불보다는 느리기 때문이지요 : 불, 공기, 물, 흙의 구조와 그에 따른 운동성에 관해서는 56a6~b3을 보라.

569 이번에는 주로 불의 과잉으로 인해 몸이 병드는 경우, … 여간해서는 벗어나기 어렵습니다 : 이 설명에 따르면 열병은 모두 요소들의 과잉에 의해 발생하는 셈인데, 이는 다음과 같은 도식으로 정리할 수 있다(질병의 분류 방식에 대한 언급으로는 주 537을 보라).

불	공기	물	흙
온(溫)	냉(冷)	습(濕)	건(乾)
노란색 담즙 (83b6~8)	백색 점액 (83c7~d6)	피 (80e2~4)	검정색 담즙 (83a5~b2)
지속열	매일열	삼일열	사일열

570 광기 : 광기의 종류에 대해서는 『파이드로스』 244b6~d5, 265b2~c3 을 보라.

571 매번 수많은 고통과 수많은 쾌락을 겪게 되고 : 정자가 과도하게 넘쳐나 는 사람에게는 성적인 쾌락과 고통이 부단히 반복된다는 뜻이다.

572 그런 몸으로 인해 병들고 분별없는 혼을 갖게 되지만, 사람들은 그가 병에 걸려서가 아니라 고의로 나쁘게 군다고 생각하지요 : 이러한 주장은 덕이 일종의 앎이며 악은 무지와 다름없다고 하는, 이른바 주지주의 윤리 학의 성향을 보여 준다. 이러한 주지주의적인 태도는 역사적 소크라 테스에 관한 증언에도 나타나지만(예컨대 크세노폰, 『회상』 III, 94 ; IV, 6, 6), 플라톤의 대화편들에도 이와 같은 입장이 여러 차례 등장한다. 예컨대 『소크라테스의 변명』 26a1~4 ; 『고르기아스』 509d7~e7 ; 『프 로타고라스』 345d9~e4, 357c6~e8, 358a1~c5 ; 『메논』 77d7~e4 ; 『국가』 IX, 589c6 ; 『소피스트』 230a5~9 ; 『법률』 V, 731c1~7 ; IX, 860d1~e3 등.

573 뼈의 성긴 조직 때문에 몸안을 흐르고 적셔 대는 것들 중 한 부류가 겪는 상태로 말미암아 : 여기서 말하는 "한 부류가 겪는 상태"란 골수; 그중 에서도 생식을 담당하는 골수가 겪는 상태를 말한다. 앞서(82d5~e1) 티마이오스는 삼각형들 중에서도 가장 순수하고 반듯한 것들이 뼈의 조직을 통해 걸러지며, 이것들이 골수의 양식이 된다고 언급한 바 있 다. 그런데 뼈의 조직이 너무 성겨서 구멍이 많다면 생식 골수는 양 분을 적정량보다 더 많이 섭취하게 되며, 이로 인해 비정상적으로 왕 성한 성욕을 갖게 되는 것이다.

574 그것들 각각이 침범하게 되는 장소는 온갖 종류의 변덕과 낙담으로 다채로 워지는가 하면, 무모함과 비겁함, 더 나아가 망각과 아둔함으로 다채로워집 니다 : 변덕과 낙담은 혼의 욕구적인 부분이, 무모함과 비겁함은 기개 의 부분이, 그리고 망각과 아둔함은 혼의 지성적인 부분이 겪는 병이 라 하겠다.

575 나쁘게 굳어진 사람들로 나쁜 정체들이 이루어지고, … 그것들을 치유할 수 있는 학과들 역시 어린 시절부터 조금이라도 가르쳐지지 않을 경우 : 개 인의 잘못과 타락(즉 혼의 질병)은 공동체의 잘못과 타락으로 이어지 며(예컨대 『일곱째 편지』 325d6~326a7을 보라), 결국 이러한 문제의 근본 적인 해결책은 교육에서 찾아야 한다는 생각은 플라톤 정치철학의 핵 심이라 할 수 있다(예컨대 『국가』 VI, 492a1~5를 보라).

576 저 두 가지로 인해 : 한편으로는 혼의 질병을 야기하기 쉬운 몸의 구조 때문에, 그리고 다른 한편으로는 교육의 부재 때문에.

577 습득하고 배워야 할 학과들 : 이것들은 대체로 일상의 연습을 통해 익 혀야 할 것들(epitēdeumata)과 배워서 알게 되는 교과들(mathēmata)을 의미한다. 이와 관련해서는 예컨대 플라톤, 『라케스』 180a4, 182c3, 190e2 ; 『국가』 VII, 560b8~9를 보라.

578 다른 성격의 논의들 : 젊은이들의 양육과 시민 교육에 관한 문제는 『국 가』의 주제이기도 하다.

579 아름다운 것치고 균형 잡히지 않은 것은 없지요 : 아름다움은 적도와 균 형을 통해 나타난다는 것에 대해서는 『필레보스』 64e5~7을 보라.

580 체형상 더 약하고 더 왜소한 몸이 강력하고 모든 면에서 월등한 혼을 갖는 경우 : "갖는 경우"는 "hotan skhēi"를 옮긴 것이다(AP, Rivaud). 반면 에 몸이 "혼의 탈것(okhēma, 44e2, 69c7)"이라는 앞서의 언급에 주목 하여 '더 약한 몸이 더 강한 혼을 태우는 경우(okhēi)'로 읽자는 제안 도 있다(FWY, Burnet). 어느 쪽 독법이든 이 대목은 허약한 몸에 강한 정신이 깃들어 불균형이 발생하는 경우를 말한다.

581 그것이 모든 볼거리들 중에서도 가장 아름답고 가장 사랑스럽다는 사실 말

입니다 : 이에 대해서는 『국가』 III, 402d1~4를 보라.

582 인간에게는 본래 이중의 욕구가 있어서, … 가장 심각한 질병인 무지를 산출하게 됩니다 : 신체의 생리적인 욕구 활동은 혼의 지성적 사유 활동을 방해한다. 『파이돈』 66b1~67b5를 보라.

583 이는 양자가 서로 견제함으로써 균형을 맞추고 건강을 유지하도록 하기 위함입니다 : 플라톤의 생각에 따르면, 혼이 몸을 다스리고 몸은 혼에 복종할 때 건강을 비롯하여 일체의 좋음이 실현되지만, 그렇다고 해서 몸 자체가 거부되거나 무시되는 것은 아니다.

584 그런 식으로 수학자라든가, … 혼의 운동도 역으로 제공해 줘야겠지요 : 음악과 체육 교육의 필요성에 관해서는 『국가』 III, 410b10~412a7을 참고하라.

585 누군가가 정당하고 바르게 '아름다운 동시에 훌륭한 사람'이라고 불리고자 한다면 말입니다 : "아름답고 동시에 훌륭한 사람(kalos te k'agathos)"이라는 표현은 심신 모두에서 가장 이상적인 인간을 뜻하는 말로, 플라톤의 대화편에 종종 등장한다. 예컨대 『프로타고라스』 315d8~e1 ; 『국가』 III, 402a1 ; 『테아이테토스』 185e4~5 등이 있다. 결국 플라톤의 『티마이오스』는 우주론을 그 주제로 삼으면서도, 논의의 배경에는 언제나 인간적인 훌륭함이라는 윤리적인 문제를 놓지 않고 있다.

586 이 부분들 : 인간(의 혼과 몸)을 말한다.

587 우주의 '양육자'이자 '유모'라고 불렀던 것 : 즉 생성의 수용자. 48e2~51b6을 보라.

588 지속적으로 일정한 운동을 자신에게 일으킴으로써 시종일관 안팎에서 발생하는 자연적인 운동을 막아 낸다면 : 이 문장의 마지막 대목인 "자연적인 운동을 막아 낸다면"은 "amunētai kata phusin kineseis"를 옮긴 것인데, 다른 번역도 가능하다. 우선 우리 번역에서는 kata phusin (자연에 따르는)을 kineseis(운동들)에 걸어서 '자연에 따르는 운동', 즉 외부에서 다가오는 자연의 운동으로 이해하였다. 이와 달리 kata phusin을 동사인 amunētai (막아 내다)에 걸어서 읽을 수도 있는

데, 그 경우에는 '시종일관 안팎에서 발생하는 운동을 자연스럽게(본성에 부합하게) 막아 낸다면'으로 옮길 수 있다.

589 몸과 관련하여 불규칙한 인상을 야기하는 성질들과 부분들을 적도에 맞게 흔들어 줌으로써, … 질서 있게 배치해 준다면 : 수용자와 그 안에 들어 있는 물질들의 운동 방식에 관한 설명으로는 52d2~53a7을 보라. 데미우르고스의 제작을 통해 우주가 질서를 갖춘 뒤에도 원소들이 우주의 각 부분으로 자연스럽게 이동하고 적절히 분배되는 일은 여전히 수용자의 운동에 속한다(예컨대 58a4~c4를 보라). 이와 마찬가지로 인간은 신체 훈련을 통해서 몸안으로 들어오는 양분과 원소들의 자연스러운 이동과 적절한 분배를 보장받을 수 있다(예컨대 81a2~b4를 보라).

590 가장 훌륭한 운동은 자기 안에서 스스로 이루어지는 것 : 천체의 회전 운동을 말한다. 34a3~5를 보라.

591 모든 종에 걸쳐 정해진 삶의 시간을 갖게 되며 : "정해진 삶의 시간"은 수명(壽命)을 말한다. 모든 생물은 각자에게 고유한 수명이 있다. 이에 대해서는 아리스토텔레스의 『생성소멸론』 II, 10, 336b10~11을 보자. "[반대인 것에 대해서는 그와 반대인 것이 원인이며, 자연적인 소멸과 생성은 같은 시간 안에서 발생하기에] 각 생물의 시간과 삶[즉 수명 ─ 인용자]은 수를 가지며, 또 수로써 규정된다. 왜냐하면 모든 것에는 질서가 있으며, 모든 삶과 시간은 주기를 통해 측정되기 때문이다. 다만 모든 시간과 삶이 같은 주기로 측정되는 것은 아니다. 어떤 것들은 보다 짧은 주기로, 또 어떤 것들은 보다 긴 주기로 측정된다. 왜냐하면 어떤 것들은 그 주기가 1년으로 측정되고, 또 어떤 것들은 더 긴 주기로, 그리고 또 어떤 것들은 더 짧은 주기로 측정되기 때문이다."

592 어쩔 수 없이 겪는 것들을 제외하면 : 즉 외적인 우연에 의해 일어나는 사건이나 사고, 혹은 질병 등과 같은 경우를 제외하면.

593 결합물로서의 생물 : 살아 있는 것, 즉 생물은 혼과 몸이 결합된 것이다. 반면에 죽음은 몸에서 혼이 분리되는 것이다. 죽음에 관해서는

주 533을 보라.

594 장차 다스릴 부분 그 자체 : 혼의 지성적인 부분.

595 누군가가 그것을 부수적인 주제로 삼아 : 주요 탐구 주제가 아니라 소일 거리 혹은 취미로 삼아. 예컨대 21c4~5, 38e1, 51c7~d1을 보라.

596 이미 여러 차례 말했듯이 : 인간 혼의 종류와 위치에 관해서는 69d6~70a7을 보라.

597 신령 : "신령"은 그리스어 '다이몬(daimōn)'을 옮긴 것이다. 신들이 인간에게 넣어 준 신령이란 물론 혼의 지성적인 부분을 의미한다. 다이몬에 대해서는『파이돈』107d5~e2 ;『국가』X, 617e1을 보라.

598 우리 몸의 가장 꼭대기 : 머리.

599 혼이 처음으로 생겨나 자란 곳이 하늘인 이상 : 데미우르고스는 인간 혼을 제작한 다음에 별들에게 하나씩 나눠 주었다. 따라서 인간 혼의 수는 별들의 수와 같으며, 인간 혼의 고향은 별인 셈이다. 이에 대해서는 주 195를 보라.

600 정욕과 승리욕 : 각각 혼의 욕구적 부분과 기개적 부분의 성향을 의미한다.

601 언제나 신적인 부분을 돌보고, 또 자기 안에 함께 살고 있는 신령을 질서가 잘 잡힌 상태로 유지하는 이상, 그 사람은 압도적으로 행복할 수밖에 없지요 : 우선 "자기 안에"는 "en autōi"(AFWY, Rivaud)를 옮긴 것이다. 이와 달리 "자기와(heautōi)"로 읽자는 제안도 있다(Iamblichos, Burnet). 어느 쪽 독법을 따르든 이 대목은 행복의 어원을 암시하고 있다. 즉 그리스어로 '행복하다'는 '에우다이몬(eudaimōn)'인데, 이 말은 인간 안에 있는 신령(daimōn)이 좋은 상태를 유지하며 잘(eu) 지내고 있다는 뜻이다.

602 우주가 수행하는 사유 : 우주 혼의 인지적 기능에 대해서는 37a2~c5를 보라.

603 우주의 조화와 회전을 배움으로써, 우리가 태어날 무렵 파괴되었던 머릿속 회전들을 바로 세우고, … 신들이 인간에게 부과한 가장 훌륭한 삶의 목표

에 도달하도록 해야 합니다 : 이 대목은 플라톤의 우주론이 단지 자연과학에 머물지 않고 윤리학과 연결되어 있음을 보여 주고 있다. 요컨대 플라톤에게 있어서 사실과 당위는 분리될 수 없다.

604 처음에 우리에게 부과되었던 과제 : 27a2~b7을 보라.

605 두 번째 탄생에서 여성으로 태어났습니다 : 예컨대 42b2~c1을 보라. 티마이오스는 남자가 다음 생에서 여자로 태어나는 이유를 윤리적인 문제, 즉 남자답지 못하고(겁이 많고), 부정의한 삶을 살았기 때문이라고 본다. 이와 달리, 바로 뒤에 나오지만, 인간이 다음 생에서 동물로 태어나는 것은 지성적인 삶을 살지 못했을 때, 즉 살아가면서 지성을 제대로 사용하지 못했을 때라고 본다.

606 성적인 결합을 바라는 애욕 : 원문은 "ton tēs sunousias erōta." 여성의 탄생과 더불어 비로소 인간의 유성생식이 시작된 셈이다. 이와 관련해서는 주 201을 참조하라.

607 혼이 깃든 생물을 하나는 우리 안에, 다른 하나는 여성 안에 구성했는데 : 여기서 "혼이 깃든 생물"은 남녀의 생식기를 가리킨다. 이 대목의 원문은 "zōion to men en hēmin, to d'en tais gunaixin empsukhon" 인데, 단어들의 배열을 보면 각각 "생물(zōion) / 하나는(to men) / 우리에게(hēmin) / 다른 하나는(to d') / 여성들에게(gunaixin) / 혼이 깃든(empsukhon)"의 순서로 되어 있다. 재미있는 것은 "혼이 깃든 생물(empsukhon zōion)"이라는 형용사 + 명사 표현을 굳이 나눠서 멀리 떨어뜨려 놓았으며(그리스어는 단어의 배열이 자유롭다), 이때 "생물(여기서는 동물의 의미로 쓰이고 있다)"은 "우리(즉 남성들) 쪽에, "혼이 깃든"은 여성들 쪽에 놓았다는 점이다. 이를 통해 남녀 생식기의 형태적 차이점을 부각시키는 것처럼 보인다. 생식기는 인간 신체의 일부지만, 종종 주인의 통제를 따르지 않는다는 점에서 그 자체로 혼이 깃든 생물로서 묘사하고 있다.

608 음료의 통로, 즉 폐 : 앞서(70c7~d1) 티마이오스는 폐가 숨(공기)과 음료를 받아들이고, 이를 통해 심장의 열을 식혀 준다고 언급한 바 있다.

609 우리가 앞의 설명에서 '씨앗'이라고 불렀던 그 골수 : 생식을 담당하는 골수이며, 여기서는 정자를 의미한다. 73c6~d2, 77d3~7, 86c3~d2를 보라.

610 다른 온갖 질병들 : 티마이오스는 성적인 욕구불만이나 그로 인한 신경증 등을 숨에서 비롯되는 질병으로 간주하는 것처럼 보인다. 숨에 의한 질병으로는 84d3~85a1을 보라.

611 단순함으로 인해 : 천문학자들이 범하기 쉬운 오류에 대해서는 『국가』 VII. 529a6~c2를 보라.

612 모습으로 바꿔 가며 서로서로 변화를 거듭하는 것입니다 : 『법률』 X, 903d4~e1을 보라.

613 죽기 마련인 생물들과 불사적인 생물들을 취하여 그렇게 충만해진 : 우주는 인간이나 동물과 같은 유한한 생물은 물론, 별(의 신)들과 같은 불사적인 생물들을 모두 포함하고 있다.

614 이 우주는 가시적인 것들을 품고 있는 가시적인 생물이자 : 우주는 우리의 눈을 통해 포착될 수 있는 감각의 영역으로, 자기 안에 수많은 감각적인 것들을 담고 있다.

615 가지적인 신의 모상인 감각적인 신으로서 : 우주는 데미우르고스가 가지적인 형상들의 영역을 본으로 삼아 제작한 것이다.

616 종적으로 유일하며 수적으로 하나뿐인 이 하늘로 생겨난 것입니다 : 우주의 단일성에 관해서는 31a2~b3, 32c5~33b4를 보라.

작품 안내

I. 작품의 맥락과 특징, 저술 배경

플라톤의 대화편들은 대부분 그가 살아 있을 때 출판되었다. 그러나 그 제목들을 전부 플라톤이 지었는지는 확실치 않다. 일례로 고대인들은 플라톤의 『파이돈』을 『혼에 관하여』라고 부르기도 했다.[1] 작품의 제목과 부제, 그리고 작품의 분류 방식이 확립된 것은 서기 1세기 전후의 플라톤주의자들과 문법학자들에 의해서였다. 예컨대 키케로의 친구이자 고대 그리스 문헌의 편집자로 알려진 앗티쿠스[2]는 플라톤의 작품들을 네 편씩 묶어서 4부

---

1 예컨대 디오게네스 라에르티오스, 『저명한 철학자들의 생애와 학설』 (이하 『생애』) II, 36; III, 37을 보라.
2 티투스 폼포니우스 앗티쿠스(Titus Pomponius Atticus, 서기전 110~32).

작(tetralogia) 형식으로 편집했는데, 이 분류 방식에 따르면 『티마이오스』는 『클레이토폰』, 『국가』, 『크리티아스』와 함께 4부작을 이룬다.[3]

다른 한편, 비슷한 시기에 활동했던 문법학자 트라쉴루스[4]는 플라톤의 대화편들을 분류한 뒤에 각 작품마다 하나의 제목과 두 개의 부제를 붙였다. 대개의 경우, 제목은 작품 속 등장인물의 이름을 따라 정해지고[5], 첫 번째 부제는 작품의 주제를 가리키며, 두 번째 부제는 작품이 속한 철학의 장르를 의미한다. 『티마이오스』의 경우에는 제목만 적혀 있고 부제는 따로 언급되어 있지 않지만, 전통적으로 학설사가들은 『티마이오스』의 주제가 '자연에 관하여'이며, 철학의 장르 중에서는 자연학에 속한다고

---

3 이러한 분류 방식은 고대 아테나이의 비극 경연을 본뜬 것이었다. 당시의 경연 참가자들은 비극 세 편과 사튀로스극 한 편을 써서 총 네 편을 한 묶음으로 출품했다고 한다. 플라톤의 대화편을 4부작으로 편집한 앗티쿠스의 방식은 오늘날까지 이어지고 있지만, 그가 처음으로 그런 방식을 취했는지는 확실치 않다. 그보다 약 반 세기 정도 앞서 데르퀼리데스라는 플라톤주의자가 최초의 인물이라는 설도 있지만, 이 인물에 관해서는 알려진 바가 거의 없다. 서기 1세기 전후의 플라톤 전승사에 관해서는 H. Tarrant 1993, pp. 78~79를 보라.

4 티베리우스 클라우디우스 트라쉴루스(Tiberius Claudius Thrasyllus, 서기전 1세기 후반~서기 36년).

5 모두가 그런 것은 아니다. 예컨대 『소크라테스의 변명』, 『향연』, 『국가』, 『소피스트』, 『정치가』, 『법률』은 예외에 속한다.

규정해 왔다.[6]

확실히 『티마이오스』를 조금만 읽어 보아도 우리는 이 작품이 자연을 탐구 대상으로 삼고 있음을 금방 알 수 있다. 플라톤은 이 작품 속에서 우주의 기원과 구조, 그리고 자연의 일부로서 살아가는 인간 및 다른 생명체들의 탄생과 그것들의 본성을 설명하고 있기 때문이다. 사실 '자연에 관하여'라는 이름은 이른바 '소크라테스 이전 철학자들'이라고 불렸던 사람들이 그들의 작품에 관례적으로 붙였던 제목이기도 하다. 아리스토텔레스의 설명을 참고하자면, 최초의 철학자들이기도 했던 그들이 관심을 가졌던 대상은 바로 자연이었다. 그들은 이 세계가 최초에 어떤 상태였고(원리), 무엇으로 이루어졌으며(원소), 무슨 까닭과 계기로 해서(원인) 지금의 모습을 띠게 되었는지를 일관된 탐구 원칙과 방식에 따라 설명하려고 하였다.[7] 그래서 철학사의 전통에서 그들은 '자연학자들' 내지는 '자연철학자들'이라는 이름으로 불려 왔다. 그런 맥락에서 볼 때, 플라톤의 『티마이오스』 역시 자연 세계 전체를 일관되게 설명하려는 이른바 자연학의 전통 위에 서 있는 작품이라고 볼 수 있다.

하지만 이런 규정만으로는 『티마이오스』에서 수행하고 있는

6 알비노스, 『플라톤 대화편 입문』 3; 『생애』 III, 49; III, 60을 참고하라.
7 예컨대 아리스토텔레스, 『자연학』 I, 184a10~16; 『형이상학』 A, 3, 983b6~18을 참고하라.

탐구의 성격을 모두 밝힐 수 없으며, 작품에 담긴 논의의 풍부함과 다양함도 충분히 담아낼 수 없다. 『티마이오스』의 자연학을 다루기 위해서는 한층 더 신중하고 조심스러운 태도를 취할 필요가 있다. 왜냐하면 이 작품에 전개된 극적인 배경과 대화의 맥락, 대화자들, 그리고 논의 주제가 도입되는 과정과 서술 방식 등은 여느 자연철학자들의 작품들보다 훨씬 더 복잡하고 다층적인 구조로 짜여 있기 때문이다. 그중에서도 우리는 이 작품이 지닌 두 가지 특징에 주목할 필요가 있는데, 하나는 『티마이오스』에서 전개된 우주론과 자연철학이 실은 '이상적인 정체(政體)'에 관한 토론의 맥락에서 제기되었다는 사실이며, 다른 하나는 우주의 기원과 본성에 관한 논의가 '신적인 장인의 노동을 통한 제작'이라는 신화의 형식을 띠고 있다는 점이다.

1. 대화의 맥락

『티마이오스』의 대화는 전날 펼쳐진 대화에 대한 답례라는 맥락 속에서 시작된다. 어제 소크라테스가 이상적인 도시국가의 체제에 관해 이야기를 들려주었는데, 오늘은 그것에 대한 답례로 세 명의 대화자인 티마이오스, 크리티아스, 헤르모크라테스가 각자 돌아가면서 이야기를 들려주기로 한 것이다.

작품의 시작과 함께 소크라테스는 먼저 대화자들의 참석

여부를 확인하고, 어제 다뤘던 주제들을 요약하여 들려준다 (17a1~19b2). 그것은 대체로 『국가』 II~V권의 내용과 일치하는데, 주로 도시 수호자들과 다른 직업인들의 분리, 수호자들의 보수와 생활 방식, 남녀 수호자들의 관계와 임무, 결혼과 출산, 가족 제도 및 젊은이들의 교육 문제 등을 담고 있다.

두 작품의 이러한 주제적 연속성 때문에 얼핏 우리는 『티마이오스』 속 시간 배경이 『국가』의 대화가 이루어진 다음 날이라고 생각할 수 있지만, 어제의 논의가 곧 『국가』의 대화를 지칭한다고 보기는 어렵다. 『국가』에서는 대화가 벤디스 여신의 축제 기간에 이루어진 것으로 묘사되고 있다.[8] 벤디스는 그리스 신화의 아르테미스 여신에 비견되는 트라케 지방의 여신으로, 당시 아테나이 외항에 거주하고 있었던 트라케인들에 의해 숭배되었던 것으로 보인다. 벤디스 여신의 축제는 당시 역법으로는 타르겔리온 달의 19일째 되는 날에 열렸는데, 이는 오늘날의 유월 초순에 해당된다. 반면에 『티마이오스』에서는 이들의 만남이 범아테나이 제전 기간에 이루어졌다는 암시가 나온다(21a2~4, 26e2~5). 아테나 여신을 기리는 이 축제는 오늘날로 치면 칠월 중순에 열렸다고 한다. 따라서 『국가』와 『티마이오스』의 시간적 배경 사이에는 대략 한 달 반 정도의 시간차가 발생하는 셈이다.

8 『국가』 I, 327a2; 354a10.

하지만 그렇다고 해서 두 작품의 관계가 전혀 무관하다고 볼 이유는 없다. 오히려 이렇게 시간적으로 약간 어긋나 보이는 설정이 사실은 어느 정도 의도된 것이라고 추측할 만한 여지는 충분하다. 만일 두 작품 모두가 같은 축제를 배경으로 삼았더라면, 주제의 연속성은 잘 이어지겠지만, 두 대화를 둘러싼 역사적 사실의 차이를 설명하는 데 적잖은 부담이 생겼을 것이다(예컨대 서로 다른 시기, 다른 장소에서 생존했던 사람들이 이틀 동안 한자리에 모여 대화를 나눠야 한다는 설정이 그렇다). 반면에 두 작품이 비슷한 듯 다른 축제일을 대화의 배경으로 삼을 경우, 사실 여부에 대한 설명의 부담 없이 『티마이오스』의 도입부를 읽는 독자들은 자연스럽게 『국가』의 주제를 떠올릴 수 있을 것이다.

플라톤은 그런 식으로 일단 완벽한 도시국가의 토대를 설정한 뒤에, 대화자인 크리티아스의 입을 빌어 역사와 허구의 중간쯤에 위치한 일화를 들려주는 방식으로 논의를 전개해 나간다(19b3~26e1). 어제의 이야기를 요약한 뒤에 소크라테스는 오늘 자신이 답례로서 듣기로 한 대화의 주제를 제시한다. 그는 어제 자신이 이론적으로 구성했던 국가가 그저 이론적인 설명으로 그치는 것이 아니라, 역사와 현실 속에 구현되어 실제로 살아 움직이는 모습을 보고 싶다고 말한다(19b3~20c3).

그러자 대화자 가운에 한 명인 크리티아스가 어렸을 적에 할아버지에게서 들었다는 아주 오래된 이야기를 들려준다. 그것은

먼 옛날, 그러니까 소크라테스의 시대로부터 약 구천 년 전에 살
았다고 하는 고대 아테나이인들이 이룩한 업적과 제도, 그리고
지중해 너머에 있었다는 아틀란티스인들과 그들이 벌였던 전쟁
에 관한 보고이다(20d7~26e1). 그의 보고는 사실 여부를 확인할
수 없을 정도로 먼 옛날의 이야기라는 점에서 다분히 허구적인
성격을 띠고 있지만, 이야기 속의 정체와 시민을 현실의 아테나
이와 아테나이인들의 조상으로 설정한다는 점에서, 일정한 방식
으로 현실의 역사와도 맞닿아 있다고 볼 수 있다.[9]

　옛이야기를 마친 후 크리티아스는 소크라테스에게 앞으로 들
려줄 논의의 순서를 제안한다. 먼저 천문학에 밝고 우주의 본성
을 탐구하는 데 많은 관심을 기울여 온 티마이오스가 우주의 생

9　크리티아스는 자신의 이야기가 역사적 사실이라고 강조하지만, 이야기의 출
　처를 밝히는 방식은 전형적인 신화의 전승 구조를 따르고 있다. 즉 크리티아
　스는 열 살 무렵에 자신과 이름이 같은 할아버지 크리티아스에게서 이야기
　를 들었고, 조부인 크리티아스는 그의 아버지인 드로피데스에게서 들었으며,
　드로피데스는 친구였던 솔론으로부터 들었고, 솔론은 이집트 여행 당시 그
　곳의 신관에게서 들었다는 것이다. 이야기의 전승 과정이 복잡해질수록 사
　실 여부를 검증하기가 점점 힘들어지는데, 이러한 전승 과정의 끝에는 사실
　과 허구가 뒤섞여 있는 신화가 있다. 플라톤은 신화의 전승 구조가 지닌 특징
　을 잘 알고 있었을 뿐만 아니라, 경우에 따라서는 이러한 전승 구조를 자신의
　작품에 사용하기도 한다. 예컨대 대화의 현실성 여부가 문제시될 수 있는 작
　품에 대하여, 여러 사람의 입을 거쳐 후일담 형식으로 대화를 전하기도 하는
　데, 『향연』이나 『파르메니데스』의 서술 구조가 이에 해당된다. 플라톤의 작품
　에 사용된 신화적 서술의 특징과 구조에 관해서는 L. Brisson, 1992를 보라.

성에서 시작하여 인간의 본성에 이르는 이야기를 할 것이다. 다음으로는 크리티아스가 솔론이 들려준 이야기를 토대로 구천 년 전의 아테나이인들이야말로 현재 아테나이인들의 조상이자 동포 시민이라고 주장할 것이며, 그러한 관점에 기반하여 조상들이 이룩한 업적을 다룰 것이다(27a2~b6). 소크라테스가 이 제안에 동의하자 비로소 티마이오스의 우주에 관한 이야기가 시작되는 것이다. 요컨대『티마이오스』의 우주론은 단독으로 제시된 주제라기보다는 좀 더 큰 그림, 그러니까 우주의 질서와 인간의 본성에 대한 탐구를 기반으로 플라톤 자신의 정치철학과 윤리학의 이론적 정당성을 확립하겠다는 거대한 구상을 염두에 둔 것이라고 할 수 있다.

이러한 대화의 맥락 때문인지 사람들은『티마이오스』가 단독으로 저술된 작품이라기보다는 애초에『크리티아스』,『헤르모크라테스』와 함께 3부작으로 기획되었을 것이라고 본다. 하지만 어떤 이유에서인지 실제로 완성된 것은『티마이오스』뿐이다.『크리티아스』는 미완성으로 끝나며,『헤르모크라테스』라는 작품은 아예 저술되지 않았다. 플라톤이 왜 이 기획을 중단했는지는 알수 없지만, 그의 다른 대화편들, 특히 소크라테스가 요약한 전날의 논의와 비슷한 내용을 담고 있는『국가』와 플라톤의 최후 작품으로 알려진『법률』을 읽어 보면,『티마이오스』에 담긴 저자의 의도 내지는 문제의식을 어느 정도 추측해 볼 수 있다. 그것은 플라톤이 『국가』에서 소크라테스가 다뤘던(그리고 『티마이오스』 17c1~19b2에서 소크라테스가 요약한) 이상적인 도시국가를 자연의 질서 속에서 세우고자 하는, 한결 더 거대한 계획의 일환으로 『티마이오스』를 썼으리라는 것이다.

완벽한 공동체의 토대를 구체적인 역사와 현실 속에 구현하기 위해서는 인간의 기원과 본성, 그리고 법과 제도를 검토해야 한다. 그런데 이 검토가 제대로 이루어지기 위해서는 먼저 우주 전체의 원리와 구조 및 그 구성 과정을 살펴볼 필요가 있다는 것이다. 왜냐하면 인간은 우주의 극히 작은 부분에 불과하지만, 엄연히 세계의 일부를 이루는 동시에 그 자체로 전체의 조화와 질서를 구현하고 있기 때문이다. 달리 말해, 우주와 그 안에 들어 있는 인간이 일정한 방식으로 균형과 조화, 그리고 아름다움을 유지한다는 것이 조건으로 제시될 때, 우주를 모델로 삼고 그에 부합하는 인간들을 가지고서 수립한 도시국가는 가장 참되고 신뢰할 만하다고 생각할 수 있는 것이다.

그런 이유로 해서, 먼저 천문학에 가장 밝고 우주의 본성을 탐구하는 일에도 가장 많은 노력을 기울여 온 티마이오스가 우주의 생성에서 시작하여 인간의 본성에 이르기까지 발언을 진행하게 된 것이다. 이렇게 보았을 때, 『티마이오스』에 전개된 플라톤의 우주론은 그 의도에 있어서 이른바 소크라테스 이전 철학자들의 『자연에 관하여』와는 다르다고 할 수 있다. 초기 자연철학자들의 탐구가 자연 전체의 원리와 요소, 그리고 원인을 찾아내는 것을 목표로 삼았다면, 플라톤의 자연철학은 단순히 세계에 대한 설명을 넘어 가장 훌륭한 인간 공동체에 관한 설명의 기반을 확립하려는 의도에 복무하고 있기 때문이다.

2. 대화자들

위에서 소개했듯이 『티마이오스』에는 총 네 명의 대화자들이 등장하는데, 그들은 각각 티마이오스, 크리티아스, 헤르모크라테스, 그리고 소크라테스이다. 작품의 도입부에서는 이들 모두가 대화에 참여하지만, 본 주제에 해당되는 우주론은 티마이오스 혼자만의 발언으로 채워진다. 따라서 작품의 도입부는 직접 대화의 형식을, 본편은 한 사람이 진행하는 옛이야기 혹은 연설의 형식을 취한다고 볼 수 있다.

2.1. 티마이오스

대화편의 제목이자 주요 화자이기도 한 티마이오스에 관해서는 작품에서 언급된 내용 말고는 알려진 바가 거의 없다. 소크라테스의 소개에 따르면 티마이오스는 이탈리아 남부의 로크리스 출신이고, 재산과 지위에 있어서 그곳 시민들 가운데 누구에게도 뒤떨어지지 않으며, 철학 전반에 관해서도 정점에 도달해 있는 인물이다(20a1~5). 또한 같은 대화자인 크리티아스는 티마이오스가 천문학에 가장 밝고, 우주의 본성을 탐구하는 일에도 열심이라고 말한다(27a3~6). 문제는 플라톤의 이 작품 외에 티마이오스의 삶이나 사상을 언급한 다른 어떠한 문헌도 찾을 수 없다는 사실이다.[10] 그러다 보니 티마이오스가 실존 인물이었음을 단정할 만한 확실한 근거도 없다. 다만 다른 대화자들이 모두 역사적으로 확인된 인물들이라는 점을 감안할 때, 티마이오스를 굳이 허구적인 인물로 설정할 이유는 없다고 보는 정도이다. 오히려 우리가 궁금해 할 만한 것은 티마이오스가 과연 실존 인물이냐 아니냐 하는 문제가 아니라 왜 플라톤이 티마이오스를 작품의 제목이자 주요 화자로 설정했을까 하는 문제이다.

고대로부터 많은 학자들은 티마이오스가 이탈리아 출신으로 소개된다는 점, 철학과 천문학에 능한 인물로 묘사된다는 점, 그

10 철학사에는 로크리스 출신의 티마이오스 외에도 같은 이름의 인물이 세 명 정도 더 등장하는데, 그들은 각각 크로토네 출신의 티마이오스, 파로스 출신의 티마이오스, 그리고 '소피스트 티마이오스'라고 불리는 인물이다. 앞의 두 사람은 서기전 6세기 무렵의 퓌타고라스주의자라고 전해지고, '소피스트 티마이오스'라고 불리는 인물은 서기 1~2세기 무렵에 활동했던 문법학자이자 플라톤 용어집의 편집자로 알려져 있다. R. Goulet, 2016, pp. 1198~1202를 보라. 특히 소피스트 티마이오스에 관해서는 M. Bonelli, 2007을 참고할 수 있다. 한편, 디오게네스 라에르티오스의 『생애』(I, 114)에도 '티마이오스'라는 이름이 등장하지만, 그는 시켈리아 출신의 역사가로서 플라톤의 대화편과는 무관한 인물이다.

리고 작품 속에서는 수학과 기하학에 기반하여 우주론을 전개한다는 사실에 비추어, 그가 이탈리아에 기반을 두고 활동했던 퓌타고라스주의자들 가운데 한 명이었을 수 있다고 추측해 왔다. 더 나아가 몇몇 학자들은 그런 티마이오스가 작품의 제목이자 주요 화자로 설정되었다는 점을 들어, 플라톤이 『티마이오스』를 집필할 시기에 퓌타고라스주의의 영향 아래 있었을 것이라고 보기도 한다.[11] 하지만 이것들은 모두 추측일 뿐 확실한 것은 아무것도 없다. 무엇보다도 티마이오스라는 인물이 퓌타고라스주의자인지를 확인할 수가 없다. 또한 비슷한 시기에 쓰인 플라톤의 대화편들과의 관계를 고려해 볼 때, 과연 『티마이오스』에 담긴 사유를, 다시 말해 플라톤의 철학적 사유를 퓌타고라스주의라고 단정할 수 있는지도 의심스럽다. 또한 퓌타고라스와 그의 학파가 비밀 조직의 형태로 운영되었기에 그 실체를 정확히 알기 어

11 예컨대 20세기 초반의 대표적인 플라톤 연구자인 테일러(A. E. Taylor, 1928)가 그런 입장이다. 그는 『티마이오스』에 관하여 700쪽에 달하는 주석을 썼는데, 거기서 플라톤이 후기에 들어서 자신의 고유한 철학을 버리고 퓌타고라스주의로 전향했으며, 『티마이오스』는 5세기 무렵의 퓌타고라스주의와 엠페도클레스의 사상이 혼합된 것이라고 주장한다. 이 주장은 약 십년 뒤에 역시 플라톤 연구자인 콘포드(F. M. Cornford, 1937)에 의해 비판받았으며, 오늘날에는 거의 받아들여지지 않는다. 그러나 비록 플라톤이 전향까지는 아니라 하더라도 일정 정도 퓌타고라스주의의 영향을 받았을 것이며, 그 흔적이 『티마이오스』에 담겼을 것이라는 생각은 오늘날에도 여전히 매력적인 해석의 가능성으로 남아 있다.

려울뿐더러, 고대인들 사이에서 '퓌타고라스주의'라는 용어 역시 적잖이 모호한 개념이었다는 사실을 염두에 둘 필요가 있다.[12] 이 모든 점들을 고려할 때, 플라톤의 작품『티마이오스』와 퓌타고라스주의와의 관계에 대해서는 성급한 결론보다는 어느 정도 유보적인 태도를 취하는 편이 낫다.

2.2. 헤르모크라테스

헤르모크라테스는 시켈리아의 쉬라쿠사이 출신이며, 407년 무렵에 사망했을 것으로 추정된다. 그는 작품 속에서 큰 역할을 하지는 않지만, 그가 작품에 등장했다는 것은 대화의 시간적 배경을 추정하는 데 어느 정도 도움을 준다. 투퀴디데스의 보고에 따르면 그는 쉬라쿠사이의 장군으로 아테나이와의 전쟁에 참전했다.[13] 그보다 앞서 그는 아테나이의 위협에 맞서 시켈리아 도시국가들의 연합을 도모하기 위해, 424년에 사절단으로 겔라를 방문했고 그곳에서 연설을 했다.[14] 이러한 사실들을 감안한다면 그가 아테나이에 있었던 시기, 즉 티마이오스 일행의 대화에 참여했을 것으로 가정할 수 있는 시기는 시켈리아와 아테나이의 갈등이 격

---

12 플라톤과 퓌타고라스주의와의 관계에 대해서는 L. Brisson, 2002, pp. 21~46를 보라.
13 투퀴디데스,『펠로폰네소스 전쟁사』VI, 72~73.
14 투퀴디데스,『펠로폰네소스 전쟁사』IV, 58~65.

화되기 전인 424년 이전, 그러니까 435~425년 사이가 될 것이다.

2.3. 크리티아스

크리티아스는 소크라테스와 같은 아테나이 출신이다. 그는 대화의 도입부에서 소크라테스의 어제 논의에 대한 답례로 고대 아테나이와 아틀란티스 간에 벌어진 전쟁 이야기를 들려준다. 이 아틀란티스의 전설은 『티마이오스』에서, 그리고 (비록 미완성인 채로 끝나지만) 그의 이름을 딴 작품인 『크리티아스』에서 중심 주제로 다뤄진다. 그런데 이 크리티아스가 누구인지를 확인하기는 쉽지 않다. 이와 관련해서는 작품 속에서 크리티아스가 들려준 이야기를 중심으로 경과한 시간을 살펴볼 필요가 있다. 작품 속에서 크리티아스는 열 살 무렵, 자신과 이름이 같고 나이가 이미 아흔에 가까웠던 조부 크리티아스에게서 들은 이야기를 전해준다. 그런데 그 이야기는 조부 크리티아스가 부친인 드로피데스로부터 들은 것이고, 다시 드로피데스는 자신의 친족이자 친구인 솔론에게서 들은 것이며, 솔론은 이집트 여행 당시 그곳의 신관에게서 들은 것이라고 한다. 한편, 우리가 알기로 아테나이의 입법가 솔론이 살았던 기간은 630~560년이고, 그가 이집트 여행에서 돌아온 시기는 대략 600년 무렵으로 추정된다. 솔론이 드로피데스와 그의 아들(즉 할아버지 크리티아스)에게 이야기를 들려줬을 때는 대략 600~560년 사이였을 것이다. 그리고 조부 크리티아스 역시 그 무렵에 태어났다고 볼 수 있다. 이번에는 조부 크리티아스가 나이 아흔이 되어 그 이야기를 열 살 무렵의 손주 크리티아스에게 들려준다. 그렇다면 그 시기는 조부 크리티아스가 90세에 이른 시점으로 대략 510~500년 사이가 될 것이다. 그렇다면 할아버지 크리티아스의 손주이자, 지금 소크라테스에게 이야기를 전해 주고 있는 크리티아스는 누구일까?

사람들은 전통적으로 이 인물을 플라톤의 오촌이자 404~403년 사이에 아테나이를 통치했던 30인 참주정의 주범인 크리티아스로 간주해 왔다. 그런데 우리가 알고 있는 참주 크리티아스는 460년경에 태어난 것으로 전해지는데, 그가 조부인 크리티아스로부터 이야기를 들을 수 있기 위해서는 출생 시기를 460년보다 더 이전인 510~500년 사이로 잡아야 한다. 하지만 그럴 경우, 이 크리티아스가 쿠데타를 일으켰을 때는 거의 100세 무렵이었다는 결론이 도출되는데, 이는 받아들이기 어렵다.[15] 이 어려움을 피하기 위해서는 조부인 크리티아스의 출생 시기를 최대한 늦춰서 570~565년 정도로 잡아야 한다. 이보다 더 늦출 수는 없는데, 왜냐하면 솔론은 560년에 죽었기 때문이다. 어쨌든

---

15 사실 그는 플라톤의 『카르미데스』에서 카르미데스의 동성 연인이자 패기만만한 젊은이로 등장하며, 스스로 소크라테스(470/469~399)의 제자임을 자처하는 인물이기도 하다. 이 맥락에 맞게 크리티아스의 출생 시기를 510~500년으로 잡는다면, 그는 소크라테스보다 30~40세 연상이 돼 버린다.

그 경우에도 조부인 크리티아스가 460년에 태어난 손주 크리티아스에게 이야기를 전했다면, 그 시기는 손주가 대략 5~10세 무렵이 되는 455~450년이 될 것이다. 하지만 그 경우에 조부 크리티아스는 110세 이상이 되어야 한다. 또한 크리티아스의 말에 따르면, 조부인 크리티아스가 솔론의 이야기를 전해 주던 시기에는 솔론의 시 작품들이 '새로운 것들'로서 유행 중이었다고 한다(21b4~7). 그런데 조부 크리티아스가 이야기를 들려준 시기를 455~450년으로 잡을 경우, 이때는 솔론이 죽은 지 이미 백 년이 지난 때로서 그의 시 작품들이 새로운 것이었다고 말하기가 어렵게 된다.

이렇듯 참주 크리티아스와 관련하여 시간적 개연성이 떨어진다면, 조부 크리티아스와 참주 크리티아스 사이에 이들의 세대를 이어 주는 또 한 명의 크리티아스를 도입하는 편이 더 나아 보인다. 즉 조부 크리티아스의 손주이면서 『티마이오스』의 화자인 제3의 크리티아스를 가정하는 것이다. 그는 참주 크리티아스보다 한 세대나 두 세대 정도 위로서, 520~515년 사이에 태어났을 것이요, 10세 무렵인 510~505년 사이에 있었던 아파투리아 축제에서 90세의 조부 크리티아스에게서 솔론의 이야기를 들었을 것이다. 그리고는 다시 그 자신이 80~90세가 되어 티마이오스를 비롯한 대화자들에게 솔론의 이야기를 전했을 것이다. 그렇다면 작품 속 대화 시기는 앞서 헤르모크라테스의 경우와 마찬가지로 대략 435~425년 사이가 될 것이다.

2.4. 소크라테스

소크라테스에 관해서는 굳이 자세히 소개할 필요가 없을 듯하다. 그는 아테나이 출신의 철학자이고, 비록 그 자신은 아무것도 알지 못한다고 말하곤 했지만, 플라톤을 비롯하여 당대의 수많은 젊은이들은 그를 가장 지혜롭고 가장 정의로운 사람으로 추앙하였다. 플라톤의 대화편들에서 그는 때로는 역사 속의 인물로서, 때로는 플라톤의 페르소나로서 등장하며 수많은 사람들과 다양한 철학적 주제를 가지고서 대화를 나누는데, 그런 모습은 『티마이오스』에서도 이어진다. 다만 『티마이오스』의 경우, 소크라테스는 전날의 논의를 요약하는 도입부의 대화에만 참여할 뿐 작품이 끝날 때까지 침묵을 지키며, 티마이오스의 우주론 강의를 듣는 것으로 설정된다. 일반적으로 소크라테스의 생몰 연대를 470/469~399년으로 잡는데, 그 경우 『티마이오스』의 대화가 이루어졌을 시기(435~425)에 그의 나이는 대략 35~45세였으리라고 추측할 수 있다.

3. 저술 시기

전통적으로 학자들은 플라톤의 작품들을 초기와 중기, 그리고 후기 대화편들로 구분해 왔다. 『티마이오스』는 후기 작품군에 속하며, 그중에서도 『파르메니데스』, 『테아이테토스』보다는 뒤에, 『소피스트』, 『정치가』와는 비슷한 시기에 쓰였고, 최후의 작품인 『법률』과 그 이전에 쓰인 『필레보스』보다는 앞에 위치하는 것으로 평가된다. 이러한 전통적인 시기 구분은 20세기 중반 무렵에 몇몇 학자들에 의해 잠시 도전을 받기도 했지만,[16] 『티마이오스』가 플라톤의 후기 대화편에 속한다는 평가는 오늘날에도 여전히 대다수의 학자들에 의해 지지받고 있다. 우리 번역에서도 전통적인 해석을 지지하는데, 이 경우 『티마이오스』는 플라톤 (428/7~348/7)의 생애 말년에 해당되는 대략 360~350년에 저술되었을 것으로 추정된다.

---

16 예컨대 G. E. L. Owen, 1953. 오웬은 시기 구분의 기준이 되는 문체통계법 (stylometry)을 신뢰할 수 없고, 『티마이오스』를 후기 작품으로 놓을 경우 그 앞에 위치하는 『파르메니데스』 및 『테아이테토스』와의 이론적인 불일치가 발생한다고 지적한다. 또한 『티마이오스』의 우주론과 동시대의 천문학자였던 에우독소스의 학설과의 차이점 등을 들면서 『티마이오스』를 후기 대화편이 아닌, 『파르메니데스』와 『테아이테토스』보다 앞서 『국가』와 비슷한 시기에 저술된 중기 대화편으로 보아야 한다고 주장한다. 오웬의 입장에 대해서는 다양한 비판들이 있어 왔지만, 여기서 그 비판들을 모두 검토할 수는 없다. 다만 대표적인 비판으로는 H. F. Cherniss, 1957을 들 수 있다.

II. 『티마이오스』의 우주론

4. 우주 제작 신화

비록 저술 의도나 목적에서 기존의 자연철학자들과 구별된다고는 해도, 『티마이오스』는 여전히 최초의 철학자들이 수행했던 자연 탐구의 전통 위에 서 있는 작품임에 분명하다. 철학 이전에 이 세계를 전체로서 설명하는 일은 신화의 몫이었다. 헤시오도스나 호메로스와 같은 시인들은 신들의 탄생과 사랑, 세계의 지배권을 둘러싼 전쟁 등을 노래했는데, 그들이 노래한 신들의 이야기는 그 자체로 세계의 생성과 자연의 질서를 상징했다. 즉 이 우주는 신들의 탄생과 함께 생겨났고, 신들의 의지적 행위를 통해 움직이는 것이었다. 이와 달리 철학자들은 신들의 의지나 변덕으로 세계를 설명하지 않는다. 신화와 철학의 관계를 대립과 단절로 볼 것인가, 아니면 연속된 진화의 관계로 볼 것인가 하는 물음은 쉽게 답을 낼 수 없는 논쟁거리지만, 적어도 철학자들은 우주 전체의 운동과 변화를 신들의 의지나 변덕으로 설명하는 대신, 자연 안에 있는 어떤 원리나 법칙들에서 찾으려 하였다. 물론 그들 역시 신들의 존재를 부정하지는 않았다. 하지만 철학자들이 생각한 신들의 존재 방식과 행위는 모두 자연의 질서에 부합하고, 또 그 원리에 따라 설명할 수 있는 것들이었다. 그런 점에서 볼 때 플라톤은 확실히 자연철학자들의 전통을 계승한다고 할 수 있다.

이렇듯 『티마이오스』가 자연철학의 전통 위에 서 있음에도 불구하고, 정작 그 안에서 전개된 논의는 오히려 옛 시인들의 이야기 방식을 따른다. 사실 플라톤은 우주의 생성 과정을 '장인의 노동'이라는 관점으로 기술한 최초의 철학자이다. 즉 이 우주가 데미우르고스라는 신적인 제작자의 노동을 통해 만들어졌다는 것이다. 이러한 이야기 방식은 전통적인 신화의 서술 방식과 비슷하며, 그런 점에서 『티마이오스』는 이른바 우주 제작 신화의 모습을 띤다고 볼 수 있다. 신화는 줄거리를 갖춘 이야기로서 일정한 시간과 공간이 있고, 신이나 인간 영웅 같은 행위 주체가 등장하며, 그 등장인물이 벌이는 사건을 중심으로 이야기가 진행된다. 『티마이오스』의 서술 방식은 이러한 신화의 특징에 잘 부합한다. 거기서 데미우르고스(주인공)는 가지적인 형상들을 관조하고 그것들을 본으로 삼아, 감각의 영역(공간) 안에서 무질서한 상태로 놓여 있었던 소재들을 강제와 설득을 통해 질서로 이끌었다고(시간 순서에 따른 사건의 전개) 이야기되기 때문이다. 이렇듯 신화라는 점에서 볼 때, 『티마이오스』의 이야기는 여러 가지 면에서 헤시오도스의 서사시 『신들의 계보』와 비슷하다. 우선 두 작품 모두 이야기를 시작하기에 앞서 찬양과 기도를 통해 신들의 힘을 빌리려 한다.[17] 또한 둘 다 우주를 생겨난 신으로 묘사한다는 점에서,

그리고 지구와 태양과 달과 별 등, 우주 안에 있는 것들의 생성 역시 신들의 탄생으로 서술한다는 점에서도 닮아 있다. 이에 더하여, 헤시오도스에 등장하는 신들처럼 플라톤의 데미우르고스 역시 일정한 개성을 갖추고 의도를 지니며, 숙고와 계산을 하는가 하면 감정을 드러내기도 한다. 차이가 있다면, 『신들의 계보』에서는 이 세계가 원초적인 신들[18]의 자기 분열이나 성관계를 통한 자식의 출산 등으로 생겨난 것인 반면, 『티마이오스』에서는 이 세계가 데미우르고스의 노동을 통한 제작의 결과라는 정도이다.[19]

하지만 여기서 한 가지 의문이 생긴다. 적어도 우리가 알고 있는 플라톤은 신화에 대해 결코 우호적이지 않았던, 아니 오히려 적대적인 입장을 취했던 인물이다. 그 이유는 다음의 두 가지이다. 첫째, 신화를 전하는 사람들은 시인들인데, 그들은 신들 간의 속임수나 질투, 불륜 등을 즐겨 노래함으로써 신들을 부도덕하게 묘사하기 때문이다. 그런 점에서 신화는 어려서부터 옛이

---

17 『신들의 계보』는 헬리콘 산의 무사 여신들에 대한 찬양과 함께 시작한다. 『티마이오스』의 화자 역시 주요한 논의를 시작하기에 앞서 길을 잃지 않도록 신들과 여신들께 기도를 해야 한다고 말한다(27c1~d1; 48d4~e1).

18 헤시오도스, 『신들의 계보』116~122 : "맨 처음 생긴 것은 카오스였고, 그 다음이 […] 너른 가슴의 가이아와 / 길이 넓은 가이아의 멀고 깊은 곳에 있는 타르타라와 / 불사신들 가운데 가장 잘생긴 에로스였으니 […]."

19 티마이오스는 데미우르고스를 '이 우주의 제작자이자 아버지'라고 부른다(28c3~4). 하지만 작품 속에서는 제작자로서의 위상과 역할이 아버지의 모습을 압도한다.

야기에 노출된 아이들에게 나쁜 영향을 끼칠 수 있다는 것이다 (『국가』 II~III권). 둘째, 시인들은 실재를 재현해 내는 사람들이 아니라, 이미 모방된 것을 다시 모방하는 사람들로서 진리와는 동떨어진 사람들이기 때문이다. 따라서 시인들이 전해 주는 신화는 결코 진리를 담을 수 없다는 것이다(『국가』 X권). 그래서 플라톤은 통치자들이 시인들의 노래를 엄격하게 감시하고, 필요한 경우에는 그들을 공동체 밖으로 추방해야 한다고 주장한다. 하지만 그토록 신화를 부정적으로 평가하는 플라톤이 정작 자신의 우주론을 전개할 때는 신화의 형식을 취한 이유는 무엇일까?

그것은 『티마이오스』의 탐구 대상, 즉 이 우주가 지닌 본성에 기인한다. 플라톤이 보기에 이 세계는 운동과 변화의 영역이다. 세상 만물은 끊임없이 생성, 변화할 뿐 어떠한 것도 정지된 채로 머물러 있지 않다. 그런데 운동과 변화로부터는 어떠한 앎도 생겨나지 않는다. 우리가 무엇인가를 알기 위해서는 탐구 대상을 규정할 수 있어야 한다. 하지만 무엇인가가 규정되기 위해서는 그것이 움직이지 않고 정지해 있어야 한다. 예를 들어 카멜레온이 끊임없이 움직이면서 주변 사물에 따라 계속해서 자기 몸의 색을 바꾼다면, 우리는 결코 카멜레온의 색을 규정할 수 없을 것이다. 왜냐하면 우리가 그것의 색을 말하는 순간, 그것은 이미 다른 색으로 변해 있을 것이기 때문이다. 따라서 이 세계가 부단한 운동과 변화를 겪는 가운데 잠시도 정지해 있지 않다면, 우리는 이 세계에 대해 어떠한 앎도 가질 수 없다. 그런데 우리가 무엇인가에 대해 앎을 갖는다는 것은 그것이 참인지 거짓인지를 판별할 수 있다는 뜻이기도 하다. 과학은 그것이 앎의 체계인 한 언제든지 그 대상의 진위 여부를 검증할 수 있다. 참과 거짓을 판별할 수 없는 것에 대해서는 앎을 단정할 수 없다. 예컨대 종교에서의 신은 믿음의 대상이지 앎의 대상은 아니다. 우주가 잠시도 머물러 있지 않고 끊임없는 생성과 변화의 영역에 속한다면, 우리는 우주에 대하여 어떠한 확실한 앎도 얻을 수 없다. 이 세계에 대해 확실한 앎을 가질 수 없다면, 이 세계에 대한 우리의 담론은 참과 거짓을 판별할 수 있는 종류의 것일 수 없다. 즉 확실한 참도, 확실한 거짓도 아닌 담론, 진리와 오류의 대립으로부터 비껴서 있는 담론, 그것이 바로 신화인 것이다.[20]

그렇다면 신화의 형식으로 전개된 플라톤의 우주론을 우리는 어떻게 받아들여야 할까? 그것은 참인가 거짓인가, 아니면 참도 거짓도 아닌 제3의 어떤 것인가? 앞서 언급했듯이, 신화에는 시

---

20 신화는 분명히 과학과 다르다. 과학의 담론은 검증된, 혹은 언제든 검증 가능한 진리를 담고 있는 반면, 신화는 그 내용의 참과 거짓을 판별할 수 없다. 하지만 같은 이유로 신화는 소설과도 다르다. 소설의 이야기는 작가가 만들어 낸 매우 그럴 듯한 허구, 즉 거짓인 반면, 신화는 아무리 허무맹랑한 내용을 담고 있다 하더라도, 최초의 작가를 찾아내어 그 진위 여부를 검증할 수 없기에 허구라고 단정할 수도 없다. 신화적 담론의 특징과 형성 과정, 그리고 그 전달 방식에 관해서는 L. Brisson, 1992, p. 19를 보라.

공간적인 배경과 구체적인 등장인물들이 있고, 주인공을 중심으로 시간적 순서에 따라 벌어지는 사건과 이야기가 있다. 당연하게도 이러한 신화적 담론은, 시공간적인 제약을 받지 않고 추상적이며 보편적인 성질을 지닌 철학적 담론과 즉각적으로 모순을 일으킬 것이다. 실제로 『티마이오스』의 우주 제작 신화를 합리적인 설명으로 풀어 나가다 보면 이러한 모순들은 금방 나타난다. 철학자들은 『티마이오스』의 한복판에 들어 있는 모순들을 발견하고는 당혹스러워했다. 그들 가운데 어떤 이들은 모순들을 지적함으로써 플라톤의 우주론을 공격하였고, 또 다른 이들은 모순들을 해결하고자 노력하였다. 이러한 혼란은 철학사에서 플라톤의 우주 제작 신화를 글자 그대로 받아들일 것인가, 아니면 비유적으로 이해해야 하는가 하는 논쟁으로 이어지기도 했다.

『티마이오스』의 이야기를 글자 그대로 받아들이는 사람들은 정말로 데미우르고스가 특정 시점에 감각의 영역에 개입하여 시간적인 순서에 따라 활동함으로써 무질서한 상태의 재료들을 질서로 이끌었다고 본다. 예컨대 아리스토텔레스는 자신을 포함한 모든 철학자들이 시간을 영원하고 생겨나지 않은 것으로 보는 반면, 오직 플라톤만이 시간을 생겨난 것으로 본다고 지적하는데,[21] 이는 확실히 『티마이오스』의 시간에 관한 논의(37c5~38b5)를 글자 그대로 해석한 것이다. 반면에 비유적인 해석을 지지하는 사람들은 우주가 정말로 데미우르고스에 의해 제작된 것은 아니라고 말한다. 우주는 끊임없이 운동과 변화를 행하고 겪으며 늘 있어 온 것이지, 특정 시점에 만들어진 것이 아니다.[22] 확실히 플라톤은 『티마이오스』에서 '우주가 생겨났다'고 단언한다. 그렇게 말하는 이유는, 우주가 구성된 것이며, 스스로 자기 존재의 원인이 되지 못하고 다른 것들(즉 형상들)에 의존하기 때문이다. 그렇다면 플라톤은 왜 『티마이오스』를 신화의 형식으로 기술했을까? 비유적인 해석의 지지자들은 그것이 교육적인 목적 때문이라고 본다. 이를테면 칠판에 도형을 그려 가며 기하학을 알기 쉽게 설명하는 것처럼, 플라톤 역시 우주의 본성을 좀 더 알기 쉽게 설명하기 위해 우주 제작 신화라는 옛이야기의 형식을 취했다는 것이다.[23]

사실 우주 제작 신화를 둘러싼 이러한 입장 차이는 플라톤의 우주론을 철학적으로 바라볼 때, 신화의 한복판에 들어 있는 비합리적이고 모순적인 요소들을 어떻게 이해하고 설명할 것인가 하는 물음에 대한 해결의 시도라 할 수 있다. 예컨대 데미우르고스는 혼을 만들기 위해 있음과 같음과 다름을 포도주 희석용기

21 아리스토텔레스, 『자연학』 VIII, 1, 251b14~19.
22 이런 입장은 플라톤의 제자이자 아카데메이아의 3대 원장이었던 크세노크라테스와 그의 제자였던 크란토르 등에서 시작된 것으로 보인다. 심플리키오스, 『아리스토텔레스의 「천체론」 주석』 1. 303. 33~304. 6; 프로클로스, 『플라톤의 「티마이오스」 주석』 I. 277. 8~14를 참고하라.
23 아리스토텔레스, 『천체론』 I, 10, 279b32~280a1.

안에 넣어 혼합하고는, 다시 그 혼합물을 수적인 비례에 따라 나누었다고 묘사된다(35a1~36b5, 41d4). 이 말을 글자 그대로 받아들인다면 과연 혼의 제작을 어떻게 이해해야 할까? 또한 『티마이오스』에는 별들의 제작과 함께 시간의 탄생에 관한 이야기가 나오는데, 아직 시간이 생겨나지 않은 우주 이전의 시기는 어떻게 설명할 수 있을까? 더 나아가 다른 대화편들과의 관계도 문제가 된다. 예컨대 『티마이오스』에서는 혼이 데미우르고스에 의해 만들어졌다고 묘사되지만, 『파이드로스』에서는 혼이 원리로서 생겨나지도 소멸되지도 않는다는 주장이 일련의 논증을 통해 확립되는데, 이러한 불일치는 어떻게 설명할 수 있을까? 이렇듯 『티마이오스』를 글자 그대로 읽을 경우, 작품 안에서는 물론 다른 작품들과의 관계 속에서도 일정한 모순과 불합리한 요소들이 나타난다. 이런 문제들을 플라톤과 입장을 달리 했던 철학자들이 몰랐거나 침묵했을 리가 없다. 앞서도 언급했지만, 아리스토텔레스는 『자연학』을 비롯하여 그의 작품들 여러 곳에서 『티마이오스』를 공격했는데, 그 비판의 대부분은 신화를 글자 그대로 읽었을 때 드러나는 모순들을 겨냥한 것이다. 그렇게 보았을 때, 비유적인 해석은 신화가 안고 있는 여러 가지 모순과 불합리한 점들을 피해 갈 수 있는 하나의 대안이 된다고 할 수 있다.

물론 그렇다고 해서, 플라톤을 비판하는 사람들만이 『티마이오스』를 글자 그대로 읽은 것은 아니다. 고대의 증언에 따르면,

플루타르코스와 앗티코스를 비롯한 몇몇 플라톤주의자들은 『티마이오스』의 이야기를 글자 그대로 받아들였다.[24] 글자 그대로의 해석을 지지하는 사람들은 신화 속에 나타난 모순들을 '비유'로 간주하여 피하기보다는 직접 해결하고자 한다. 예컨대 그들은 데미우르고스의 활동을 우주적 지성이 인격화된 것으로 해석하였다. 또 우주의 제작 이전에 무질서한 운동이 있었고, 이 운동과 함께 우주 이전의 시간 또한 있었을 것이라고 본다. 다만 이때의 시간은 별들의 질서 잡힌 운행에 따라 나눌 수 있고 셀수 있는 것이 아니라, 감각 소재들의 무질서한 운동을 따라 형성되는 어떤 흔적과 같은 것이라고 생각한다. 또한 글자 그대로의 해석을 지지하는 사람들은 앞서 언급한 『파이드로스』와 『티마이오스』 간의 이론적인 불일치 역시 비유에 의지하지 않고 설명할수 있다고 본다. 예컨대 몇몇 학자들은 중기 후반의 작품인 『파이드로스』와 후기 작품 『티마이오스』 사이에 저자의 생각이 어느 정도 바뀌었을 수 있다고 본다. 또 다른 몇몇 학자들은 플라톤 사상의 진화보다는 논의가 적용되는 존재론적 영역의 구별을 통해서 이 문제가 해결될 수 있다고 지적한다. 예컨대 혼은 감각 세계의 원리로서 생성도 소멸도 겪지 않지만, 혼을 포함한 감각

24 플루타르코스와 앗티코스는 서기 1세기 무렵에 활동했던 사람들로 철학사에서는 '중기 플라톤주의자들'이라고 불린다. 프로클로스, 『플라톤의 「티마이오스」 주석』 I, 276. 10~277. 5를 참고하라.

세계 전체는 형상들을 본으로 삼아 제작되었기에 생성된 것이라고 볼 수 있다는 해석이 그렇다. 하지만 그 모든 어려움에도 불구하고 글자 그대로의 해석을 지지하는 가장 강력한 이유는 바로 『티마이오스』 자체의 대목, 즉 이 우주는 데미우르고스의 제작에 의해 생겨난 것이라고 주장하는 대목(28b6~7) 때문이다. 텍스트 자체가 우주의 생성을 단언하고 있는데, 굳이 이를 비유적으로 해석해야 할 이유는 없다는 것이다.

우주 제작 신화의 해석을 둘러싼 논쟁은 비단 고대에 국한되지 않고 현대까지 이어져 내려왔다.[25] 사실 플라톤 자신이 우주 제작 신화를 쓴 이유를 밝히지 않은 이상 이 논쟁은 끝나지 않고 계속 이어질 것이다. 하지만 『티마이오스』의 이야기를 글자 그대로 받아들이든, 아니면 일정한 비유와 상징으로 해석하든 간에, 플라톤이 신화라는 서술 방식을 사용하여 자신의 철학을 전개하고 있다는 사실만큼은 의심할 여지가 없다. 적어도 플라톤에게 있어서 신화는 그저 옛이야기로 끝나는 것이 아니라, 감각 세계

25 비유적 해석의 대표적인 지지자들은 다음과 같다. A. E. Taylor, 1928; F. M. Cornford, 1937; H. F. Cherniss, 1944; L. Tarán, 1971, in J. P. Anton & G. L. Kustas 1971, pp. 372~407. 반면에 글자 그대로의 해석을 지지하는 학자들은 다음과 같다. G. Vlastos, 1939, in R. E. Allen, 1965, pp. 247~264; G. Vlastos, 1964, in R.E. Allen, 1965, pp. 265~279; R. Hackforth, 1959, pp. 17~22; L. Brisson, 1974; R. Sorabji, 1983; T. M. Robinson, 1979, in J. Cleary, 1986, pp. 103~119.

전체에 관한 자신의 생각을 전달하는 수단이 되며, 독자들 역시 티마이오스의 이야기를 들음으로써 우주의 기원과 본성에 관한 일정한 앎을 얻게 되리라는 것이다. 예컨대 우리는 지금까지 소개된 우주 제작 신화의 얼개만을 가지고서도, 그 안에서 플라톤 철학을 구성하는 중요한 설명 요소들, 그러니까 생성의 본이 되는 형상들, 생성의 소재인 물질들과 생성이 일어나는 곳, 그리고 생성과 질서의 원인으로서의 우주 제작자를 떠올릴 수 있다. 그렇다면 플라톤이 우주 제작 신화를 통해서 우리에게 전해 주는 앎은 어떤 종류의 것일까? 그것의 성격과 수준, 그리고 한계는 무엇일까?

5. 탐구의 전제들, 그럼직한 이야기로서의 우주론

티마이오스는 본격적인 탐구에 들어가기에 앞서, 소크라테스의 충고에 따라 신들에게 기도를 하고 논의를 시작한다 (27b7~d4). 그런데 그는 곧장 우주의 기원을 다루지 않고, 먼저 우주론의 위상과 출발점, 탐구의 전제들과 한계를 분명하게 규정하는 일에 착수한다(27d5~29d3).

우선 티마이오스는 우주 탐구를 위한 몇 가지 전제들을 제시한다. 그 첫 번째는 존재와 생성의 구별이다. 우리는 언제나 있으며 결코 생겨나지 않는 것과, 언제나 생겨나되 실제로는 결코 있지 않은 것을 구별해야 한다(27d5~28a1). 사실 이런 구별은 플라톤 철학에서 낯선 것이 아니다. 존재와 생성의 구별은 존재와 비존재라는 한결 더 근본적인 대립 관계에 기반한다. 존재와 비존재는 배타적인 모순 관계로서, 무엇인가가 있기 위해서는 일체의 있지 않음을 배제해야 한다. 그런데 생성이나 변화, 소멸 등은 비존재를 전제한다. 왜냐하면 생성은 없는 것이 있게 되고, 소멸은 있는 것이 없어지며, 변화 역시 바뀜을 통해 없던 것이 있게 되고 있던 것이 없어짐을 의미하기 때문이다.[26] 두 번째 전제는 앎과 의견의 구별이다. 이 구별은 첫 번째 전제인 존재와 생성의 구별에 기반한다. 항상 존재하고 변하지 않으며 자기 동일성을 유지하는 것은 사유와 이성적인 설명을 통해 파악되는 것으로서 앎의 대상이 되는 반면, 끊임없이 변화하고 생성 소멸하는 것은 감각 경험을 통해 지각되는 것으로서 앎이 아닌 믿음과 의견의 대상이 된다는 것이다(28a1~4).[27] 마지막으로 세 번째 전제는, 생겨나는 모든 것이 반드시 원인을 갖는다는 생각이다

---

26 사실 이러한 구별의 기원은 자연철학자인 파르메니데스까지 거슬러 올라간다. 지금은 단편들만 남은 철학시 『자연에 관하여』에서 파르메니데스는 일체의 비존재가 배제된 존재의 영역과, 부단한 생성과 변화의 영역을 각각 진리의 길과 의견의 길로 구분한다(『선집』 270~276쪽). 플라톤은 이 문제들을 『파르메니데스』와 『소피스트』에서 중점적으로 다룬다.

27 사실 이러한 생각은 인식과 그 대상(존재) 간의 상관성에 기반하는 것이다. 예컨대 29b4~5를 보라.

(28a4~6). 그러므로 이 우주가 생겨난 것이라면, 그 생성의 원인 역시 설정해야 한다. 그렇다면 이상의 전제들을 우주 탐구에 적용시키면 어떻게 될까?

먼저 우주는 존재와 생성 가운데 생성의 영역에 속한다. 왜냐하면 이 세계의 모든 것들은 끊임없이 생겨나고 사라지는가 하면, 부단한 운동과 변화를 겪고 또 행하기 때문이다. 생성과 변화의 영역에 속하기에 이 세계는 관찰과 같은 다양한 감각 경험을 통해 우리에게 다가온다. 또한 그런 이유로 해서 우리는 우주에 대하여 확고한 앎이 아닌 믿음과 의견을 얻는 데 만족해야 한다. 다음으로 우주가 생성의 영역에 속하는 것이라면, 세 번째 전제에 따라 우리는 생성의 원인을 상정할 수 있다. 티마이오스는 그 원인을 장인의 노동이라는 관점으로 설명한다. 즉 이 우주는 신적인 제작자의 활동을 통해 만들어졌다는 것이다. 그런데 장인의 노동이 빛을 보기 위해서는 두 가지가 더 필요하다. 하나는 제작의 모델이고, 다른 하나는 제작의 재료이다. 티마이오스에 따르면 우주 제작의 모델은 가지적인 형상들이고, 그 재료는 생성의 영역을 가득 채우고 있는 물질들이다. 신적인 제작자는 형상의 영역을 본으로 삼아 생성의 재료들을 최대한 본과 닮도록 가공함으로써 우리가 살고 있는 우주를 구성한다. 요컨대 우주는 생성의 영역에 속하지만 신적인 원인에 의해 제작된 것이다. 신이 만들었기에, 우주는 조화롭고 질서가 부여된 아름다운 전체가 되었다. 반면에 우주는 생성의 영역에 속하기에, 우주 안의 수많은 것들은 끊임없이 운동과 변화를 겪으며 생성과 소멸을 반복한다. 또한 인식과 그 대상의 상관성에 따라서 우주에 대해서 얻을 수 있는 것은 확고한 지식이 아니라 의견일 뿐이다. 이로부터 티마이오스는 우주에 관한 자신의 논의가 일정한 한계를 지닐 수밖에 없을 것이며, 그것은 '그럼직한 이야기(eikos muthos)' 내지는 '그럼직한 설명(eikos logos)'에 머물 것이라고 밝힌다. 그런데 이 말은 플라톤의 우주론과 자연철학이 결코 확실한 진리에 도달할 수 없으며, 탐구의 결과 역시 그저 그럴 듯하거나 개연적인 의견의 수준에 머물 수밖에 없다는 저자의 자기 고백이기도 하다. 이러한 고백을 어떻게 받아들여야 할까? 즉 자연 세계에 관한 우리의 앎과 설명이 그럼직한 것에 머문다는 것을 어떻게 이해해야 할까?

플라톤은 『티마이오스』의 여러 곳에서 '그럼직한 설명'과 '그럼직한 이야기'와 같은 표현을 빈번히 사용한다.[28] 먼저 두 표현에

---

28 작품 전체에서 '그럼직한 설명(eikos logos)'이라는 표현은 총 열두 차례 (29c1~2, c6~8, 30b8, 48d2, 53d6, 55d5, 56a1, b4, 57d6, 59d1, 68b8, 90e8) 나오며, '그럼직한 이야기(eikos muthos)'는 총 세 차례(29d1, 68d2, 59c6) 등장한다. 그뿐만 아니라 '설명'이나 '이야기'라는 표현 없이 '그럼직함 (eikos)'이 단독으로 쓰이면서 그와 같은 논의나 관점을 뜻하는 경우도 열한 번(40e1, 44d1, 48c1, d6, 49b6, 55d4, 56d1, 59d4, 62a4, 67d2, 72d8)이나 된다.

공통적으로 들어 있는 '그럼직함'에 대해 살펴보자. 이 말의 원어인 '에이코스(eikos)'는 원래 '~처럼 보이다,' '~와 같아 보이다,' '~와 닮았다'라는 뜻의 동사 '에오이카(eoika)'에서 왔다. 이미 호메로스의 작품에서 이 동사의 분사형이 나타나며,[29] '모상'을 뜻하는 그리스어 '에이콘(eikōn)'[30] 역시 이로부터 파생된 것이다. 이 동사의 중성 분사형인 '에이코스'가 중성 정관사(to)와 함께 쓰여 '그럼직함(to eikos)'이라는 의미를 갖게 된 것은 바로 이런 시각적인 닮음에서 비롯된 것이다.[31] 또한 시각적 닮음에 기반한다는 점에서 '그럼직함'은 가지적인 영역이 아닌 감각의 영역과 관계한다. 즉 우리가 감각 경험을 통해 얻게 되는 것들에 대해서는 절대적인 확실성이나 필연성을 기대할 수 없고 그럼직함(혹은 개연성)에 만족해야 하는 것이다. 우주가 생성과 변화의 영역에 속하는 감각의 대상이라면, 우주에 대한 탐구로부터 우리가 기대할 수 있는 것은 필연적이고 확실한 앎이 아니라 개연적이고 그럼직한 수준의 의견일 수밖에 없다.

다음으로 '이야기'와 '설명'을 살펴보자. 이 둘은 그리스어 '뮈

---

29 호메로스, 『일리아스』 XVIII, 418 : "그러자 황금으로 된 하녀들이 주인[= 헤파이스토스]에게 달려왔는데, / 그녀들은 살아 있는 소녀들과 **똑같아 보였다.**"; XXI, 254 : "**꼭** 검은 독수리**처럼** 내닫는 그의 가슴 위에서는 / 청동이 무시무시한 소리로 울렸다."

30 예컨대 29b2, 3, c2, 37d5, 7, 52c2, 92c7 등.

31 P. Chantraine, 1956, pp. 354~355.

토스(muthos)'와 '로고스(logos)'의 번역어이다. 전통적으로 뮈토스와 로고스는 서로 대립적인 성격의 담론들로 간주되어 왔다. 뮈토스는 오랜 시간에 걸쳐 입에서 입으로 전해진 이야기를 말한다. 뮈토스는 그 기원과 저자를 알 수 없기에, 이야기의 사실 여부 역시 검증할 수 없다. 뮈토스가 예로부터 전해지는 신들과 영웅들의 이야기, 즉 '신화(myth)'로 번역되는 것은 바로 이런 이유에서이다. 이와 반대로 로고스는 추론과 이성적 사유에 기반한 논변을 의미한다. 또한 로고스는 주어진 상황이나 제기되는 문제에 대한 검증 가능한 설명 내지는 납득할 수 있는 해명을 뜻하기도 한다. 그런 점에서 로고스는 주로 과학적 담론을 가리킨다. 그런데 『티마이오스』에서는 '로고스'와 '뮈토스'가 별다른 구별 없이 사용되고 있다. 심지어 이 둘이 같은 맥락의 한 문단 안에서 앞뒤로 함께 등장하는 경우도 있다.[32] 따라서 적어도 우리 대화편에서는 로고스와 뮈토스 간의 의미 차이나 용법 차이가 거의 부각되지 않는 셈이다. 오히려 우리가 궁금해 할 것은 '이 둘의 차이가 무엇이냐'라기보다는 '왜 이 둘이 함께 등장하느냐'일 것이다.

우선 '그림직한 이야기(eikos muthos)'는 『티마이오스』의 우주론이 신화의 형식과 성격을 띠고 있음을 보여 준다. 데미우르고

32 예컨대 29c6~d1, 59c6~d1.

스의 우주 제작론은 신화일 수밖에 없다. 왜냐하면 그것은 기원에 관한 이야기이기 때문이다. 인간은 우주의 기원을 알 수 없다. 우주가 만들어지는 것을 목격한 적도 없고, 그 내용을 검증할 수도 없다. 그도 그럴 것이, 인간은 우주의 극히 작은 한 부분일 뿐이다. 크기나 기원, 훌륭함에 있어서 우주와는 비교도 할 수 없을 정도로 작은 인간이 세계의 기원과 본성을 파악하여 설명한다는 것은 어불성설이다. 그럼에도 불구하고 우주에 관해 말해야 한다면, 플라톤이 생각하기에, 인간이 취할 수 있는 유일하면서도 가장 효과적인 수단은 바로 전통적인 이야기, 즉 신화에 호소하는 것뿐이다. 그것은 마치 호메로스나 헤시오도스, 혹은 오르페우스교도들이 그랬던 것처럼, 경험한 적도 없고 알지도 못하는 태초의 일들을 신들의 호의에 기대어 그럼직하게 전달하는 것이다. 플라톤은 참 거짓을 판별할 수 없는 담론인 신화의 특징을 잘 알고 있었고, 그런 이유 때문에 자기들의 이야기를 마치 진리인 양 떠들어 대는 전통 시인들을 가혹하게 비판했다. 하지만 정확하게 같은 이유로 해서, 그는 역시 참 거짓을 검증하는 것이 불가능한 우주의 기원과 본성을 다루는 데 신화의 형식을 도입했다고 할 수 있다.

하지만 『티마이오스』의 우주론은 신화인 동시에 그럼직한 설명이기도 하다. 감각 세계가 끊임없는 생성과 변화를 겪는다고 해서, 우주에 대해 아무것도 알 수 없다는 것은 아니다. 오히려 우주는 이데아들의 모상이기에 그 존재 역시 일정한 방식으로 가지계의 영원성을 닮았다고 봐야 한다. 감각 세계의 영속성은 다음과 같은 세 가지의 특징으로 나타난다. 그 하나는 인과성이고, 다른 하나는 안정성이며, 마지막 하나는 규칙성이다. 인과성이란 모든 결과가 반드시 어떤 원인에서 비롯됨을 말한다. 안정성이란 동일한 원인이 항상 같은 결과를 산출하는 것을 말한다. 규칙성이란 그러한 인과관계가 반복되는 것을 말한다. 이러한 인과성과 안정성, 규칙성은 가지적인 형상의 영역에서는 작동하지 않는다. 왜냐하면 형상들은 부동불변하며 자기들이 그 자체로 스스로의 설명 원리가 되기 때문이다. 반면에 이 특징들이 적용되는 곳은 바로 운동과 변화가 일어나는 영역, 즉 감각 세계이다. 우주 제작자는 생성과 변화의 영역에다가 인과성과 안정성, 그리고 규칙성을 구현함으로써 가지계의 영원성과 자기동일성에 가장 가깝게 이 우주를 제작한 것이다.[33] 그럼직한 설명이란 바로 이 세계가 지닌 인과성, 안정성, 규칙성에 대한 논증이자 해명인 셈이다.

하나의 담론은 그 담론의 대상이 갖고 있는 존재론적 위상에 관계한다. 우주가 가지적이고 참된 실재, 즉 형상들의 모상이라

---

33 이 세 가지 특징에 대한 좀 더 자세한 설명으로는 L. Brisson 2017, pp. 13~15를 보라.

면, 모상을 다루는 담론인 우주론은 진리를 온전하게 담아낼 수 없다. 그래서 우주에 대한 탐구를 통해 얻을 수 있는 것은 절대적이고 필연적인 지식이 아닌, 그럼직하고 개연적인 의견이나 입장 정도일 수밖에 없다. 하지만 그럼직한 의견이 진리와 완전히 무관하지는 않다. 사실 플라톤은 '진리' 내지는 '참'이라는 말을 비교적 넓고 자유롭게 사용한다. 약한 의미에서 참은 어떤 담론과 그 대상이 일치할 때이다. 플라톤이 앎(epistēmē)과는 별개로 참인 의견(orthē doxa)의 가능성을 종종 받아들이는 것은 바로 이런 경우를 말한다.[34] 반면에 강한 의미에서 참이라고 규정될 수 있는 것은, 확립된 담론이 필연적이며 논박 불가능한 것으로 인정받았을 때일 뿐이다. 그런 담론을 플라톤은 '앎' 또는 '지식'이라고 부른다. 하지만 끊임없이 운동, 변화하는 감각의 영역에서 관찰되고 분석된 것들은 모두 의심 가능하다. 또한 그렇게 획득된 참은 언제든지 검증과 논박에 대해 열려 있을 수밖에 없다. 자연 전체의 부단한 운동과 변화들을 관찰하는 가운데 일정한 규칙성을 찾아내고 그 원인을 해명하려는 시도, 그리고 그 속에서 형성된 모든 담론을 플라톤은 '그럼직한 설명'이라고 부르는 것이다.[35]

---

34 참인 의견(과 앎의 차이)에 대해서는 『메논』 96d5~98c4를 보라.
35 실제로 '그럼직한 설명'이라는 표현은 단순히 우주론 일반을 언급하는 대목에만 나오는 것이 아니라, 요소 이론(물의 종류)이라든가 색채 이론(다양한

6. 우주 생성의 원인들

『티마이오스』의 우주론은 크게 세 부분으로 되어 있다. 첫 번째 부분에서는 우주 제작자인 데미우르고스의 노동을 통해 만들어진 것들이 다뤄진다(29d7~47e2). 여기서는 천체와 별들의 제작, 그리고 인간 혼의 구성이 그 주요 내용을 이룬다. 뒤에 가서 티마이오스는 이것들이 모두 지성에 의해 제작된 것들이라고 말하는데, 이를 통해 데미우르고스는 지성의 활동이 신격화된 것이라고 생각해 볼 수 있다. 이야기의 두 번째 부분에서는 필연으로 인해 생겨난 것들이 다뤄진다(47e3~69a5). 여기서 주요하게 논의되는 것들은 생성의 수용자로서의 공간, 그리고 수용자에 들어 있는 물질의 본성과 기원이다. 특히 티마이오스는 공간을 가득 채우고 있는 물질의 맹목적인 힘을 '필연'이라고 부르며, 이것이 지성에 의해 설득됨으로써 우주가 구성되었다고 말한다. 마지막 세 번째 부분에서는 지성과 필연의 협동에 의해 완성된 것들이 다뤄진다(69a6~92c9). 여기서는 주로 인간의 신체와 기관, 몸과 혼에서 발생하는 각종 질병들, 그리고 인간 이외의 다른 생물들에 관한 이야기가 전개된다.

빛깔의 원인)을 다루는 대목들처럼, 구체적인 자연 탐구의 영역에서 자신의 생각과 입장을 내세우는 말로서 여러 차례 등장한다.

그런데 이미 앞에서 언급했듯이, 『티마이오스』의 이야기는 기본적으로 장인의 노동을 통한 제작이라는 이른바 제작 신화의 형식을 띠고 있다. 즉 신적인 제작자인 데미우르고스는 가지적인 형상들을 제작의 본(本)으로 삼아, 불규칙하고 무질서한 상태에 놓여 있었던 물질의 영역을 규칙과 질서로 이끎으로써 조화로운 우주를 구성했다는 것이다. 그런데 이러한 논의 형식에 따르면, 우주가 생겨나기 위해서는 적어도 세 가지 원인, 즉 제작의 모델(본), 제작자, 그리고 작품의 재료와 장소가 필요하다. 이 때 모델은 가지적 형상들이 될 것이요, 제작자는 데미우르고스가 될 것이며, 작품의 장소와 재료는 생성의 수용자인 공간과 그 공간을 채우고 있는 물질들이 될 것이다. 『티마이오스』의 논의를 좀 더 잘 따라가기 위해서는 이 세 가지 원인들 각각의 특징과 기능, 그리고 상호관계에 대해 살펴볼 필요가 있다.

6.1. 제작의 본(本)으로서의 가지적 형상들

사실 『티마이오스』에서는 제작자나 수용자에 비해 형상들에 관한 논의가 주요하게 등장하지는 않는다. 그도 그럴 것이 『티마이오스』의 탐구 대상인 우주는 감각의 영역에 속하기에, 형상 이론이 그 자체로 주제가 되지는 않기 때문이다. 하지만 티마이오스는 생성의 본에 해당되는 형상들에 대하여 짧게나마 비교적 분명하게 언급하고 있다(51e6~52a4). 플라톤 철학에서 형상들은 다음과 같은 성격들을 나타낸다. 형상들은 그 자체로, 그리고 절대적으로 존재하는 것들이다. 그것들은 다른 무엇과도 섞이지 않고 순수하며, 생성이나 소멸, 운동이나 변화라고는 일절 겪지 않고 항상 자기 동일성을 유지하는 가운데 영원히 존재한다. 또한 생성의 영역에서 벗어나 있기에, 형상은 우리의 감각 경험을 통해서는 포착되지 않고 오직 사유를 통해서만 파악될 수 있다. 형상을 '감각적인(sensible)' 것이 아니라 '가지적인(intelligible)' 것이라고 부르는 것은 그런 이유에서이다. 이렇게 '가지적'이라 불리는 형상들은 감각 사물들과 본(本, paradeigma)과 모상(模像, eikōn, mimēma)의 관계를 맺는다. 감각 사물들은 끊임없이 생성과 변화를 겪는 것들로서, 형상들의 모상이 됨으로써만 최소한의 안정성을 보장받을 수 있고, 의견의 대상이 되며, 그것들 각각에 걸맞은 이름을 얻을 수 있게 된다.

그런데 플라톤은 어떻게 해서 감각의 영역과 대척점에 있는 가지적인 것들의 존재를 가정하게 된 것일까? 플라톤이 형상의 존재를 가정하게 된 데는 대체로 세 가지 정도의 이유를 찾아볼 수 있다.

첫 번째 이유는 개별적인 사물 안에 반대되는 성질이 공존함을 설명하기 위해서이다.[36] 예를 들어 "심미아스는 소크라테스보다

---

36 예컨대 『파이돈』 102a10~103a2; 『파르메니데스』 128e5~130a2.

크고 파이돈보다 작다"라고 말할 때, 심미아스는 '큰 동시에 작다'는 두 가지 상반된 성질을 갖게 된다. 플라톤은 이렇게 하나의 대상이 동시에 반대되는 성질을 갖는 것을 설명하기 위해서 형상의 존재를 가정한다. 즉 '큼'과 '작음'은 그 자체로는 양립할 수 없지만, 감각 사물이 반대 성질의 형상들(예컨대 큼의 형상과 작음의 형상)과 동시에 관계함으로써, 크면서도 작을 수 있게 되는 것이다.

두 번째는 우리가 얻는 인식의 원천을 설명하기 위해서이다. 이러한 생각은 인식과 존재가 서로 대응 관계에 있다는 생각에 기반한다. 즉 지성적 사유와, 감각적 판단에 기반한 의견이, 그 각각의 기원과 작용 방식에 있어서 서로 구별되는 능력이라면, 그것들 각각의 대상들 역시 서로 구별되는 것들로 간주해야 한다는 것이다.[37] 그 경우, 감각적 판단에 기반한 의견에는 감각 사물들이, 지성적 사유에는 가지적 형상들이 대응된다. 그런데 우리가 살고 있는 감각 세계의 사물들은 고정되어 있지 않고 끊임없이 변화하는 것들인 데 반하여, 그것들에 대한 인식과 언어는 일정한 안정성을 요구한다. 그러므로 감각 사물이 어떤 식으로든 형상에 참여하지 않는다면, 우리의 인식과 언어는 감각 세계로부터 아무것도 얻어낼 수 없을 것이다. 왜냐하면 형상에의 참여를 통해서만이 감각 사물들은 부분적이고 불완전하나마 일정

---

37 예컨대 『국가』 V, 476e4~479e9; 『티마이오스』 29b3~c3, 51d3~e6.

한 안정성을 얻을 수 있기 때문이다. 그리고 바로 그러한 안정성 덕분에 우리는 역시 부분적이고 불완전하나마 감각 세계에 대한 일정한 판단과 의견을 얻을 수 있게 되는 것이다. 요컨대 감각 세계에 대한 우리의 인식이 최소한이나마 보장받기 위해서 형상의 존재(와 감각 사물과의 관계)가 가정될 필요가 있는 셈이다.

마지막 세 번째는 여럿에 걸친 하나를 설명하기 위함이다. 이 세상에는 수많은 사람들이 있고, 그들은 각각 서로 다른 생김새와 특징들을 갖고 있다. 하지만 우리가 그들 모두를 '인간'이라고 부를 수 있는 것은 그들 각각에 들어 있는 어떤 공통된 것을 보기 때문이다. 요컨대 가지적인 형상의 존재를 가정함으로써, 우리는 왜 다수의 개별자들이 같은 성질을 갖게 되는지를 좀 더 쉽게 설명할 수 있는 것이다.

사실 플라톤은 이러한 가지적 형상들의 존재를 가정함으로써, 윤리학에서 시작하여 인식론과 존재론에 이르기까지, 철학 전반에 관하여 자신의 일관된 설명 원리를 확보하려고 했던 것처럼 보인다. 플라톤이 활동했던 고전기 아테나이는 수많은 정치적 파쟁들과 가치를 둘러싼 상충된 주장들로 인해 극심한 혼란에 빠져 있었다. 스승인 소크라테스의 철학을 계승했던 플라톤은 기존의 정치 체제와는 완전히 다른 정치적 질서를 모색했다. 그 질서는 무엇보다도 모순 없는 도덕 원리에 기반한 것이어야 했다. 이러한 문제의식은 그의 초기 대화편들이 주로 윤리적인 주제를 다루고 있다는 데서 잘 드러난다. 거기서 관건은 시민들이 배우고 갖춰야 할 덕의 본성을 규정하는 일이었다. 이때 플라톤이 생각한 덕은 그 하나하나가 흔들림 없고 완전한 규범이어야 했다. 시인들이 신들과 영웅들의 이야기를 통해 전해 주었던 전통적인 덕목들은 그런 조건을 충족시키지 못했다. 그렇다고 해서 소피스트들의 주장처럼 덕이 그때그때의 상황과 행위 주체의 입장에 따라 변할 수 있는 것이어서도 안 되었다. 플라톤은 초기 대화편들에서 소크라테스의 입을 빌어 시인들과 소피스트들의 주장을 끊임없이 검토하고 비판하지만, 정작 그 자신의 덕 이론이라고 할 만한 것은 구체적으로 전개하지 않는다.

덕에 관한 자신의 문제의식은 인식론의 영역으로 이어진다. 왜냐하면 윤리학에 필요한 완전한 규범들을 파악하기 위해서는, 의견과 구별되는 어떤 확실한 앎이 필요하다는 가정이 제기되기 때문이다. 예컨대 우리는 초기 대화편들과 중기 대화편들의 중간쯤에 놓인 『메논』에서 이러한 구별을 발견할 수 있다. 의견은 생성과 변화를 겪는 감각의 영역에 대응되는 것이기에, 의견만으로는 확고하고 완전한 규범을 확립할 수 없다. 그런 능력은 지성에서 비롯되어야 한다. 왜냐하면 의견과 달리 지성은 절대적이고 불변하는 존재자들을 앎의 대상으로 삼기 때문이다. 그런 식으로 플라톤은 의견에 대비되는 앎의 조건들을 하나하나 규정해 간다.

플라톤은 여기서 한 걸음 더 나아간다. 그는 감각적인 판단에 기반한 의견과 지성적 사유를 구별한 뒤에, 이번에는 존재론적인 수준에서 두 능력이 향하는 대상들을 구별한다. 모든 것의 원리로서 그 자신은 움직이지도 변하지도 않는 실재, 다시 말해 가지적인 형상의 존재가 가정되는 것은 바로 이런 맥락에서이다. 형상들은 자기들과 관계하는 감각 사물들에게 어느 정도의 안정성을 보장해 준다. 감각 사물들은 형상들에 참여함으로써 그것들의 성격을 모방할 뿐만 아니라 그것들의 이름으로 불리게 된다. 그 덕분에 우리는 감각적인 것들에 대해 안정적인 앎을 얻고 그것들에 대해 말할 수 있게 된다. 물론 이때의 안정성이란 결국 가지적 형상들의 모상이라는 한계 내에서의 안정성이라 하겠다.

요컨대 플라톤은 윤리학과 인식론에서 제기된 문제들을 해결하기 위해서 가지적인 형상들의 존재를 가정한 것이라고 생각해 볼 수 있다. 가지적 형상들의 존재라는 가정에 기반하지 않고서는 감각을 통해 나타나는 것들에 대해 어떠한 안정적인 인식이나 담론도 성립될 수 없다. 왜냐하면 감각적인 것들은 잠시도 가만있지 않고 부단한 생성과 소멸, 운동과 변화를 겪으며 끊임없이 흔들리기 때문이다. 감각적인 것들이 가지적인 형상들에 참여함으로써 안정성을 얻을 때에만, 우리는 그것들에 대해 앎을 가질 수 있으며, 그것들이 어떻다고 말할 수도 있는 것이다. 그런 이유로 해서 데미우르고스는 가지적인 형상들의 영역에 시선을 고정시키고 그 형상들을 자기가 제작하려는 작품, 즉 우주의 본으로 삼음으로써, 감각 세계 안에서 일정한 안정성을 확보할 수 있었던 것이다. 또한 이로부터 인간은 자신이 속한 세계에 대하여 어느 정도 안정된 앎을 확보하고 또 그것에 대해 말할 수 있게 되었다. 그리고 다시 이를 통해서 개인은 물론 공동체가 마땅히 행해야 할 확고한 규범과 덕목 역시 확립할 수 있게 된 것이다. 그리고 이것은 플라톤이 『티마이오스』의 도입부에서 소크라테스의 입을 빌어 강조했던 내용이기도 하다.

6.2. 데미우르고스

그런데 형상들의 존재를 가정할 경우 당장 다음의 두 가지 문제들을 해결해야 한다. 하나는 형상들이 서로 어떻게 관계를 맺는가 하는 문제(즉 형상들 간의 관계)이고, 다른 하나는 감각 사물들이 어떻게 형상들에 참여하는가 하는 문제(즉 감각 사물과 형상들 간의 관계)이다. 플라톤은 『파르메니데스』에서 이 문제를 처음으로 정식화하고, 첫 번째 문제의 해결책을 『소피스트』에서 제시한다. 그리고 두 번째 문제를 해결하기 위해 『티마이오스』에서 '데미우르고스'라는 신적인 제작자의 존재를 설정한다.

6.2.1. 데미우르고스의 활동과 특징

'데미우르고스(dēmiourgos)'는 '대중(dēmos)을 위해 일(ergon)을 하는 자'에서 비롯된 말로서, '장인' 또는 '제작자'를 뜻하는 그리스어의 보통명사이다. 플라톤의 가정에 따르면, 감각 세계 안의 모든 규칙성과 인과적인 질서들은 어떤 신적인 제작자가 주어진 재료들에 대하여 일정한 제작 활동을 수행한 결과이다(28b2~c2). 이 제작자이자 신이 바로 데미우르고스이며, 그는 우리가 이 세계 안에서 발견하게 되는 질서의 책임자라 할 수 있다. 그렇다면 데미우르고스는 어떤 성격과 특징을 갖고 있을까? 플라톤은 데미우르고스의 철학적인 위상과 기능에 대해서는 별다른 언급을 하지 않는다. 따라서 이를 이해하기 위해서는 작품 속에서 티마이오스가 데미우르고스를 묘사하는 데 사용한 일련의 술어들을 살펴볼 필요가 있다.

우선 데미우르고스는 신(theos)이다. 신이기에 그는 훌륭하다.[38] 이 말은 모든 부정적이고 악한 것들의 배제를 의미하며, 그런 점에서 데미우르고스는 전통 신화 속의 신들과 구별된다.[39] 예컨대 전통 신화 속의 제우스는 다른 신들에 대해서는 물론, 심

---

38 원문은 '아가토스(agathos)'(29e1)이다. 대개의 경우 '아가토스'는 '좋은(good)'으로 옮기곤 하는데, 이 말은 품질이나 상태의 훌륭함은 물론, 기능과 능력의 탁월함, 더 나아가 윤리적인 선(善)에 이르기까지 일체의 좋음을 모두 포괄한다.

39 신이 좋고 모든 면에서 훌륭하다는 주장에 있어서 플라톤은 언제나 단호하고 일관된 태도를 취한다. 예컨대 『국가』에서 소크라테스는 도시의 통치자들이 시인들에게 신은 훌륭하며 언제나 좋은 것의 원인이 될 수밖에 없다고 말하도록 강제해야 한다고 주장한다(III, 379b1, 380b6~c10).

지어는 유한한 인간에 대해서까지 질투를 하며, 그로 인한 저주와 복수를 마다하지 않는다. 반면에 데미우르고스는 훌륭하기에 어떠한 것에 대해서도 부족함이나 아쉬움을 겪지 않는다. 따라서 데미우르고스에게는 인색함이나 질투의 여지가 없고, 그는 아무런 사심 없이 이 세계를 최대한 가장 아름답고 가장 훌륭하게 만들려고 한다.

다음으로 데미우르고스는 일종의 지성(nous)이다(47e3~4). 그가 지성이라는 사실은 방금 언급한 그의 훌륭함과 무관하지 않다. 왜냐하면 일체의 훌륭함은 저절로 생겨나는 것이 아니라 합리성과 이성적인 활동을 통해 구현되는 것이기 때문이다. 그런데 이런 합리성과 이성적인 활동은 바로 지성의 능력에서 비롯되는 것이다. 데미우르고스가 지성인 이상, 그는 계산하고 헤아리며 추론을 한다.[40] 또한 그는 행위에 앞서 심사숙고하며[41] 앞으로의 일들을 계획하고 구상한다.[42]

---

40 '계산', '헤아림', '추론'은 모두 그리스어 동사 '로기제스타이(logizesthai)'
와 명사 '로기스모스(logismos)' 등을 옮긴 것이다. 예컨대 30b1, 4, 33a7,
34a8, b1을 보라.
41 '심사숙고하다'는 그리스어 '노미제인(nomizein)'(33b7)을 옮긴 것이다.
42 '구상(構想)'은 그리스어 '프로노이아(pronoia)'(30c1)을 옮긴 것이다. 앞을
내다보고 계획을 세우는 이러한 활동은 우주 제작자인 데미우르고스뿐만 아
니라, 데미우르고스의 보조자인 별의 신들(44c7), 그리고 인간의 혼(45b1)
역시 일상적으로 행하는 것이다. 나중에 이 단어는 로마인들에 의해 라틴어
'프로위덴티아(providentia)'로 번역되었고, 헬레니즘과 고대 후기, 특히 기

또한 몇몇 대목에서 데미우르고스는 말을 하고,[43] 자신의 바람과 의지를 드러내는가 하면,[44] 행위와 관련하여 자기 책임의 한계를 분명히 하며,[45] 심지어 일정한 감정을 표현하기도 한다.[46] 요컨대 데미우르고스는 마치 하나의 인격신처럼 묘사되고 있다. 하지만 전통 신화 속의 신들과 달리 데미우르고스의 개성은 한 가지로 고정되지 않는다. 그래서 데미우르고스의 성격과 역할은 그의 자식이자 보조자인 별의 신들에게로 고스란히 이전되는가 하면, 심지어 아무런 설명도 없이 데미우르고스가 단수에서 복수로, 또 복수에서 단수로 바뀌기도 한다. 이런 점들을 감안하면, 데미우르고스는 하나의 인격신으로 고정되기보다는 오히려 일종의 기능을 상징하는 것처럼 보이기도 한다. 즉 그것은 우

독교 시대에 이르러서는 신의 '섭리'를 가리키는 말로서 중요하게 사용된다. '프로노이아'의 의미와 용법의 전화 과정에 대해서는 본문의 역주 97을 참고하라.

43 우주의 혼과 몸을 구성한 데미우르고스는 별들을 만든 뒤에, 자신이 만든 별(의 신들)을 모아 놓고서 그들에게 우주 제작의 나머지 부분을 맡기겠다는 연설을 한다. 예컨대 41a5(legei), d4(eipe), e3(eipen)을 보라.

44 예컨대 '바라다(boulesthai)'(29e3, 30a2, d3); '원하다(ethelein)'(41a8).

45 예컨대 '책임을 지지 않는(anaitios)'(42d2~3). 데미우르고스는 자신의 피조물들에게 그들이 앞으로 지켜야 할 모든 것들을 미리 고지해 주는데, 이는 장차 그들이 저지를 악행에 대하여 그들의 제작자로서 책임을 지지 않기 위함이다.

46 데미우르고스는 자신이 만든 우주가 살아 있는 것을 보고는 기뻐하고 흐뭇한 감정을 느낀다(ēgasthē te kai euphrantheis)(37c6~7).

주를 구성하는 하나의 작용인으로서 어떤 때는 집합적인 측면으로, 또 어떤 때는 개별적인 측면으로 자신의 활동을 드러낸다고 볼 수도 있다.

이번에는 우주 제작에 임하는 데미우르고스의 구체적인 행위를 살펴보자. 이때 데미우르고스의 활동을 기술하는 용어들은 대부분 다양한 분야에서 일하는 장인들의 노동을 표현하는 어휘들이다.[47] 그래서 데미우르고스는 한편으로는 '신'이라든가 '아버지'라고 불리기도 하지만, 다른 한편으로 그의 활동은 '장인'이자 '제작자',[48] '밀랍모형 제작자',[49] '목수'[50] 등의 모습으로 나타난다. 또한 그는 무엇인가를 구성하고 조립하는[51] 사람으로 묘사

---

47 바로 이 점에서 티마이오스의 우주 제작 신화는 전통 신화의 우주 발생론과 차이를 드러낸다. 예컨대 헤시오도스의 『신들의 계보』를 보면, 우주의 탄생은 대부분 신들 간의 사랑과 자식의 출산을 통해 이루어진다. 이와 달리 『티마이오스』에서는 그러한 출산은 거의 나타나지 않는다. 데미우르고스는 '이 우주의 아버지이자 제작자(poiētēs kai patēr toude tou pantos)'(28c3~4)라고 묘사되지만, 정작 아버지로서의 모습보다는 거의 대부분 장인적인 노동을 수행하는 제작자의 모습만을 보여 줄 뿐이다.

48 이를테면 '포이에테스(poiētēs)'(28c3), '데미우르고스(dēmiourgos)(29a3, 41a7, 68e2 등).

49 '케로플라스테스(kēroplastēs)'(74c6).

50 예컨대 28c6(tektainomenos), 30b5(sunetektaineto), 33b1(etektēnato), 36e1(etektaineto)를 보라. 여기에 사용된 용어들은 모두 '짜맞추다'를 뜻하는 동사 '테크타이노(tektainō)'에서 파생된 말들이다. 이 말은 주로 나무를 가공하여 무엇인가를 만드는 행위를 가리키며 대체로 목수의 노동을 의미한다.

51 예컨대 29e1(sunistas), 30b5(sunistas), 33d(ho suntheis), 76e(hoi

되기도 한다. 하지만 이러한 용어들 외에도, 티마이오스는 데미우르고스의 활동을 묘사하면서 훨씬 더 다양하고 구체적인 장인의 용어들을 사용하고 있다. 예를 들어 데미우르고스가 우주를 구성하는 모습은 마치 대장장이, 건축가, 그리고 화가처럼 보인다. 그는 우주의 혼을 만들 때, 쇠를 녹이듯이 혼의 재료들을 녹여 하나로 섞고, 주물을 뜨듯이 그것들에 일정한 형태를 부여하며, 쇠를 단조하듯이 그것들을 얇은 띠 모양으로 만들어낸다. 이것들은 나중에 천구와 행성들의 궤도가 될 것이다. 또한 데미우르고스는 물질적인 요소들을 비례에 따라 결합시켜 천체를 구성하고, 우주 혼을 천체의 중심에서 표면까지 짜맞춰 나가는데, 이 과정들은 건물을 짓는 건축가의 모습으로 그려진다. 마지막으로 화가가 그림을 그리듯이 하늘의 천정을 수많은 별들로 장식한다.

이번에는 데미우르고스의 명령을 받은 별의 신들[52]이 인간의 몸을 제작하는데, 이들의 활동은 도공, 밀랍 장인, 광주리 제조업자의 모습과 비슷하다. 먼저 별의 신들은 점토를 빚어서 인간

---

sunistantes)를 보라. 여기에 사용된 용어들은 모두 '구성하다'를 뜻하는 동사 '쉬니스테미(sunistēmi)'에서 파생된 말들이다. 이 말은 주로 여러 가지 재료들을 한데 모아 일정한 질서에 따라 결합하고 조립하는 행위를 가리킨다.

52　이들 역시 우주 제작자의 지시를 따르는 하위의 '데미우르고스들(dēmiourgoi)'(75b8)이라 할 수 있다.

의 골과 척추를 만든다. 그리고 밀랍을 녹여서 모형을 만드는 장인처럼 골 위에다 살을 발라 붙임으로써 머리를 만든다. 마지막으로 그들은 마치 골풀로 광주리를 엮듯이 몸안에 소화기와 호흡기를 구성한다.

그 외에도 데미우르고스는 농부의 모습으로 나타나기도 하는데, 그는 농부가 씨를 뿌리듯이 인간의 혼들을 하나하나 별에 심는다. 별의 신들 역시 마치 농부가 경작지에 관개수로를 내듯이 인간의 몸안에 순환기를 구성한다.

마지막으로 데미우르고스는 도시 공동체를 다스리는 통치자처럼 묘사되는데, 그는 자기가 만든 별의 신들 앞에서 연설을 하며, 그들에게 유한한 생명체들을 만들라고 명령한다. 그런가 하면 하위의 신들은 인간 혼의 불사적인 부분과 사멸적인 부분들을 몸의 다른 부분들에 배치시키는데, 이러한 모습은 공동체의 질서를 조직하고 그 기능을 일정하게 유지시키는 행정관들의 모습과 유사하다.

데미우르고스에 관한 이상의 묘사에서 우리는 세 가지 특징을 발견할 수 있다. 첫째, 데미우르고스의 활동은 일정한 목적과 의도를 갖는다는 점이다. 우주는 저절로 생겨나거나 우연히 발생한 것이 아니라 만들어진 것이다. 그런데 제작의 의도와 목적은 제작의 모델이 되는 가지적 형상들이나, 제작의 재료이자 작품의 자리를 제공하는 수용자에는 들어 있지 않고, 오직 데미우르고스에게만 속한다. 그런 점에서 데미우르고스는 일정한 목적에 따라 활동하는 원인이라 할 수 있다.[53] 둘째, 장인의 노동이 일정 시점에서 시작되어 제품의 생산과 함께 끝나듯이, 우주 제작자의 행위 역시 일정한 시작과 끝을 갖는다. 데미우르고스는 우

53 아리스토텔레스는 사물이 발생하기 위해서는 네 가지 원인이 필요하다고 말한다. 그것들은 각각 형상인, 질료인, 작용인, 그리고 목적인이다(『형이상학』 A, 3, 983a24~b6). 사실 『티마이오스』의 원인들은 아리스토텔레스의 4원인론에 비교적 잘 적용되는 것처럼 보인다. 예를 들어 생성의 본은 형상인에, 생성의 수용자는 질료인에 대응하는 것처럼 보인다. 그리고 데미우르고스의 제작 의도와 활동은 각각 목적인과 작용인에 대응하는 것처럼 보인다. 이런 도식 아래 데미우르고스는 자기 안에 제작의 목적과 활동을 모두 지닌 원인이라고 생각해 볼 수 있다. 그렇지만 플라톤의 우주론과 아리스토텔레스의 4원인론을 기계적으로 대응시키는 데는 무리가 따른다. 우선 아리스토텔레스는 초월적인 형상의 존재를 인정하지 않는다. 또한 아리스토텔레스는 플라톤의 수용자를 질료적인 것으로 규정하고 비판하지만, 과연 수용자가 질료인지에 대해서는 적잖은 논쟁의 여지가 있다. 무엇보다도 아리스토텔레스는 플라톤의 데미우르고스에 관해 거의 아무런 언급도 하지 않는다. 왜냐하면 아리스토텔레스의 작용인은 자연에 내재해 있을 뿐, 데미우르고스처럼 외부로부터 개입하는 것이 아니기 때문이다. 아리스토텔레스는 자연적인 생성의 과정과 인공적인 생산의 과정을 구별하고 자연은 질서를 산출함에 있어서 장인처럼 숙고를 하지 않는다고 본다. 따라서 우주는 장인의 작품이나 생산물이 아니다. 우주는 살아 있으면서 자기 안에 목적론적인 활동 원리를 담고 있다. 그것은 기술과 닮아 있지만 초월적이지 않고 내재적이다. 예컨대 조각상을 다듬는 조각가처럼 외부로부터 작용하는 것이 아니라 환자가 스스로 치유되고 회복되듯이 작용한다고 할 수 있다. 이에 대해서는 『형이상학』 Z, 7장 전체; 『자연학』 II, 8, 199b26~33을 보라. 그리고 플라톤의 데미우르고스와 아리스토텔레스의 작용인과 목적론이 지닌 유사점과 차이점에 대해서는 L. Brisson, 1974, pp. 55~57; F. Fronterotta, 2006, pp. 85~86을 보라.

주의 혼과 몸, 별들, 그리고 인간의 혼을 만든 뒤에 은퇴한다. 그 뒤를 이어 별의 신들은 인간의 몸을 비롯하여 인간의 생존에 필요한 일체의 것들을 만들고 물러난다. 이들이 떠난 후 그 뒤를 잇는 것은 우주 혼이다. 우주 혼은 감각 세계의 끊임없는 운동과 변화 속에서 수학적 비례에 따라 질서를 유지하는 일을 담당하게 된다. 그런데 이러한 우주 제작 신화(서사)가 지닌 시간성은 우주론의 과학적 설명에서 요구되는 '시간 초월성'과 괴리를 일으킨다. 앞서 보았듯이 우주 제작 신화의 문자적 해석과 비유적 해석 사이의 갈등은 바로 이 괴리를 어떻게 해결할 것인가 하는데서 비롯된다. 셋째, 장인의 노동을 통한 이야기는 우주 제작자가 전능하지 않으며 언제나 일정한 한계 속에서 일을 한다는 것을 알려 준다. 데미우르고스의 제작은 기독교나 다른 고등 종교에서 말하는 '무로부터의 창조(creatio ex nihilo)'와는 다르다. 왜냐하면 장인의 노동이란 주어진 재료들을 가지고서 자신이 생각하는 모델에 최대한 가깝게 제품을 만드는 것이기 때문이다. 달리 말하면 '무로부터는 아무 것도 생겨나지 않는다(ex nihilio nihil fit).' 이는 데미우르고스의 경우도 마찬가지다. 사실 데미우르고스와 함께 본으로서의 형상들과 재료로서의 수용자가 이미 존재하는 이상, 그리고 수용자를 가득 채우고 있는 이른바 '필연'을 데미우르고스가 '설득'을 통해 지배해야 하는 이상, 데미우르고스의 우주 제작은 이 모든 한계들을 감안하면서 수행될 수밖에 없다. 데미우르고스의 활동을 묘사하는 대목 중에는 '가능한한(kata dunamin)'이라든가, '최선을 다해(hōs malista)'와 같은 표현들이 빈번히 등장하는데,[54] 이것들은 모두 데미우르고스의 한계를 암시한다고 볼 수 있다.

6.2.2. 데미우르고스의 철학적 의미

그렇다면 플라톤의 철학 안에서 우주 제작자인 데미우르고스는 어떤 이론적인 위상을 갖는다고 할 수 있을까? 고대로부터 철학자들은 데미우르고스를 플라톤 철학의 어떤 요소 또는 이론적인 장치로 해석해야 할지를 놓고 저마다 다른 입장을 취하며 논쟁을 이어 왔다. 그 입장들은 크게 네 가지로 나눌 수 있는데, 어떤 이들은 데미우르고스를 좋음의 이데아로 환원하였고, 다른 이들은 창조주인 신으로 이해했으며, 또 어떤 이들은 형상들과 감각 사물 모두로부터 구별되는 독립적인 지성으로 간주했는가 하면, 또 다른 이들은 우주 혼에 내재된 지성으로 보기도 했다. 여기서 철학사 전체에 걸쳐 벌어진 논쟁들을 모두 다루는 것은 불가능하고, 그것들 가운데 어떤 결정적인 답안을 제시할 수도 없다. 다만 근대 이후의 철학사가들이 제시한 입장들을 간단히 정리하면서 각각의 해석을 둘러싼 쟁점들을 이해하는 것으로 만족하고자 한다.

---

54 예컨대 30a2, b5, 32b4~5, 37d2, 38c1, 42e2, 53b6~7, 71d6~7 등.

1) 가지적 형상

우선 데미우르고스를 좋음 자체, 즉 좋음의 이데아와 동일시하는 입장이 있다. 고대에서는 중기 플라톤주의자였던 앗티코스(서기 1세기)가 이러한 입장을 취하였으며,[55] 근대 이후에는 주로 19세기 후반과 20세기 초반에 활동했던 학자들 사이에서 지지를 받았다.[56] 데미우르고스를 좋음 자체로 볼 수 있는 근거는 우주 제작의 동기를 언급하는 대목에서 찾아볼 수 있는데, 거기서 티마이오스는 "데미우르고스가 훌륭했으며(좋았으며, agathos ēn), 훌륭했기에(좋았기에), 모든 것들이 가능한 한 자기와(heautōi) 닮기를 바랐다"고 말한다(29e1~3). 즉 데미우르고스는 훌륭함(좋음) 자체와 동일시되며 자신을 모델로 삼아 우주를 구성했다고 볼 수 있다. 즉 세계 창조란 현상 속에 자신의 원리를 구현하는 것과 다름없다.[57] 하지만 모든 운동에서 벗어나 있으며 오직 관조의 대상일 뿐인 형상이 어떻게 우주 제작자와 동일시될 수 있을까? 이에 대한 답은 좋음의 이데아와 데미우르고스를 한 대상의 두 측면으로 보는 것이다. 지성으로 묘사되는 데미우르고

---

55 플라톤 대화편의 편집자인 티투스 폼포니우스 앗티쿠스와는 다른 인물이다. 프로클로스, 『플라톤의 「티마이오스」 주석』I, 305, 6~7을 참고하라.

56 예를 들어 E. Zeller 1888; R. D. Archer-Hind, 1888; A. Rivaud, 1925; A. Diès, 1927 등이 그렇다.

57 E. Zeller, 1888, pp. 320~321.

스는 좋음의 주체적 측면, 즉 사유하고 활동하는 자로서 나타난
다. 하지만 데미우르고스가 우주를 자신과 유사하게 만드는 한,
그 자신은 제작의 대상이자 본이 된다. 그렇게 데미우르고스는
모든 원인들 가운데 최상의 원인이라는 주체의 측면을 갖는 동
시에 가지적인 것들 가운데 가장 훌륭한 것이라는 대상의 측면
을 갖게 된다는 것이다.[58]

2) 신

오늘날 데미우르고스를 가지적 형상으로 보는 사람들은 많지
않다.[59] 사실 "데미우르고스는 훌륭했고 […] 모든 것이 자기와
닮기를 원했습니다"라는 구절만으로는 제작자와 좋음을 동일시

---

58 A. Diès, 1927, pp. 553~555.
59 사실 이러한 입장을 지지했던 학자들 사이에는 모종의 공통된 경향이 나타
    나는데, 그것은 좋음의 이데아와 데미우르고스를 한 대상의 두 측면 내지는
    여러 국면들로 이해하려는 시도이다. 학자들은 이러한 경향이 대체로 19세
    기 후반에 철학사를 지배하고 있었던 헤겔의 변증법적 일원론의 영향에서
    비롯되었다고 평가한다. 예컨대 당시의 대표적인 플라톤 연구자였던 아처하
    인드(R.D. Archer-Hind)는 플라톤의 이데아론이 일종의 일원론이며, 그의
    우주론은 절대정신의 자기 전개 과정으로 봐야 한다고 주장한다. 좋음의 이
    데아는 감각 세계에서 무한한 지성으로 전개되는데, 데미우르고스는 이 지
    성의 신화적 표현이다. 그런데 지성이란 아직 질료와 결합하지 않은 순수한
    상태의 혼으로서 혼의 한 가지 양태(mode)와 다름없다. 데미우르고스 역시
    질료의 타자성과 결합하기 이전의 우주 혼의 한 국면(aspect)이며, 그런 한
    에서 아직 현실화되지 않은 채 원초적인 단일성을 유지하고 있는 절대정신
    이라는 것이다(R. D. Archer-Hind, 1888, pp. 39~42).

하기에 충분하지 않다. 오히려 『티마이오스』에는 제작자인 데미우르고스와 데미우르고스가 제작의 본으로 삼는 가지적 형상들을 서로 다른 것으로 읽을 만한 대목들이 훨씬 더 많다. 다른 한편, 데미우르고스를 글자 그대로 우주를 창조한 신(theos)으로 보려는 시도 역시 고대로부터 현대에 이르기까지 꾸준히 제기되어 왔다. 예컨대 중기 플라톤주의자인 알키노오스의 해석에 따르면, 플라톤에게는 세 가지 원리가 있는데, 그것들은 신, 본(가지적 형상들), 그리고 질료이다. 그런데 이 가운데 으뜸은 형상들이 아니라 신이다. 왜냐하면 가지적 형상들은 어딘가에 초월적으로 있는 것들이 아니라 신의 사유와 다름없다고 보았기 때문이다.[60] 이와 비슷한 입장은 오늘날에도 찾아볼 수 있는데, 그것은 가지적 형상의 위상에 대한 한결 온건한 해석에 기반한다. 즉 형상을 데미우르고스가 우주 제작을 위해 관조하고 모방한 가지적 대상으로 간주하지 않고(그 경우 강력한 형상실재론이 될 것이다), 데미우르고스가 우주 제작에 사용한 일종의 조리법 내지는 설계도 같은 것으로 보는 것이다(이것은 일종의 온건한 형상실재론이라 하겠다).[61] 그런데 이런 해석은 형상들을 데미우르고스의 사유로 간주했던 알키노오스의 생각과 매우 흡사해 보인다. 어

60 알키노오스, 『플라톤 학설 강의』 IX, 164, 32~34.
61 S. Broadie, 2012, p. 62.

쨌든 이 경우에는 형상들의 위상이 어느 정도 약화되는 반면, 형상을 사유하는 데미우르고스의 위상이 상대적으로 격상된다고 할 수 있다. 이제 데미우르고스는 더 이상 형상들을 관조하지 않고, 자신의 관념 속에 들어 있는 형상들의 세계를 감각의 영역에서 작품으로 실현한다고 볼 수 있다. 또한 이것은 데미우르고스를 창세기의 신에 한결 더 가깝게 해석하는 것이기도 하다. 왜냐하면 데미우르고스는 마치 섭리처럼 완성된 형상들을 자기의 사유 속에 품고서 시간의 순서에 따라 세계를 창조해 나가기 때문이다.[62]

3) 우주 혼의 지성적 부분

데미우르고스를 창조주 내지는 제작자—신으로 간주할 때, 언제나 문제가 되는 것은 그것의 위상과 성격을 어디까지로 정할까 하는 것이다. 사실 『티마이오스』에는 수많은 신들이 등장한다.[63] 그 속에서 데미우르고스를 다른 신들과 구별되는 신으로

---

62 이러한 관점은 현대 해석자들 사이에서 제법 많은 지지를 얻고 있다. 예컨대 T. K. Johansen, 2004, pp. 86~87; D. Sedley, 2007, p. 105; S. Broadie, 2012, p. 196를 참고하라.

63 그도 그럴 것이 『티마이오스』는 기본적으로 신화의 형식을 띠고 있지 않은가! 사실 플라톤에서는 죽음과 파괴를 겪지 않는 것들은 모두 '신'이라고 불린다. 우선 데미우르고스는 신이다. 가지적인 형상들도 신이다. 데미우르고스가 구성한 우주도 신이며, 그가 제작한 별들 역시 신이다. 마지막으로 데

따로 규정한다는 것은 쉽지 않을 뿐더러, 설령 그 해석이 정합적이라 하더라도 그것이 과연 플라톤 철학의 맥락에 부합하는지는 의문의 여지가 있다. 반면에 데미우르고스의 이론적 위상과 관련하여 사람들이 가장 안심하고 취하는 것은 그것이 지성(nous)이라는 입장이다. 티마이오스는 데미우르고스의 활동에 관한 이야기를 끝내고는, 이어서 수용자와 필연의 성질을 다루기에 앞서, 지금까지 논의된 것들이 모두 "지성에 의해 제작된 것들(ta dia nou dedēmiourgēmena)"(47e3~5)이라고 말한다. 티마이오스가 이렇게 직접 언급한 이상 데미우르고스가 지성이라는 데는 이론의 여지가 없어 보인다. 그런데 데미우르고스를 지성으로 받아들일 경우 곤란한 문제가 발생한다. 왜냐하면 티마이오스에 따르면, 지성은 혼을 벗어나서는 존재할 수 없기 때문이다. 그래서 그는 데미우르고스가 우주를 제작할 때 "지성을 혼 안에, 그리고 혼은 몸안에 구성"했다고 말한다.[64] 만일 데미우르고스가 지성이라면, 그가 혼 안에 넣었다는 지성은 무엇일까? 무엇보다도 데미우르고스는 어떻게 혼 밖에서 존재할 수 있을까? 이러한 문제들을 해결하기 위해서 몇몇 학자들은 데미우르고스를 우주

미우르고스가 직접 만든 인간의 혼 역시 신적인 것으로 간주된다.

64 『티마이오스』30b3~5. 이와 비슷한 언급은 『필레보스』30c9~10에서도 찾아볼 수 있다.

혼에 내재한 지성으로 보자고 제안한다.[65] 그렇다면 지성이 혼에 내재한다는 것은 어떤 의미일까? 이에 관해 가장 진전된 해석을 제시한 사람은 미국의 고전 문헌학자인 처니스(H. F. Cherniss)인데, 그의 해석에 따르면, 지성이란 우주 혼 가운데 그 일부가 가지적 형상들과 접촉한 결과에 다름 아니다. 즉 우리는 '데미우르고스가 지성을 혼 안에 넣었다'는 대목을 우주 혼의 일부가 형상들을 관조하는 데 성공한 것으로 이해해야 한다는 것이다.[66] 이러한 주장은 혼을 구성하는 '같음'의 회전이 불가분적이고 영원한 존재(즉 가지적 형상들)와 접촉함으로써 앎을 얻게 된다는 대목을 통해서도 유추해 볼 수 있다(37a2~c5). 요컨대 데미우르고스는 지성이다. 그런데 이 지성은 혼을 벗어나 독립적으로 존재할 수 없다. 따라서 지성은 어떤 실체(entity)가 아니다. 오히려 그것은 형상을 관조할 수 있는 혼의 능력(capacity) 내지는 형상과 접촉한 혼의 상태(state)로 봐야 하는 것이다. 하지만 '데미우르고스가 우주 혼에 내재한 지성'이라는 해석은 티마이오스의 이야기 자체와 충돌한다. 그의 이야기에 따르면, 우주 혼을 만든 자는 바로 데미우르고스이기 때문이다. 그렇다면 우주 혼의 제작자가 우주 혼에 내재한 지성일 수 없다. 그럼에도 불구하고 데

65 예컨대 F. M. Cornford, 1937; G. M. A. Grube, 1970; H. F. Cherniss, 1944.
66 H. F. Cherniss, 1944, p. 607.

미우르고스가 우주 혼에 내재한 지성이라는 주장을 유지하려 한다면, 티마이오스의 우주 제작 신화를 글자 그대로 받아들여서는 안 된다. 즉 우주는 특정 시점에 데미우르고스의 노동에 의해 만들어진 것이 아니라 언제나 생성 중에 있는 것이다. 데미우르고스 역시 독립된 지성이 아니라, 감각 세계의 질서 잡힌 운동을 주관하는 우주 혼의 지성적인 부분으로 봐야 한다. 사실 데미우르고스를 우주 혼으로 해석하는 학자들은 대부분 우주 제작 신화를 '교육의 목적을 위해(kharis diadaskalias)' 고안된 비유적인 장치로 이해한다. 하지만 티마이오스의 이야기 자체를 오직 비유로서만 받아들이겠다는 태도는 데미우르고스의 이론적 위상과는 비교도 할 수 없을 정도로 커다란 논쟁을 야기하는 것이라 하겠다.

4) 독립된 지성

이와 달리 우주 제작 신화를 글자 그대로 받아들이는 사람들은 데미우르고스를 우주 혼의 지성적 부분과는 분리된 독립된 지성으로 간주한다.[67] 사실 플라톤은 어느 작품에서도 지성의 기원에 대해 언급한 적이 없다. 즉 무리해서 지성의 기원과 발생을 설명하는 것보다는, 지성이 가지적 형상들 및 수용자와 함께

---

67 예컨대 R. Hackforth, 1936; R. D. Mohr, 1985; L. Brisson, 1974.

원래부터 있었던 것으로 보는 편이 더 그럴듯해 보인다. 아닌 게 아니라 데미우르고스는 생성의 원인이어야지 생성된 것일 수는 없다. 그렇다면 지성이 혼을 벗어나서는 존재할 수 없다는 주장은 어떻게 이해해야 할까? 이 물음에 답하기 위해서는 해당 대목을 좀 더 자세히 살펴볼 필요가 있다. 티마이오스는 "본성상 가시적인 것들에서 산출된 작품의 경우, 지성이 없는 것은 어떠한 것도 지성을 지닌 것보다 어떠한 면에서도 더 아름다울 수 없을 것이요, 또 이번에는 지성이 혼과 떨어져서 무엇인가에 생겨나는 일은 불가능하다"(30b1~3)고 말한다. 여기서 논의되고 있는 것은, 생성된 것들 가운데 지성을 포함하고 있는 것이지 지성 그 자체는 아님을 알 수 있다. 지성과 지성을 포함하고 있는 것은 다르다. 따라서 지성이 어떤 것 안에 있다면 혼 안에 있어야 한다고 해서, 모든 지성이 혼 안에 있어야 할 필요는 없다.[68] 우주 역시 생겨난 것이기에 우주 혼에 내재한 지성은 혼을 벗어나서는 존재할 수 없다. 그러나 데미우르고스는 생겨난 것이 아니라 오히려 제작자이며, 그런 면에서 우주 안의 지성이 아니라 우주 너머의 독립된 지성이라고 볼 수 있는 것이다.[69] 그런데 지성과 관련하여 우리가 간과하지 말아야 할 부분이 있다. 그것은 '지

68 R.D. Mohr, 1985, p. 181.
69 R. Hackforth, 1936, p. 445.

성'으로 번역되는 그리스어 '누스(nous)'가 그저 인식론의 차원에서 사유 작용만을 의미할 뿐만 아니라, 존재의 영역에서는 질서 부여의 원인을 의미한다는 사실이다. 사실 지성이 질서 부여의 원인이라는 생각은 자연철학자인 아낙사고라스의 단편들에서 이미 나타난다.[70] 플라톤 역시 소크라테스의 입을 빌어 아낙사고라스가 누스를 존재하는 것들의 원인이라고 주장해 놓고는, 정작 그것을 제대로 사용하지 못했다고 아쉬워한다.[71] 플라톤이 누스를 질서 부여의 원인이자 생성의 원인으로 이해한 것은 다른 대화편인 『필레보스』에도 나타난다. 거기서 플라톤은 좋고 이성적이며 질서를 갖춘 모든 것들의 원인을 신적인 지성에게로 돌리며, 그런 지성을 '하늘과 땅의 왕인 지성'이라고 부르는가 하면, '이 모든 것들의 제작자'라고 묘사하기도 한다.[72] 이렇듯 지성이 그 자체로 질서 부여의 원인으로서 기능한다면, 『티마이오스』의 데미우르고스 역시 우주 혼과는 분리된 독립적인 지성이라고

---

70 예컨대 DK 59B12 (= 『선집』 510~512쪽)을 보자. "왜냐하면 그것[지성]은 모든 사물들 가운데서 가장 미세하고 가장 순수하며, 모든 것에 대해서 모든 앎을 가지고 있으며 가장 힘이 세기 때문이다. 그래서 혼을 지닌 크고 작은 것들 모두를 지성이 다스린다. [⋯] 있게끔 되어 있었던 것들도, 있었던 것들도, 지금 있지 않은 것들, 그리고 지금 있는 것들과 있게 될 것들도 모두 다 지성이 질서지었다."
71 『파이돈』 97b8~98b6.
72 『필레보스』 27b1.

볼 수 있다.

6.2.3. 플라톤의 의도

지금까지 살펴본 바와 같이 데미우르고스는 플라톤 철학을 구성하는 주요 개념들, 그러니까 좋음의 이데아나 제작자−신, 혹은 우주 혼에 내재한 지성이나 독립적인 지성으로 해석 가능하다. 이는 데미우르고스의 특징이 이 모든 개념들에 걸쳐 있음을 뜻하지만, 역설적으로 이 개념들 중 어떠한 것도 데미우르고스의 특징을 온전히 설명해 주지는 못함을 보여 준다. 아무튼 플라톤 자신이 데미우르고스의 정체를 분명하게 밝히지 않은 이상, 그 이론적 위상에 관한 해석은 언제나 논쟁에 열려 있다고 봐야할 것이다. 이렇듯 플라톤이 데미우르고스에 어떤 철학적 위상을 부여했는지를 정확히 규정하기란 쉽지 않다. 반면에 플라톤이 자신의 우주론에 데미우르고스를 도입한 의도에 대해서는 어느 정도 짐작이 가능하다.

앞서 언급했듯이, 플라톤은 고대 그리스의 우주론 가운데 장인의 모델을 통해 우주의 기원을 설명한 최초의, 그리고 유일한 철학자이다. 이때 장인을 뜻하는 데미우르고스는 신적인 제작자로 설정되며, 그의 활동은 대장장이, 건축가, 목수, 밀랍 장인, 화가, 도공, 농부 등 다양한 직업인의 노동으로 묘사된다. 그런데 이처럼 우주의 기원을 설명하기 위해 신적인 제작자를 도입했다는 설정은, 플라톤이 자신의 정치철학을 통해 구상했던 도시국가의 질서를 생각해 볼 때 쉽게 납득이 가지 않는 부분이기도 하다. 왜냐하면 장인은 플라톤의 공동체에서 통치자들이나 그 보조자들이 아닌 이른바 제3계급, 즉 생산자 집단을 구성하기 때문이다. 물론 플라톤이 생산자 집단을 일부러 비난하거나 폄하한 적은 없다. 하지만 이들이 통치 집단에 의해 일정한 통제와 감시의 대상이 되는 것은 피할 수 없는 일이다. 왜냐하면 이들에게는 지혜와 용기가 결여되어 있으며, 무엇보다도 이들에게 요구되는 덕목은 절제이기 때문이다. 그럼에도 불구하고 플라톤이 우주론에 데미우르고스를 도입했다면, 그가 이 개념의 어떤 측면들에 주목했는지를 생각해 볼 필요가 있다.

우선 생각해 볼 수 있는 것은 데미우르고스가 가지적 영역과 감각 영역을 이어 주는 매개자로서 필요했다는 점이다. 플라톤은 가지적인 형상의 영역과 감각적인 사물의 영역을 구별했다. 이때 전자는 본으로서 후자에 분유되고, 후자는 모상으로서 전자에 참여한다. 하지만 이 분유와 참여가 저절로 이루어지지는 않는다. 형상들은 운동과 변화에서 벗어나 있기에 감각의 영역에 개입하지 않는다. 반면에 감각적인 것들은 그 자체로 어떠한 사유나 인지 능력을 갖고 있지 않기에 형상들을 모방할 수 없다. 데미우르고스는 바로 이 둘을 이어 주는 매개자의 역할을 수행한다고 볼 수 있다. 또한 데미우르고스는 그 성질상 매개자의 역할을 아주 잘 설명해 준다. 왜냐하면 장인은 기본적으로 설계도에 따라 주어진 재료를 가공함으로써 제품을 만들기 때문이다. 가지적인 영역과 감각의 영역 사이에서 일어나는 분유와 참여는 형상들을 본으로 삼아 감각 재료들을 가공함으로써 우주를 제작하는 장인의 노동 방식을 통해 가장 잘 구현되는 셈이다.

그렇다면 이러한 장인의 유비는 플라톤의 정치철학에 잘 부합한다고 볼 수 있을까? 사실 이 부분을 명확히 설명하기는 쉽지 않다. 다만 '데미우르고스' 개념의 역사적인 용법에 관한 연구를 조회함으로써 플라톤의 의도를 어느 정도 짐작해 볼 수는 있을 것이다.[73] 플라톤이 살았던 서기전 4세기 무렵에는 '장인'을 가리키는 말로서 '데미우르고스(dēmiourgos)' 외에도, '케이로낙스(kheirōnax)'와 '바나우소스(banausos)'라는 단어들이 있었다. '케이로낙스'는 '손'을 뜻하는 '케이르(kheir)'와 '우두머리'를 뜻하는 '아낙스(anax)'가 결합된 말로서 수공업자를 지칭하는 데서 비롯된 말로 보인다. '바나우소스'는 '화덕', '도가니'를 뜻하는 '바우노스(baunos)'와 '불을 붙이다', '태우다'를 뜻하는 동사 '아우오(auō)'가 결합된 말로서 대장장이나 도공처럼 주로 불을 다루는 사람들을 지칭하는 데서 비롯된 말이다. 데미우르고스를 포함한

---

73 '데미우르고스' 개념의 역사적 용법에 관한 상세한 연구로는 L. Brisson, 1974, pp. 86~97을 참고하라.

이 단어들은 모두 비슷한 의미들을 공유하고 있으며, 서로 교환하여 사용할 수 있는 것들이었다. 그러나 플라톤은『티마이오스』에서 오직 데미우르고스만을 사용할 뿐, 케이로낙스와 바나우소스는 일절 언급하지 않는다. 그것은 '데미우르고스' 안에 기술자나 장인이라는 뜻 외에도, 다른 두 단어에서는 찾아볼 수 없는, 하지만 플라톤에게는 꼭 필요한 또 다른 의미가 들어 있기 때문이라고 추측할 수 있다.

'데미우르고스'에만 들어 있는 또 다른 의미는 바로 공동체의 행정을 지휘하고 감독하는 '행정관' 또는 조직의 '대표자'라는 의미다. 고대에 남겨진 각종 문헌들과 비문(碑文)들의 연구에 따르면, '데미우르고스'는 대략 서기전 7~6세기 무렵부터 앗티카와 도리아, 테살리아 등 그리스 반도의 거의 전역에서 행정관이나 행정 조직의 대표를 가리키는 말로 사용되어 왔다. 이 점은 '데미우르고스'가 단지 제3계급인 생산자 집단을 지칭하는 데 국한되지 않았음을 보여 준다. 확실히 '데미우르고스'는 '대중(dēmos)을 위해 일(ergon)하는 자'라는 어원에서 비롯되어 장인을 가리키는 용어가 되었다. 하지만 대중을 위해 일하는 사람들 중에는 기술자들만 있는 것이 아니다. 공동체의 질서를 관장하고 구성원들을 지휘하는 감독관과 조직의 대표들 역시 '데미우르고스'라는 이름으로 불렸던 것이다. 통치자들이 일하는 방식은 장인들과는 조금 다르다. 그들은 강제와 설득이라는 방식을 통해서 공동체의 구성원들을 이끈다. 강제와 설득은 『티마이오스』에도 분명하게 나타난다. 데미우르고스는 같음의 본성과 다름의 본성을 섞어 우주 혼을 구성하는데, 이때 잘 섞이려 들지 않는 다름을 강제로(bia) 같음과 섞는다(35a6~8). 그런가 하면 데미우르고스는 자신이 만든 별의 신들을 모아 놓고, 그들 앞에서 연설을 하면서 인간 및 다른 생명체들을 제작하라고 명령한다(41a3~d3). 무엇보다도 데미우르고스와 그의 보조자들은 수용자에 담긴 무질서하고 맹목적인 힘인 필연을 설득하여(peithō) 지배함으로써 우주 제작을 완성한다(47e3~48a5). 이 모든 것들은 장인으로서의 데미우르고스가 아니라 공동체의 지휘관으로서의 데미우르고스에게 어울리는 역할인 것이다.

요컨대 데미우르고스는 우주를 제작하고 유지하는 데 필요한 모든 조건을 갖추고 있는 것처럼 보인다. 하지만 '데미우르고스'가 지닌 함의는 그저 우주론에만 국한되지 않는다. 왜냐하면 이 용어에는 한 사회를 구성하고 유지하는 데 필요한 모든 구성원들의 활동이 담겨 있기 때문이다. 거기에는 다양한 분야에 종사하는 생산자들의 노동에서부터 그들을 가장 훌륭한 방식으로 지휘, 감독하는 통치자들의 활동에 이르기까지, 공동체 구성원 모두의 활동이 들어 있다. 사실 이는 『티마이오스』의 도입부에서 제기된 정치철학적인 문제의식과도 무관하지 않다. 왜냐하면 소크라테스는 가장 훌륭한 사람들로 구성된 도시 공동체가 그저 담론이 아닌 현실 속에서 구현되고 작동하는 모습을 보고 싶어 하기 때문이다(19b3~c8). 그 첫 번째 담론인 우주론에서, 데미우르고스는 우주 전체와 도시 공동체를 구성하고 유지하는 데 필요한 요소들을 절묘하게 충족시켜 주는 개념이 되는 셈이다. 요컨대 이 개념은 공동체 성원 모두를 아우른다는 점에서 일종의 사회 통합적 기능을 담당한다고 볼 수 있다.

6.3. 수용자와 필연

이번에는 세 번째 원인을 살펴볼 차례다. 이 원인은 형상을 본으로 삼아 데미우르고스가 작용을 가하는 생성의 영역에 존재한다. 티마이오스는 생성의 영역이 불규칙적이고 무질서하며 맹목적인 힘들로 가득 차 있다고 말하며, 이 힘들을 '필연'이라고 부른다. 지성은 필연을 설득하여 지배함으로써 규칙적이고 질서 잡힌 우주를 구성한다. 필연이 지성의 설득에 의해 어떤 식으로든 생성에 관여한다면, 이것 역시 생성의 원인이라 할 수 있다. 그렇기 때문에 우주의 기원을 온전히 설명하기 위해서는 다시 논의의 출발점으로 되돌아가서 필연의 본성에 대한 탐구를 시작해야 한다고 티마이오스는 말한다(47e3~48b3).

『티마이오스』의 다른 부분들도 그렇지만, 이 부분의 내용 역시 신화적인 서술 방식과 비유적인 용어들로 인해 그 의미를 파악하기가 쉽지 않다. 우선 티마이오스는 생성의 영역을 가득 채우고 있는 무질서하고 불규칙한 힘을 '필연'이라고 부른다. 이 말은 선뜻 이해하기가 어렵다. 왜냐하면 오늘날 필연이라고 하면, 그것이 논리적 필연성을 말하든 자연 세계의 인과적 필연성을 말하든 간에, 전제와 결론 또는 원인과 결과가 견고하게 연결되어 있어서 이것들 이외의 다른 것은 생각할 수 없는 상태를 떠올리기 때문이다. 하지만 티마이오스는 필연이 맹목적이고 아무런 규칙도 없는 힘이며, "방황하는 원인의 일종(to tēs planōmenēs eidos aitias)"이라고 말한다. 이렇게 볼 때, 플라톤이 생각하는 필연은 오늘날 우리가 생각하는 필연과는 적잖이 다른 것처럼 보인다. 필연의 방황에 대해서는 두 가지 정도를 짐작해 볼 수 있는데, 하나는 인식론적인 관점에서 '운동이 어떻게 전개될지 알 수 없다'는 의미일 것이고, 다른 하나는 존재론적인 관점에서 '운동이 어떻게 전개될지 아직 정해지지 않았다'는 의미일 것이다. 어쨌든 필연이 방황하는 원인이라면, 그것은 '세계를 가능한 한 자신처럼 훌륭하게 만들고자' 하는 데미우르고스의 바람으로부터 멀리 벗어나 있다고 할 수 있다.

'지성이 필연을 설득함으로써 지배했다'는 표현 역시 그 의미가 불분명하다. 우선 필연의 측면에서 보면 이 말은 '필연이 설득당함으로써 지성에 복종하며 지성의 계획을 따른다'는 것을 뜻한다. 즉 필연 역시 생성의 원인으로 복무하긴 하지만, 지성에 복종하는 것인 한에서, 그것은 생성의 주된 원인이 아니라 지성에 종속된 보조원인으로서 작용한다고 봐야 할 것이다.[74] 이번에는 지성의 측면에서 보자면, 설득은 지성이 필연을 지배하는 방식을 보여줌과 동시에 지성의 한계를 드러내기도 한다. 사실 '설득'이라는 말은 기술의 영역보다는 오히려 정치의 영역에서 더 자주 사용되는 표현이다. 그런데 누군가를 설득해서 지배한다는 것은 역설적으로 그 지배가 완전하지 못함을 암시한다. 왜냐하면 상대방을 온전히 지배한다면 굳이 설득을 할 필요 없이 명령을 내리는 것으로 충분할 테니 말이다. 그런 면에서 지성은 기독교의 신과 달리 전능하지 않다. 지성을 '데미우르고스'라고 부를 때 이러한 설정은 말 그대로 제작에 임하는 장인이 겪는 한계를 지성도 마찬가지로 겪고 있다고 볼 수 있다. 따라서 '설득'이라는 말을 통해서는 지성과 필연의 불완전한 지배−종속 관계와, 그런 한계 안에서의 제작이 어떤 의미를 갖는지를 이해해야 한다. 그러나 티마이오스는 이렇게 모호한 표현들을 사용하여 앞으로 탐구해야 할 문제를 제기하고는 갑자기 전혀 다른 주제로 나아간다. 그것은 바로 생성이 이루어지는 장소에 대한 논의이다.

---

74 생성의 '원인(aitia)'과 '보조원인(sunaitia)'에 관한 언급은 지성의 우주 제작에 관한 논의(29d6~47e2)의 후반부에 잠시 등장한다. 이때 보조원인들은 주로 자연의 원소들인 불, 공기, 물, 흙이 지닌 성질들과 이 성질들에 기인한 기계적인 운동을 말한다. 거기서 티마이오스는 데미우르고스가 가능한 한 가장 훌륭한 것들을 산출하기 위해서 이러한 원인들을 보조적인 것으로 사용했다고 말한다. 그렇지만 지성과 지혜를 사랑하는 사람이라면 본성적으

6.3.1. 생성의 수용자 혹은 공간

티마이오스는 '하늘이 생겨나기 이전'에 우리가 이른바 불, 공기, 물, 흙이라고 부르는 것들이 어떤 방식으로 있었는지 살펴보는 것으로부터 탐구를 시작하자고 제안한다(48b3~5). 그는 새로운 탐구의 출발점이 앞선 탐구와는 사뭇 다르다며 주의를 환기시킨다. 앞에서는 두 가지의 대상만을 탐구했으며 사실상 그것으로 충분했다. 그 하나는 생성의 본으로서 언제나 그 자체로서 존재하는 것이자 앎의 대상이다. 다른 하나는 본의 모상으로서 감각의 대상이 되며 생성과 변화를 겪는 것이다(48e4~49a2). 하지만 새로운 탐구의 출발점에서는 세 번째 종류를 살펴봐야 하는데, 티마이오스는 그것이 모든 생성의 수용자로서 마치 유모(乳母)와 같은 것이라고 말한다(49a5~7). 여기서 문제삼고 있는 것이 '생성이 일어나는 공간'이라는 것은 쉽게 짐작할 수 있다. 즉 티마이오스는 필연을 살펴보기에 앞서 필연의 운동이 발생하는 장소를 먼저 다루고 있는 셈이다.

그런데 티마이오스는 공간이 매우 어렵고도 모호한 종류라고 말하며 신중한 태도로 접근한다(49a4). 무엇보다도 그는 공간이 지닌 다양한 측면들을 포착할 수 있도록 여러 가지 이름과 비

로 지성에 속하는 원인을 첫째가는 것으로 추구해야 하며, 다른 것들로부터 운동을 전달받고 다시 다른 것들에 운동을 전달하는 것은 보조적인 원인들로서, 이것들은 두 번째에 놓아야 한다고 지적한다(46c7~e6).

유를 사용하면서 공간에 대한 규정을 시도한다. 먼저 그는 공간을 "생성의 수용자"(49a6)라고 부르는데, 이는 생겨나는 모든 것들을 받아들이는 수용성의 측면을 강조하는 것처럼 보인다. 역시 같은 이유로 해서 공간을 "어머니"(50d3)이자 "생성의 유모"(49a6, 52d4~5)라고 묘사하기도 한다. 물론 그렇다고 해서 티마이오스가 공간에 관한 직접적인 표현을 꺼리는 것은 아니다. 사실 모든 사람은 "존재하는 모든 것이 필연적으로 어느 장소(topos)에 있어야 하고, 일정한 공간(khōra)을 점유해야 하며, 땅에도 없고 하늘 어디에도 없는 것은 아무것도 없다"라고 단언하기 때문이다(52b3~5). 티마이오스가 신중한 태도를 취하는 것은 공간의 모호성에 기인한다. 무엇인가가 있다면 그것은 반드시 '어딘가에' 있기에 공간의 존재는 필수적이지만, 정작 우리는 그 '어딘가'를 직접 볼 수 없고, 다만 그 '어딘가'를 점유하고 있는 물체를 통해서만 공간의 존재를 말할 수 있기 때문이다. 그렇기 때문에 공간은 생성의 영역에 속하면서도 정작 감각을 통해서는 지각되지 않고, 공간을 점유하고 있는 물체의 존재에 미루어 간접적인 방식으로 우리에게 인식될 뿐이다. 그래서 티마이오스는 이러한 공간 이해 방식을 제대로 된 추론이 아니라 일종의 "서출적 추론"(52b2)이라고 부른다.

이처럼 공간이 어렵고도 모호한 종류인 이상, 그 특성들을 파악하는 것 역시 쉽지 않다. 티마이오스는 공간의 특성을 설명하기 위해 세 가지 비유를 사용하는데, 그것들은 각각 금의 비유, 새김바탕의 비유, 그리고 향유의 비유이다. 먼저 금의 비유는 다음과 같다. 누군가가 금을 가지고서 여러 가지 제품들을 만들었다 녹였다 반복한다고 해 보자. 누군가가 그것들 각각이 무엇이냐고 물을 경우 가장 안전한 대답은 각 제품의 이름을 말하는 것이 아니라 그것들 모두가 '금'이라고 대답하는 것이다. 왜냐하면 금 세공사는 언제든지 그것들을 다시 녹여서 새로운 형태를 만들어 낼 수 있기 때문이다(50a5~b4). 수용자도 이와 같다. 예를 들어 운동장의 A라는 지점에서 캠프파이어를 한다고 상상해보자. 먼저 A라는 지점에 장작을 쌓아 놓는다. 그러고는 불을 붙인다. 행사가 끝난 뒤에는 물을 뿌려서 불을 끈다. 이튿날 아침에 나와 보니 추운 날씨로 인해 바닥에 흥건했던 물은 꽁꽁 얼어붙어서 빙판이 되어 있다. 누군가가 A라는 지점을 가리키며 '저 것이 무엇이냐'라고 묻는다면, 우리는 시간의 경과에 따라 장작, 모닥불, (바닥에 고인) 물, 그리고 얼음이라고 답할 수 있다. 하지만 이 모든 것들은 들고 나는 것들이요, 가장 안전한 대답은 A라는 지점, 즉 장작과 불과 물과 얼음을 받아들이는 생성의 수용자라고 말하는 것이다.

이번에는 두 번째 비유를 살펴보자. 수용자는 자기 안으로 들어오는 성질들 각각에 적절한 형태를 부여해 주는 일종의 새김바탕 같은 것이다. 여기서 "새김바탕"이라는 말은 그리스어 '에크마게이온(ekmageion)'을 옮긴 것이다.[75] 이 말은 이를테면 밀랍으로 된 서판처럼 무엇인가가 새겨질 때 그 형태를 받아들이는 것을 말한다. 혹은 이와 비슷한 예로서, 옛 사람들이 편지를 봉인할 때, 봉투의 덮개 위에 밀랍을 녹여 떨어뜨리고 그 위에 인장을 찍었던 모습을 떠올릴 수도 있겠다. 한국어로는 금속 제품의 형태를 뜨는 '거푸집(주형)'이나 글자를 새기는 '새김판' 정도를 떠올릴 수 있지만, 이것들 모두 에크마게이온으로서의 수용자의 모습을 정확하게 반영하지는 못한다. 거푸집은 이미 일정한 형태를 갖춘 것으로서 그 안에 들어오는 재료에 자신의 형태를 부여한다. 반면에 수용자는 특정한 형태를 갖고 있지 않으며, 자기 안에 들어오는 성질에 맞는 형태를 제공할 뿐이다. 새김판은 그 위에 어떤 글자를 새기든지 간에 해당 글자의 형태를 제공한다는 점에서 수용자의 성질을 잘 반영한다. 다만 판에 글을 새기는 것은 2차원적인 특징인 데 비하여, 수용자는 그 안에 들어오는 성질들에 3차원적인 형태를 부여한다는 점에서 차이가 난다. 그 3차원적인 형태가 바로 우리의 눈에 드러나는 사물들인 것이다. 예를 들어, 뜨겁고 타오르는 성질은 수용자에 새겨

---

75 "새김바탕"은 박종현·김영균이 옮긴 책(2000)에서 처음 사용된 번역어이다. 국어사전에는 등재되어 있지 않아 일종의 신조어라 할 수 있는데, '에크마게이온'의 의미를 가장 잘 살린 용어라고 판단하여 우리 번역에서도 이 용어를 사용하였다. 이에 관해서는 역주 273을 참고하라.

져 불이라는 형태를 얻게 되고, 축축하고 흐르는 성질은 물의 형태를 얻게 된다. 그 외에 가볍고 떠다니는 성질들이나 반대로 무겁고 한 곳에 모이려는 성질들은 수용자를 통해 공기나 흙의 모습을 띠게 되는 것이다. 달리 말하면, 우리가 보는 사물들은 다양한 성질들이 수용자 안에 찍힘으로써 나타나는 형태들이라 할 수 있다(50b10~c4).

그런데 자기 안에 들어오는 성질들마다 각각에 '적절한' 형태를 제공하기 위해서 수용자 자신은 아무런 성질도 갖고 있어서는 안 된다. 이로부터 세 번째 비유, 즉 향유의 비유가 나온다. 향수를 만들기 위해서는 물에다 향유 원액을 적절하게 섞어야 한다. 이때 물에는 향유 이외의 다른 어떠한 성질도 들어가지 않도록 주의를 기울여야 한다. 그렇지 않다면 향유 원액이 물에 든 다른 성질과 섞여서 자기 고유의 향기를 낼 수 없기 때문이다(50e6~51a4). 다른 예를 들자면, 이는 커피를 탈 때 맹물에 타야 그 본연의 맛을 느낄 수 있는 것과 같다. 만일 커피를 보리차에 탄다면 커피향이 보리향과 섞이면서 고유한 맛을 잃게 될 것이다. 즉 수용자에 들어오는 성질이 자기에게 가장 걸맞은 모습을 드러내도록 하기 위해서, 수용자는 받아들이는 성질 이외의 다른 어떠한 성질이나 형태를 가지고 있어서는 안 된다는 것이다. 이로부터 플라톤은 수용자의 특징에 대해 다음과 같이 말하려는 듯하다. 생성의 수용자에는 수많은 것들이 그곳으로 들어왔다가 그곳으로부터 나가기를 반복하지만, 받아들이는 것(장소)만큼은 늘 그대로 있다(금의 비유). 또한 수많은 성질들은 공간에 들어올 때 각각이 지닌 성질에 고유한 형태들을 얻게 된다(새김바탕의 비유). 하지만 수많은 성질들을 받아들이며 그것들 각각에 고유한 형태를 제공하는 수용자 자신은 어떠한 성질도 가져서는 안 된다(향유의 비유).

6.3.2. 필연과 설득

수용자에 관한 비유에서 우리가 주목해야 할 것은 바로 그곳으로 수많은 것들이 끊임없이 들락날락한다는 사실이다. 즉 공간 안에서는 끊임없이 운동이 발생한다고 볼 수 있다. 티마이오스에 따르면, 수용자에는 닮지도 않고 균형 잡히지도 않은 힘들이 가득 차 있는데, 이것들로 인해 수용자는 온갖 불규칙한 진동을 겪게 되며, 그렇게 겪은 진동을 통해 자기가 움직임으로써 이번에는 자기 안에 들어 있는 성질들을 요동치게 만든다는 것이다(52d4~e5). 바로 이 대목에서 우리는 플라톤이 '필연'이라고 불렀던 자연계의 무질서한 운동을 보게 된다. 수용자는 물체의 성질들로 가득 차 있다. 어떤 부분의 공간이 적셔지는 성질을 담아내면 그것은 우리에게 물의 모습으로 나타나고, 타오르는 성질을 담아내면 그 부분은 불로 드러난다. 그런데 이런 성질들은 불규칙하고 무질서한 상태로 섞여 있기 때문에, 그것을 담고 있는 수용자 역시 안정된 상태를 유지할 수 없다. 그것은 점유하고 있는 성질에 따라 요동을 치며, 일단 진동이 시작되면 이 움직임은 거꾸로 다시 성질들에 전달됨으로써 그것들을 흔들어 댄다. 따라서 물체의 성질들로 충만한 수용자는 온갖 무질서한 운동으로 가득 차게 되는 것이다.

그런데 주목해야 할 것은 수용자의 운동이 아무리 무질서하고 불규칙해 보여도, 그 안에는 일정한 경향이 있다는 점이다. 그 경향이란 바로 '운동이 물질에 고유한 성질에 따른다'는 것이다. '필연이 방황한다'는 말의 의미는 바로 여기에 있다. 플라톤이 필연에 대해 언급할 때, 그것은 각각의 물질들이 자신의 고유한 성질에 따라서만 움직인다는 뜻으로 봐야 한다. 예컨대 타오르는 성질(이것은 수용자를 통해 불로 나타날 것이다)을 지닌 것은 가볍고 운동성이 활발하기 때문에 언제나, 그리고 오직 위로만 향하려 한다. 반면에 흙의 성질을 지닌 것은 언제나 무겁고 수동적이며 오직 중심으로 모이려고만 한다. 그리고 공기와 물의 성질을 지닌 것들은 불과 흙의 중간적인 특성을 지니며 오직 그러한 특성대로만 움직인다. 불은 그 성질상 결코 아래로 향하지 않으며, 흙은 절대 위로 움직이려 들지 않는다. 왜냐하면 그러한 것은 필연에 반하는 움직임이기 때문이다. 이렇게 물체의 성질들에 의해 진동을 시작한 수용자는 다시 이번에는 성질들에 운동을 되돌려 주면서 이것들을 흩어 놓는데, 티마이오스는 이 과정을 마치 키로 곡물을 까부르는 것과 같다고 묘사한다(52e5~53a2). 이러한 과정을 거쳐서 물질들은 서로 닮은 것끼리 모이게 된다. 하지만 그렇다고 해서 이러한 운동이 질서 잡힌 것이라고 부를 수는 없다. 왜냐하면 이것들 각각의 운동에는 어떠한 비례나 균형도 찾아볼 수 없기 때문이다. 이 운동은 아무런 계획이나 의도도 없는, 그저 저마다의 성질에 기인한 맹목적인 움직임일 뿐이다. 요컨대 필연이 물체의 성질을 따르는 것이라 해도 그것이 아무런 목적이나 의도가 없는 한, 필연의 운동은 언제나 방황하는 것으로서 나타날 뿐이다.[76]

그렇다면 '지성이 지혜로운 설득을 통해 필연을 지배했다'는 말은 어떻게 이해할 수 있을까? 이 말은 장인의 유비를 통해서 바라볼 때 가장 잘 이해될 수 있다. 장인은 주어진 재료들을 가지고서 자신이 목적하는 바대로 가장 좋은 것을 만들려고 노력한다. 이때 재료들에는 그것들 각각에 고유한 힘과 성질이 들어 있다. 예컨대 불은 타오르고 위로 향하려 할 것이고, 물은 적셔지고 흐르려 할 것이며, 공기와 흙도 그것들 각각에 고유한 그 중간의 성질과 힘을 갖고서 움직이려 들 것이다. 그런데 장인이 유능하다면 그는 주어진 재료들의 성질과 힘을 거스르지 않고, 그것들을 최대한 잘 활용하여 훌륭한 제품을 만들 것이다. 지성

76 F. M. Cornford, 1937, pp. 173~175를 참고하라.

이 지혜로운 설득을 통해 필연을 복종시켰다는 말의 의미는 바로 여기서 발견되어야 한다. 제작자인 데미우르고스는 수용자를 가득 채우고 있는 다양한 성질들과 힘들을 사용해서 우주를 만들어야 한다. 그런데 데미우르고스가 아무리 훌륭하다고 해도 수용자에 내재한 성질들 자체를 없애거나 바꿀 수는 없다. 예컨 대 그는 불의 성질 자체를 차갑게 만든다거나 흙의 성질 자체를 가볍게 바꿀 수는 없다. 그가 할 수 있는 것은 수용자 안에 있는 힘들을 최대한 활용하여 천체를 가장 본에 가깝게 구성하는 것이다. 그러므로 설득은 제작자가 요소들의 성질을 거스르지 않고 최대한 활용하여 우주를 만드는 것이라고 생각해야 한다.[77]

6.3.3. 필연의 출처와 철학적 의미

그렇다면 '필연' 혹은 '방황하는 원인'의 정체는 무엇일까? 플라톤은 이것을 물질에 내재한 무질서하고 맹목적인 힘이라고 말하지만, 과연 이 힘의 기원은 무엇이며 플라톤 철학 안에서 어떤 위상을 가질까? 다른 주제들에 대해서도 그렇지만, 플라톤은 필연에 대해서도 명료한 언어로 설명을 해놓지 않았기에 이와 관련하여 어떤 결정적인 해석을 제시하는 것은 불가능하다. 다만

---

77 F. M. Cornford 1937, pp. 175~177; G. R. Morrow 1950, pp. 421~437 을 참고하라.

몇 가지 가능한 답변들과 그것들의 장단점을 간략하게나마 정리해 본다면, 필연 개념을 통해서 플라톤이 생각했던 자연철학을 이해하는 데 어느 정도 도움이 될 것이다.

우선 한 가지 답변은 필연을 티마이오스의 말 그대로 수용자를 가득 채우고 있는 물질의 운동으로 보는 것이다. 이 운동은 무질서하고 아무런 규칙도 없기에, 맹목적이며 방황하는 것처럼 보인다. 여기서 방황의 정체를 둘러싸고 해석은 다시 둘로 나뉜다.

1) 자연계의 알려지지 않은 부분

그 하나는 방황의 정체를 과학의 한계와 진보라는 인식론적인 수준에서 이해하는 것이다.[78] 자연계는 부단히 운동하는 물질들로 가득 차 있다. 각각의 입자들은 다른 것들을 움직이는가 하면, 다른 것들에 의해 움직여진다. 그런 식으로 자연계에서는 모든 것들이 서로 운동을 주고받는 가운데 거대한 인과 연쇄가 형성된다. 자연적 과정이란 바로 사물들의 운동을 통한 자연계의 인과 연쇄와 다름없다. 이 과정의 인과성을 밝혀내는 것이 과학이다. 그런데 자연 전체의 인과성은 상상할 수도 없이 거대하고 복잡하기 때문에 과학이 그 전체를 밝혀내기란 사실상 불가능하다. 과학은 인류의 역사 속에서 언제나 한계에 부딪혀 왔다. 과

78 예컨대 A.E. Taylor, 1928.

학이 진보하고 자연의 법칙들을 더 많이 밝혀낸다고 해도 세계에는 언제나 설명이 안 되는 부분들이 남아 있기 마련이다. 설명이 안 되기에 이것들은 항상 무질서하고 불규칙하며 임의적인 것처럼 보인다. 과학적 설명의 한계, 바로 이것이 방황하는 원인의 정체인 것이다. 지성의 설득 역시 이러한 인식론적 맥락에서 설명할 수 있다. 사실 '설득'은 완전한 '정복'과는 거리가 있는 말이다. 언제나 대상이 자신의 지배 능력 밖에 있을 때 설득은 그 존재 이유를 갖게 된다. 과학이 아무리 진보해도, 자연 전체에서 완전하게 설명되지 않는 부분들은 여전히 남아 있을 것이다. 결국 '지성이 필연을 설득했다'라고 말하는 것은 우리의 이성과 과학이 자연의 인과 연쇄를 해명하기 위해 끊임없이 접근해 나가는 과정을 의미한다고 볼 수 있다.

이 해석의 특징은 자연의 무질서한 운동을 인식론적 측면, 즉 자연 법칙에 대한 과학적 설명의 한계를 통해 바라본다는 데 있다. 이러한 해석은 확실히 매력적이지만, 학자들은 플라톤이 정말로 자연 운동을 그저 인식론적인 측면에서 바라보았는지에 대해서 회의적인 태도를 감추지 않는다. 왜냐하면 티마이오스가 필연에 관해 이야기할 때, 그는 자연 법칙에 대한 인식적 측면보다는 오히려 수용자 안에서 일어나는 운동의 방식이나 요소들이 행하거나 겪는 결합과 분리의 양상 등 주로 존재론적 측면에 논의를 집중하기 때문이다. 무엇보다도 필연의 방황은 운동의 진행 방향을 예측할 수 없다는 측면보다는, 그 운동이 아무런 목적도 없이 무질서하고 임의적으로 진행된다는 점에 더 초점이 맞추어져 있다. 요컨대 방황하는 원인에 대한 인식론적인 해석은, 자연의 무질서한 운동을 존재론적으로 묘사하는 부분에 대해서는 만족할 만한 답을 주지 못하는 것처럼 보인다.

2) 지성 개입 이전의 물질 운동

두 번째 해석은 티마이오스의 말을 그대로 받아들여서 필연을 수용자에 내재한 물질의 운동으로 보는 것이다. 그런데 이러한 입장을 개진하기란 생각보다 쉽지 않다. 왜냐하면 필연을 그자체로 독립적인 운동으로 간주하는 것은 플라톤의 운동 이론과 상충되기 때문이다. 플라톤은 『티마이오스』[79] 외에도 다른 대화편들에서[80] 자신의 운동 이론을 전개시키는데, 그에 따르면 모든 운동은 혼에서 비롯된다. 즉 혼이야말로 모든 운동의 '유일한' 원천이요 원리라는 것이다. 이 주장을 엄격하게 받아들인다면, 플라톤의 운동 이론에는 필연이 들어설 자리가 없게 된다. 왜냐하

---

[79] 티마이오스는 불의 운동을 통해 시각 현상을 설명하는 가운데 필연을 일종의 보조원인이라고 규정하면서(46d5~e2), 이것은 '타자로부터 운동을 전해 받고, 또 타자에 운동을 전달'하는 데 그 특징이 있다고 말한다. 반면에 그는 텍스트 곳곳(예컨대 37b5; 77c4~5; 89a 등)에서 스스로 진행되는 운동이야 말로 참된 원인으로서 지성이 부여된 영혼의 운동이라고 지적한다.

[80] 두 대화편에 나온다. 『파이드로스』 245c~d와 『법률』 X, 894e~895b.

면 필연은 잘해야 운동의 전달자일 뿐이고, 진정한 운동의 원리는 혼이기 때문이다. 따라서 이런 어려움에도 불구하고 필연의 운동에 일정한 존재론적 위상을 부여하려 한다면, 『티마이오스』를 전통과는 달리 읽거나 플라톤의 운동 이론을 새롭게 해석[81]할 필요가 있다. 일단 필연, 즉 무질서한 운동은 혼의 운동과는 무관한 별개의 것이라고 생각해야 한다. 이렇게 생각할 수 있는 근거는 필연이 혼의 제작 이전에 이미 있었던 것으로 묘사되기 때문이다. 티마이오스에 따르면, 데미우르고스는 먼저 우주 혼을 구성하고, 이어서 우주의 몸을 제작한 뒤에 이 둘을 결합시킨다. 하지만 그는 논의의 두 번째 부분에서 우주 제작 이전에, 즉 "하늘의 생성 이전에(pro tēs ouranou geneseōs, 48b3)" 이미 수용자와 그곳을 가득 채운 성질들의 무질서한 운동이 있었다고 말한다. 이 경우, 운동을 설명하기 위해 굳이 혼이라는 운동 원리를 상정할 필요는 없어진다. 혼은 확실히 일차적이며 훌륭하고 신적인 원인이다. 또한 혼은 데미우르고스가 만든 것으로서 지성적인 요소를 갖고 있기에 필연의 무질서한 운동을 설득하고 지배할 수 있다. 하지만 문제는 자연의 무질서한 운동이 우주 혼의 제작 이전에 이미 존재했다는 언급이다. 혼이 유일한 운동 원리라면, 이 무질서한 상태의 운동을 설명할 수 없다. 따라서 필

---

81 예컨대 G. Vlastos, 1936; G. Vlastos, 1964; L. Brisson, 1998.

연은 우주 혼의 제작 이전에 있었던, 아무런 질서나 규칙도 없이 맹목적이고 기계적으로 진행되는 운동이라고 보는 편이 자연스럽다는 것이다. 결국 이 입장은 플라톤이 『티마이오스』에서 모든 운동의 원천을 혼으로 환원하는 대신, 혼의 탄생 이전에 끊임없이 요동치고 무질서하게 방황하던 물질적 성질의 운동을 선택했다고 보는 것이다.[82]

이미 눈치를 챈 독자도 있겠지만, 이 입장은 플라톤의 우주 제작 신화를 글자 그대로 해석함을 전제하고 있다. 다시 말해 데미우르고스가 실제로 어느 한 시점에 우주 혼을 구성했고, 이어서 천체를 제작했으며, 별들을 만들고, 마지막에 인간 혼을 구성했다는 것이다. 그렇다면 데미우르고스의 개입 이전 시점, 즉 혼을 비롯하여 천체가 생겨나기 이전도 있었을 것이요, 필연의 운동은 이미 이때부터 있었다는 것이다. 따라서 이러한 입장은 비유적 해석을 지지하는 사람들에게는 그다지 환영받을 만한 것이 아니다. 하지만 무엇보다도 부담스러운 점은 이미 앞에서 제기된 문제, 즉 이 해석이 다른 대화편들에 전개된 플라톤의 운동 이론과 상충된다는 사실이다. 예컨대 『파이드로스』에서는 혼이 모든 운동의 유일한 원리로서 등장하며, '불사'라는 논제가 증명

---

82 G. Vlastos, 1964, p. 418.

(apodeixis)의 형식으로 분명하게 제시된다.[83] 또한 『법률』 X권에서도 혼은 자기운동자라는 점이 여러 차례 언급되고 있다.[84] 『파이드로스』와 『티마이오스』의 저술 연대를 놓고는 이런저런 논쟁들이 있어 왔지만, 대체로 『파이드로스』가 먼저 쓰였다는 데 의견이 모아지고 있다. 반면 『법률』은 플라톤의 가장 후기 작품으로 알려져 있다. 사정이 그렇다면, 플라톤이 『파이드로스』에서는 혼을 운동의 유일한 원천이라고 말했다가, 『티마이오스』에서는 혼 이외의 무질서한 운동의 존재를 주장하고, 『법률』에 가서 다시 이 내용을 번복했다고 하는 납득하기 어려운 상황에 처하게 된다. 그뿐만이 아니라 『티마이오스』에서도 플라톤은 자기운동자로서 혼이 지닌 위상에 관해 자주 언급하고 있다.[85] 호메로스에게서 '숨' 혹은 '생명' 등을 의미했던 혼은 플라톤에 이르러 매우 중요한 지위를 얻게 된다. 왜냐하면 혼은 가지적인 형상의 영역과 감각적인 사물의 영역을 이어주는 일종의 매개자 역할을 하기 때문이다. 감각의 영역에서 혼은 운동의 원리로서 사물의 질서를 이끌어 낸다. 반면에 가지적인 영역에 대하여 혼은 앎의 주체로서 형상을 인식하고 모방하는 기능을 수행한다. 즉 혼은

---

83 『파이드로스』 245c5~246a2. 여기서 플라톤은 혼이 자기운동자(to auto heauto kinoun)로서 모든 운동의 원리(arkhē kinēseōs)가 됨을 보여 준다.

84 『법률』 X, 894e4~895b7. H.F. Cherniss, 1944, pp. 429~431.

85 37b5, 77c4~5, 89a2 등.

존재론적 측면과 인식론적 측면 모두에서 두 영역을 이어 주는 가교 역할을 하고 있는 셈이다. 이렇게 플라톤의 혼 이론을 그 전체로서 본다면, 모든 운동은 혼에서 나온다고 보는 편이 자연스럽다. 반면에 어떤 운동은 물체와 수용자에서 비롯되고 또 어떤 운동은 혼에서 나온다고 보는 것은, 더 많은 설명을 필요로 하는 것처럼 보인다.

모든 운동이 혼에서 비롯된 것이라고 한다면, 무질서한 운동이자 방황하는 원인인 필연의 출처는 어디서 찾을 수 있을까? 데미우르고스가 구성한 우주 혼은 기본적으로 지성적인 운동을 수행한다. 따라서 무질서하다거나 방황한다는 것은 혼의 운동에 걸맞다고 할 수 없다. 하지만 혼이 모든 운동의 원리라면 무질서한 운동조차도 혼에서 찾을 수밖에 없다. 필연의 정체를 혼의 운동에서 찾을 수 있는 경우는 대략 세 가지 정도이다.

3) 우주 혼 가운데 다름의 운동

먼저 그 첫 번째 입장은, 무질서한 운동의 출처를 혼을 구성하는 같음과 다름의 회전 중에서 다름의 회전에서 찾는 것이다. 이와 관련해서는 먼저 우주 혼의 제작 과정을 살펴볼 필요가 있다. 데미우르고스는 혼의 재료들을 혼합하고는 혼합물을 띠 모양으로 길게 둘로 나눈다. 그러고는 이 둘을 X자 모양으로 겹치게 한 후 끝과 끝을 이어서 두 개의 궤도를 만든다. 하나는, 같음의 궤도로서 회전축을 중심으로 평평하게 오른쪽으로 돌며 천구의 자전 궤도가 된다. 다른 하나는, 다름의 궤도로서 회전축을 중심으로 비스듬하게 기울어져서 왼쪽으로 회전하는데, 데미우르고스는 다름의 궤도를 다시 일곱 개의 작은 궤도들로 나눠서 일곱 행성들(달, 태양, 수성, 금성, 화성, 목성, 토성)의 공전 궤도로 사용한다. 마지막으로 데미우르고스는 같음의 궤도에 지배권을 주어, 다름의 궤도들 전체가 자신들의 회전을 하는 동시에 같음의 회전을 따르도록 만든다(35a1~36d7). 이상의 묘사를 검토하는 가운데, 몇몇 학자들은 무질서한 운동의 원천을 타자의 회전에서 찾으려 한다.[86] 다름의 궤도는 평평하지 않고 비스듬하게 기울어져 있으며,[87] 오른쪽이 아닌 왼쪽으로 돈다.[88] 이로부터 학자들은 같음의 궤도가 데미우르고스적인 본성을 담아내는 반면, 다름의 궤도는 비이성적이고 무질서한 본성을 지닌다고 해석한다. 바로 그런 이유 때문에 데미우르고스는 같음의 궤도에 지배권을 주었다는 것이다. 그래서 같음의 궤도는 다름의 회전 자체를 완전히 없앨 수는 없지만, 다름의 궤도가 자신의 회전을 하면서도 같음의 회전을 따르도록 만들 수 있었던 것이다. 이 말은 같음의 궤도(즉 데미우르고스적인 회전)가 다름의 궤도(무질서하고 비이성적

---

86 대표적으로는 F.M. Cornford, 1937; G.R. Morrow, 1950가 있다.
87 같음의 궤도가 안정적인 반면, 다름의 궤도는 불안정하게 놓여 있다.
88 고대 그리스인들에게 오른쪽은 우월함을, 왼쪽은 열등함을 의미한다.

인 회전)를, 설득을 통해 지배한다는 의미로 해석할 수 있다.

이 해석을 둘러싼 가장 큰 논란은 '과연 우주 혼에 비이성적이고 무질서한 요소가 있다고 말할 수 있는가'하는 물음일 것이다. 좀 더 구체적으로 말하면, 과연 다름의 궤도를 무질서하고 비이성적인 운동의 원천으로 볼 수 있느냐 하는 것이다. 사실 티마이오스가 우주 혼의 제작 과정을 묘사하면서 같음과 다름의 궤도를 언급한 것은 천구의 자전과, 당시에 관찰되었던 일곱 행성들의 운동을 설명하기 위한 것이었다. 그런 의도를 고려할 때, 설령 다름의 궤도가 왼쪽으로 회전하고 같음의 궤도에 의해 지배된다고 묘사되었을지라도, 그것이 비이성적인 운동을 함의한다고 보기에는 무리가 따른다. 왜냐하면 티마이오스의 설명 자체만을 놓고 보더라도, 다름의 궤도가 지닌 기능은 다양한 궤적을 그리며 서로 다른 속도로 회전하는 행성들의 운동을 설명하기 위한 장치일 뿐, 혼의 비이성적인 부분을 설명하기 위한 것은 아니기 때문이다.[88] 플라톤은 대화편의 어느 부분에서도 우주 혼이 무질서하다는 말을 결코 하지 않는다. 오히려 그는 지성의 제작을 통해 혼이 모든 시간에 걸쳐 이성적이며, 결코 소멸하지 않는 신적인 삶의 출발을 시작했다고 말한다. 그런 면에서 볼 때 우주 혼에서 비이성적인 요소를 찾기란 그리 쉽지 않은 것처럼 보인다.

89 L. Brisson, 1998, pp. 500~501.

4) 악한 혼

몇몇 학자들은 『티마이오스』 이외의 다른 대화편에 나오는, 혼에 관한 흥미로운 언급에 주목한다.[90] 이를테면 『법률』 X권에는 '나쁜 일을 하는 혼'에 관한 언급이 나온다. 작품 속 화자인 아테나이인의 말에 따르면 우주에는 다수의 혼들이 있는데, 그중 어떤 것들은 좋은 것들을 산출하는 반면 어떤 것들은 그 반대의 일을 한다.[91] 『티마이오스』에 묘사된 무질서한 운동의 원천을 『법률』 X권에 언급된 '악한 혼' 속에서 발견할 수는 없을까? 그럴 경우 '악한 혼'은 규정되지 않은 질료들이나, 그것들이 놓인 장소 속에 머무는 여하한의 모든 운동들의 원리를 의미하는 것일 수 있다. 이것은 무질서한 운동으로 드러나며, 데미우르고스가 질서로 이끌어내는 설득의 대상이 된다.

하지만 이 해석 역시 문제가 없는 것은 아니다. 일단 『티마이오스』에는 나쁜 것을 산출하는 혼에 관한 언급이 전혀 없을뿐더러, 『법률』의 경우에도, 플라톤이 영혼의 수를 여럿으로 상정했다고 해서, 나쁘거나 악한 혼이 따로 존재한다고 단정하기는 어

---

90 예컨대 G.M.A. Grube, 1970.
91 『법률』 X, 896d5~8, 898b5~c5. 특히 896e4~6을 보자. "혼은 하나인가요, 아니면 여럿인가요? 두 분을 대신하여 제가 대답하죠. 적어도 둘보다는 적다고 놓아서는 안 될 것입니다. 즉 좋은 일을 하는 것과 그 반대인 것을 할 수 있는 것 말입니다."

렵다. 일단 우주 혼은 언제나 조화롭고 규칙적이며 가장 완벽하게 전체의 질서를 구현하고 있기에 결코 나쁠 수 없다. 다만 인간 혼의 경우에는 이러한 해석이 가능하다. 인간의 혼은 좋게 될수도 있고 나쁘게 될 수도 있다. 혼이 형상을 관조하고 진리를 양분으로 취할 경우 좋아지겠지만, 반대로 신체적인 욕구에 굴복하여 쾌락에 몰두하고 진리 탐구를 소홀히 하면, 그만큼 혼은 타락하고 또 나쁘게 된다. 하지만 혼 그 자체는 중성이다. 좋음과 나쁨, 선과 악을 말할 때, 그것은 혼이 얼마나 조화롭고 질서있는 운동을 수행하느냐가 관건이 된다. 혼은 운동의 원리이며, 질서 잡힌 운동을 수행하도록 구성되어 있지만, 정작 혼은 몸안에 갇혀 있기에 언제나 신체적인 요소들과의 충돌을 피할 수 없다. 혼이 몸을 잘 다스리고 조화롭게 아우르면 선과 좋은 것들을 산출하겠지만, 그렇지 못하고 몸에 굴복하게 되면 악과 나쁜 것들을 산출하는 것이다. 플라톤이 『법률』에서 혼의 좋음과 나쁨을 이야기할 때는 혼 일반의 맥락에서 말하는 반면, 『티마이오스』에서 필연의 설득을 이야기할 때에는 우주 혼을 말하고 있음을 구별할 필요가 있다. 그리고 앞서 살펴보았듯이 적어도 우주 혼에서는 무질서하거나 부정적인 요소는 찾아볼 수 없다.[92]

92 H.F. Cherniss, 1944, p. 446; L. Brisson, 1974, p. 502을 참고하라.

5) 혼과 접촉한 물질의 운동

필연의 출처를 물질의 영역에서 찾기도 어렵고(왜냐하면 오직
혼만이 운동의 원리이기에), 그렇다고 혼에서 찾기도 마땅치 않다
면(왜냐하면 혼의 운동은 결코 무질서할 수 없기에), 마지막으로 생
각해 볼 수 있는 것은 이 둘이 조우하는 지점, 즉 혼의 운동 원리
가 생성의 수용자에 개입하는 지점을 살펴보는 것이다.[93]

혼은 모든 운동의 원천이다. 그런데 인간의 혼이 몸안에 자신
의 거처를 정하듯이, 우주 혼은 우주의 몸 전체에 걸쳐 존재한
다. 혼은 수용자에 개입하여 자신의 조화로운 본성을 물질에 실
현시키고자 한다. 그런데 이것이 마음먹은 대로 완전히 이루어
지지는 않는다. 왜냐하면 수용자에 들어 있는 성질들은 일단 혼
의 개입으로 운동을 시작하면 자기들 고유의 성질에 따라 제멋
대로 움직이려 들기 때문이다. 달리 말하면, 필연의 운동은 우주
혼의 조화로운 운동 원리가 온갖 성질로 가득 찬 수용자로 개입
하는 바로 그 순간 시작된다고 보는 것이다. 수용자에 들어 있는
온갖 성질들은 그 자체로는 운동의 원리를 갖고 있지 않지만, 일
단 혼의 운동을 받아들이는 순간, 각자의 본성에 따라 아무런 목
적도 질서도 없이 요동치게 된다. 예컨대 가벼운 것은 튀어 오르
고 무거운 것은 중심으로 향하며, 습한 것은 적셔지는가 하면 뜨

93 예컨대 H.F. Cherniss, 1944; W. Scheffel, 1976.

거운 것은 타오르는 식으로, 온갖 것들이 온갖 방향으로 움직이기 시작하는 것이다. 하지만 혼은 이것들을 그냥 내버려 두지 않는다. 자신에 들어 있는 데미우르고스적인 요소, 즉 지성적인 설득을 통하여 성질들의 운동을 무질서로부터 질서로 이끌어 내기 때문이다. 아울러 지성은 이 성질들에 고유한 힘을 이용하여 다양한 것들을 만들어 낸다. 수용자의 측면에서 보자면, 성질들은 지성에 복종함으로써 우주 제작의 보조원인으로 기능하는 것이다. 하지만 이러한 혼의 지성적 활동이 모든 필연을 완전하게 제압할 수는 없다. 그저 최선을 다해 필연을 설득하고, 그 대부분(ta pleista)을 가장 아름답고 훌륭한 것이 되도록 인도할 뿐이다.

이러한 해석의 장점은 무질서한 운동의 출처를 우주 혼도 아니고 수용자도 아닌, 양자가 만나는 지점에 위치시킴으로써 둘 중 어느 하나를 택했을 때의 어려움으로부터 벗어날 수 있다는 점이다. 그러나 이 해석은 플라톤의 텍스트 안에서 분명한 전거를 찾을 수 없다는 문제를 안고 있다. 방황하는 원인의 출처를 수용자의 운동에서 찾거나 우주 혼에서 찾는 입장은 비록 몇몇 문제들을 갖고 있긴 하지만, 적어도 텍스트 안에서 각 주장의 전거들을 찾을 수 있다. 왜냐하면 티마이오스는 분명히 우주 생성 이전의 무질서한 운동에 관해 언급하고 있으며, 혼을 운동의 원리로 간주하고 있기 때문이다. 반면에 그는 필연의 운동이 어디서 어떻게 비롯되는지에 대해서는 확실한 언급을 하지 않는다.

정확한 언급이 없는 한, 방황하는 원인의 정체와 출처를 규명하는 일은 여전히 토론에 열려 있다고 봐야 할 것이다.

7. 우주의 제작

지금껏 보았듯이, 가지적 형상들과 지성인 데미우르고스, 그리고 수용자와 필연은 모두 우주 제작의 원인들이다. 데미우르고스는 가지적 형상들을 본으로 삼아 수용자에 들어 있는 무질서한 힘과 성질들을 질서로 인도함으로써 우주를 제작한다. 그렇다면 우주는 어떤 모습이어야 할까? 무엇보다도 티마이오스는 우주를 살아 있는 생물로 묘사한다. 우주를 하나의 생명체로 간주하는 것은 현대인에게는 다소 낯선 모습일 수도 있다. 그러나 고대 그리스인들에게 우주가 생명체라는 생각은 그렇게 놀라운 일이 아니었다.

고대인들의 관심사는 세계 안에서 조화롭고 질서 잡힌 모습으로 나타나는 자연 현상을 이해하는 것이었다. 자연 현상들 중에서도 가장 조화롭고 질서 잡힌 것은 바로 별들을 포함한 천체의 규칙적인 운동이었다. 그런데 고대인들은 자발적인 운동을 할 수 있는 것은 오직 살아 있는 생물뿐이라고 생각했다. 생물은 생명을 지닌 것을 말하는데, 이 생명의 특징은 스스로 움직임, 즉 자발적인 운동에 있다. 이와 달리 무생물은 스스로 움직이지 못한다. 예를 들어 포켓볼 게임을 할 때 큐대를 맞은 당구공은 굴러가서 다른 당구공들을 때려 흩어 놓는다. 이때 큐대와 당구공들은 외부에서 운동을 받아 다른 것으로 전달하는 역할을 한다. 반면에 운동 그 자체는 당구를 치는 사람에게서 나온다. 즉 운동의 원천은 생명체인 사람이다. 반면에 사람이 죽으면(즉 생명을 잃게 되면) 더 이상 스스로 움직이지 못하며, 그에 따라 시체는 더 이상 생물로 간주되지 않는다. 그리스인들은 이러한 생명이자 운동의 원리를 '혼(psukhē)'이라고 불렀다. 요컨대 생물이란 몸에 혼이 깃든 것(empsukhon)을 말하는 반면, 무생물은 혼이 결여된 (apsukhon) 것을 말한다. 고대인들이 보기에 천체의 운행은 모든 운동들 중에서도 가장 조화롭고 가장 질서 잡힌 운동이다. 이 운동은 외부에서 주어진 것이 아니라 자발적으로 발생하는 것이다. 그에 따라 고대인들은 우주 역시 혼이 깃든 하나의 생물이라고 보았던 것이다. 데미우르고스가 우주를 제작한다는 것은 결국 하나의 생명체를 만들어 냄을 의미한다. 이 제작 과정은 우주의 혼과 우주의 몸을 만들어서 양자를 결합시키는 것이다.

7.1. 우주 혼

먼저 데미우르고스는 우주의 혼을 제작한다. 이를 위해 데미우르고스는 가분적인 생성의 영역과 불가분적인 존재의 영역 각각에서 있음(존재)과 같음(동일자)과 다름(타자)을 취하고, 이것들을 하나로 혼합하여 혼의 재료로 사용한다(35a4~8). 이 수수께끼 같은 대목은 혼의 본성을 이해하는 데 지극히 중요한 내용을 담고 있다. 이 대목은 두 가지 측면에서 살펴봐야 한다. 하나는 혼이 있음, 같음, 다름으로 구성되었다는 것이고, 다른 하나는 데미우르고스가 이 재료들을 가지적인 영역과 감각적인 영역 모두로부터 가져왔다는 것이다.

플라톤은 혼이 몸과는 다른 것이라고 생각했다.[94] 그리고 이 차이는 재료에서부터 시작된다. 즉 혼의 재료는 몸의 재료와 같을 수 없다. 몸은 감각을 통해 포착되는 것으로서, 지각 가능한 물질들, 예컨대 불, 공기, 물, 흙과 같은 것들을 그 재료로 삼을 수 있다. 하지만 혼은 감각으로 포착되는 것이 아니기에 그 재료 역시 물질적인 것과는 다르다. 그렇다면 혼의 재료로 언급된 있음과 같음과 다름은 과연 무엇일까? 사실 있음, 같음, 다름은 운동, 정지와 함께 플라톤 존재론의 최고류(最高類, megista genē)들이자 근본 개념들로 간주된다. 플라톤은 이른바 형이상학적 대화편으로 알려진 『소피스트』에서 모든 실재들이 이 세 가지 구성 요소들을 포함한다고 말한다.[95] 즉 모든 실재는 없지 않

---

94 예컨대 『파이돈』 79a6~c1을 보라. 물론 모든 철학자들이 이런 생각에 동의했던 것은 아니다. 예를 들어 고대의 원자론자들은 신이나 혼은 물론, 심지어 관념까지도 원자들로 이루어져 있다고 보았다.
95 『소피스트』 254d4~259b7.

고 '있다.' 그런데 무엇인가가 있기 위해서는 언제나 자기 자신과 '같음', 즉 동일성을 유지해야 한다. 또한 자신과 같다는 것은 자기 이외의 다른 것들과 '다름', 즉 구별됨을 유지한다는 것이다.[96] 혼이 이러한 세 가지 요소들로 구성되었다는 것은 그것이 하나의 실재이자, 장차 감각의 영역에 속하는 모든 것들에 대하여 운동과 생명의 원리로서 자리할 것임을 암시한다고 볼 수 있다.

그런데 데미우르고스는 있음과 같음과 다름을 존재의 영역에서 가져올 뿐만 아니라 생성의 영역에서도 가져온다. 여기서 존재의 영역이란 가지적인 형상들의 영역을, 생성의 영역이란 감각 사물의 영역을 말한다. 두 영역 모두의 재료들로 구성된 혼은 감각의 영역과 가지적인 영역을 매개하는 중간자로서 기능하게 된다. 감각의 세계에서 혼은 운동의 원리가 된다. 가지적인 영역과 관련하여 혼은 인식의 원리가 된다. 세계 전체에 대하여 소우주라 할 수 있는 인간을 예로 들어 보자. 인간은 감각의 영역에 속하는 존재자로서 혼이 깃든 생물이다. 이때 혼은 운동의 원리로서 인간의 몸을 움직인다. 다른 한편으로 인간은 교육과 수련을 통해 불변적인 것들, 즉 형상들의 질서에 대한 앎을 얻게 된

---

96 예를 들어 한 필의 말이 있다고 하자. 그것은 없지 않고 있어야 하며(존재), 자기 자신과 같음을 유지해야 하고(동일성), 그것 이외의 다른 모든 것들과 달라야 한다(타자성).

다. 살아 있는 동안 한 번도 감각의 영역을 벗어난 적이 없는 인간이 앎을 얻게 되는 것은 바로 혼에 의해서이다. 왜냐하면 혼을 구성하는 재료들의 일부는 존재의 영역에서 비롯되었기 때문이다. 요컨대 혼은 운동의 원리로서 감각의 영역에 머물면서도, 가지적인 영역의 요소들을 자신의 부분으로 가짐으로써 형상들의 질서를 배우고 앎을 얻을 수 있는 것이다.

이어서 데미우르고스는 있음과 같음과 다름의 혼합을 수적인 비례에 따라 분할하고, 분할된 것들을 길게 이은 뒤에, 다시 이 것을 두 개의 띠 모양으로 나눈다. 그리고 이 둘을 X자 모양으로 겹치게 한 뒤에 각각의 끝을 서로 이음으로써 두 개의 궤도를 만드는데, 이때 바깥쪽에 있는 것은 '같음의 궤도'라 부르고, 안쪽 것은 '다름의 궤도'라고 부른다. 마지막으로 다름의 궤도를 일곱 개로 나누는데, 이것들은 나중에 각각 지구 주위를 도는 행성들의 궤도가 된다(35b4~36d7). 우주 혼은 자연 전체에 내재해 있는 모든 운동과 변화의 원리라 하겠지만, 그중에서도 천체의 질서 잡힌 운동을 설명하는 장치라 할 수 있다. 그래서 데미우르고스는 우주 혼을 고리 모양으로 형성하는 동시에, 이것에 수적인 비례를 부여함으로써 별들의 운행 궤도를 구성했던 것이다.

별들의 운동은 영속성과 규칙성이라는 두 가지 특징을 갖는다. 오래 전부터 사람들은 관찰을 통해 이런 특징에 주목했으며, 이로부터 별들을 신으로 간주하기도 하였다. 이 두 가지 특징을 설명하기 위해 플라톤은 두 가지 전제를 세운다. 하나는 별들의 운동이 원을 그리며 회전한다는 것이고, 다른 하나는 별들의 회전이 수적인 비례를 따른다는 것이다. 첫 번째 전제로부터는 천체 운동의 영원성을, 두 번째 전제로부터는 운동의 규칙성을 도출해 낸다. 천체의 조화로운 운동에 관한 생각이 플라톤 자신의 것이었는지는 확실치 않다. 그와 동시대에 활동했던 퓌타고라스주의자들 역시 수학적인 비례와 조화를 통해 자연을 설명하고자 했는데, 플라톤은 남부 이탈리아와 특히 시칠리아를 여행하면서 그들과 교류했을 가능성이 높다. 또한 행성의 회전에 관한 플라톤의 설명이 일정 부분 동시대의 천문학자들로부터 영향을 받았을 것이라는 추측도 가능하다.

7.2. 우주의 몸(천체)

천체의 제작 역시 혼의 제작 못지않게 복잡하며 많은 문제들을 제기한다. 존재의 영역과 생성의 영역에서 재료들을 가져다가 혼을 제작한 것과 달리, 데미우르고스는 우주의 몸을 직접 만들거나 하지는 않는다. 그의 역할은 이미 주어져 있는 수용자와 물질에 도형과 수를 가지고서 질서와 비례를 도입하는 일에 국한된다(53a2~b7). 데미우르고스(지성)가 개입하기 이전에, 수용자는 네 가지 원소들의 흔적을 담은 채, 서로 간에 기계적이고 맹목적인 운동을 주고받으며 요동치고 있었다. 이것은 바로 필연의 지배 아래 놓인 상태라 할 수 있다.[97] 지성은 이 필연을 설득함으로써 각 원소들의 성질에 적합한 기하학적인 형태와 구조를 부여한다. 그리고 지성이 일을 마친 뒤에는, 수학적인 질서를 자기 안에 담고 있는 우주 혼이 지성이 확립해 놓은 질서와 비례를 유지해 나간다. 하지만 데미우르고스도 우주 혼도 필연을 완전히 제거할 수는 없다. 그들은 언제나 주어진 조건과 상황에 걸맞게 필연의 대부분을 자기들이 원하는 방향으로 설득할 수 있을 뿐이다.

천체의 구조를 묘사함에 있어서 티마이오스는 한편으로는 전통적인 자연철학의 관점을 취하지만, 다른 한편으로는 매우 독창적인 모습을 보여 준다. 우선 그는 엠페도클레스 이래로 자연철학자들이 취했던 전통적이고 일반적인 생각, 즉 감각을 통해 파악될 수 있는 모든 것들은 불, 공기, 물, 흙의 네 원소들로 구성된다는 생각을 받아들인다. 그는 왜 우주가 이 네 가지 원소들로 이루어져야 하는지를 자연 세계의 감각 가능성과 수적인 비례에 입각하여 설명한다(31b4~32c4). 이 세계가 지각될 수 있기 위해서는 볼 수 있고(불), 만질 수 있어야 한다(흙). 다음으로, 이 것들이 서로 결합하기 위해서는 서로 간에 일정한 관계가 형성되어야 한다. 즉 이것들 외에 관계항이 필요한 것이다. 그런데 가장

---

97 G. Vlastos, 1939, in R.E. Allen, 1965, pp. 379~399.

아름다운 관계는 비례에 따른 관계이다. 만일 이 세계가 평면이었다면 하나의 관계항만으로 충분했겠지만, 이 세계는 입체이기에 두 개의 관계항(공기, 물)이 필요했다. 그런 식으로 티마이오스는 감각 세계를 구성하는 원소들로 불, 공기, 물, 흙이 있어야 하는 이유를 설명한다. 그러나 전통에 대한 존중은 여기까지이다.

티마이오스는 우주의 몸을 네 가지 원소로 환원하는 데 만족하지 않는다(48b5~c2). 오히려 그는 이것들이 더욱 더 근본적인 요소들로 환원될 수 있다고 보는데, 그 설명은 다음과 같다. 우선 우주는 감각의 영역에 속한다. 그런데 감각의 영역은 물체들로 이루어져 있다. 물체들은 가로, 세로, 높이를 가지며, 면들을 통해 구성된다. 면들 중에서 최소한의 요소들로 이루어진 면은 단 세 개의 선분으로만 이루어지는 삼각형이다. 삼각형은 다시 두 종류로 나뉘는데, 하나는 직각 부등변삼각형이고 다른 하나는 직각 이등변삼각형이다. 이렇게 해서 티마이오스는 자연을 구성하는 네 가지 원소들의 구성 원리를 두 종류의 삼각형에서 찾는다(53b7~53d7).

그렇다면 삼각형들로부터 어떻게 네 가지 원소들이 구성될까? 티마이오스의 설명에 따르면, 두 종류의 삼각형들로부터 네 가지 정다면체들이 형성되는데 그것들은 각각 정사면체, 정팔면체, 정이십면체, 그리고 정육면체이다. 이 가운데 앞의 셋은 모두 정삼각형들로 이루어진다. 반면에 마지막 것은 정사각형으로 구성된다. 정삼각형은 같은 크기를 가진 여섯 개의 직각 부등변 삼각형들이 모여 이루어지며,[98] 정사각형은 같은 크기의 직각 이등변삼각형 네 개로 구성된다.[99] 마지막으로 티마이오스는 네 가지 원소들에 네 가지 정다면체를 할당하는데, 불에는 정사면체를, 공기에는 정팔면체를, 물에는 정이십면체를, 그리고 흙에는 정육면체를 그 각각의 구성 요소들로 할당한다. 이로부터 다음과 같은 특징이 도출된다. 불과 공기와 물은 모두 직각 부등변삼각형들로 이루어진 정다면체들로 구성되었기에, 해당 물체들이 서로 충돌할 때마다 요소삼각형들의 분리나 결합을 통해서 원소들 간의 상호전화가 가능하다. 반면에 흙은 위의 셋과는 다른 직각 이등변삼각형들로 이루어진 정육면체들로 구성되었기에 다른 원소들과의 결합이나 분리는 가능해도, 흙 자신이 불이나 공기, 물과 같은 다른 원소들로 전화되거나 다른 원소들이 흙으로 전화되는 일은 불가능하다.

이 요소삼각형들은 눈에 보이지 않으며 파괴될 수 없다. 왜냐하면 그것들은 기하학적인 실재들이기 때문이다. 하지만 감각적인 영역 안의 모든 것들은 바로 이 요소들로부터 이루어진다. 즉

---

98 여기에 사용된 직각 부등변삼각형은, 빗변을 h라고 할 때 짧은 변이 h/2, 긴 변이 $h\sqrt{3}/2$인 삼각형을 말한다. 이에 대해서는 54b4~5와 본문의 주 311과 316을 보라.

99 본문의 주 322를 보라.

기하학적 구성 요소들로부터 먼저 불, 공기, 물, 흙의 네 가지 원소들이 구성되고, 다시 네 가지 원소들로부터 다양한 감각 사물들이 만들어지는 것이다. 따라서 플라톤은 수학과 기하학에 기반하여 매우 경제적인 설명을 제시한다고 볼 수 있다. 왜냐하면 단 두 종류의 삼각형을 가지고서 지극히 복잡하고 다양한 모든 형태의 사물들을 설명해 내고 있기 때문이다.

이제 남은 문제는 감각 세계에서 발생하는 물체들의 운동과 요소들의 상호전화이다. 티마이오스에 따르면 운동은 요소들 간의 불균등성에 기인한다(57c7~58a4). 그런데 이 우주에는 생성의 수용자 이외에 허공이라고는 따로 존재하지 않는다. 요소들은 우주 전체를 가득 채우고 있고 우주의 바깥에는 아무것도 없기에, 요소들이 우주 밖으로 흩어지는 일도 없다. 또한 모든 요소들은 서로 결속되어 있고 큰 것들 사이에는 작은 것들이 끼어들기에, 요소들 사이의 틈 역시 남아 있지 않다. 이러한 조건 속에서 모든 요소들은 서로 밀고 밀리면서 연속적으로 서로의 자리를 바꾸는 방식, 이른바 상호전위를 통해서 운동한다(58a4~c4).[100]

---

100 모든 물체들이 연속적으로 자리를 바꿈으로써 운동한다는 이른바 상호전위 (antiperistasis)의 개념은 플라톤 이전에 엠페도클레스의 단편에 이미 나타나고 있다(DK 31B13, 14 = 『선집』 348쪽). 플라톤 역시 허공의 존재를 인정하지 않는 상황에서 운동을 설명하기 위해 이러한 생각을 작품의 여러 곳에

8. 인간의 제작

크기를 놓고 보면, 인간은 우주 안에서 먼지보다도 작은 구성물에 불과하다. 그러나 작품 속에서 데미우르고스는, 인간을 비롯한 유한한 생명체가 없다면, 이 우주는 결코 완전하지 못할 것이라고 단언한다(41b7~c2). 이 말과 함께 데미우르고스는 인간을 제작하게 되는데, 인간은 하나의 소우주로서 대우주인 이 세계와 동형인 구조를 갖는다. 따라서 우주와 마찬가지로 인간 역시 혼과 몸을 지닌 생명체로 만들어진다.

8.1. 인간의 혼

티마이오스는 데미우르고스가 인간의 혼을 만들 뿐, 몸의 제작은 자신의 보조자인 별의 신들에게 맡겼다고 말한다. 왜냐하면 데미우르고스가 직접 인간의 모든 것을 만들 경우, 인간은 우주나 별처럼 불사신이 될 것이기 때문이다(41c2~3). 데미우르고스는 유한한 인간의 불사적인 원리인 혼을 만들어서 별의 신들에게 넘겨주었고, 별의 신들은 인간의 몸을 구성한 뒤에, 데미우르고스로부터 받은 혼을 심음으로써 인간을 탄생시킨다.

한편 데미우르고스는 우주 혼을 만들고 남은 재료들을 가지고

서 보여 주고 있다(예컨대 79b3~c1, 80c1~2, 4~8).

인간 혼을 만든다. 따라서 인간 혼은 그 재료에 있어서 우주 혼과 동일하지만, 그 순수함에 있어서는 우주 혼보다 떨어진다. 어쨌든 인간 혼이 우주 혼과 같은 재료와 같은 방식으로 제작되었기에, 인간의 혼 역시 우주 혼과 마찬가지로 같음의 회전과 다름의 회전으로 구성된다(43c7~44b7). 또한 인간의 혼 역시 운동의 원리이자 앎의 원리로서 인간의 운동적 기능과 인지적 기능을 수행한다. 다만 운동의 경우, 우주 혼이 천체의 자전 운동을 일으키는 것과 달리 인간의 혼이 몸에 일으키는 운동은 전, 후, 좌, 우, 상, 하의 여섯 방향으로 움직이는 일종의 직선 운동이다. 데미우르고스가 직접 제작한 혼은 해체를 겪지 않기에 신적인 것이며(69d6) 일종의 '다이몬(신령)'(90a3~4)으로 간주된다. 별의 신들은 데미우르고스로부터 받은 이 혼을 인간의 머리에 정착시킨다. 또한 그들은 머리를 구의 형태로 만들었는데, 그것은 머리가 천구를 닮음으로써 혼의 회전이 원활하게 이루어지도록 하기 위함이었다. 이렇게 인간의 머리에 심긴 혼은 우주 혼의 축소판으로서, '혼의 지성적인 종류'나 '지성적인 부분', 혹은 간단히 '지성'으로 불리게 된다.

그런데 티마이오스는 데미우르고스가 만들어 준 혼 말고도, 인간 혼의 사멸적인 부분에 관해서도 언급하고 있다(69c3~d6). 하지만 혼의 사멸적인 부분이 어떻게 구성되었고, 어떤 본성을 지녔는지에 대해서는 구체적인 설명이나 묘사가 없다. 티마이오스의 말에 따르면, 이 부분을 만든 것은 데미우르고스의 보조자들인 별의 신들이며, 이 부분이 각각 기개적인 부류와 욕구적인 부류로 되어 있다는 점, 그리고 기개적인 부류는 가슴 부위, 특히 심장에 자리를 잡은 반면, 욕구적인 부류는 횡격막 아래, 그 중에서도 간을 중심으로 배치되었다는 점 정도이다.[101] 여기서 우리는 플라톤의 『국가』에서 다뤄진 혼의 삼분론(이성, 기개, 욕구)이 근본적으로는 이성적이고 불사적인 부분(지성)과 이성이 없고 사멸적인 부분(기개와 욕구) 사이의 이분론에 기반하고 있음을 보게 된다.

티마이오스는 기개적인 부류를 마치 대결에 임하여 승리를 열망하는 전사처럼 소개한다(70a2~3, 90b2). 우선 기개는 이성과 다르다. 플라톤은 『국가』에서 영웅 오뒷세우스의 이야기를 예로 들면서 기개가 이성의 요구에 복종한다고 말한다.[102] 트로이아 전쟁에서 20년 만에 귀향한 오뒷세우스는 아내인 페넬로페를 배신하고 구혼자들과 결탁한 하녀들을 보며 분노하지만, 곧 자

---

101 참고로 플라톤의 『파이드로스』에서는, 혼이 두 필의 말과 마부로 구성된 날개 달린 마차로 묘사된다(246a3~256e2). 거기서 마부는 지성을, 백마는 기개를, 그리고 흑마는 욕구를 나타낸다. 그렇지만 『티마이오스』에서와 달리 이 대화편에서는 혼의 사멸적인 부분이 따로 언급되지 않으며, 두 필의 말과 마부로 이루어진 혼이 몸을 벗어나 우주의 끝까지 여행을 하는 것으로 묘사된다.

102 『국가』 IV, 441b3~c2.

신의 가슴을 두드리며 심장을 질책한다.[103] 이것은 이성이 기개와 구별되며, 이성이 헤아림을 통해서 기개의 폭주를 통제하고 있음을 보여 준다. 기개는 또 욕구적인 부류와도 구별된다. 역시 『국가』에서 플라톤은 레온티오스라는 인물이 처형된 시체를 구경하려는 욕구를 이기지 못하여 봐 버리고는 자기 자신에게 화를 냈다는 일화를 언급하며, 이를 통해 기개가 욕구와 대립한다고 말한다.[104] 요컨대 기개는 이성이나 욕구와 구별되는 것이며, 인간의 외부와 내부에서 생겨나는 위험에 맞서는 힘이라 할 수 있다.

다른 한편, 혼의 욕구적인 부류와 관련해서 티마이오스는 이것이 주로 식욕과 성욕에 몰두할 뿐, 이성의 말에는 귀를 기울이지 않는다고 묘사한다(71a3~4, d4). 그것은 욕구적인 부분(아랫배와 간)이 지성적인 부분(머리)으로부터 가장 멀리 떨어져 있어서 이성의 말을 접할 수 없기 때문이다. 하지만 이러한 위치 선정은 의도된 것이기도 하다. 신들은 욕구를 지성으로부터 가장

---

103 호메로스, 『오뒷세이아』 XX, 18~21 : "참아라 심장이여! 너는 전에 그 힘을 제어할 수 없는 / 퀴클롭스가 내 강력한 전우들을 먹어 치웠을 때 이보다 험한 / 꼴을 보고도 참지 않았던가! 그때도 이미 죽음을 각오한 너를 / 계략이 동굴 밖으로 끌어낼 때까지 너는 참고 견디지 않았던가!" 플라톤은 『파이돈』(94d7~e1)에서도 혼이 몸의 주인임을 논증하는 맥락에서 같은 대목을 인용하고 있다.

104 『국가』 IV, 439e6~440a1.

멀리 떨어뜨려 놓음으로써 지성이 욕구의 으르렁거림에서 벗어
나 조용하게 가지적인 영역의 진리를 관조할 수 있도록 배려했
다는 것이다(70e5~71a3). 다만 신들은 욕구가 위치해 있는 간을
꿈과 예언이 일어나는 장소로 지정했는데, 이는 지성의 신호가
매끄럽고 쓴맛이 나는 간의 표면에 마치 거울처럼 비치게 함으
로써 욕구를 두렵게 만들어 복종시키려는 의도에서인 것이다.[105]

  그렇다면 혼의 사멸적인 부분이라는 말은 어떻게 이해해야 할
까? 티마이오스의 설명대로라면, 혼의 지성적인 부분은 신적이
고, 따라서 불사인 반면, 기개와 욕구에 해당되는 부분은 사멸적
이어서 인간의 죽음과 함께 소멸된다. 사실 이러한 언급은 플라
톤의 다른 대화편들과 비교해 보면 적잖이 파격적이다. 왜냐하
면 플라톤은 여러 대화편들[106]에서 혼의 불사를 주장하고 또 논

---

105 욕구는 이성과 지혜가 결여되어 있기 때문에 지성의 말을 이해하지 못하며,
   설령 그 일부를 감지했다 하더라도 귀담아들으려 하지 않는다. 따라서 지성
   은 말 대신 시각과 미각을 사용하여, 즉 반들반들한 간의 표면에 자신의 뜻
   을 영상으로 투영하거나 쓴맛을 유발함으로써 욕구를 위협하고 복종하게
   만든다. 또한 간은 신들의 신호인 예언을 받는 장소이기도 한데, 예언은 인
   간의 지성으로는 파악할 수 있는 것이 아니기 때문이다. 마치 델피 신전의
   무녀인 퓌티아가 신탁을 받을 때, 접신(接神)으로 인해 이성을 잃고 탈아
   상태에 빠지듯이, 예언 역시 지성이 결여된 부분인 간으로 들어온다고 할
   수 있다.
106 예컨대 『메논』, 『파이돈』, 『국가』, 『파이드로스』가 그렇다. 특히 『파이돈』은
   아예 혼의 불사 논증을 작품 전체의 주제로서 다루고 있다.

증하기도 하지만, 『티마이오스』 외에는 그 어느 곳에서도 혼의
사멸을 말하지 않기 때문이다. 사실 티마이오스 자신도 혼의 사
멸적 부분으로 기개와 욕구가 있다고 말할 뿐, 이것들이 왜, 어
떻게 사멸하는지에 대해서는 별다른 언급을 하지 않는다. 다만
우리는 다음과 같이 추측해 볼 수 있다. 혼이 몸에 심겨서 인간
으로 태어나면, 혼은 좋든 싫든 인간의 삶을 유지하도록 보살펴
야 한다. 그것은 인간(을 비롯한 모든 생명체들)의 생존 본능으로
서 나타난다. 그런데 혼이 인간의 몸을 통해 살아가기 위해서는
주기적으로 영양을 공급받아야 하고, 안팎의 위협으로부터 자신
을 지켜야 한다. 욕구와 기개는 바로 이 두 가지 필요를 충족시
켜 주는 힘이다. 예컨대 식욕이 없다면 인간은 먹으려 들지 않을
것이고 결국 굶어 죽을 것이다. 분노가 없다면 인간은 위험을 물
리치려 들지 않을 것이고 결국은 죽임을 당할지도 모른다. 즉 인
간이 삶을 유지하기 위해서는 욕구와 기개가 반드시 필요하다고
할 수 있다. 그런데 영양 공급이나 위험에 대한 대처는 모두 몸
과 관련된 것들이다. 결국 혼 가운데 기개와 욕구의 기능은 몸
의 필요를 충족시킴으로써 생명을 유지하는 데 있다. 하지만 인
간이 죽게 되면 혼은 몸으로부터 분리된다. 분리된 몸은 자연의
요소들로 해체되고, 혼은 하데스로 날아가 자신의 삶에 대한 심
판을 받는다. 이는 다시 말하면, 혼이 더 이상 몸을 돌볼 필요가
없다는 뜻이기도 하다. 몸에서 분리된 이상, 혼은 음식을 섭취

할 필요도 위험에 맞설 필요도 없기 때문이다. 따라서 욕구와 기개는 더 이상 존재할 필요가 없다. 반면에 데미우르고스가 만든 지성적인 혼은 몸의 감옥에서 벗어나 더 이상 신체의 감각에 미혹되는 일 없이 진리를 직관할 수 있게 된다. 요컨대 혼의 사멸적 부분이란 혼이 인간의 몸에 심겨 하나의 생명체로서 살아가는 동안 신체의 유지에 필요한 것들을 담당하는 혼의 기능들이라 할 수 있다.

8.2. 인간의 몸

인간의 몸 역시 감각의 영역에 속하는 것으로서 요소삼각형들로 이루어진다. 데미우르고스의 명령을 받은 별의 신들은 이 삼각형들을 결합하여 한편으로는 골수와 뼈를 구성하고, 다른 한편으로는 살을 비롯하여 각종 신체 기관을 만들어 낸다. 티마이오스는 이것들 가운데 골수와 뼈, 그중에서도 특히 골수에 중요한 가치를 부여한다. 왜냐하면 몸에 심긴 혼의 부분들은 바로 골수에 뿌리박혀 고정되기 때문이다. 그렇다면 이렇듯 골수를 비롯한 신체의 각 부분들은 어떻게 제작될까?

우선 골수는 삼각형들 중에서도 가장 규칙적이고 매끄러운 것들로 구성되는데, 이것들은 가장 바르고 정확한 형태의 원소들을 산출할 수 있는 삼각형들이다. 신들은 이것들을 혼합하여 골수를 만들고, 다시 골수를 가지고서 뇌와 척수를 비롯하여 정액까지 만들어 낸다(73b1~e1). 다음으로는, 순수하고 고운 흙을 채로 걸러내고 골수로 적신 뒤에 물과 섞어서 두개골과 척추, 그리고 각종 뼈를 만든다(73e1~74a7). 이번에는 보통의 삼각형들로 구성된 물과 흙과 불을 혼합하고, 그 혼합물에 소금과 함께 신맛의 발효제를 첨가하여 살을 만든다(74c7~d2). 살은 건조되면서 얇은 막을 발생시키는데 이것이 피부이다(75d5~76a2). 그리고 신들은 불을 가지고서 피부에 구멍을 내는데, 이 구멍을 통해 수분과 함께 피부의 구성 요소들이 나오다가 굳어지면 머리카락과 털이 된다(76b1~d3). 이번에는 발효제 없이 뼈와 살을 혼합하여 힘줄을 만들고는 이것으로 뼈들을 연결시킨다(74d2~e1). 마지막으로 손가락과 발가락 둘레의 힘줄과 피부를 공기와 섞어서 손톱과 발톱을 만든다(76d3~e6).

대우주의 경우, 천구 밖에는 아무것도 없기 때문에 우주의 몸(천체)은 외부의 무엇인가와 충돌하여 파괴되거나 마모를 겪을 일이 없다(32c5~33b1). 하지만 소우주인 인간의 몸은 자신의 외부에 있는 무수한 입자들과 끊임없이 부딪힐 수밖에 없고, 그로 인해서 마모를 겪게 된다. 또한 입자들이 몸안으로 들어오기도 하고, 반대로 몸안의 입자들이 밖으로 빠져나가기도 함으로써, 몸안에서는 원소들의 비움(kenōsis)과 채움(plērōsis) 현상이 연속적으로 발생한다. 티마이오스는 바로 이 비움과 채움 현상을 통해 호흡을 비롯한 신진대사 과정을 설명한다. 예컨대 인간의 몸안에 위치한 불은 끊임없이 피를 만들고, 그 피는 혈관을 따라 돈다. 그런데 몸안에는 빈 곳이 없기 때문에 피를 구성하는 불, 공기, 물, 흙의 입자들이 떠난 자리를 채우게 된다. 그렇게 함으로써 채움이 발생한다. 양분의 섭취와 분배를 담당하는 소화기는 마치 관개수로와 같은 방식으로 작용한다고 설명된다. 티마이오스는 영양 공급이 혈관을 통해 이루어진다고 보았다. 하지만 정맥과 동맥을 구별하지는 않았고, 영양 공급 이외에 산소의 공급이나 정화 등의 기능에 대해서는 알지 못했다(77c6~e6). 호흡 장치와 관련해서 그는 그것을 통발과 비슷한 구조로 묘사하며, 들숨과 날숨의 메커니즘은 몸안팎을 가득 채우고 있는 원소들의 밀침과 밀림 현상을 통해서 이루어진다고 설명한다(78b3~79e9).[107] 마지막으로 생식기와 관련하여 티마이오스는 신들이 남성과 여성의 생식기를 다른 형태로 만들었고, 그 각각에 서로 다른 기능을 배치했다고 말한다. 특히 그는 생식기를 마치 살아 있는 생물처럼 미쳐 날뛰며 이성의 명령에 반항하는 것으로 묘사한다(91a4~d5).

---

107 앞에서 다루었던 상호전위를 말한다. 티마이오스는 허공을 인정하지 않았기에 호흡 작용 역시 몸안팎의 입자들 사이에서 발생하는 자리바꿈으로 설명한다. 그는 호흡 이외에도 몇몇 자연 현상들에 대하여 같은 방식의 설명이 가능하다고 주장한다(79e10~80a2).

8.3. 질병

티마이오스가 보기에 건강은 신체나 혼의 질서가 잘 유지되는 것인 반면, 질병은 이 질서가 파괴되는 것이다. 우선 그는 몸의 질병을 크게 세 가지로 설명한다. 첫 번째로는 몸의 일차적인 구성 요소들인 불, 공기, 물, 흙의 상태로 인한 문제들을 살펴봐야 한다. 질병은 이것들이 과잉되거나 결핍될 때, 그리고 이것들이 본성에 반하는 장소에 놓이거나 본성에 맞지 않게 위치가 바뀔 때 발생한다(81e6~b7). 두 번째는 불, 공기, 물, 흙으로 구성된 뼈와 살과 힘줄 등의 상태와 관련된 질병들이다. 이것들 역시 첫 번째 경우와 마찬가지로 성분의 과잉이나 결핍, 또는 본성에 맞지 않는 위치나 장소 이동에 의해 생겨난다(82b8~c5). 그런데 이 가운데 가장 위중한 것은 기본 원소들로부터 이차적인 것들의 생성 과정이 틀어져 역행하고, 피를 통해 양분을 공급하는 과정에서 자연적 질서가 전복됨으로써 생겨나는 질병들이다(82c5~84c7). 예를 들어 살이 해체되면서 그 부스러기를 혈관으로 보낼 경우, 이것들이 혈관 안에서 공기와 섞이면서 담즙이나 점액 등 각종 체액을 만들어 내는데, 이 체액들이 피를 파괴한다. 하지만 그러는 와중에도 살과 뼈를 이어 주는 토대가 파괴되지 않는 한 이러한 질병들은 회복이 가능하다. 반면에 이 토대가 파괴될 경우 질병은 악화된다. 예컨대 뼈는 자기에게 필요한 공기를 받아들이지 못함에 따라 점점 뜨거워지고 급기야 해체되기 시작한다. 그러다가 마침내 뼈 안에 감추어진 골수가 공격을 당하게 되면 죽음에 이르게 된다. 왜냐하면 골수가 파괴됨으로써 몸과 연결된 혼의 끈이 풀려 버리기 때문이다. 세 번째 부류의 질병은 다시 세 가지 원인들로부터 발생한다(84c8~86a8). 첫 번째는 호흡에 의한 질병이고, 두 번째는 점액과 담즙에 의한 것이며, 세 번째는 열로 인한 질병이다.

티마이오스는 질병과 건강에 관해 설명하면서 대우주로서의 천체와 소우주로서의 인간 사이의 동형성이라는 관점을 시종일관 견지한다. 그런 점에서 질병에 대한 플라톤의 시선은 의학적이라기보다는 다분히 철학적이다. 질병과 관련해서 플라톤은 자기 이전 시대나 동시대의 의학 지식을 따랐던 것처럼 보인다. 하지만 그는 언제나 철학자임을 유지한다. 무엇보다도 그는 몸을 혼에 종속시키고, 혼을 궁극적인 목적으로서의 신성과 동일시한다(90c4~6). 그런 점에서 신체의 구성과 기능, 건강과 질병에 대한 설명은 일관되게 목적론적인 관점을 유지한다고 볼 수 있다. 즉 데미우르고스와 그의 보조자들은 몸의 기관이나 장치를 만들 때, 그저 그 기능 자체를 염두에 두고서 제작하지 않는다. 오히려 그 모든 것들은 인간이 지성을 따르며 더 훌륭하고 신적인 삶을 실현하는 데 복무하도록 고안된 것이라 하겠다.

다음으로 티마이오스는 혼의 질병을 다룬다. 그런데 데미우르고스가 만들어 준 혼은 신적인 것이고 가지적인 형상들을 관조하는 것이기에 자기 스스로 나쁘게 될 수는 없다. 따라서 혼의 질병은 모두 외적인 원인에서 비롯된다. 티마이오스는 이를 두 부류로 나누는데, 하나는 신체의 잘못된 작용으로 인한 질병이고(86b1~87a7), 다른 하나는 잘못된 교육 때문에 생긴 질병이다(87a7~b9). 혼의 질병을 예방하기 위해서, 혹은 혼의 질병으로부터 회복되기 위해서는 몸과 혼 사이의 적절한 균형을 유지해야 한다. 이것은 혼의 운동뿐만 아니라 신체에서 이루어지는 운동을 모델로 삼아 훈련을 행함으로써 유지될 수 있다. 또한 혼의 내부에서는 각 부분의 균형을 잘 유지하되, 언제나 주도권은 지성에게 부여해야 한다(87c1~90d7).

9. 다른 생물들

9.1. 동물

플라톤에게 있어 생물의 영역은, 신들과 신령들에서부터 인간과 온갖 동물에 이르기까지 하나의 거대한 연속을 형성한다. 그런데 『티마이오스』에는 신들(즉 우주 전체와 지구를 비롯한 각종 별들)과 인간, 그리고 식물의 제작에 관한 이야기는 나오지만, 동물의 제작은 따로 언급되지 않는다. 신들은 동물을 따로 만들지 않는다. 오히려 동물은 인간의 혼이 윤회를 거듭하는 가운데 전생의 삶에 대한 응보로서 형태를 바꿔 태어나는 것으로 설명된다. 즉 전생에 인간다운 삶을 살지 못할 경우 다음 생에서 동물로 태어난다는 것이다. 그런데 이 과정의 첫 단계는 여성으로 변화하는 것이다.

데미우르고스와 보조자들의 제작을 통해서 최초의 인간은 모두 남성으로 태어난다. 하지만 남자답지 못한 삶을 산 사람들은 다음 생에서 여성으로 태어난다. 여기서 남성다움이란 용기와 정의 같은 이른바 윤리적 기준을 의미한다. 이 묘사대로라면 여성과 남성은 지적으로는 동등하나 윤리적인 측면에서 차이가 발생한다. 반면에 동물의 탄생은 지적인 기준에 따라 달라진다. 즉 전생에 지성을 제대로 사용하지 못한 인간들은 다음 생에서 동물로 태어난다는 것이다. 우선, 별들의 운행을 관찰하긴 했지만 그 안의 질서를 파악하지 못한 채 '눈에 보이는 것이 전부'라고 생각한 사람은 다음 생에서 하늘을 나는 새로 태어난다. 마찬가지로 전생의 삶이 지성적인 것으로부터 멀어지면 멀어질수록 다음 생에서는 하늘에서 멀리 떨어진 동물의 형태로 태어난다. 그래서 새 다음에는 육상 동물로, 그다음에는 땅에 붙어 다니거나 땅속에 사는 것들로 태어나게 된다. 하지만 일생에 걸쳐 지성을 거의 사용하지 않은 자들은 물고기나 조개 같은 수중 생물로 태어남으로써 하늘로부터 가장 멀어지게 된다.

이상의 설명으로부터 다음과 같은 내용을 유추해 볼 수 있다. 첫째, 처음에 태어난 인간이 모두 남자들뿐이라면 그들의 생식

방식은 지금과 달랐을 것이다. 그리고 유성생식은 여성이 태어난 이후에야 이루어졌을 것이다. 둘째, 동물이 인간과 별개의 생물로서 만들어진 것이 아니라 인간이 재탄생한 결과라면, 인간의 혼과 동물의 혼은 같아야 한다. 그들은 단지 몸만 바꿔 태어날 뿐이다. 또한 '인간은 이성적 동물'이라는 명제는 적어도 플라톤에게는 적용되지 않는다. 왜냐하면 동물의 혼 역시 인간과 같은 지성적인 부류이기 때문이다. 다만 동물의 몸에 갇힌 혼은 인간과 달리 지성을 제대로 발휘할 수 없다. 인간의 머리가 몸의 꼭대기에 붙어 있고 그 모양이 천구를 닮아 둥근 것과 달리, 동물의 머리는 땅을 향하며 그 형태 역시 길쭉하게 늘어났는데, 이러한 형태로는 혼의 회전이 더 어렵기 때문이다(91e6~92a2). 지성의 사용 여부에 따라 인간에서 동물로의 재탄생이 이루어진다면, 같은 기준에 따라 동물에서 인간으로의 상승 가능성 역시 열려 있게 된다. 다만 동물이 어떻게 지성을 사용하고 또 어떤 조건을 충족시킬 때 더 높은 단계로 환생하는지에 대해서 티마이오스는 따로 언급하지 않는다.

이렇듯 혼의 재탄생 과정은 기본적으로 전생에 대한 심판에 따른다.[108] 물론 심판의 기준은 살아가는 동안 얼마나 정의롭고

---

108 예컨대 『고르기아스』 523a1~527a4; 『파이돈』 107d5~116a1; 『국가』 X, 614a5~621d3을 보라.

지혜로운 삶을 살았는가 하는 것이다. 더 낮은 단계로의 추락을 피하기 위해서 인간은 몸과 혼 사이에 적절한 균형을 유지해야 한다. 또한 혼의 부분들 사이에도 적절한 균형이 유지되어야 하며, 그 주도권은 지성적 부분이 갖고 있어야 한다. 왜냐하면 인간의 지성은 우주 혼과 같은 재료로 구성되었기 때문에, 천체와 별들의 운행을 관조함으로써 지식을 얻을 뿐만 아니라 좋은 삶의 모델을 찾을 수 있기 때문이다. 아울러 가장 조화롭고 질서가 잘 잡힌 천체의 운동을 관찰하는 일은 결국 가지적 형상들을 관조하기 위한 첫 단계이자 필수조건으로 자리한다고 볼 수 있다.

9.2. 식물

티마이오스는 신체 기관의 형성 과정을 묘사하다 말고 갑작스럽게 식물의 탄생에 관해 짧게 이야기한다(76e7~77c3). 그에 따르면 식물은 별의 신들이 인간을 위해 만들었다. 즉 자연 세계에 노출된 인간의 몸이 무수한 입자들과 충돌하면서 마모되는 것을 보충해 주고자, 인간의 식량으로서 식물을 만들었다는 것이다. 식량으로 섭취할 수 있어야 하기에 식물의 구성 성분은 인간과 같아야 한다. 또한 식물 역시 혼을 가진 생물로서 생장 활동을 한다. 하지만 식물의 혼은 인간의 혼과 달리 데미우르고스가 아니라 별의 신들에 의해 만들어졌으며, 이성이나 기개적인 부분 없이 오직 욕구적인 부류로만 이루어져 있다. 따라서 식물은 인

434

간과 같은 생물이지만 그 기원은 다르다.

식물에 관한 언급은 이 정도로 짧게 끝난다. 다만 티마이오스는 식물이 인간의 식량으로 만들어졌다는 점을 짤막한 논의 속에서 두 차례나 언급하면서 강조하는데, 이를 통해서 플라톤이 어느 정도 채식주의를 선호한다는 추측을 해 볼 수 있다.[109] 즉 식물이 양식으로 제공되는데 굳이 동물을 잡아먹어야 할 이유가 없다는 것이다. 여기에는 그럴 만한 이유가 있다. 인간의 혼이 불사이고, 몸을 바꿔 가며 끊임없이 재탄생을 한다면, 동물의 혼이나 인간의 혼은 결국 모두 같으며 그들은 일종의 동족이 되기 때문이다. 그런데 인간이 육식을 한다면 그것은 결과적으로 동족을 죽여서 잡아먹는 행위가 된다. 반면에 식물은 인간과 그 성분이 같으나 생성의 기원은 다르다. 그렇기 때문에 채식을 하는 것은 동족을 포식하는 일이 아니다. 달리 말하면 혼의 불사와 윤회는 채식주의의 고대적 기원이라 할 수 있다. 하지만 이 주제는 플라톤 자신에 의해 다뤄지기보다는 오히려 후대의 플라톤주의자들 사이에서 중요한 철학적 논제로 다뤄지게 된다.[110]

---

109 이에 관해서는 김유석, 2015, 30~53을 참고하라.

110 대표적으로는 중기 플라톤주의자였던 플루타르코스(서기 45/6~126/7)의 『육식에 관하여』와 신플라톤주의자인 포르퓌리오스(서기 234~301/5)의 『(육식의) 삼가에 관하여』를 들 수 있다.

10. 『티마이오스』의 유산

『티마이오스』는 플라톤의 작품들 가운데 고대와 중세에 가장 많이 읽혔으며, 가장 많은 토론과 주석이 이루어진 작품 가운데 하나로 알려져 있다. 플라톤 사후 초기 아카데메이아 안에서『티마이오스』는 스승의 작품들 가운데 독보적인 위치를 차지했다고 한다. 이러한 위상은 서기 1세기 무렵에 등장했던 중기 플라톤주의자들 사이에서도 마찬가지여서, 그들은『티마이오스』를 플라톤의 가장 중요한 대화편으로 간주했다. 이 최고의 지위는 서기 3세기 이후 신플라톤주의자들에 의해『파르메니데스』로 대체될 때까지 계속 이어진다. 또한『티마이오스』는 로마 세계에서도 많은 학자들에 의해 관심과 연구의 대상이 되었다. 플라톤의 대화편들 가운데 라틴어 번역이 오늘날까지 전해진 작품으로는『티마이오스』가 유일하다. 예컨대 키케로(서기전 106~43)는 플라톤의『프로타고라스』와 함께『티마이오스』를 라틴어로 번역했다.[111] 또한 서기 4세기 무렵에는 칼키디우스라는 인물이『티마이오스』를 라틴어로 번역하고 주석을 달았다.[112] 칼키디우스의 번역은 중세 내내 많은 사람들에 의해 읽혔으며, 특히 기독교인들의 우

---

111 키케로의『프로타고라스』번역은 오늘날 소실되어 이름만 전해진다. 반면에 『티마이오스』번역은 일부(27d6~47b2)가 남아 오늘날까지 전해지고 있다.
112 칼키디우스의 번역은『티마이오스』53c6까지만 남아 있다.

주관을 형성하는 데 적잖은 영향을 미쳤다. 아울러 5세기에 활동했던 신플라톤주의자인 프로클로스는 『티마이오스』에 관해 그리스어로 된 방대한 주석서를 남겼는데,[113] 이 작품 역시 칼키디우스의 번역과 함께, 중세와 문예부흥기의 지식인들에게 깊은 영향을 끼쳤다.[114]

---

113 프로클로스의 주석은 『티마이오스』의 처음부터 44d2까지만 남아 있다.

114 예를 들어 단테는 그의 『신곡 – 천국편』(IV곡 22~24, 49~53)에서 플라톤의 『티마이오스』를 거론하면서 윤회의 굴레를 벗어난 인간의 혼이 자신의 고향 별로 돌아간다는 대목(42b3~c1)을 언급하고 있다.

참고문헌

1. 원전

Burnet, John (ed.), *Timaeus*, in *Platonis Opera*, tom. IV, Oxford, Clarendon Press, 1902.

Rivaud, Albert (éd. & trad.), *Timée/Critias*, in *Platon Œuvres Complètes*, tom. X, Paris, Les Belles Lettres, 1925.

2. 번역 및 주석

Archer-Hind, Richard D. (ed. with introd. & notes), *The* Timaeus *of Plato*, London, McMillan, 1888.

Brisson, Luc (introd., trad. & notes), *Timée/Critias*, Paris, GF, 2017.

Bury, R. G. (trans.), *Timaeus/Critias/Cleitophon/Menexenus/Epistles*, Cambridge/Massachusetts, Harvard University Press (Loeb Classical Library n. 234), 1929.

Calcidius, *Commentaire au* Timée *de Platon* (2 vols.), éd., trad. & comm. par Béatrice Bakhouche avec la collaboration de Luc Brisson, Paris, J. Vrin, 2011; *Commentario al* Timeo *di Platone*, a cura di C. Moreshini, Milano, Bompiani, 2003.

Cicero, Marcus Tullius, *Timaeus*, in *De Divinatione / De Fato / Timaeus*, edidit W. Ax & O. Plasberg, Berlin, W. de Gruyter, 1987 ; *Timaeus de Universitate / Timaeus über das Weltall*, hrsg. & übers. von K. Bayer & G. Bayer, Düsseldorf, Artemis & Winkler, 2006.

Cornford, F. M. (trans. & comm.), *Plato's Cosmology: the* Timaeus *of Plato*, London, Routledge & Kegan Paul, 1937.

Fraccaroli, Giuseppe (trad.), *Il Timeo*, Torino, Fratelli Bocca, 1906.

Fronterotta, Francesco (a cura di), *Timeo*, Milano, BUR, 2003.

Moreau, Joseph (trad.), *Timée*, in *Platon Œuvres Complètes*, t. II. trad. par Léon Robin avec la collaboration de Joseph Moreau, Paris, Gallimard, 1950.

Proclus, *Procli Diadochi in Platonis Timaeus Commentaria*, edidit Ernestus Diehl, Lipsiae, B. G. Teubner, 1903~1906 ; *Commentaire sur le* Timée (5 vols.), trad. et notes par A. J. Festugière, Paris, J. Vrin, 1966~1968 ; *Commentary on Plato's* Timaeus (6 vols.), trs. by H. Tarrant (et alii), Cambridge, Cambridge Univ. Press, 2006~2017.

Rivaud, Albert (éd. & trad.), *Timée/Critias*, in *Platon Œuvres Complètes*, t. X, Paris, Les Belles Lettres, 1925.

Taylor, Alfred E., *A Commentary on Plato's Timaeus*, Oxford, Clarendon Press, 1928.

Zekl, Hans G. (Übers. mit einer Einleit. & Anmerk.), Timaios, Hamburg, Felix Meiner Verlag, 1992.

Zeyl, Donald (trans. with introd.), *Timaeus*, Indianapolis/Cambridge, Hackett, 2000.

박종현·김영균 (공동 역주), 『티마이오스』, 서울, 서광사, 2000.

천병희(옮김), 『플라톤의 다섯 대화편 : 「테아이테토스」, 「필레보스」, 「티마이오스」, 「크리티아스」, 「파르메니데스」』, 서울, 숲, 2016.

種山恭子 (訳),「ティマイオス」, in『プラトン全集』12, 東京, 岩波書店, 1975.

3. 2차 문헌

3.1. 단행본

Albinos, *Albins Prolog und die Dialogtheorie des Platonismus*, hrsg. & übers. von O. Nüsser, Berlin, de Gruyter, 2014.

Alcinoos, *Enseignement des doctrines de Platon*, éd. et trad. par J. Whittaker & P. Luis, Paris, Les Belles Lettres, 1990.

Algra, Keimpe, *Concept of Space in Greek Thought*, Leiden, E. J. Brill, 1994.

Allen, R. E.(ed.), *Studies in Plato's Metaphysics*, London, Routledge & Kegan Paul, 1965.

Anton J. P. & G. L. Kustas (eds.), *Essays in Ancient Greek Philosophy*, Albany, SUNY Press, 1971.

Aristoteles, *Arisrotle's Physics*, ed. & comm. by W. D. Ross, Oxford, Clarendon Press, 1936 ; *Physique*, trad. par P. Pellegrin, Paris, GF Flammarion, 2002.

_____, *Du Ciel*, éd. & trad. par P. Moraux, Paris, Les Belles Lettres, 1965; *Traité du ciel*, trad par C. Dalimier & P. Pellegrin, Paris, GF-Flammarion, 2004; *Il cielo*, a cura di A. Jori, Milano, Bompiani, 2015.

_____, *De la génération et la corruption*, éd. & trad. par M. Rashed, Paris, Les Belles Lettres, 2005.

_____, *Histoire des animaux*, trad. par P. Pellegrin, Paris, GF-Flammarion, 2017.

Bonelli, Maddalena, *Timée, le sophiste. Lexique platonicien*, Leiden, Brill, 2007.

Broadie, Sarah, *Nature and Divinity in Plato's* Timaeus, Cambridge,

Cambridge Univ. Press, 2012.

Brisson, Luc & Walter Meyerstein, *Inventer l'univers*, Paris, Les Belles Lettres, 1991.

_____, *Puissance et limites de la raison*, Paris, Les Belles Lettres, 1995.

Brisson, Luc & Tomás Calvo (eds.), *Interpreting the* Timaeus-Critias : *Proceedings of the IV Symposium Platonicum Selected Papers*, Sankt Augustin, Academia Verlag, 1997.

Brisson, Luc, *Le même et l'autre dans la structure ontologique du* Timée *de Platon*, Paris, Klincksieck, 1974.

_____, *Platon les mots et les mythes*, Paris, La Découverte. 1990.

Carone, Gabriela Roxana, *Plato's Cosmology and Its Ethical Dimension*, Cambridge, Cambridge Univ. Press, 2005.

Cherniss, Harold F., *Aristotle's Criticism of Plato and the Academy*, vol. I, New York, Russel & Russel, 1944.

_____, *Selected Papers*, ed. by Leonardo Taran, Leiden, E. J. Brill, 1977.

Denniston, J. D., *The Greek Particles*, Oxford, Clarendon, 1934.

Derrida, Jacques, *Khôra*, Paris, Galilée, 1993 ; *On the Name*, ed. by Thomas Dutoit, Stanford, SUP, 1995.

Diès, Auguste, *Autour de Platon*, Paris, Les Belles Lettres, 1927.

Diogenes Laertius, *Lives of Eminent Philosophers*, ed. by T. Dorandi, Cambridge, Cambridge Univ. Press, 2013 (= 『생애』) ; *Vies et doctrines des philosophes illustres*, sous la direction de M. O. Goulet-Cazé, Paris, Le Livres de Poche, 1999.

Gemelli, Marciano (Übers. & Erläut.), *Die Vorsokratiker, Bd. II-Parmenides, Zenon, Empedokles*, Berlin, Akademie Verlag, 2013.

Grube, G. M. A., *Plato's Thought*, Indianapolis/Cambridge, Hackett, 1980.

Goulet, Richard (et alii), *Dictionnaire des philosophes antiques*, tom. IV,

Paris, CNRS Éditions, 2016.

Johansen, Thomas Kjeller, *Plato's Natural Philosophy: A Study of the* Timaeus-Critias, Cambridge, Cambridge Univ. Press, 2004.

Joubaud, Catherine, *Le corps humain dans la philosophie platonicienne : Étude à partir du* Timée, Paris, J. Vrin, 1991.

Kahn, Charles H., *Plato and the Post-Socratic Dialogue*, Cambridge, Cambridge Univ. Press, 2013.

Mohr, Richard D. & Barbara M. Sattler (eds.), *One Book, the Whole Universe : Plato's* Timaeus *Today*, Las Vegas/Zürich/Athens, Parmenides Publishing, 2010.

Mohr, Richard D., *The Platonic Cosmology*, Leiden, E.J. Brill, 1985.

Moreau, Joseph, *L'âme du monde de Platon aux stoïciens* (1939), Hildesheim/New York, Georg Olms Verlag, 1981.

Naddaf, Gerald, *The Greek Concept of Nature*, Albany, State Univ. of New York Press, 2005.

Nails, Debra, *The People of Plato : A Prosopography of Plato and Other Socratics*, Indianapolis/Cambridge, Hackett Publishing Company, 2002.

Neschke-Hentschke, Ada (éd.), *Le* Timée *de Platon. Contribution à l'histoire de sa réception*, Leuven, Peeters, 2000.

O'Brien, Denis, *Theories of Weight in the Ancient World*, vol. II, Paris/Leiden, Les Belles Lettres/E. J. Brill, 1984.

Platon, *Platonis Opera* tom. I~V, ed. by J. Burnet, Oxofrd, Oxford Univ. Press, 1901~1905.

Plutarch, *Moralia* XIII-1 (= 999 C-1032 F), trans. by H. F. Cherniss, Cambridge/London, Harvard Univ. Press, 1976.

Pradeau, Jean-François (et alii), *Platon : les formes intelligibles*, Paris, PUF, 2001.

Sallis, John, Chorology : *On Beginning in Plato's* Timaeus,

Bloomington/Indianapolis, Indiana University Press, 1999.

Scheffel, Wolfgang, *Aspekte der platonischen Kosmologie: Untersuchungen zum Dialog "Timaios"*, Leiden, E. J. Brill, 1974.

Sedley, David, *Creationism and Its Critics in Antiquity*, Berkeley/Los Angeles/London, Univ. of California Press, 2007.

Sorabji, Richard, *Time, Creation and the Continuum*, Ithaca, New York, Cornell Univ. Press, 1983.

Tarrant, Harold, *Thrasyllian Platonism*, Ithaca, Cornell Univ. Press, 1993.

Vidal-Naquet, Pierre, *Le chasseur noir*, Paris, La Découverte, 2005.

Xénophon, *Mémorables*, 3 vols., éd. par M. Bandini & trad. par L.-A. Dorion, Paris, Les Belles Lettres, 2000~2007 ;『소크라테스 회상록 / 소크라테스의 변론』, 오유석 옮김, 부북스, 2018.

Zeller, Eduard, *Plato and the Older Academy*, London, Longman, 1888.

김인곤 (외),『소크라테스 이전 철학자들의 단편 선집』(=『선집』), 아카넷, 2005.

박윤호,『고대 그리스 자연학과 도덕』, 서광사, 2004.

베르낭, 장 피에르,『그리스인들의 신화와 사유』, 박희영 옮김, 아카넷, 2005.

보에티우스,『철학의 위안』, 이세훈 옮김, 필로소픽, 2014.

블래스토스, 그레고리,『플라톤의 우주』, 이경직 옮김, 서광사, 1998.

아리스토텔레스 ,『형이상학』, 조대호 옮김, 길, 2017.

_____,『수사학 / 시학』, 천병희 옮김, 숲, 2017.

에우리피데스,『에우리피데스 비극 전집』1, 2, 천병희 옮김, 숲, 2009.

투퀴디데스,『펠로폰네소스 전쟁사』, 천병희 옮김, 숲, 2011.

플라톤,『소크라테스의 변명』, 강철웅 옮김, 이제이북스, 2014.

_____,『고르기아스』, 김인곤 옮김, 이제이북스, 2011.

_____,『라케스』, 한경자 옮김, 이제이북스, 2014.

_____,『뤼시스 / 라케스 / 카르미데스』, 천병희 옮김, 숲, 2015.

_____, 『이온 / 크라튈로스』, 천병희 옮김, 숲, 2014.

_____, 『프로타고라스』, 강성훈 옮김, 이제이북스, 2011.

_____, 『메논』, 이상인 옮김, 이제이북스, 2009.

_____, 『파이돈』, 전헌상 옮김, 이제이북스, 2013.

_____, 『국가』, 박종현 역주, 서광사, 2013.

_____, 『파이드로스』, 김주일 옮김, 이제이북스, 2012.

_____, 『테아이테토스』, 정준영 옮김, 이제이북스, 2013.

_____, 『소피스트』, 이창우 옮김, 이제이북스, 2011.

_____, 『정치가』, 김태경 옮김, 한길사, 2009.

_____, 『크리티아스』, 이정우 옮김, 이제이북스, 2008.

_____, 『필레보스』, 이기백 옮김, 이제이북스, 2015.

_____, 『법률』 2 vols., 김남두 외 옮김, 나남, 2018.

_____, 『편지들』, 강철웅 외 옮김, 이제이북스, 2009.

헤로도토스, 『역사』, 천병희 옮김, 숲, 2009.

헤시오도스, 『신들의 계보』, 천병희 옮김, 숲, 2009.

호메로스, 『일리아스』, 천병희 옮김, 숲, 2015.

_____, 『오뒷세이아』, 천병희 옮김, 숲, 2015.

히포크라테스, 『히포크라테스 선집』, 여인석 · 이기백 공역, 나남, 2011.

3.2. 논문

Brague, Rémi, "Le récit du commencement. Une aporie de la raison grecque", in *La naissance de la raison en Grèce*, éd. par J. F. Mattéi, Paris, PUF, 1990, pp. 23~31.

Brisson, Luc, "Platon, Pythagore et les pythagoriciens", in *Platon. Sources des présocratiques*, éd. par M. Dixsaut & A. Brancacci, Paris, J. Vrin, 2002, pp. 21~46.

_____, "Why Is the *Timaeus* Called an *Eikôs Muthos* and an *Eikôs Logos*?", in *Plato and the Myth*, ed. by C. Collobert, Leiden, E. J. Brill, 2012, pp. 369~391.

Burnyeat, Myles, "Eikōs muthos", in *Plato's Myth*, ed. by C. Partenie, Cambridge Univ. Press, 2009, pp. 167~186.

Chantraine, Pierre, "Trois noms grec de l'artisan (dēmiourgos, banausos, kheirōnax)", in *Mélanges de philosophie grecque offerts à Mgr Diès*, Paris, J. Vrin, 1956, pp. 41~47.

Cherniss, H.F., "Relation of the *Timaeus* to Plato's Later Dialogues" (1957), R. E. Allen, 1965, pp. 339~378.

Dillon, John, "Tampering with the *Timaeus* : Ideological Emendations in Plato, with Special Reference to the *Timaeus* ", in *The American Journal of Philology* (110/1), 1989, pp. 50~72.

Donini, Pierluigi, "Il *Timeo* : unità del dialogo, verisimiglianza del discorso", in *Elenchos* (9), 1988, pp. 5~52.

Ferber, Rafael, "Perché Platone nel *Timeo* torna a sostenere la dottrina delle idee?", in *Elenchos* (18), 1997, pp. 5~27.

Hackforth, R., "Plato's Theism" (1936), in R.E. Allen, 1965, pp. 439~447.

_____, "Plato's Cosmogony (*Timaeus* 27d ff.)", in *The Classical Quarterly* (9/1), 1959, pp. 17~22.

Hadot, Pierre, "Physique et poésie dans le *Timée* de Platon" (1983), in *Études de philosophie ancienne*, Paris, LBL, 1998, pp. 277~305.

Keyt, David, "The Mad Craftsman of the *Timaeus*", in *The Philosophical Review* (80−2), 1971, pp. 230~235.

Knorr, Wilbur R., "Plato and Eudoxus on the Planetary Motions", in *Journal for the History of Astronomy* (21−4), 1990, pp. 313~329.

Owen, G. E. L., "The Place of the *Timaeus* in Plato's Dialogues", in *Studies in Plato's Metaphysics*, ed. by R.E. Allen, 1965, pp. 313~338.

Rivaud, Alebert, "Espace et changement dans le *Timée* de Platon", in *Mélanges de philosophie grecque offerts à Mgr Diès*, Paris, J. Vrin,

1956, pp. 209~214.

Robinson, Thomas M., "The Argument of *Timaeus* 27d ff", in *Phronesis* (24), 1979, pp. 105~109.

_____, "Understanding the *Timaeus* ", in *Proceedings of the Boston Area Colloquium in Ancient Philosophy* (2), ed. by J. Cleary, Lanham, University Press of America, 1986, pp. 103~119.

Schuhl, Pierre-Maxime, "ΔΕΣΜΟΣ", in *Mélanges de philosophie grecque offerts à Mgr Diès*, Paris, J. Vrin, 1956, pp. 233~234.

Tarán, Leonardo, "The Creation Myth in Plato's *Timaeus*" (1971), in *Leonard Tarán Collected Papers* (*1962~1999*), Leiden, Brill, pp. 303~340.

Vlastos, Gregory, "The Disorderly Motion in the *Timaeus*" (1939), R. E. Allen, 1965, pp. 247~264.

_____, "Creation in the *Timaeus* : Is It a Fiction?" (1964), R. E. Allen, 1965, pp. 265~279.

Whittaker, John, "The 'Eternity' of the Platonic Form", in *Phronesis* (13), 1968, pp. 131~144.

_____, "*Timaeus* 27d5 ff.", *Phoenix* (23/2), 1969, pp. 181~185.

_____, "Textual Comments on *Timaeus* 27C~D", in *Phoenix* (27/4), 1973, pp. 387~391.

김영균, 「플라톤의 『티마이오스』 편에서 필연(anankē) 개념」, 『서양고전학연구』 (45), 2011, 221~246쪽.

_____, 「플라톤의 『티마이오스』 편에서 필연에 대한 지성의 설득」, 『동서철학연구』 (78), 2015, 447~466쪽.

_____, 「플라톤에서 '신(神)을 닮음'의 윤리적 의미」, 『서양고전학연구』 (56), 2017, 79~101쪽.

김유석, 「식물의 혼과 플라톤의 채식주의 : 『티마이오스』 76e8~77c4」, 『철학연구』 (111), 2015, 29~53쪽.

_____, 「플라톤 혼 이론의 재음미 : 혼의 비이성적인 부분에 관하여」,

『철학연구』(117), 2017, 59~88쪽.

박윤호, 「『티마이오스』에서의 무질서와 결속」, 『서양고전학연구』(6), 1992, 211~237쪽.

박윤호, 「『티마이오스』에서 존재와 생성」(1995), 『고대 그리스 자연학과 도덕』, 서광사, 2004, 183~212쪽.

박홍규, 「『티마이오스』편의 '필연'에 대한 아처하인드의 견해를 음미함」, 『희랍철학논고』, 민음사, 1995, 158~177쪽.

_____, 「필연」, 『형이상학강의 1』, 민음사, 1995, 56~93쪽.

_____, 「『티마이오스』 편 강의」, 『플라톤의 후기철학 강의』, 민음사, 2004, 80~171쪽.

손윤락, 「플라톤과 아리스토텔레스의 세계 해석—『티마이오스』와 『천체론』, 『생성소멸론』에 나타난 우주론과 요소 이론 비교」, 『해석학연구』(25), 2010, 177~205쪽.

송유레, 「플로티누스의 세계제작자 : 플라톤의 『티마이오스』의 탈신화적 해석」, 『철학사상』(42), 2011, 3~36쪽.

이경직, 「감각물의 명명 문제와 『티마이오스』의 대답」, 『서양고전학연구』(9), 2003, 1~26쪽.

_____, 「『티마이오스』에 나타난 양적 규정과 질적 규정」, 『서양고전학연구』(12), 2004, 109~133쪽.

이기백, 「『티마이오스』편과 연관해서 본 『필레보스』편의 네 부류의 존재와 형상의 관계」, 『철학연구』(12), 1999, 223~244쪽.

이정호, 「노동과 정치의식 : 노동과 정치의 형이상학—플라톤의 『티마이오스』편과 『국가』편을 중심으로」, 『시대와 철학』(1), 1989, 103~137쪽.

이창우, 「신(神)을 닮는 것 : 스토아 윤리학 및 자연철학에 전해진 플라톤의 유산—『티마이오스』를 중심으로」, 『가톨릭철학』(15), 2010, 5~33쪽.

장경춘, 「플라톤의 『티마이오스』(48e~52d)에서 수용자의 정체」, 『서양고전학연구』(14), 1999, 115~134쪽.

최화, 「플라톤의 형이상학」, 『서양고대철학 1』, 강철웅 외 지음, 길, 2013, 395~416쪽.

찾아보기

일러두기

- 찾아보기에 표기된 『티마이오스』의 면과 행수(이른바 스테파누스 면수)는 리
  보의 편집본(A. Rivaud 1925 — 통칭 '뷔데판'이라 불림)에 근거한 것이다.[1] 뷔
  데판은 번역의 대본으로 사용한 버넷판(J. Burnet 1903)[2]과 행수에서 한 행
  정도 차이가 발생하지만 그 차이가 두 행을 넘지는 않는다.
- 그리스어는 로마자로 바꿔 표기하였다. 그리스어를 로마자로 표기함에 있
  어서 국제적인 표준이 따로 정해져 있지는 않다. 이 책에서는 비교 언어학
  자인 에밀 벤베니스트(Émile Benveniste)가 사용한 방식을 따랐다.[3] 이는 벤
  베니스트의 방식이 그리스어 음가를 로마자로 가장 충실하게 재현했다고
  판단했기 때문이다. 그리스어를 로마자로 옮기는 가운데 몇 가지 주의해야
  할 표기들이 있는데, 그것들은 다음과 같다.
  ① 모음의 경우, η는 ē로, ω는 ō로, υ는 u로 표기하였으며, 장모음 아래 ι
     가 오는 경우(iota subscript), ι를 장모음 옆에 병기하였다. 예) τῷ ζῴῳ
     → tōi zōiōi.
  ② 이중자음의 경우, ξ는 ks로, χ는 kh 로, φ는 ph로, ψ는 ps로 표기하였

---

1 A. Rivaud (éd.), *Timée / Critias*, in *Platon Œuvres Complètes*, tom. X,
   Paris, Les Belles Lettres, 1925.

2 J. Burnet (ed.), *Platonis Timaeus*, in *Platonis Opera*, tom. IV, Oxford,
   Oxford Univ. Press, 1903.

3 É. Benveniste, *Le vocabulaire des institutions indo-europénnes I & II*,
   Paris, Minuit, 1969 [국역: 『인도 · 유럽 사회의 제도 · 문화 연구』 I & II, 김
   현권 옮김, 아르케, 1999].

으며, [ŋ]로 발음하는 γγ [ŋg], γκ [ŋk], γξ [ŋks], γχ [ŋkh]는 각각 gg, gk, gks, gkh로 표기하였다.

③ 우리의 히읗(h) 발음에 해당되는 그리스어의 강기식(强氣息, rough breathing) 부호(')는 h로 표기하였다. 예) ἁ → ha, ἑ → he, ἱ → hi, ὁ → ho, ὑ → hu.

④ 그리스어의 모음에는 강세(accent)가 표기되지만, 로마자에서는 따로 표기하지 않았다.[4]

· 그리스어의 표제어는 다음의 기준에 따라 표기하였다.

① 동사는 몇몇을 제외하고는 주로 현재, 직설법, 능동태, 1인칭 단수 형태로 표기하였다.

② 명사, 형용사, 분사는 단수, 주격 형태로 표기하였다.

③ 특히 형용사의 경우, 특별히 의미가 있는 경우를 제외하고는 비교급이나 최상급이 아닌 원급 형태로 표기하였다.

· 사용된 기호의 의미는 다음과 같다.

① ☞ : 해당 항목을 찾아 가시오.

② → : 표제어와 비슷한 의미의 단어.

③ ↔ : 표제어와 반대 의미의 단어.

④ * : 해당 대목에 역주가 있음.

---

4   벤베니스트는 그리스어를 로마자로 옮기면서 강세도 함께 표기하였지만, 우리 책에서는 강세를 따로 표기하지는 않았다.

한국어 – 그리스어

가벼운 elaphros / kouphos 53a2, 56b1, 59c2, 62c3, 63c5, d2, 7, e1, 65e7, 76d1, 82b2, 91d8

가슴 stēthos 69e2, 4, 79c2, 91e5

가운데 ☞ 중심

각(角) gōnia 53d2, 3, 55a1, 2, 7, b1, c1, 57a1, 61e3

간(肝) hēpar 67b6, 71a8, b7, 72b6, c6

간격 diastēma 36a2, 3, b1

간략한 ☞ 짧은

간문맥(肝門脈) pulē 71c1

간엽(肝葉) lobos 71c1

감각 (작용) aisthēsis 28a2, c1, 38a6, 43c7,* 44a5, 45d3, 52a8, 60e1, 61c7, 64a4~5, e1, 66a1, 67c8, 69d4, 71a5, 75a5, b2, 77a5, b6, e6

감각되지 않는 ☞ 무감각

감각될 수 있는, 감각 대상 aisthētos 28b9, c1, 37b6, 51a5, 52a6, 64a6, d4, 92c8

감상하다 theaomai 19b6, 8

감싸다 perilambanō 30c9, 33b4, 39e5, 53c8, 56e3~4, 57a8, 77e5, 81a7, c2

감지하다 ☞ 지각하다

강(腔), 속이 빈 부분, 복부 / 속이 빈 koilia / koilos 66a7,* b1, 2, 72d1, 73a3, 78a7, b3, c6, d2, 79a1, 80d5, 85e10

강제 / 강제로 bia / biai 35a8, 43a7, 61a5, b1, 63c3, 8, 64e3, 66e7, 68a8, 70a6, 85e1

강제하다 / 강제적인 biaō / biaios 42a5, 60e6, 8, 9, 63b6, c1, d2, 3, 64c9, 66c7, 67a4, 81e4

강직성 경련 tetanos 84e9

같은 본성의 ☞ 동류의

같음, 동일자 tauton (to auton) 19c2, 32c2, 35a4, 8, b3, 36a4, c3, 6, 7, d1, 37a3, 8, b4, 5, c2, 39a1, 4, c1, d6, 40a9, b2, 6, 42c5, 43a2, d3, e9, 44a1, 2, b7, 46c4~5, 49c1, 50b8, 51a1, 52d1, 53a6, 54e2, 57a3, 59a7, 63a4, c5, 64b5, e1, 65b1, 67a6, 69a9, 72d3, 78a7, 82b3~4, 5, 87e5

거르다 ētheō 59b3, 60a1, b6

거울 katoptron 46a3, c2, 71b4, 72b4

거친 trakhus 65c6, d3, e3, 9, 67c1,
  71b8, 84a4, c3
거품, 물방울 pompholux 66b4,
  83d2, 85a2
건강 / 건강한 hugieia / hugiēs
  24c7, 44c1, 75b6, 82b5, e2,
  87d1, 88c1, 89a1
건조시키다 ☞ 마르게 하다
건조한 xēros 22d4, 82b1
걸림돌로 작용하는, 방해하는
  empodōn 25d5, 57e1, 74e6,
  76d3
검보라 orphninos 68c2
검은 (빛깔) melas 60d4, 67e2, 6,
  68c1, 3, 4, 6, 8, 83b3, 5
격통 ōdiō 84e5, 86c7
경작지 aroura 22e2, 73c8, 91d2
격벽(隔壁) diaphragm 84d7
격정 ☞ 기개
겪다 paskhō 19b4, c2, 33d1, 37b3,
  43e7, 9, 52e2, 64c1, d8, 77
  b7, 84a5, 86b4, c1, 88d4
겪음, (겪는) 상태, 느낌 pathos
  19b5, 43e6, 48b5, 52e1,
  59a1, e3, 61e1, 62b6, 63d4,
  64b4, c2, 4, d1, 65b8, 66c1,
  68a6, 76c2, 77e6, 78e4,
  79a6, 80b1, 81d5, 86b5
결속되다, 응축되다 sumpēgnumi

45c5, 46b3, c1, 55a9~b1,
  c1, 59e5, 60e3, 73d7, 81b8,
  82a1, c3, 85d6, 87d6, 91b1
결핍 endeia 84c5
결합 / 결합하다 sugkrisis /
  sugkrinō 49c3, 58b9, 64e4,
  65c4, 67d7, 80c5
경험 없는, 무한(정)한 apeiros 31a3,
  b2, 54a3, 55c8, d1, 57d5,
  82b7
계산 ☞ 추론
계절 hōra 75e6, 91c4
고귀한, 치명적인 kurios 29e5,
  41b5, 84c6, 87c7, 90a3
고려하다, 고찰하다, katanoeō 25e4,
  39d3, 44d8, 69a4, 90d4
고요 hēsukhia 19b7, 27a1, 30a3,
  45e4, 71a1, c5, 88d5, 8,
  89a5, e8
고유한, 친족 oikeios 20e1, 21e7,
  34a2, 40e2, 45b5, 66c2,
  74c4, 77c1, 82a3, 90a5, c7
고통 ☞ 괴로움
고통스러운 algeinos 64a3, d1,
  77b7, 81e1, 3, 84e2
곡식, 음식 sitia / sitos 52e7, 70d1,
  78a8, 79a1, 80d3, 81c3, 83e4
골반 iskhiōn 75a1
골수(骨髓) muelos 73b3, 5, c2, 9,

73c5, d4, e2, 74a2, d7, 75a3, 77d4, 81c1, d6, 82c2, d5, e1, 84c4, 85e5, 86c5, 91b1

골자(骨子) kephalaion 17c2, 19a8, 26c7

골풀, 등나무 줄기 skhoinos 78b7

공간 khōra 19a5, 22e1, 23b8 52b1, 5, d3, 53a6, 53a6, 57c2, 58b2, 79d6, 82a3, 83a5

공격하다 ☞ 부딪혀 오다

공기 aēr (→ 숨) 32b4, 6, 7, 45d6, 46d7, 49c2, 2, 4, 51a6, b6, 53b1, c5, 55d8, 56a4, 5, 6, e3, 58b3, 59a3, 60c1, 2, 5, 61a4, 5, b4, 63b6, c8, 66b1, e1, 4, 73b7, 78d4, 79c6

공포 phobos 40d7, 42a7, 69d3, 71b5

과잉, 극단 huperbolē 75e7, 84c5, 86a3

관(管) okhetos 43d1, 70d2, 77c7, 8, 78c8, 79a3

관, 공기 통로 artēria 70d2, 78c5, 7

관개(灌漑) / 관개하다, 물을 대다 hudreia / hudreuō 77d6, 78b3, 81a1

관절 arthron 74a5, 75d5

광기(사고 능력의 결여) aphrosunē 71e2

괴로움, 고통 lupē 42a7,* 64a5, c8, d5, 8, e6, 65a1, 5, 69d2, 71c3, 81e6, 86b6, 9, c1, e4

구리 khalkos 59c3

구별하다 ☞ 나누다

구상(構想), 섭리 pronoia 30c1~2,* 44c7,* 45b1

구성, 결합 sustasis 32c6, 36b7, d9, 48a2, 54a5, 55c5, 57c9, 58b5, 60e4, 66c2, 72c2, 75b3, 78b2, 81b6, 82b9, 89a6, b5, c5

구성하다, 결합하다 sunistēmi 25a6, 29e1,* 30b5, c4, 5, d2, 31a1, b9, c1, 32b8, c7, 34c6, 35a5, 36d8, 37e2~3, 45c5, 48a5, 53b6, c9, 54b1, d7, e4, 55a5, b6, 56b2, e6, 57b1, 60c6, 61a1, 66c4, d5, 69c1, 71a8, 72e3, 74d2, 75a6, 76e2, 78a3, 6, c2, e1, 81b1, e7, 82b9, 83a5, e1, 89c3

구유 phatnē 70e2, 6

구원자 sōtēr 22d6, 48d5

구원, 보호 sōtēria 45d8, 88b6

구하다 diasōizō 22d8, 48d6, 56a2, 58c3, 74a4, 68d1

구형의 sphairoeidēs 33b5, 44d4, 62d1, 63a6

꺼지다(불) katasbennumi 45d3, 49c3, 57b1, 2, 68a5, 85e1

꿀 meli 60b3*

꿈 onar (↔ 깨어 있음) 71e7

끈 desmos 31c1, 2, 36a8, 38e5, 41b5, 43a3, 73b3, d3, 77e3, 81d7, 8, 84a3

끈적거리는 gliskhros 74d5, 82d3, 84a4

끓어오르다 zeō 70b4, 85c1, e4

끓어오름 zesis 66b5

끝 telos 27b7, 30d3, 32d7, 34b2, 38c2, 39e1, 40d5, 81d5, e4, 85e4, 90d6, e3, 92c5

나누다, 분할하다, 구별하다 diaireō 27d5, 35b4, 81d3

나눌 수 없는, 부분 없는 ameristos 35a1, 5, 37a7

나무 dendron 77a6, 86c5, 91d1

나뭇진 pitta 60a7

나이 든, 연장자인 presbuteros 34c2, 38a3, 40c2, 77b1~2

날숨 ekpnoē (↔ anapnoē) 78e3, 79e9

날카로운, 맹렬한, 신(맛) oxus 53d3, 56a6, 8, 61e1, 4, 66b6, 67b6, e6, 70b6, 71b7, 72e7, 74c8, 80a3, b5, 82e6, 83c3, 6, 85b3, 86e5

날카로움 oxutēs 56d2, 57a2, 61e3, 83b3

남성 ☞ 사람

낳다 gennaō 32c1, 34ba8, 9, 38e6, 39d8, 41d2, 48a2, 55b5, 68e4, 91b4, 92b1

내장 기관 splagknon 72c2

내전 → 정지 상태

냄새, 향유 osmē 50e8, 66d2, 4, 6, e2, 5, 8

냉각 psuksis 59a8, 76c4, 85d4

냉각되다 ☞ 차가워지다

노년 gēras 33a5, 81d4

노란 (빛깔) xanthos 59b2, 68b6, c3, 5, 74d4, 83b5

녹다 ☞ 해체되다

녹여 나가다 ☞ 해체하다

녹을 수 있는 khutos 58d5, 59a9, 60d3, 61c1

녹청(綠靑) ios 59c5

논의 ☞ 말

놀라다 / 놀라운 thaumazō / thau-mastos 19d3, 20e5, 23d2, 24e1, 25a6, e3, 26b4, 7, 29c6, d4, 39d2, 80c2

농부 geōrgos 17c6, 24b1

뇌(腦) egkephalos 67b3

눈(雪) khiōn 59e5

눈(目) omma (→ opsis) 33c1, 45b3, 8, c1, 6, 46e7, 47b3, 58c7, 67e8, 68b2

눈물 dakruon 68a2, 83e1

눈부심 marmarugē 68a6

느낌 ☞ 겪음

느림 / 느린 bradutēs / bradus 39a4, 5, b1, 3, 67b7, 76b7, 80a3, 7, b4

느슨하게 하다 khalaō 66c5, 81c7

능력 ☞ 힘

다름, 타자 thateron (to heteron) 35a7, b3, 36c6, 8, 37a3, b4, 7, 38c8, 39a1, 43d4, 44a2, b7, 46c3, 4, 61d3, 62d10, 63e7, 74a5, 78b5, c6, 9, 79e1, 2, 7

다채로움 / 다채로운 poikilia / poilkilos 50d5, 6, 57d5, 59c6

다채롭게 그리다 diazōgrapheō 55c6

단단한, 입체의 stereos 31b7, 32b2, 55a1, 3, 7, b1, c1, 56b5, 63a1, 74e9

단맛 / 달콤한 glukutēs / glukus 60b2, 66c7, 71b2, c7

달(月) selēnē 38c5, 9, 39c4, 42d5

달궈진 / 잉걸 diapuros / diapuron 58c8, 74b2, 88a5

닮게 된 것들(모방된 것들) / 닮게 하다(모방하다) aphomoiōmata / aphomoioō 46a1, 50d1, e4, 68d1

닮은 homoios 18e2, 30c4, 8, 31b1, 33b7, 8, 36d1, 37c8, 38c1, 39c1, e1, 4, 40b2, 42c3, 5, 45c4, 8, 49e5, 50c1, e1, 52a5, e3, 53a6, 55a4, 57a3, b7, c4, 63a3, 75d1, 80a6, b1, 5, 81c6, d2

닮지 않은 anomoios (↔ homoios) 33b8, 36d6, 39e6, 45a2 d5, 51e2, 53a3, e2, 57c4, 60a2, 63b6, c8, d2, 80a5, 83c2

담낭(膽囊) dokhē 71c1

담즙(膽汁) kholē 82e7, 83c1, 4, 6, 84d2, 85a6, b7, d7

담즙 빛깔의 kholōdēs 71b7, 86e6

대각선, 빗변 diametron 36c4, 54d9, e1

더 가짐(과잉) pleonexia 82a3

덕, 탁월함 aretē 18b6, 24d5, e1, 25b7, 34b6, c5, 87d2

덩어리, 입방수(수학) ogkos 31c5,* 54d2, 56c3, d3, 58e6, 59a3, 60c3, e4, 61b3, 62c7, 81b8, 83d4, e5

도구 ☞ 기관

도시, 국가 polis 17d3,* 19a3, c3, 5, 9, d2, e5, 20a2, 4, b5, e6, 21a7, e5, 22a6, d9, 23a7, d5, 24d7, 25b6, 26c8, 27b3, 85e10, 87b2

도형 ☞ 형태

돌아나게 하다 ☞ 심다

돌 lithos 49b8, c6, 60d5, 61c1, 80c3

돌아다니다 ☞ 순환하다

동류의, 같은 본성의 sumphuē 45d6, 64d7, 88a8

동물 ☞ 생물

둥글게 빚어내다 peritorneuō 9c3, 73e7

둥글리다 torneuō 33b6

둥긂 ☞ 원

동등한, 균등한 isos (↔ anisos) 33b5, 34b2, 62d1, 76b6

동류(同類)의 suggenēs 29b5, 31a1, 33b2, 45d4, 47c1, d1, 57b6, 63c8~d1, e5, 71b6, 76c3, 77a4, 79d7, 80d8, 81a3, b2, 82d1, 85a5, 88e3, 89a3, 90a6, c8, 91e8

들숨 ☞ 호흡

따라잡다 katalambanō 38d4, 5, 39a6, 80b2

딱딱한 sklēros 59b4, c1, 62b7,
63e10, 76c4, d6

땀 idrōs 83e1, 84a2

땅 ☞ 흙

때에 맞지 않는 ☞ 시도 때도 없는

떠도는 ☞ 방랑

떠돌다 ☞ 방황하다

떠올리다, 돌이켜 보다(기억) anami-mnēskō 25e3, 26b2, 62a2, 64a7, 71e6

떨어져 나오다 apokhōrizomai (→ 자리 비움) 59d8, 76c5, 84a2

떨림 tromos 62b5, 85e2

떼어 내다 aphaireō 34a5, 35b4,* 5, 63b4

뜨거움, 열 / 뜨거운 thermotēs / thermos 50a3, 61d7, 62a4, 65e4~5, 67d8, 74c2, 76b4, 79d2, 6, e4, 5, 83c7, 85c6, d8, e3

뜨거워지다 thermainomai 46d2, 79e3, 82a8, 84b7

마르게 하다, 건조시키다 apoxērainō 65d3, 76d5

만들어 내다 ☞ 산출하다

말, 설명, 논의, 연설, 이성, 헤아림 logos 17c2, 19c3, 8, e2, 3, 7, 20b3, c1, d1, 8, 21a8, c5, d3, 7, e6, 22a6, 26a6, c5, e1, 6, 27a1, 8, b2, 6, 8, c4,

b7, e2, 61a8, b5, c2, d6, 8,
62a3, 7, c7, 64a2, 4, d6, e5,
65b3, 5, 67c6, 69c6, 7, e1,
70b7, d8, e3, 72c6, d3, e2,
73a6, b4, d6, 74b7, c4, e7,
75d1, e3, 77c6, d2, e2, 4,
7, 78d2, 5, e5, 79a4, c4, 6,
d8, 80d7, e5, 7, 82a1, 83a2,
5, b1, e2, 84c7, d2, 7, e3,
85a3, 4, b4, 6, c6, e7, 8,
86a1, 3, b1, 2, d1, 4, e1, 4,
6, 87c1, d3, e2, 7, 88a7, b1,
6, 7, c3, 4, d2, 6, 8, e2, 6,
89a5, 7, d3, 90a5, b2, 91c5,
92a6

몸통 thōrax 69e4, 6

무감각 / 감각되지 않는 anaisthēsia
/ anaisthētos 51d5, 52a4, b2,
64a6, c3, d3, 65a4, 67d5,
74e9, 75e7

무거운 barus 53a1, 58e1, 60c3,
62c3, 63c4, d4, e1, 5, 67b7,
80a4, b5, 82b2

무력 ☞ 힘(기세)

무지(배움이 없음) amathia 86b1,
92b2, c1

무질서 / 무질서한 ataksia / ataktos
30a4, 5, 43b1, 46e6, 69b3,
85e3

무한(정)한 ☞ 경험 없는

물 hudōr 22c2, d7, e2, 23c4,
32b4, 7, c6, 42c7, e9, 43c3,
46d6, 48b4, 49b3, 7, c6, d7,
51a6, b5, 53b1, c5, 55d8,
56a2, 5, 6, b7, d3, 6, e3, 7,
57b3, 58d4, 6, 59b1, c3, d5,
e6, 60b6, 7, c5, d6, 8, e2,
7, 61a1, 2, 8, b1, 4, 7, c1,
66b2, d5, e1, 3, 4, 5, 68a1,
69b8, 73b7, e3, 4, 74c7,
78a5, 80c1, 82a2, 86a5, 92b5

물결 nama 75e3, 5, 77c7, 80d7,
84a2

물방울 ☞ 거품

물체 ☞ 몸

뭉치다 heilō 40b9

미세함 / 미세한 leptotēs / leptos
58b3, 59b6, 7~c1, d5, 60d6,
61e2, 66e4, 76b6, 85c5, 92b5

미치지 못하는(과녁을 벗어난) astokhos
19e6

믿음 pistis 29c3, 37b8, 49b5, 52b3

밀랍공(蜜蠟工) kēroplastēs 74c7

밀어내다 / 밀려나다 ōtheō / ōthoumai
57b5, 58e5, 59a2~3, 79b4

밑변(도형), 면(도형), 기반, 발(足)
basis 55b2, c4, e3, 53c8,
56a6, 59d2, 62c1, 92a3

바위 petra 59b3~4, 60c6

반짝이다 stilbō 59b2, 60a7, 68b1, 3

발(足) ☞ 밑변(도형)

발열(發熱) ☞ 연소

발음, 소리 phthongos 37b6, 80a3

발포(發泡) ☞ 끓어오름

발효(醱酵) zumōsis 66b5

방랑/ 떠도는, 방황하는 planē /
  planētos 19e4, 38c6, 39d1,
  40d7

방황하다, 떠돌다 planaō 43b4,
  48a7, 86e7, 88e2, 91c5

방해하는 ☞ 걸림돌로 작용하는

배꼽 omphalos 67a6, 70e1, 77b5

배치 ☞ 질서 부여

벗어나다 ☞ 이탈

변(邊), 모서리 pleura 36c7, 53d3,
  54b6, c3, d8, e2, 55e5, 57a1,
  61e2

변형시키다 metarruthmizō 46b2

변화 / 변화하다 metabolē / meta-
  ballō 42c1~2, 4, 57a4, 58b10~
  c1, 66d8, 79e3, 82b7,
  92c3~4

별 astron 38c5, 39d8, 40b5, 41e1,
  42b5, 47a4

보이지 않는(비가시적인) aoratos
  36e6, 43a3, 46d6, 52a4,
  83d3, 91d2

보라(빛깔) halourgēs 68c1

보조원인 sunaitia 46c7,* d1, 76d7

보호 ☞ 구원

복부(腹部) ☞ 강(腔)

본(本) paradeigma 24a3, 28a8,
  b2, c6, 29b3~4, 31a3~4,
  37c8, 38b8, 38c1~2, 39e7,
  48e5~6, 49a1

부드러운 malakos 50e9, 59d1,
  62b8, 70c6, 74c1, d1, 5

부등변의 promēkēs 54a2, 73d3,
  91e8

부등성 / 부등한 anisotēs / anisos
  (↔ 균등한 isos) 36d2, 53d4,
  54c3, 55e6, 58a1, 2, d4, 6

부딪혀 오다, 공격하다 prospiptō
  33a5, 43b6~c1, c6, 45c7,
  66a1, 67e7, 83b1

부류, 유(類), 집단, 종족 genos
  17c7,* 19d6, e3, 9, 23a1,
  b7, 24a5, b2, 30c8, 40a1,*
  41b7, 9, 42a2, 44a1, 46e4,
  47b1, 48e4, 50c7, e6, 51d4,
  e6, 52a8, 53a3, e6, 8, 54b7,
  c2, 55d7, e1, 56c1, 8, 57a1,
  4, b4, c2, 9, d3, 58a3, 6,
  c5, d5, 6, 59a9, b2, c3, e7,
  60a3, b4, d8, 61b7, d5,

460

63c7, d6, 66d5, 67c4, e6,
68b2, 69a7, d6, e5, 70a6,
e5, 71d7, 72a6, e5, 73a1, 7,
b5, c1, 4, 74b4, 75b5, c2,
76c2, 77b1, c5, 78a4, 81b7,
82a1, 5, d6, 83c3, 86b4, d4,
89b7, 92a2, b1

부분, 몫, 입자 meros (→ moira)
17a7, 25a8, 30c5,* 31a7,
32c7, 33a1, 36a4, 37e4,
44c6, 46b5, c3, 51b5, 53d3,
4, 55a4, e7, 56b2, d4, e2,
58b4, 59b6, 60c7, d7, e8,
61b2, 62d9, 63b4, 64e5,
65b7, d2, 66a5, 67a8, d5,
71b5, 77a1,* e6, 78c7, 86d3,
88c7, e3, 89a5, d4, 90c3,
91e6

부분 없는 ☞ 나눌 수 없는

부정의(不正義) / 부정의한 adikia /
adikos 42b3, 70b5, 90e7

부차적인 원인이 되는 summetaitios
46e7

부패하다, 썩다 sēpō 66d7, 84d5

분리 / 분리되다, 확산되다 diakrisis
/ diakrinomai 49c1, 52e6,
58b9, 61d7, 62a3, 64e4,
65c5, 67d7, e7, 80c5,
83e5~6, 84e3, 91d4

분명한 saphēs 29a5, 50a5, 62c4,
64e2, 72c1

분할하다 ☞ 나누다

불 pur 22c2, d3, 31b6, 8, 32b4,
6, c6, 40a3, 42c7, e9, 43c1,
45b4, 7, d4, 6, e2, 46a5, b2,
3, d6, 48b4, 6, 49b1, 3, c2, 4,
d6, 7, e6, 51a6, b4, 8, 53b1,
c5, d4, e4, 54b4, 55d8, 56a4,
6, b5, d1, 3, 6, e1, 2, 3, 5, 9,
57b3, 58c5, e2, 59a2, 4, 6, 7,
d5, 8, 60c7, d4, e3, 61a1, 2,
3, 4, 7, b3, 4, d6, 63b2, 4, 5,
64c7, 66d5, 67e7, 68a1, 3, 4,
b1, 4, 69b8, 70c3, 73b6, e3,
4, 74c5, 7, 76b2, 77a1, 78a4,
b1, 4, c1, d6, e7, 79d3, 5,
80d3, e4, 82a2, 4, 83b8,
86a2, 5

불균등 / 균등하지 않은 anōmalotēs /
anōmalos 52e3, 57e7~58a1,
58c2, 59a6, 62b1, 63e1~64a1

불균형 / 균형 없는 ametria /
ametros 47d7, 53a9, 87c5,
d3, e2

불꽃 phlox 58c6, 7, 67c6, 83b8

불분명한 ☞ 모호한

불쾌한 (냄새) lupēros (↔ 유쾌한)
67a3*

불을 붙이다 phlegō 85b6

불태우다 kaiō 45b8, 58c6, 60b4, 85b6

비교하다 ☞ 모방하다

비례가 없는 ☞ 이성이 없는

비례 / 비례적인 analogia / analogos 31c4,* 32c1, 56c4, 69b6, 75b8

비스듬한 plagios 39a1, 43e4, 63e2

비움 kenōsis 65a3, 4

비율 ☞ 기준

비장(脾臟) splēn 72c7

빈 / 허공 kenos / kenon 58b1, 59a2, 75a3, 79b1, 3, c2, 80c4

빗변 ☞ 대각선

빚다(형태), 주조하다 plassō 26e5, 42d7, 50a6, 73c9, 74a2, 78c3, 88c4

빛 phōs 39b4, 45b5, c3, 46c1, 58c7, 91d5

빛나는 lampros 40a4, 46b3, 59c2, 60a4, 68c5, 68a7, b5, 71b2, 72c3

빛을 나르는 phōsphoros 45b3

빛깔 khrōma 59b2, 60d5, 67d1, 68a8, b4, c6, 71b8, 74d4, 80e2, 6, 82e5, 83b3, 5, 6, d4

빠름 / 빠른 takhos / takhus 26a4,

36d5, 38d5, 39b3, d6, 39a5, b2, 60d1, 61e4, 67b6, 69a9, 73a4, 5, 74b3, 80b3, 85d5

빨간 (빛깔) eruthros 68b5, c1, 80e3, 83b5

뼈 osteon 64c4, 73b1, e1, 74d2, 5, 7, e2, 4, 75a1, 2, b1, c4, 76d5, 82c5, d4, 5, 6, 7, 84a1, 3, 7, b5, 86d4

뿌리 rhiza 81c7, 84b1, 90b1

뿌리박다 katarrizoō 73b4, 76c1~2, 77c3~4

사각형 tetragōnon 55b7, c4, e7, 62b9

사냥꾼 thēreutēs 24b1

사람, 남성 anēr 17c3, 18c2, 19d3, e6, 21a9, e3, 24c7, d2, 29e5, 42a3, 51e5, 53d7, 70a1, 5, 75c7, 76e1, 90r7, 91b5, d8

사멸적인, 죽기 마련인 thnētos 41b7, c3, d1, 42d7, e3, 8, 44b2, 47b2, 61c9, 65a5, 69c2, 3, 6, 78, d5, e1, 4, 70e5, 71d6, 72d5, 73a1, b5, c2, d2, 76e8, 78e1, 80b8, 90b4, 5, 92c6

사소한 ☞ 짧은

사유, 추론, 고려 dianoia 38c4,

e4, 54b8, d4, 56b6, 58a2, c3,
59d1, 61c8, 62a2, 67d1, 69c4,
73a4, b3, 75b8, 76e5, 77c2,
82c6, 83d5, 85d3, 90a8, 90d2,
e2, 91a1, d5

생소한 / 생소함 aēthēs / aētheia
18c7, 48d5, 53c1

서리 pakhnē 59e6

서출(庶出) nothos 52b3

섞다 mignumi 35b1, 36b5, 41d6,
59c4, 64a1, 68b4, 6, c5, 73c1

선명한, 투명한 diaphanēs 25b7,
60a3, c7, 66b3, 67a4, d6

설득 peithō 48a2, 4, c7, 51e3, 5,
70b1

설명 ☞ 말

섬유질 is 82d1, 2 84a2, 85c3, d2, 7,
e1, 3

섭리(攝理) ☞ 구상

성긴 조직(구멍) / 성긴 manotēs /
manos 72c7, 78d5, 85c6,
86d4

성애(性愛), 애욕 erōs 42a7,* 69d5,
91a2, b5, d1

성질 변화 / 변질 alloiotēs 82b7

성채 akropolis 70a7

성향 hexis 19e9, 42d2, 65e2

세계 ☞ 질서

소금 hals (→ halmuros) 60e1

소다 litron 60d9

소동, 소란 thorubos 43b6, 70e7

소리 phōnē 47c5, 8, 67b2, 72a3

소멸하다, 사라지다 apollumi 28a3,
50a1, 52a7

소문 ☞ 풍문

소수의 ☞ 적은

소진 / 소진하다 phthisis / phthiō
33a6, c8, 41d3, 77a3, 81b5,
81d4

소치기 ☞ 목자

속이 빈 ☞ 강(腔)

손톱, 발톱 onux 76e2,5, 6

수 arithmos 23e4, 31c5, 32b9,
36a6, b3, 37d7, 38a7, c7,
39b7, d4, e8, 47a7, 52b5,
54d2, 5, e3, 57d2

수건 ☞ 새김바탕

수비대, 원군 epikouros 18b3,*
47e1

수분을 머금은 ☞ 젖은

수용자 hupodokhē 49a6, 51a6,
73a3

수호자 phulax 17d3, 18a4, 40c1

순환하다, 돌아다니다 anastrephō
85d1

숨, 공기, 호흡 pneuma 33c3, 43c3,
49c2, 66e7, 8, 70c7, 76c1,
77a7, 78b1, 79b2, 6, 7, c3,

464

80d4, 82e4, 83d1, 84d1, 2, 5, e3, 85a3, 91a6, c6

슬기로운 phronimos 24c7, 29e5, 39c3, 59d3, 64b6, 75c6~7

승리욕 / 승리를 열망하는 philonikia / philonikos 70a3, 88q4, 90b3

시각, 눈 opsis (→ omma) 40d3, 45c4, d8, 46b3, 5, c3, 47a1, b6, 50e4, 60a6, 64c6, d5, 67c7, 8, d4, 5, e5, e7, 80e6, 91d9

시간 khronos 20e6, 21b6, d6, 22b3, 9, d2, 23b3, 25c7, 26a1, b6, d1, 36e6, 37d8,* e4, 4, 38a1, 4, 7, b6, c3, 4, 5, 7, e5, 39d4, e3, 40c8, 41e6, 42b4, d5, 44b5, 47a7, 81d1, 86a7, 89b7, c3, 6, 90d7, 91a1, c4

시금석 basanos 68d2

시도 때도 없는, 때에 맞지 않는 akairos 33a5, 86c2

시인, 제작자 poiētēs 19d5, 21b5, c1, d2, 28c3

시작, 시초 ☞ 출발

식다 ☞ 차가워지다

신 theos 21a2, e5, 22d7, 23d6, 24b6, c5, d1, 6, 26e4, 27b10, c3, 6, d1, 29c4, 30a1, c1, d3, 31b9,

32b4, 34a9, b1, 9, c1, 37c6, 38c4, 8, 39b4, 40a1, c2, 6, d5, 8, e1, 3, 41a5, 7, c2, 42d6, 44d8, e4, 45a4, d8, 46c7, 47a1, b2, 6, c3, 6, 51e6, 53b3, 6, d7, 55c5, d5, 56c5, 68d4, e4, 69b4, 71a7, e2, 72d7, 73b8, 74d7, 75d1, 77a3, 78b3, 80e1, 90a4, d6, 91a1, 92a3, c8

신(맛) ☞ 날카로운

신령 daimōn 40d6,* 90a4, c5

신적인 theios 24c2, 36e4, 40a3, b5, 41c7, 44d3, 6, e6, 68d3, e7, 69a1, c3, d7, 72d6, 73a8, c7, 76b2, 80b7, 85a7, 88b2, 90b1, c1, 4, 8

신탁, 신탁소, 예언 manteia (→ 예언술) 71d4, e1, 72b1, 9

신화 ☞ 이야기

심다, 돋아나게 하다, 양육하다 phuteuō 57d1, 73c3, 77a5, c5, 87b5

심장 kardia 65d1, 70b1, c1, d3

썩다 ☞ 부패하다

쏘는 맛 austēros 65d4

쓴맛 / 쓴 pikrotēs / pikros 65e1, e3, 71b6, 7, c5, 82e6, 83b1, 4, b2~3, 7, 86e6

씨앗 sperma 23c1, e1, 56b5, 73c7,

74a4, b3, 77a7, 86c4, 91b2

아둔한 kōphos 74e10, 75e7, 88b4

아버지 patēr 21b4, 22c4, 6, 37c7, 41a7, 50d3, 71d6

안개 homikhlē 49c5, 58d2, 66e2, 3

앎, 지식 epistēmē 37c3, 46d8, 71d6

암컷 thēlus 91d6

암청색 kuanous 68c6, 7

압박하다 → 함께 밀어 넣다

압축 pilēsis 58b6, 76c4

압축하다 sumpileō 45c1, 49c5, 76c5~6

액체의 ☞ 젖은

야생의, 위협적인 agrios 70e4, 83c6

양분, 양육 trophē 18a9, 19c7, e1, 20a1, 8, 33c5, 8, 41d2, 43b5~6, 44b2, 9, 70e3, 73a5, 75e3, 76a8, 77c6, 80d7, e2, 81d1, 83a1, 84a3, b7, 86e2, 87b7, 88b2

양분을 공급하다, 양육하다 trephō 70e4, 78b5, 81c6, 82d5, 87b6

어리석은 anoētos /anoia 30b2, 44a4, c3, 86b3, 92b2, c3

어머니 mētēr 50d3, 51a5

언제나 ☞ 항상

얼굴 prosōpon 45a7, 46c4, 75d4

여가 skholē 18b7, 24a1, 38e2, 89d1

여름 theros 74c3, 76d1

여성 gunē 18c1, 42c1, 70a1, 76e1, 90e8, 91a3, c1, d6

역류하다 ☞ 흘러나오다

연노랑(빛깔) ōkhros 68c5

연설 ☞ 말

연소, 발열, 혹서 kauma 23a1, 70d2, 74b8, 86a3

연장자인 ☞ 나이 든

연한 apalos 81c1, 83c3, d6

열 ☞ 뜨거움

염증이 생기다 phlegmainō 85b5

영상, 허상 phantasma 46a2, 52c3, 71a6, 71c3~4, e8

영원 aidion 29a4, 5, 37c6, d2, e5, 40b5

영원한 aiōn 37d4, 6, 7, 8, 38a7, c2

예언술, 예언력 mantikē (→ 신탁) 24c1, 71e2, 3, 7, 72b7

오한 rhigos 62b5

온화한 / 온화하게 praios / praiōs 17d4, 18a6, 74c2, 83c5

올리브유 elaion 60a8, d8

옳은, 참인 orthos 25a5, 30a1, 31a3, b1, 37b7, 44b7, 9, 47c2, 51b4, 53c8, d1, 3, 55b6, c2, 56b4, 62c8, 71c1, d1, 77b3, 86c2, 90a7

와해(瓦解) kathairēsis 58e7

완성하다 ☞ 산출하다

요동 seismos 25c7, 53a4, 57c5,
  62b5, 88d9

욕구 epithumia 19b8, 70a6, b6, 77
  b7, 86c7, 88b1, 90b2, 91b4,
  7, c8

욕구하는 부분(혼) epithumētikon
  70d1, 91c3

용기(容器), 속이 빈 것 kutos (→ 그
  릇) 44a7,* 45a6, 67a5, 69e6,
  74a4, 78c3*

우박 khalaza 59e3

우연 tukhē 18e3, 25e4, 26e8, 69b7

우주, 전체 pan 22e3, 25d2, 27a4,*
  c4, 28a4, b1, c4, 29b2, c4,
  d6, 30a2, b5, 31b8, 32a8,
  c6, 33b8, 34b3, 35b5, 36d9,
  37c5, d2, 40a5, b9, 41a6,
  b1, c3, d5, 8, e2, 44d3, 7,
  45c2, 8, 46c5, 47a3, 8, 48a5,
  b8, e2, 49e6, 50c2, 51a2,
  53a7, b1, 55c5, 58a5, 62c6,
  8, 63a1, b1, 64a6, c3, 65d5,
  66c6, d2, 69c1, 7, d5, 70b7,
  71b7, 76b1, 77b2, 78d2, e4,
  79b5, c1, d1, 81a3, b1, 5,
  e1, 84a6, 85d4, 86b4, 87c4,
  88d1, 7, e4, 89a3, 90c8, d4,

e2, 92c5

운동 kinēsis 34a1, 5, 36c3, 38a2,
  40a8, b3, 43b2, c5, d1,
  44d8, 45d2, e3, 5, 56c4,
  57c3, d7, e3, 5, 7, 58a4, c3,
  e4, 59d6, 64e6, 67b4, 74a6,
  77c1, 4, 80a4, 7, b3, 88b3,
  c3, 5, d5, 6, e1, 89a2, 3, 9,
  e6, 8, 90a2, c7, 8

운동성이 좋은 eukinētos 56a3,
  58e5, 59a3, 64b1, 3

운행, 운동 phora 36c5, 38e4, 39a1,
  4, b4, 47d2, 58a4, 61e3,
  67e6, 76b5, 80b1, 4, 81a3,
  b2, 84b3, 87a1

움직이지 않는 akinētos 38a3, 40b3,
  55e1, 62b2

원, 궤도, 둥긂 kuklos (→ 회전)
  33b6, 8, 34a4, b5, 36c1, d2,
  5, e3, 37b7, c2, 38d3, 39a3,
  7, c4, 5, d7, 40a7, 49c6,
  58a6, 63a4, 64b7, 75d2,
  76a4, b2, 77e5, 78b7, 79e8

원군 ☞ 수비대

원인, 까닭 / 원인이 되는 aitia /
  aitios 18e3, 22b9, e4, 28a4,
  5, c2, 29a6, d6, 33a6, 38d7,
  40b4, 42e4, 44c7, 45b4, 46d2,
  e1, 4, 47a2, b6, 48a7, 57c8,

58a1, 61b6, c6, 63e5, 8, 9, 64a5, 7, 65b8, 66b6, 67b1, c8, e4, 68e6, 69a7, 76c7, 79a7, d1, 80a1, 87c2, e5

원리 ☞ 출발

원천 pēgē 70b2, 79d3, 85b3

위협적인 ☞ 야생의

유(類) ☞ 부류

유리 hualos 61b7

유모(乳母) tithēnē 49a7, 52d5, 88d7

유쾌한 (냄새) ☞ 즐거운 (↔ 불쾌한)

유혹하다(혼을 이끌다) psukhagogeō 71a7

윤기 있는 liparos 60a7, 82d3, 7, 84a4

음료수 pōma 70d1, 73a2, 91a5

음식 ☞ 곡식

응고되다 pēgnumi 46d3, 49b8, 58e1, 59a8, e2, 62b3, 82d1, 85d9, e1, 87b1

응축되다 ☞ 결속되다

의견 doxa 19d4, 20a5, 21d1, 22b8, 27d5, 37b8, 51d3~6

의술 / 의술의 iatrikē / iatrikos 24c1, 79e11, 89b3

이등변의 isoskelēs 54a2, b5, c4, 55b5

이성 ☞ 말

이성이 없는, 비례가 없는 alogos

28a3, 42d1, 43b1, e3, 47d3, 51e4, 53a9, 69d4

이슬 drōsos 65b6

인간 anthrōpos 20e6, 22c1, 23a2, b7, 24d5, 25b7, 27a7, 8, 39c6, 45a5, 51e6, 68d6, 75b4, 76e4, 86b7, 88b1, 90d6

인간적인 anthrōpinos 24c2, 29d1, 42a1, 68d3, 71e2, 77a8, 90c2, e2

인상 pathēma 42a6,* 43b7,* 44a8, 57c7, 61c6, d1, 5, 62a5, 63e8, 9, 64a3, 7, d6, 65b5, c2, 66b6, c7, 67b2, e3, 69d1, 79e11, 80c7, 84b4, e9, 88e2, 89c1

인색함, 질투 phthonos 23d4,* 29e2

인색함 없이 aphthonōs 25c6*

이야기, 신화 muthos 22c7,* 23b5,* 26e5, 29d1, 59c7, 68d2, 69b1

이탈 / 이탈하다, 벗어나다 parallaxis / paralattō 22d2,* 27c6, 71e5

이해하다 ☞ 통찰하다

입 stoma 24e6, 25a2, b4, 60b1, e1, 65e4, 75d6, 78c4, 9, 79c7, e1

입구 eisodos (→ 길) 61a2, b2,

절단, 쪼개는 작용 tomē 61d8, 64d7, 65b3, 80e4,

절반만 응고된 hēmipagēs 59e4, 60d7

젊은 neos 21a8, 83d7, 22b6, 23b1, 42d6, 60c5, 87b3

점액(粘液) phlegma 82e7, 83c7, d7, 85a2, b2, 86e5~6

정사면체 puramis 56b4

정수리, 정점 koruphē 21e2, 67a5, 76a6, 77e5, 92a1

정점, 끝 akros 20a5, 36a4, 76e6, 90a5

정지 상태, 내전 stasis 21c7, 57d7, e7, 58c2, 82a7*

정지하다 ☞ 멈추다

정체(政體) politeia 17c2,* 19b4, 20b2, 23c7, 25e2, 87b1

정화 / 정화하다 katharsis / kathairō 22d7, 52e7, 83e2, 72c7, d3, 86a7, 89a6, b3

젖은, 수분을 머금은, 액체의 hugros 43c3, 50e8, 58d4, 5, 59a3, d5, 6, 62a7, 66c2, 68b2, 74d6, 76b5, 80e5, 85c6, d9

제곱근(수학) ☞ 힘

제작자(장인), 데미우르고스 / 제작하다 dēmiourgos / dēmiourgeō (→ poiētēs) 24a6, 7, 28a5, 29a3, 8, 31a4, 40c1, 41a7, c4, 42e9, 46e5, 47e4, 59a6, 68e2, 69c3, 4, 75b8, 76d7, 80e5, 80e5

조각내다 kermatizō 56e7, 62a4, 81a6

조밀한 / 조밀함 puknos / puknotēs 43a4, 45b8, 53a1, 59b1, 4, 6, 7, 62c2, 64a1, 71b1, 74e3, 8, 75b1, 76c4, 82d5, 84b6, 85d1

조화 harmonia 37a1, 47d1, 80b7, 90d4

존재 ☞ 있음

좁은 stenos 66a4

종(種), 종류 ☞ 형태

종족 ☞ 부류

좋은, 훌륭한 agathos 18e1, 19a1, 26e8, 29a3, e1,* 30a1, 46e5, 47b1, 3, 69d2, 72a5, 87c4, 5, 88c6

주조하다 ☞ 빚다

죽기 마련인 ☞ 사멸적인

중심, 가운데 mesos 31c2, 32a1, 3, 4, 5, b4, 33b5, 34b2, 3, 35a3, 5, 36b8, e1, 2, 45c1, 53e5, 56a4, 5, 62d3, 7, 8, 9, 10, 63a1, 70a2, 74a6, d3, 79d4, 84d7

중항(中項) mesotēs 32b1, 3, 36a4,* 43d7

즐거운, 유쾌한 hēdus 19c3, 64a3, d2, 66c6, 67a3,* 77b6, 81e2

즐거움, 쾌락 hēdonē 26c1, 42a6,* 47d3, 59d2, 64a5, c8, d5, e1, 6, 65a2, 6, 69d1, 80b6, 81d8, e5, 86b6, c7, 9, d6

즙(汁), 체액 khumos / opos 60a1, b5, 65c1, 86e6

증가하다, 자라다 auxanō 41d3, 72d2, 81b5

증거, 징표, 전조 sēmeion 40d1, 71e2, 72b8

지각하다, 감지하다 aisthanomai 51c3, d7, 61e2, 70b8

지구 ☞ 흙

지배권 kratos 36c8

지성 nous 17c5, 26e1, 27c7, 29b6, 30b2, 3, 5, 34a2, 36d8, 37c2, 39e8, 46d4, 5, 7, e4, 47b7, d3, e4, 48a1, 2, 51d3, 6, e6, 68b7, 71b3, 77b6, 89b2, 92c3

지성 없는 anous 44b1*

지성이 깃든 ennous 30c1, 71e3

지식 ☞ 앎

지정하다 diatassō 42e5, 45b1

지혜 phronēsis 24b8, 29a7, 34a3, 40a6, 46e5, 71d5, e4, 75a3, e4, 88b2, 90b7

지혜가 결여된 aphrōn 69d3, 80b5, 86d1, 92a5

지혜가 깃든 emphrōn 36e5, 44b8, 46d8, 48a5, 63a7, 71e6, 75a4, 80b7

지혜 사랑(철학) / 지혜를 사랑하는 philosophia / philosophis 18a5, 19e6, 20a5, 24d1, 47b4, 88c5, 91e3

직무 epitēdeuma 17d1, 18b7, c3, 87b8, 91e6

직업 ☞ 기술

진리 / 참된 alētheia / alēthēs 20d9, 21a3, d9, 22d1, e5, 25a5, 29c3, 30c1, 37b4, c1, e7, 44a3, 50b2, 51c3, d4, 6, e4, 52b8, c6, 53e4, 71d8, e3, 72d1, 86d2, 90b7, c1

질병 nosēma / nosos 23a8, 33a5, 44c2, 71e5, 72c6, e7, 81e3, 7, 82a7, b7, c1, 5, e2, 83e3, 6, 84b3, c3, 6, 9, e1, 9, 85a5, b1, 3, c2, 86a2, b1, 3, 5, 6, d2, 5, 87a2, d2, 88a1, b5, e6, 89b3, 5, c5, 7, 91c7

질서 taxis 30a4, 71a3 [자리], 83a3, 85c4, 88e3

질서, 세계 kosmos 24c1,* 27a6, 28b3, 29a3, b1, e4, 30b8, d1, 31b3, 32c1, 6, 43a1, 48a1, 55c8, 62d5, 92c7

질서/질서를 부여하다 diakosmēsis / diakosmeō 23e2~3, 24c4, 5, 37d6, 53a8, 69b9, 75d8

질서 부여, 배치 diataxis 53c1

질투 ☞ 인색함

짐승, 야생동물 / 짐승의, 야생동물의 thērion / thēreios 42c4, 76e1

집단 ☞ 부류

징표 ☞ 증거

짜맞추다 / 맞추는 자(목수) tektainomai / tektōn 28c6~ 29a1, 33b1, 36e1, 68e5, 69a6, 70e3, 91a2

짠(맛), 짠 것(소금) halmuros (→ hals) 60d7, 74c8, 82e6, 84a4, b2, 83c7, 85b3

짧은, 간략한, 사소한 brakhus 17b8, 22c3, 23b5, c2, e5, 25d5, 27c2, 47e3, 48c1, 51d1, e6, 54e2, 64b4, 69a3, 74e5, 75a1, 90e4

쪼개다, 여러 갈래로 나누다 skhizō 21e2, 36b8, d2, 77d7, 78c7

찌르는(맛) struphnos 65d4, 67e1

찍다 tupoō 50c5

차가운 psukhros 33a3, 62b6, 67d8

차가워지다, 냉각되다, 식다 psukhō 46d2, 60d4, 70d1, 74b2, 76e5, 82b1, 88d3

참된 ☞ 진리

참인 ☞ 옳은

채움 plērōsis 65a3, 4, 81a2

책임 없는 anaitios 42d4

척추 rhakhis 77d3, 91b1

천구 ☞ 하늘

철학 ☞ 지혜 사랑

청각, 귀, 전해들은 이야기 akoē 20d2, 21a7, 22b8, 23a3, d1, 25e1, 33c3, 47c5, d1, 64c1, 67b1, 6

청록(빛깔) glaukos 68c7

체액(體液) ☞ 즙

초록(빛깔) prasios 68c8

추론, 계산, 고려, 이성(의 능력) / 헤아리다, 추론하다, 고려하다 logismos / logizomai 33a7, 34a9, 37a1, 47c2, 52b5, 57e1, 71e8, 72e3, 77b5, 86c3

추론 능력, 이성적인 것 logistikon 37c1*

추한 aiskhros 60c7, 87e3

춘분과 추분 isēmeria 47a6

출구 exodos (→ 길) 75e1, 79a2, e4

출발, 시초, 원리 arkhē 17b8, 20a4, 21d8, 23b1, 24b9, 28b3, 6, 7, 29b3, e5, 36e4, 42e8, 44b1, 48a5, b2, 3, 7, c3, d1, 3, 4, e2, 53d5, 7, 55e4, 57d2, 69a8, b3, c5, 73b2, c7, 79d1, 80b3, 89c2, 90e1

춤 khoreia 40c3

치명적인 ☞ 고귀한

친숙한 sunēthēs 21b3, 42b5

친족 ☞ 고유한

쾌락 ☞ 즐거움

키(낱알을 거르는) ☞ 그물 조직

탁월함 ☞ 덕

탁한 tholeros 58d2, 92b5

탄생 ☞ 생성

탈것 ☞ 전차

탐닉, 탐욕 akolasia 86d3, 72e4~5

통발 kurtos 78b4,* d1, 79d4

통찰하다, 이해하다 kateidon 24c7, 46a4, 47b7, 63e9, 71b4, 77c2

투명한 ☞ 선명한

특성 ☞ 힘

틈 diakenos 58b7*, 60e5, 61a5, b1, 4

파괴, 파멸 phthora 20e6, 21d6, 22c1, d3, 23c4, 52b1, 72e7, 82b7

파괴되지 않는 anōlethros 52a2

폐(肺) pleumōn 70c5, d3, 78c6, 79c3, 84d3, 91a5

풀 khloē / phuton 60a1, 77a6, 80e1, 90a7

풀리지 않는, 해체되지 않는 alutos 32c3, 41a8, 41b3, 43a2, 60c5

풍문, 소문(전해들은 이야기) phēmē 27b5, 72b3

피 haima 70b3, 79d2, 80e7, 82c3, 8, e4, 83a1, b4, c5, e3, 84a2, b2, c2, 85c3, 4, d3, 5, 7

피를 머금고 있지 않는 anaimos 70c6, 72c7

피를 머금은 enaimos 68b4, 81a6

피마자 기름 kiki 60a8

피부 derma 76a2, b2, 5, c1, 3, 5, d6, e6, 77d1, e4

피조물, 야생 동물 thremma 30d1, 70e4, 76e3

피할 수 없는, 필연적인 anagkaios 40e2, 42a5, 49b2, 52b4, 68e7, 69a2, c8, d5, 70e5, 72e6, 75d7, e1, 2

필연 anagkē 25c2, 27c6, 28a5, b1, c3, 29b1, 32a6, 37c3, 42a3, 46b1, e2, d8, 47e5, 48a1, 2,

4, 53c5, 7, d6, 55e2, 56a1, 8, c5, 63c3, d5, 67c3, 68b7, e1, 69d7, 74e4, 75a7, 77a2, 79b5, 84c7, 89c7, e8, 90b4, c2, e4

하늘, 천구 ouranos 22d1, 23d1, 28b3, 31a2, b3, 32b8, 34b5, 36e2, 5, 37d7, e2, 38b6, 39b6, d8, 40c3, e5, 41b8, 47a5, b7, 48b4, 52b6, d4, 62d1, 63a8, 81a7, 90a6, 91e3, 92c9

학과 mathēma 18a9~10, 22b9, 24c3, 26b4, 87b2, 8

함께 맞추다 sunarmozō 18c2, 32b3, 35a8, 53e8, 54c4, 55c2, 56d5, 74c8, 81d6

함께 묶다 sundeō 31c3, 32b7, c4, 37a5, 43d7, 73b4, 74b5, 84a1

함께 밀어 넣다, 압박하다 sunōtheō 53a6, 58b7, 59a4, 5, 60c5, 62b1, 85e9

함께 혼합하다 sugkerannumi 35a3, 7, 37a4, 68c3, d4~5, 69d5, 71c2, 74d3~4, 80b6, 81b7, 83b5~6, 85c3

항상, 언제나 aei 19a3, 22b5, 23a1, 27c3, d6, 28a1, 2, 7, b7, 32b3, 34a9, 35a1, 37a2, b3, 38a2, 40b1, 6, 41c7, 42c4, 48e6, 49d5, 7, e5, 8, 50b8, 10, c5, 51a2, c1, e4, 52a6, b1, c3, e6, 53b7, 54b6, 58a1, 58c3, 3, 59c8, 61c8, 62a1, 70e6, 72c3, 5, 78e7, 79b5, e8, 81a5, 87b5, 88d9, 90c4

해면(스펀지) spoggos 70c7

해체되다, 녹다 tēkomai 49c1, 58e6, 60e4, 9, 66b8, 68a1, 77a3, 79a1, 81a5, 82e3, 83a6, c8, 84d7, 85e8

해체 / 해체될 수 있는 lusis / lutos 38b7, 41b1, 43d7, 60d7, e3

해체하다 / 쪼개다 dialuō 53e3, 54c5, 56d2, e5, 57b5, 58e3

해체하다, 녹여 나가다 diakheō 45e2, 46d3, 61a4, 85d4

해체되지 않는 ☞ 풀리지 않는

행복한 eudaimōn 34b8, 42b5, 69a1, 90c6

향기 / 향이 좋은 euōdēs / euōdia (↔ aōdēs) 50e6, 65a6

향유(香油) aleimma (→ osmē) 50e6

향이 없는 aōdēs (↔ euōdēs) 50e8

허공 ☞ 빈

허상 ☞ 영상

헤라클레스의 돌(자석) Herakleios
   lithos 80c3

헤아림 ☞ 말

혀 glotta 65c3, d1, 5, 66c3, 67d8,
   75a6, d1, 6

혈관, 관 phleps 65c7, d3, 66a4,
   d4, 77d1, e1, 78b3, 79a3, 4,
   d2, 80d5, 82e4, 83a2, 84d4,
   e4, 85e9

형태, 형상, 종, 종류, 종족 eidos /
   idea 23a8, 28a8,* 35a4, 7,
   37e5, 38a8, 39e8, 40a2,* 3,
   42d2, 46c8, 49a4, 48a7, 49c3,
   e3, 50e1, 5, 51a4, 8, c5, d5,
   52a2, 53c6, 54d3, 5, 6, 55a3,
   b5, d6, e6, 8, 57b2, 58d3,
   59b6, c7, e6, 60a3, 7, b6, 8,
   61c1, 5, 64e1, 66d2, 67a3,
   68e6, 69c7, 70c5, 71a8, 73c5,
   75a6, 76a7, 77a5, b4, 81a5,
   83c4, 84c9, 87a5, d5, 88d1,
   89a5, e5, 90a3

형태, 도형 skhēma 22c7, 33b1, 3,
   4, 7, 44b6, d4, 50a6, b4, e9,
   10, 54d1, 55c3, 58d8, 61c4,
   62a2, 73c4, 6, d4

호흡, 들숨 anapnoē (↔ 날숨) (→
   숨) 33c4, 66e7, 70d1, 78e6,

79a6, c6, 80d1, 84b6, 85a3,
   b7, 86e7, 91b3, 92b2, 5

흑서(酷暑) ☞ 연소

혼 psukhē 18a4, 22b7, 30b3, 5,
   34b3, c5, 36d8, 37b8, c4,
   41d5, 8, 42d7, 43a5, c5, d2,
   44a7, b1, c7, 45b1, d2, 46d6,
   47d2, 5, 60a5, 61c9, d6, 65a5,
   67b3, 69c5, 7, e4, 70a3, d7,
   71d2, 72d5, 73b3, c4, d3, 5,
   75a3, 77b4, 81d7, 85e6, 86b2,
   3, 7, d1, 5, e4, 87a1, 2, 4, d3,
   4, e7, 88b4, 6, 7, c4, 89e5,
   90a3, 8, 91e5, 92b3

혼이 깃든 empsukhos 30b8~c1,
   38e5, 74e2, 91a3, b2

혼합 krasis 68c4, 74d3

혼합하다 kerannumi 41d5, 68b3,
   c7, 77a5, 85a6

확산되다 ☞ 분리

환대 / 환대하다 xenia / xenizō
   17b2,* 20c1*

황갈색 purros 68c3, 8

황금 / 금 khrusos 18b1, 59b3, 4, 5,
   7

회색(빛깔) phaios 68c3, 4

회전, 궤도 periodos (→ 원) 34a6,
   38c9, 39b5, c3, 6, d5, 42c6,
   43a5, d2, 44a4, b3, d3,

47a6, b7, d2, 5, 58a5, 76a7,
83a3, 85a6, 86a7, 90d3, 91e5

회전 운동, 회전 궤도 periphora
36d1, 38c8,* 39c1, 40b2,
43e9, 44b6, 47b1, 90d1, 4,
92a1~2

횡격막(橫膈膜) phrēn 70a2,* 4, e1,
77b5

후궁반장(後弓反張) opisthotonos
84e10

휘저음(을 통한 혼합) / 휘젓다 kukēsis
/ kukaō 66a6,* 68a5

흐름 rheuma / rhoē 21e2, 23a9,
44b3, 45c4, 58e7, 78d1,
79a5, 80c1, 84d3, 88a5

흔들다 seiō 43d2, 52e4, 5, 53a1, 3,
88e2

흔들어 놓다 diaseiō 88a1

흔적 ikhnē 53b2

훌륭한 ☞ 좋은

흘러나오다, 역류하다 anarreō 78d4

흘러들다 epirreō 22e2, 43a6, 80d8,
81b4, 85e2

흙, 땅, 지구 gē 22d1, 7, 25a4, 32b7,
38d1, 39b5, 40b8, 42d4,
46d6, 49b8, 51a6, b5, 52b6,
53b1, c5, 55d8, e2, 56a1, d1,
5, e3, 58e6, 7, 60c5, d3, e9,
61b4, 63c7, 73b7, e1, 74c7,

91e7, 92a4, 6

흙과 같은, 흙 성분의 geōdēs 63c7,
66a5, b1, 4

흙으로 된 gēina 64c5, 65d2

희석용기(포도주) kratēr 41d4*

흰(빛깔) leukos 50a3, 67e2, 5,
68b5, c1, 4, 5, 7, 83d5, 7,
85a2, 4

힘, 능력, 특성, 평방수(수학) dunamis
17b1, 18d7, 24e3, 25a7, b3,
6, 26d6, 28a8,* 30a2, 31c5,*
32c8, 33a4, 37d2, 38c1, d4,
41c5, 42e3, 45e2, 46e7,
48d2, 49a5, 50b9, 52e2,
54b5, 56c5, 60a8,* b2, 63b4,
64b7,* c7, 65e1, 66a2, d2,
71b4, d7, 74a6, d3, 75d2,
76a8, 82e7, 83c7, e8, 85d6,
e1, 87d8, 89c2, d7

힘(기세), 무력 rhōmē 25b1, 63c1

힘줄 neuron 74b4, d2, 6, 7, 75c4,
d1, 76d4, 77e5, 82c4, 8, d2,
84a1, 2, b1, e6, 7

그리스어 – 한국어

adamas 금강석 59b5

adikia / adikos 부정의(不正義) / 부정의한 42b3, 70b5, 90e7

aei 항상, 언제나19a3, 22b5, 23a1, 27c3, d6, 28a1, 2, 7, b7, 32b3, 34a9, 35a1, 37a2, b3, 38a2, 40b1, 6, 41c7, 42c4, 48e6, 49d5, 7, e5, 8, 50b8, 10, c5, 51a2, c1, e4, 52a6, b1, c3, e6, 53b7, 54b6, 58a1, 58c3, 3, 59c8, 61c8, 62a1, 70e6, 72c3, 5, 78e7, 79b5, e8, 81a5, 87b5, 88d9, 90c4

aēr 공기 32b4, 6, 7, 45d6, 46d7, 49c2, 2, 4, 51a6, b6, 53b1, c5, 55d8, 56a4, 5, 6, e3, 58b3, 59a3, 60c1, 2, 5, 61a4, 5, b4, 63b6, c8, 66b1, e1, 4, 73b7, 78d4, 79c6

aēthēs / aētheia 생소한 / 생소함 18c7, 48d5, 53c1

agalma 상(像) 37c7

agathos 좋은, 훌륭한 18e1, 19a1, 26e8, 29a3, e1,* 30a1, 46e5, 47b1, 3, 69d2, 72a5, 87c4, 5, 88c6

aggeion 그릇, 용기 66b2, 73d2

agenētos 생겨나지 않은 27c5, 41b8, 52a2

agrios 야생의, 위협적인 70e4, 83c6

aidion 영원 29a4, 5, 37c6, d2, e5, 40b5

aiōn 영원한 37d4, 6, 7, 8, 38a7, c2

aiskhros 추한 60c7, 87e3

aisthanomai 지각, 감지하다 51c3, d7, 61e2, 70b8

aisthēsis 감각 (작용) 28a2, c1, 38a6, 43c7,* 44a5, 45d3, 52a8, 60e1, 61c7, 64a4~5, e1, 66a1, 67c8, 69d4, 71a5, 75a5, b2, 77a5, b6, e6

aisthētos 감각될 수 있는, 감각 대상 28b9, c1, 37b6, 51a5, 52a6, 64a6, d4, 92c8

aitia / aitios 까닭, 원인 / 원인이 되는 18e3, 22b9, e4, 28a4, 5, c2, 29a6, d6, 33a6, 38d7, 40b4, 42e4, 44c7, 45b4, 46d2, e1, 4, 47a2, b6, 48a7, 57c8, 58a1, 61b6, c6, 63e5, 8, 9, 64a5, 7, 65b8, 66b6, 67b1, c8, e4, 68e6, 69a7, 76c7, 79a7, d1, 80a1, 87c2, e5

akairos 시도 때도 없는(때에 맞지 않는) 33a5, 86c2

akinētos 움직이지 않는 38a3, 40b3, 55e1, 62b2

akoē 청각, 귀, 풍문, 전해들은 이야기 20d2, 21a7, 22b8, 23a3, d1, 25e1, 33c3, 47c5, d1, 64c1, 67b1, 6

akolasia 탐욕, 탐닉 86d3, 72e4~5

akrateia 굴복(자제력 없음) 86d6

akribeia 상세함 23d3, 24a1, 38b3, 44c5, 52c6, 56c6, 73b7, 89d8

akros 끝, 정점 20a5, 36a4, 76e6, 90a5

akropolis 성채 70a7

algeinos 고통스러운 64a3, d1, 77b7, 81e1, 3, 84e2

aleimma 향유(香油) 50e6

alētheia / alēthēs 진리 / 참된 20d9, 21a3, d9, 22d1, e5, 25a5, 29c3, 30c1, 37b4, c1, e7, 44a3, 50b2, 51c3, d4, 6, e4, 52b8, c6, 53e4, 71d8, e3, 72d1, 86d2, 90b7, c1

alloiotēs 성질 변화 / 변질 82b7

alogos 이성이 없는, 비례가 없는 28a3, 42d1, 43b1, e3, 47d3, 51e4, 53a9, 69d4

alutos 풀리지 않는, 해체되지 않는 32c3, 41a8, 41b3, 43a2, 60c5

amathia 무지(배움이 없음) 86b1, 92b2, c1

ameristos 나눌 수 없는(부분 없는) 35a1, 5, 37a7

ametria / ametros 불균형 / 균형 없는 47d7, 53a9, 87c5, d3, e2

amudros 모호한, 불분명한 49a4, 72b9~c1

anagkaios 피할 수 없는, 필연적인 40e2, 42a5, 49b2, 52b4, 68e7, 69a2, c8, d5, 70e5, 72e6, 75d7, e1, 2

anagkē 필연 25c2, 27c6, 28a5, b1, c3, 29b1, 32a6, 37c3, 42a3, 46b1, e2, d8, 47e5, 48a1, 2, 4, 53c5, 7, d6, 55e2, 56a1, 8, c5, 63c3, d5, 67c3, 68b7, e1, 69d7, 74e4, 75a7, 77a2, 79b5, 84c7, 89c7, e8, 90b4, c2, e4

anaimos 피를 머금고 있지 않는 70c6, 72c7

anaitios 책임이 없는 42d4

anaisthēsia / anaisthētos 무감각 / 감각되지 않는 51d5, 52a4, b2, 64a6, c3, d3, 65a4, 67d5, 74e9, 75e7

analogos / analogia 비례적인 / 비례 31c4,* 32c1, 56c4, 69b6, 75b8

anamimnēskō 떠올리다, 돌이켜 보
다(기억) 25e3, 26b2, 62a2,
64a7, 71e6

anapnoē 호흡, 들숨 (↔ ekpnoē)
33c4, 66e7, 70d1, 78e6,
79a6, c6, 80d1, 84b6, 85a3,
b7, 86e7, 91b3, 92b2, 5

anarreō 흘러나오다, 역류하다 78d4

anastrephō 순환하다, 돌아다니다
85d1

anēr 사람, 남성 17c3, 18c2, 19d3,
e6, 21a9, e3, 24c7, d2, 29e5,
42a3, 51e5, 53d7, 70a1, 5,
75c7, 76e1, 90r7, 91b5, d8

anisos 부등한 (↔ isos) 36d2, 53d4,
54c3, 55e6, 58d6

anisotēs 부등성 58a1, 2, d4

anoētos /anoia 어리석은(지성 없는)
30b2, 44a4, c3, 86b3, 92b2, c3

anōlethros 파괴되지 않는 52a2

anōmalos / anōmalotēs 불균등한 / 불
균등 52e3, 57e7~58a1, 58c2,
59a6, 62b1, 63e1~64a1

anomoios 닮지 않은 (↔ homoios)
33b8, 36d6, 39e6, 45a2 d5,
51e2, 53a3, e2, 57c4, 60a2,
63b6, c8, d2, 80a5, 83c2

anous 지성 없는 44b1*

anthrōpinos 인간적인 24c2, 29d1,

42a1, 68d3, 71e2, 77a8,
90c2, e2

antrhōpos 인간 20e6, 22c1, 23a2,
b7, 24d5, 25b7, 27a7, 8,
39c6, 45a5, 51e6, 68d6,
75b4, 76e4, 86b7, 88b1,
90d6

aōdēs 향이 없는 (↔ euōdēs) 50e8

aoratos 보이지 않는(비가시적인)
36e6, 43a3, 46d6, 52a4,
83d3, 91d2

apalos 연한, 부드러운 81c1, 83c3,
d6

apeikazō 모방하다, 비교하다 29c1,
39e4, 48c2

apeiros 경험 없는, 무한(정)한 31a3,
b2, 54a3, 55c8, d1, 57d5,
82b7

apergazomai 산출하다, 만들어 내
다, 완성하다 28a8, 29a1,
30b7, 32b6, 37d1, 39e3,
41d2, 42e2, 43a4~5, b6,
46d3, 51a1, 55a6~7, b7,
61b5, 62b3, 64b5, 66a8,
68a7, 73d6, 74e7, 75c2,
79e8, 81c6, 84c3, e2, 86a4,
89a1

aphaireō 떼어 내다, 제거하다 34a5,
35b4,* 5, 63b4

aphomoiōmata / aphomoioō 모방
된 것들(닮게 된들) / 모방하다
(닮게 하다) 46a1, 50d1, e4,
68d1

aphrōn 지혜가 결여된 69d3, 80b5,
86d1, 92a5

aphrosunē 광기(사고 능력의 결여)
71e2

aphthonōs 인색함 없이, 망설임 없
이 25c6*

apokhōrēsis 자리 비움 65a2, 81a2

apokhōrizomai, 떨어져 나오다, 분
리되다 59d8, 76c5, 84a2

apollumi 소멸하다, 사라지다 28a3,
50a1, 52a7

apoxērainō 건조시키다, 마르게 하
다 65d3, 76d5

aretē 덕, 탁월함 18b6, 24d5, e1,
25b7, 34b6, c5, 87d2

arithmos 수 23e4, 31c5, 32b9,
36a6, b3, 37d7, 38a7, c7,
39b7, d4, e8, 47a7, 52b5,
54d2, 5, e3, 57d2

arkhē 출발, 시작, 시초, 원리 17b8,
20a4, 21d8, 23b1, 24b9,
28b3, 6, 7, 29b3, e5, 36e4,
42e8, 44b1, 48a5, b2, 3, 7,
c3, d1, 3, 4, e2, 53d5, 7,
55e4, 57d2, 69a8, b3, c5,

73b2, c7, 79d1, 80b3, 89c2,
90e1

aroura 경작지 22e2, 73c8, 91d2

artēria 관, 공기 통로 70d2, 78c5, 7

arthron 관절 74a5, 75d5

astokhos 미치지 못하는(과녁을 벗어
난) 19e6

astron 별 38c5, 39d8, 40b5, 41e1,
42b5, 47a4

ataksia 무질서 30a5, 85e3

ataktos 무질서한 30a4, 43b1, 46e6,
69b3

aukhēn 목 69e3, 70a5, 91b1

austēros 쏘는 맛 65d4

autarkēs 자족적인 33d2, 68e3

auxanō 증가하다, 자라다 41d3,
72d2, 81b5

basanos 시금석 68d2

bathos / bathus 깊이 / 깊은 32a7,
44e1, 53c7, 92b6

barus 무거운 53a1, 58e1, 60c3,
62c3, 63c4, d4, e1, 5, 67b7,
80a4, b5, 82b2

basis 밑변(도형), 면(도형), 기반, 발
(足) 55b2, c4, e3, 53c8, 56a6,
59d2, 62c1, 92a3

bia / biai 강제 / 강제로 35a8,
43a7, 61a5, b1, 63c3, 8,
64e3, 66e7, 68a8, 70a6, 85e1

58c3, 74a4, 68d1

diastēma 간격 36a2, 3, b1

diatassō 지정하다 42e5, 45b1

diataxis 질서(부여) 53c1

diazōgrapheō 다채롭게 그리다 55c6

diexodos 길, 입구, 출구 48c6,
60e8, 67e8, 73e7~74a1,
79d1, 84d3, 91a4, c6

dokhē 담낭(膽囊) 71c1

doxa 의견 19d4, 20a5, 21d1, 22b8,
27d5, 37b8, 51d3~6

drimus 매운(맛) 66a2, 67e1

drōsos 이슬 65b6

dunamis 힘, 능력, 특성, 제곱근(수
학) 17b1, 18d7, 24e3, 25a7,
b3, 6, 26d6, 28a8,* 30a2,
31c5,* 32c8, 33a4, 37d2,
38c1, d4, 41c5, 42e3, 45e2,
46e7, 48d2, 49a5, 50b9,
52e2, 54b5, 56c5, 60a8,* b2,
63b4, 64b7,* c7, 65e1, 66a2,
d2, 71b4, d7, 74a6, d3,
75d2, 76a8, 82e7, 83c7, e8,
85d6, e1, 87d8, 89c2, d7

duskinētos 잘 움직이지 않는 56a3,
64b1, 74e7, 85d1

egkephalos 뇌 67b3

egkurtia 깔때기 78b5,* 6, c2, d3, 4

eidos 형태, 형상, 종, 종류, 종족
35a4, 37e5, 38a8, 40a2,*
42d2, 48a7, e3, 49a4, 50e5,
51a4, 8, c5, d5, 52a2, 53c6,
54d3, 5, 6, 55a3, b5, d6,
e6, 8, 58d3, 59b6, e6, 60a3,
7, b6, 61c1, 5, 64e1, 66d2,
67a3, 68e6, 69c7, 73c5,
75a6, 76a7, 77b4, 81a5,
83c4, 84c9, 87a5, d5, 88d1,
89a5, e5, 90a3

eikōn 모상 29b1, 3, c1, 37d8, 52c2

eikos 그럼직한 24d6, 29c1, 7, d1,
30b8, 40e1, 44d1, 48c7, d2,
6, 49b6, 53b3, d6, 55d4, 5,
56a2, b4, d1, 57d6, 59c7,
d1, 4, 62a4, 67d2, 68b8, d1,
72d8, 87c3, 90e8

eisodos 입구 61a2, b2, 75e1, 78b5

ekmageion 새김바탕, 수건 50c2,
72c5

ekpnoē 날숨 (↔ anapnoē) 78e3,
79e9

elaion 올리브유 60a8, d8

elaphros 가벼운 (= kouphos) 56b1,
63c5, e1

emphrōn 지혜가 깃든 36e5, 44b8,
46d8, 48a5, 63a7, 71e6,
75a4, 80b7

empodōn 걸림돌로 작용하는, 방해

하는 25d5, 57e1, 74e6, 76d3

empsukhos 혼이 깃든 30b8~c1, 38e5, 74e2, 91a3, b2

enaimos 피를 머금은 68b4, 81a6

endeia 결핍 84c5

ennoos 지성이 깃든 30c1, 71e3

epikouros 수비대, 원군 18b3,* 47e1

epirreō 흘러들다 22e2, 43a6, 80d8, 81b4, 85e2

epistēmē 앎, 지식 37c3, 46d8, 71d6

epitēdeuma 직무 17d1, 18b7, c3, 87b8, 91e6

epithumētikon 욕구하는 부분(혼) 70d1, 91c3

epithumia 욕구 19b8, 70a6, b6, 77 b7, 86c7, 88b1, 90b2, 91b4, 7, c8

erōs 성애(性愛), 애욕 42a7,* 69d5, 91a2, b5, d1

eruthros 빨간 (빛깔) 68b5, c1, 80e3, 83b5

ētheō 거르다 59b3, 60a1, b6

eudaimōn 행복한 34b8, 42b5, 69a1, 90c6

eukhomai 기도하다 27c7

eukinētos 운동성이 좋은 56a3, 58e5, 59a3, 64b1, 3

euōdēs / euōdia 향기 / 향이 좋은 (↔ aōdēs) 50e6, 65a6

exodos 출구 75e1, 79a2, e4

gē 흙, 땅, 지구 22d1, 7, 25a4, 32b7, 38d1, 39b5, 40b8, 42d4, 46d6, 49b8, 51a6, b5, 52b6, 53b1, c5, 55d8, e2, 56a1, d1, 5, e3, 58e6, 7, 60c5, d3, e9, 61b4, 63c7, 73b7, e1, 74c7, 91e7, 92a4, 6

gēina 흙으로 된 64c5, 65d2

genesis 생성(생겨남), 탄생 27a6, d6, 28a6, b7, 29c2, 4, d6,* e4, 34c4, 37e3, 38a1, 6, c4, 39e3, 40d7, e4, 41a5, c5, e3, 42c1, 3, 44c6, 48a1, b6, 4, 9a1, 49a6, c7, e7, 52b2, d3, 5, 53c1, e4, 54b8, d4, 56b6, 58a2, c3, 59d1, 61c8, 62a2, 67d1, 69c4, 73a4, b3, 75b8, 76e5, 77c2, 82c6, 83d5, 85d3, 90a8, 90d2, e2, 91a1, d5

gennaō 낳다 32c1, 34ba8, 9, 38e6, 39d8, 41d2, 48a2, 55b5, 68e4, 91b4, 92b1

gennēma 자식 24d6, 69c4

genos 유, 부류, 집단, 종족 17c7,* 19d6, e3, 9, 23a1, b7, 24a5, b2, 30c8, 40a1,* 41b7, 9,

42a2, 44a1, 46e4, 47b1,
48e4, 50c7, e6, 51d4, e6,
52a8, 53a3, e6, 8, 54b7,
c2, 55d7, e1, 56c1, 8, 57a1,
4, b4, c2, 9, d3, 58a3, 6,
c5, d5, 6, 59a9, b2, c3, e7,
60a3, b4, d8, 61b7, d5,
63c7, d6, 66d5, 67c4, e6,
68b2, 69a7, d6, e5, 70a6,
e5, 71d7, 72a6, e5, 73a1, 7,
b5, c1, 4, 74b4, 75b5, c2,
76c2, 77b1, c5, 78a4, 81b7,
82a1, 5, d6, 83c3, 85c3, 35,
86b4, d4, 89b7, 92a2, b1

geōdēs 흙과 같은, 흙 성분의 63c7,
66a5, b1, 4

geōrgos 농부 17c6, 24b1

gēras 노년 33a5, 81d4

glaukos 청록(빛깔) 68c7

gliskhros 끈적거리는 74d5, 82d3,
84a4

glotta 혀 65c3, d1, 5, 66c3, 67d8,
75a6, d1, 6

glukus / glukutēs 달콤한 /단맛
60b2, 66c7, 71b2, c7

gōnia 각(角) 53d2, 3, 55a1, 2, 7,
b1, c1, 57a1, 61e3

gunē 여성 18c1, 42c1, 70a1, 76e1,
90e8, 91a3, c1, d6

haima 피 70b3, 79d2, 80e7, 82c3, 8,
e4, 83a1, b4, c5, e3, 84a2, b2,
c2, 85c3, 4, d3, 5, 7

halmuros 짠(맛), 소금 60d7, 74c8,
82e6, 84a4, b2, 83c7, 85b3

halourgēs 보라(빛깔) 68c1

hals 소금 (= halmuros) 60e1

harmonia 조화 37a1, 47d1, 80b7,
90d4

hēdonē 즐거움(쾌락) 26c1, 42a6,*
47d3, 59d2, 64a5, c8, d5,
e1, 6, 65a2, 6, 69d1, 80b6,
81d8, e5, 86b6, c7, 9, d6

hedra 자리 52b1, 53a2, 59a4, 60c4,
62b1, 67b6, 72c2, 79b4, 6,
80c6

hedraios 자리 잡은(견고한), 자리를
제공하는 59d7, 64b7

hēdus 즐거운 19c3, 64a3, d2,
66c6, 67a3,* 77b6, 81e2

heilō 뭉치다 40b9

hēmipagēs 절반만 응고된 59e4,
60d7

hēpar 간(肝) 67b6, 71a8, b7, 72b6,
c6

hēsukhia 고요 19b7, 27a1, 30a3,
45e4, 71a1, c5, 88d5, 8,
89a5, e8

hexis 성향 19e9, 42d2, 65e2

Herakleios lithos 헤라클레스의 돌, 자석 80c3

homalos / homalotēs 균일한, 균등한 / 균일, 균등 34b1, 57e2, 6, 7, 58e2, 3, 59a5, b1, e1, 60c6, 62b2, 64a1, 67b7, 77d7

homikhlē 안개 49c5, 58d2, 66e2, 3

homoios 닮은 (↔ anomoios) 18e2, 30c4, 8, 31b1, 33b7, 8, 36d1, 37c8, 38c1, 39c1, e1, 4, 40b2, 42c3, 5, 45c4, 8, 49e5, 50c1, e1, 52a5, e3, 53a6, 55a4, 57a3, b7, c4, 63a3, 75d1, 80a6, b1, 5, 81c6, d2

hōra 계절 75e6, 91c4

hualos 유리 61b7

hudōr 물 22c2, d7, e2, 23c4, 32b4, 7, c6, 42c7, e9, 43c3, 46d6, 48b4, 49b3, 7, c6, d7, 51a6, b5, 53b1, c5, 55d8, 56a2, 5, 6, b7, d3, 6, e3, 7, 57b3, 58d4, 6, 59b1, c3, d5, e6, 60b6, 7, c5, d6, 8, e2, 7, 61a1, 2, 8, b1, 4, 7, c1, 66b2, d5, e1, 3, 4, 5, 68a1, 69b8, 73b7, e3, 4, 74c7, 78a5, 80c1, 82a2, 86a5, 92b5

hudreia / hudreuō 관개(灌漑) / 관개하다, 물을 대다 77d6, 78b3, 81a1

hugieia / hugiēs 건강 / 건강한 24c7, 44c1, 75b6, 82b5, e2, 87d1, 88c1, 89a1

hugrainō 적시다 51b5, 52d5, 86d5, 88d4,

hugros 젖은, 수분을 머금은, 액체의 43c3, 50e8, 58d4, 5, 59a3, d5, 6, 62a7, 66c2, 68b2, 74d6, 76b5, 80e5, 85c6, d9

hulē 목재 69a6

hupar 깨어 있음(↔ onar) 71e7

hupeikō 자리를 내주다 56c6, 59d8, 62b7, 9, 70d5, 74c2

huperbolē 과잉, 극단 75e7, 84c5, 86a3

hupnos 잠 45d7, e4, 71d4, e4, 85a8

hupodokhē 수용자 49a6, 51a6, 73a3

iatrikos / iatrikē 의술의 / 의술 24c1, 79e11, 89b3

idea 형태, 종, 이데아 23a8, 28a8,* 35a7, 39e8, 40a3, 46c8, 49c3, 50e1, 57b2, 58d8, 59c7, 60b8, 70c5, 71a8, 77a5

idrōs 땀 83e1, 84a2

ikhnē 흔적 53b2

ikhōr 장액(漿額) 82e7, 83c5

ios 녹청(綠靑) 59c5

is 섬유질 82d1, 2 84a2, 85c3, d2, 7, e1, 3

isēmeria 춘분과 추분 47a6

iskhion 골반 75a1

isorropos / isorropeō 균형 잡힌 / 균형을 유지하다 52e2, 3, 88c1

isos 동등한, 균등한 (↔ anisos) 33b5, 34b2, 62d1, 76b6

isoskelēs 이등변의 54a2, b5, c4, 55b5

kaiō 불태우다 45b8, 58c6, 60b4, 85b6

kairos 적절한, 적기의 38b4, 85d2

kardia 심장 65d1, 70b1, c1, d3

katalambanō 따라잡다 38d4, 5, 39a6, 80b2

katanoeō 고려하다, 고찰하다 25e4, 39d3, 44d8, 69a4, 90d4

katarrizoō 뿌리박다 73b4, 76c1~2, 77c3~4

katasbennumi 꺼지다(불) 45d3, 49c3, 57b1, 2, 68a5, 85e1

kateidon 통찰하다, 이해하다 24c7, 46a4, 47b7, 63e9, 71b4, 77c2

kathairō 정화하다 22d7, 72c7, 83e2, d3, 86a7

kathairēsis 와해(瓦解) 58e7

katharsis 정화 52e7, 89a6, b3

katoptron 거울 46a3, c2, 71b4, 72b4

kauma 발열, 연소, 혹서 23a1, 70d2, 74b8, 86a3

kenos 빈, 허공 58b1, 59a2, 75a3, 79b1, 3, c2, 80c4

kenōsis 비움 65a3, 4

kephalaion 골자(骨子) 17c2, 19a8, 26c7

kephalē 머리 39d6, 43e5, 44d5,* 45a6, 65e7, 67b5, 69b1, e2, 70a4, 73d2, 74a3, 75b3, 6, c5, d1, 2, e5, 76a4, c6, 77d7, e4, 85a9, 90b1, d2, 91a2, e4, 7

kerannumi 혼합하다 41d5, 68b3, c7, 77a5, 85a6

kermatizō 조각내다 56e7, 62a4, 81a6

kēroplastēs 밀랍공(蜜蠟工) 74c7

khalaō 느슨하게 하다 66c5, 81c7

khalaza 우박 59e3

khalkos 구리 59c3

khiōn 눈(雪) 59e5

khloē 풀 80e1

kholē 담즙(膽汁) 82e7, 83c1, 4, 6, 84d2, 85a6, b7, d7

kholōdēs 담즙 빛깔의 71b7, 86e6

khōra 공간 19a5, 22e1, 23b8 52b1,
   5, d3, 53a6, 57c2, 58b2,
   79d6, 82a3, 83a5

khoreia 춤 40c3

khrōma 빛깔 59b2, 60d5, 67d1,
   68a8, b4, c6, 71b8, 74d4,
   80e2, 6, 82e5, 83b3, 5, 6, d4

khronos 시간 20e6, 21b6, d6,
   22b3, 9, d2, 23b3, 25c7,
   26a1, b6, d1, 36e6, 37d8,*
   e4, 4, 38a1, 4, 7, b6, c3, 4, 5,
   7, e5, 39d4, e3, 40c8, 41e6,
   42b4, d5, 44b5, 47a7, 81d1,
   86a7, 89b7, c3, 6, 90d7,
   91a1, c4

khrusos 황금/금 18b1, 59b3, 4, 5, 7

khumos 즙(汁), 체액 60a1, b5, 65c1,
   86e6

khutos 녹을 수 있는 58d5, 59a9,
   60d3, 61c1

kiki 피마자 기름 60a8

kinēsis 운동 34a1, 5, 36c3, 38a2,
   40a8, b3, 43b2, c5, d1,
   44d8, 45d2, e3, 5, 56c4,
   57c3, d7, e3, 5, 7, 58a4, c3,
   e4, 59d6, 64e6, 67b4, 74a6,
   77c1, 4, 80a4, 7, b3, 88b3,
   c3, 5, d5, 6, e1, 89a2, 3, 9,
   e6, 8, 90a2, c7, 8

koilia / koilos 강(腔), 속이 빈 부분,
   복부 / 비어 있는 66a7,* b1,
   2, 72d1, 73a3, 78a7, b3, c6,
   d2, 79a1, 80d5, 85e10

kōlon 사지(四肢) 44e3, 76e7, 91e7

kōphos 아둔한 74e10, 75e7, 88b4

koruphē 정점, 정수리 21e2, 67a5,
   76a6, 77e5, 92a1

kosmos 질서, 세계 24c1,* 27a6,
   28b3, 29a3, b1, e4, 30b8,
   d1, 31b3, 32c1, 6, 43a1,
   48a1, 55c8, 62d5, 92c7

kouphos 가벼운 (= elaphros) 53a2,
   59c2, 62c3, 63d2, 7, 65e7,
   76d1, 82b2, 91d8

krasis 혼합 68c4, 74d3

kratēr 희석용기(포도주) 41d4*

kratos 지배권 36c8

kuanous 암청색 68c6, 7

kukaō / kukēsis 휘젓다 / 휘저음(을
   통한 혼합) 66a6,* 68a5

kuklos 원, 궤도, 둥긂 33b6, 8,
   34a4, b5, 36c1, d2, 5, e3,
   37b7, c2, 38d3, 39a3, 7,
   c4, 5, d7, 40a7, 49c6, 58a6,
   63a4, 64b7, 75d2, 76a4, b2,
   77e5, 78b7, 79e8

kurios 고귀한, 치명적인(최상급)
   29e5, 41b5, 84c6, 87c7, 90a3

kurtos 통발 78b4,* d1, 79d4

kutos 용기(容器), 속이 빈 것 44a7,* 45a6, 67a5, 69e6, 74a4, 78c3*

lampros 빛나는 40a4, 46b3, 60a4, 68a7, b5, 71b2, 72c3, 68c5, 59c2

leios / leiotēs 매끄러운 / 매끄러움 33b8, 34b1, 45b8, 46a4, 6, b3, c2, 51a1, 60a5, 63e8, 65c6, 67c1, 71b1, d1, 73b6, e2, 82d7

leptos / leptotēs 미세한, 가는 / 미세함 58b3, 59b6, 7~c1, d5, 60d6, 61e2, 66e4, 76b6, 85c5, 92b5

leukos 흰 (빛깔) 50a3, 67e2, 5, 68b5, c1, 4, 5, 7, 83d5, 7, 85a2, 4

liparos 윤기 있는 60a7, 82d3, 7, 84a4

lithos 돌 49b8, c6, 60d5, 61c1, 80c3

litron 소다 60d9

lobos 간엽(肝葉) 71c1

logismos / logizomai 추론, 계산, 고려, 이성(의 능력) / 헤아리다, 추론하다, 고려하다 33a7, 34a9, 37a1, 47c2, 52b5, 57e1, 71e8, 72e3, 77b5, 86c3

logistikon 추론 능력, 이성적인 것 37c1*

logos 말, 설명, 논의, 연설, 이성, 헤아림 17c2, 19c3, 8, e2, 3, 7, 20b3, c1, d1, 8, 21a8, c5, d3, 7, e6, 22a6, 26a6, c5, e1, 6, 27a1, 8, b2, 6, 8, c4, 28a1, 29a7, b4, 8, c1, 6, 30b8, 32b6, 36d7, 37a5, b3, e7, 38c4, d7, 42d1, 46d4, 47a2, 3, c5, 6, e5, 48d2, 49a3, 4, b5, 50b7, 51b6, c6, 8, 52c6, d3, 53c2, d6, e5, 54b1, 55d5, 7, 56a2, b4, c7, 57d6, 59d1, 62a6, 67d2, 68b8, 69a7, 70a1, 5, b4, d6, 71a3, 5, d4, 74e5, 75e3, 76e5, 77b5, 80d1, 82b4, 83c4, 87b1, 9, c4, 88a4, e4, 89d5, e3, 90e6, 8, 91b2, 7, 92c5

lupē 괴로움(고통) 42a7,* 64a5, c8, d5, 8, e6, 65a1, 5, 69d2, 71c3, 81e6, 86b6, 9, c1, e4

lupēros 불쾌한 (냄새) 67a3*

lusis / lutos 해체 / 해체될 수 있는 38b7, 41b1, 43d7, 60d7, e3

malakos 부드러운 50e9, 59d1, 62b8, 70c6, 74c1, d1, 5

manos / manotēs 성긴 / 구멍(성긴
　조직) 72c7, 78d5, 85c6, 86d4

manteia 신탁, 신탁소, 예언 71d4,
　e1, 72b1, 9

mantikē 예언술, 예언력 24c1, 71e2,
　3, 7, 72b7

marmarugē 눈부심 68a6

mathēma 학과 18a9~10, 22b9,
　24c3, 26b4, 87b2, 8

mēkos 길이 36b7, 44e3, 46c4,
　51c8, 54d9

melas 검은 (빛깔) 60d4, 67e2, 6,
　68c1, 3, 4, 6, 8, 83b3, 5

meli 꿀 60b3*

melos 사지(四肢) 70b2, 74b5, 75d5,
　77a1

meros 몫, 부분, 입자 (= moria)
　17a7, 25a8, 30c5,* 31a7,
　32c7, 33a1, 36a4, 37e4,
　44c6, 46b5, c3, 51b5, 53d3,
　4, 55a4, e7, 56b2, d4, e2,
　58b4, 59b6, 60c7, d7, e8,
　61b2, 62d9, 63b4, 64e5,
　65b7, d2, 66a5, 67a8, d5,
　71b5, 77a1,* e6, 78c7, 86d3,
　88c7, e3, 89a5, d4, 90c3,
　91e6

mesos 중심, 가운데 31c2, 32a1,
　3, 4, 5, b4, 33b5, 34b2, 3,
　35a3, 5, 36b8, e1, 2, 45c1,
　53e5, 56a4, 5, 62d3, 8, 10,
　62d2, 7, 9, 63a1, 70a2, 74a6,
　d3, 79d4, 84d7

mesotēs 중항(中項) 32b1, 3, 36a4,*
　43d7

metaballō / metabolē 변화하다 / 변화
　42c1~2, 4, 57a4, 58b10~c1,
　66d8, 79e3, 82b7, 92c3~4

metallagē 상호전화, 상호 변화 61c4

metarruthmizō 변형시키다 46b2

mētēr 어머니 50d3, 51a5

metrios 적도에 맞는, 적당한 18b5,
　26a7, 59d2, 65d6, 68b8,
　71d4, 74c6, 88e2

metron 적도, 기준, 비율 39b2, 68b6

mignumi 섞다 35b1, 36b5, 41d6,
　59c4, 64a1, 68b4, 6, c5, 73c1

mimēma 모상, 모방된 것 40d3,
　49a1, 50c5, 51b6

moira / morion 몫, 부분, 입자 (=
　meros) 30c8, 35b2, 5, 36a2,
　b2, 37a4, 41b4, 43a1, 47c8,
　59b7, 61e3, 64a4, b5, c2, 6,
　67c7, d3, 71d3, 73c9

morphē 형태, 모양 50b10, 52d6

muelos 골수(骨髓) 73b3, 5, c2, 9,
　73c5, d4, e2, 74a2, d7, 75a3,
　77d4, 81c1, d6, 82c2, d5,

e1, 84c4, 85e5, 86c5, 91b1

muthos 이야기, 신화 22c7,*
　23b5,* 26e5, 29d1, 59c7,
　68d2, 69b1

nama 물결, 흐름 75e3, 5, 77c7,
　80d7, 84a2

neos 젊은 21a8, 22b6, 23b1, 42d6,
　60c5, 83d7, 87b3

neuron 힘줄 74b4, d2, 6, 7, 75c4,
　d1, 76d4, 77e5, 82c4, 8, d2,
　84a1, 2, b1, e6, 7

noēsis 사유(작용) 28a1, 52a4

noēton 사유 대상(사유될 수 있는
　것) 30c9, 31a5, 37a1, 39e1,
　48e6, 51b1, c5

nomeus 목자(牧者) 22d9, 24a7

nosēma / nosos 질병 23a8, 33a5,
　44c2, 71e5, 72c6, e7, 81e3,
　7, 82a7, b7, c1, 5, e2, 83e3,
　6, 84b3, c3, 6, 9, e1, 9,
　85a5, b1, 3, c2, 86a2, b1, 3,
　5, 6, d2, 5, 87a2, d2, 88a1,
　b5, e6, 89b3, 5, c5, 7, 91c7

nothos 서출(庶出) 52b3

nous 지성 17c5, 26e1, 27c7, 29b6,
　30b2, 3, 5, 34a2, 36d8, 37c2,
　39e8, 46d4, 5, 7, e4, 47b7,
　d3, e4, 48a1, 2, 51d3, 6,
　e6, 68b7, 71b3, 77b6, 89b2,

92c3

ōdiō 격통 84e5, 86c7

ogkos 덩어리, 입방수(세제곱 수)
　31c5,* 54d2, 56c3, d3, 58e6,
　59a3, 60c3, e4, 61b3, 62c7,
　81b8, 83d4, e5

oikeios 고유한, 친족 20e1, 21e7,
　34a2, 40e2, 45b5, 66c2,
　74c4, 77c1, 82a3, 90a5, c7

okhēma 전차(戰車), 탈것 41e2,
　44e2, 69c6

okhetos 관(管) 43d1, 70d2, 77c7, 8,
　78c8, 79a3

ōkhros 연노랑(빛깔) 68c5

oligos 적은, 소수의 39c7, 54c5,
　56a7, b1, 57a8, 74e2, 89c7

omma 눈(目 = opsis) 33c1, 45b3,
　8, c1, 6, 46e7, 47b3, 58c7,
　67e8, 68b2

omphalos 배꼽 67a6, 70e1, 77b5

onar 꿈 (↔ hupar) 71e7

onux 손톱, 발톱 76e2, 5, 6

opisthotonos 후궁반장(後弓反張)
　84e10

opos 즙(汁) (= khumos) 60b5

opsis 시각, 눈 (= omma) 40d3,
　45c4, d8, 46b3, 5, c3, 47a1,
　b6, 50e4, 60a6, 64c6, d5,
　67c7, 8, d4, 5, e5, e7, 80e6,

71e5

parallaxis 이탈 22d2*

paskhō 겪다 19b4, c2, 33d1, 37b3,
    43e7, 9, 52e2, 64c1, d8,
    77b7, 84a5, 86b4, c1, 88d4

patēr 아버지 21b4, 22c4, 6, 37c7,
    41a7, 50d3, 71d6

pathēma 인상 42a6,* 43b7,* 44a8,
    57c7, 61c6, d1, 5, 62a5,
    63e8, 9, 64a3, 7, d6, 65b5,
    c2, 66b6, c7, 67b2, e3,
    69d1, 79e11, 80c7, 84b4, e9,
    88e2, 89c1

pathos 겪음, (겪는) 상태, 느낌
    19b5, 43e6, 48b5, 52e1,
    59a1, e3, 61e1, 62b6, 63d4,
    64b4, c2, 4, d1, 65b8, 66c1,
    68a6, 76c2, 77e6, 78e4,
    79a6, 80b1, 81d5, 86b5

pauō 멈추다, 정지하다 24e2, 42c2,
    45d7, 50b1, 57a7, b5

pakhnē 서리 59e6

pēgē 원천 70b2, 79d3, 85b3

pēgnumi 응고되다 46d3, 49b8,
    58e1, 59a8, e2, 62b3, 82d1,
    85d9, e1, 87b1

peithō 설득 48a2, 4, c7, 51e3, 5,
    70b1

perilambanō 감싸다 30c9, 33b4,

39e5, 53c8, 56e3~4, 57a8,
    77e5, 81a7, c2

periodos 회전, 궤도 34a6, 38c9,
    39b5, c3, 6, d5, 42c6, 43a5,
    d2, 44a4, b3, d3, 47a6, b7,
    d2, 5, 58a5, 76a7, 83a3,
    85a6, 86a7, 90d3, 91e5

periphora 회전 운동, 회전 궤도
    36d1, 38c8,* 39c1, 40b2,
    43e9, 44b6, 47b1, 90d1, 4,
    92a1~2

peritorneuō 둥글게 빚어내다 69c3,
    73e7

petra 바위 59b3~4, 60c6

phaios 회색(빛깔) 68c3, 4

phantasma 영상, 허상 46a2, 52c3,
    71a6, 71c3~4, e8

phatnē 구유 70e2, 6

phēmē 풍문, 소문, 전해들은 이야기
    27b5, 72b3

philonikos / philonikia 승리를 열
    망하는 / 승리욕 70a3, 88q4,
    90b3

philosophis / philosophia 지혜
    를 사랑하는 / 철학(지혜 사
    랑) 18a5, 19e6, 20a5, 24d1,
    47b4, 88c5, 91e3

phlegma 점액(粘液) 82e7, 83c7, d7,
    85a2, b2, 86e5~6

phlegmainō 염증이 생기다 85b5

phlegō 불태우다 85b6

phleps 관, 혈관 66a4, d4, 65c7, d3, 77d1, e1, 78b3, 79a3, 4, d2, 80d5, 82e4, 83a2, 84d4, e4, 85e9

phlox 불꽃 58c6, 7, 67c6, 83b8

phobos 공포 40d7, 42a7, 69d3, 71b5

phōnē 소리 47c5, 8, 67b2, 72a3

phora 운동, 운행 36c5, 38e4, 39a1, 4, b4, 47d2, 58a4, 61e3, 67e6, 76b5, 80b1, 4, 81a3, b2, 84b3, 87a1

phōs 빛 39b4, 45b5, c3, 46c1, 58c7, 91d5

phōsphoros 빛을 나르는 45b3

phrēn 횡격막(橫膈膜) 70a2,* 4, e1, 77b5

phronēsis 지혜 24b8, 29a7, 34a3, 40a6, 46e5, 71d5, e4, 75a3, e4, 88b2, 90b7

phronimos 슬기로운 24c7, 29e5, 39c3, 59d3, 64b6, 75c6~7

phthisis / phthiō 소진 / 소진하다 33a6, c8, 41d3, 77a3, 81b5, 81d4

phthongos 소리, 발음 37b6, 80a3

phthonos 질투, 인색함 23d4,* 29e2

phthora 파괴, 파멸 20e6, 21d6, 22c1, d3, 23c4, 52b1, 72e7, 82b7

phulax 수호자 17d3, 18a4, 40c1

phuteuō 심다, 돋아나게 하다, 양육하다 57d1, 73c3, 77a5, c5, 87b5

phuton 풀 60a1, 77a6, 90a7

pikros / pikrotēs 쓴 / 쓴맛 65e1, e3, 71b6, 7, c5, 82e6, 83b1, 4, b2~3, 7, 86e6

pilēsis 압축 58b6, 76c4

pistis 믿음 29c3, 37b8, 49b5, 52b3

pitta 나뭇진 60a7

plagios 비스듬한 39a1, 43e4, 63e2

planē / planētos 방랑/ 방황하는 19e4, 38c6, 39d1, 40d7

planaō 방황하다, 떠돌다 43b4, 48a7, 86e7, 88e2, 91c5

plassō 형태를 빚다, 주조하다 26e5, 42d7, 50a6, 73c9, 74a2, 78c3, 88c4

plēmmeleia / plēmmelōs 규칙 위반 / 규칙 없이 30a4, 82b6, 92b4

pleonexia 과잉 82a3

plērōsis 채움 65a3, 4, 81a2

pleumōn 폐(肺) 70c5, d3, 78c6, 79c3, 84d3, 91a5

pleura 변, 모서리 36c7, 53d3,
54b6, c3, d8, e2, 55e5, 57a1,
61e2

plokanon 그물 조직, 키(낟알을 거르
는) 52e7, 78c2

pneuma 숨, 호흡, 바람 33c3, 43c3,
49c2, 66e7, 8, 70c7, 76c1,
77a7, 78b1, 79b2, 6, 7, c3,
80d4, 82e4, 83d1, 84d1, 2, 5,
e3, 85a3, 91a6, c6

poiētēs 시인, 제작자 19d5, 21b5,
c1, d2, 28c3

poikilia / poilkilos 다채로움 / 다채
로운, 복잡한 50d5, 6, 57d5,
59c6

polis 도시, 국가 17d3,* 19a3, c3,
5, 9, d2, e5, 20a2, 4, b5, e6,
21a7, e5, 22a6, d9, 23a7,
d5, 24d7, 25b6, 26c8, 27b3,
85e10, 87b2

politeia 정치체제 17c2,* 19b4,
20b2, 23c7, 25e2, 87b1

pōma 음료수 70d1, 73a2, 91a5

pompholux 거품, 방울 66b4, 83d2,
85a2

praios / praiōs 온화한 / 온화하게
17d4, 18a6, 74c2, 83c5

prasios 초록(빛깔) 68c8

presbuteros 나이든, 연장자인 34c2,

38a3, 40c2, 77b1~2

promēkēs 부등변의 54a2, 73d3,
91e8

pronoia 구상, 섭리 30c1~2,*
44c7,* 45b1

prosōpon 얼굴 45a7, 46c4, 75d4

prospiptō 부딪혀 오다, 공격하다
33a5, 43b6~c1, c6, 45c7,
66a1, 67e7, 83b1

psukhagōgeō 유혹하다(혼을 이끌다)
71a7

psukhē 혼 18a4, 22b7, 30b3, 5,
34b3, c5, 36d8, 37b8, c4,
41d5, 8, 42d7, 43a5, c5,
d2, 44a7, b1, c7, 45b1, d2,
46d6, 47d2, 5, 60a5, 61c9,
d6, 65a5, 67b3, 69c5, 7, e4,
70a3, d7, 71d2, 72d5, 73b3,
c4, d3, 5, 75a3, 77b4, 81d7,
85e6, 86b2, 3, 7, d1, 5, e4,
87a1, 2, 4, d3, 4, e7, 88b4, 6,
7, c4, 89e5, 90a3, 8, 91e5,
92b3

psukhō 차가워지다, 냉각되다, 식
다 46d2, 60d4, 70d1, 74b2,
76e5, 82b1, 88d3

psukhros 차가운 33a3, 62b6, 67d8

psuksis 냉각 59a8, 76c4, 85d4

puknos / puknotēs 조밀한 / 조밀

sklēros 딱딱한 59b4, c1, 62b7,
 63e10, 76c4, d6

smikros / smikrotēs 작은 / 작음
 27c3, 43a3, 54c5, 8, d1, 7,
 56a4, b7, c2, 57a7, 58b6, 7,
 d6, 60e5, 61e3, 62a3, 8, b9,
 c5, d1, 64d5, 65a2, 7, 67c2,
 78a4, 5, b1, 79a2, 83d3,
 87c7, 88a8, 89c7, 90b6, 91d3

sōma 몸, 물체 19c1, 28b9, 30b4,
 31b9, 32a8, c1, 33a3, 34a2,
 b2, 4, c5, 35a2, 6, 36e6,
 38c7, e5, 42a3, 4, d6, 43a5,
 6, c2, 5, 44b1, c6, d5, 7,
 e3, 45a5, b6, c5, d2, 46d7,
 50b8, 51c2, d7, 53c5, d5, 6,
 e1, 6, 7, 54b4, 55a8, c3, e2,
 56a4, e1, 2, 5, 57c2, 60a5,
 b7, e2, 61a8, b5, c2, d6, 8,
 62a3, 7, c7, 64a2, 4, d6, e5,
 65b3, 5, 67c6, 69c6, 7, e1,
 70b7, d8, e3, 72c6, d3, e2,
 73a6, b4, d6, 74b7, c4, e7,
 75d1, e3, 77c6, d2, e2, 4,
 7, 78d2, 5, e5, 79a4, c4, 6,
 d8, 80d7, e5, 7, 82a1, 83a2,
 5, b1, e2, 84c7, d2, 7, e3,
 85a3, 4, b4, 6, c6, e7, 8,
 86a1, 3, b1, 2, d1, 4, e1, 4,

6, 87c1, d3, e2, 7, 88a7, b1,
 6, 7, c3, 4, d2, 6, 8, e2, 6,
 89a5, 7, d3, 90a5, b2, 91c5,
 92a6

sōtēr 구원자 22d6, 48d5

sōtēria 보호, 가호 45d8, 88b6

sperma 씨앗 23c1, e1, 56b5, 73c7,
 74a4, b3, 77a7, 86c4, 91b2

sphairoeidēs 구형으로 된 33b5,
 44d4, 62d1, 63a6

splagknon 내장 기관 72c2

splēn 비장(脾臟) 72c7

spoggos 해면(스펀지) 70c7

stasis 정지 상태, 내전 21c7, 57d7,
 e7, 58c2, 82a7*

stenos 좁은 66a4

stereos 단단한, 입체 31b7, 32b2,
 55a1, 3, 7, b1, c1, 56b5,
 63a1, 74e9

stēthos 가슴 69e2, 4, 79c2, 91e5

stilbō 반짝이다, 빛나다 59b2, 60a7,
 68b1, 3

stoma 입 24e6, 25a2, b4, 60b1, e1,
 65e4, 75d6, 78c4, 9, 79c7, e1

struphnos 찌르는 맛 65d4, 67e1

suggenēs 동류(同類)의 29b5, 31a1,
 33b2, 45d4, 47c1, d1, 57b6,
 63c8~d1, e5, 71b6, 76c3,
 77a4, 79d7, 80d8, 81a3,

tauton (to auton) 같음, 동일자 19c2, 32c2, 35a4, 8, b3, 36a4, c3, 6, 7, d1, 37a3, 8, b4, 5, c2, 39a1, 4, c1, d6, 40a9, b2, 6, 42c5, 43a2, d3, e9, 44a1, 2, b7, 46c4~5, 49c1, 50b8, 51a1, 52d1, 53a6, 54e2, 57a3, 59a7, 63a4; c5, 64b5, e1, 65b1, 67a6, 69a9, 72d3, 78a7, 82b3, 3~4, 5, 87e5

taxis 질서 30a4, 71a3 [자리], 83a3, 85c4, 88e3

tekhnē 기술, 직업 17c6,* d1, 25b8, 33d1, 50e7

tēkomai 해체되다, 녹다 49c1, 58e6, 60e4, 9, 66b8, 68a1, 77a3, 79a1, 81a5, 82e3, 83a6, c8, 84d7, 85e8

tektainomai / tektōn 짜맞추다 / 짜맞추는 자(목수) 28c6~29a1, 33b1, 36e1, 68e5, 69a6, 70e3, 91a2

teleutē 극단 33b5, 69b1, 73a1

telos 끝 27b7, 30d3, 32d7, 34b2, 38c2, 39e1, 40d5, 81d5, e4, 85e4, 90d6, e3, 92c5

temnō 자르다 57a2, 3, 62a1, 66a1, 70d3, 77c7, d2, 80d3, 81c5, d2

tetanos 강직성 경련(강축) 84e9

tetragōnon 사각형 55b7, c4, e7, 62b9

thateron (to heteron) 다름, 타자 35a7, b3, 36c6, 8, 37a3, b4, 7, 38c8, 39a1, 43d4, 44a2, b7, 46c3, 4, 61d3, 62d10, 63e7, 74a5, 78b5, c6, 9, 79e1, 2, 7

thaumastos / thaumazō 놀라운 / 놀라다 19d3, 20e5, 23d2, 24e1, 25a6, e3, 26b4, 7, 29c6, d4, 39d2, 80c2

theaomai 감상하다 19b6, 8

theios 신적인 24c2, 36e4, 40a3, b5, 41c7, 44d3, 6, e6, 68d3, e7, 69a1, c3, d7, 72d6, 73a8, c7, 76b2, 80b7, 85a7, 88b2, 90b1, c1, 4, 8

thēlus 암컷 91d6

theos 신 21a2, e5, 22d7, 23d6, 24b6, c5, d1, 6, 26e4, 27b10, c3, 6, d1, 29c4, 30a1, c1, d3, 31b9, 32b4, 34a9, b1, 9, c1, 37c6, 38c4, 8, 39b4, 40a1, c2, 6, d5, 8, e1, 3, 41a5, 7, c2, 42d6, 44d8, e4, 45a4, d8, 46c7, 47a1, b2, 6, c3, 6, 51e6, 53b3, 6, d7, 55c5, d5,

56c5, 68d4, e4, 69b4, 71a7,
e2, 72d7, 73b8, 74d7, 75d1,
77a3, 78b3, 80e1, 90a4, d6,
91a1, 92a3, c8

thēreios 짐승의, 야생동물의 42c4

thēreutēs 사냥꾼 24b1

thērion 짐승, (야생)동물 76e1

thermainomai 덥혀지다, 가열되다
46d2, 79e3, 82a8, 84b7

thermos / thermotēs 뜨거운 / 뜨
거움(열) 50a3, 61d7, 62a4,
65e4~5, 67d8, 74c2, 76b4,
79d2, 6, e4, 5, 83c7, 85c6,
d8, e3

theros 여름 74c3, 76d1

thnētos 사멸적인, 죽기 마련인
41b7, c3, d1, 42d7, e3, 8,
44b2, 47b2, 61c9, 65a5,
69c2, 3, 6, 78, d5, e1, 4,
70e5, 71d6, 72d5, 73a1, b5,
c2, d2, 76e8, 78e1, 80b8,
90b4, 5, 92c6

tholeros 탁한 58d2, 92b5

thōrax 몸통 69e4, 6

thorubos 소동, 소란 43b6, 70e7

thremma 피조물, (야생)동물 30d1,
70e4, 76e3

thrix 머리털 76c5

thumoeidēs / thumos 기개적인 /

기개 18a5, 42b1, 69d3, 70a3,
b4, c2, d4, 6

tithēnē 유모 49a7, 52d5, 88d7

toiouton 그러그러한 것 22a4, 24d4,
28a7, 30c3, 32b9, 33a2,
37d3, 42a2, 45c2, 49d6, 7,
e5, 7, 50b6, 54d9, 55a2, 8,
e3, 57c7, 59c6, 63e6, 66c6,
70e4, 72b8, 79a7, 83c8,
84a6, 87c6, 90b6, e6

tomē 절단, 쪼개는 작용 61d8,
64d7, 65b3, 80e4,

topos 장소 22d4, e5, 23a3, 24b7,
c6, d2, 25b5, 43b4, 44e5,
45e6, 52a7, b5, 57c3, 6,
58b10, c1, 60c1, 62c5, d7,
63a6, b1, d7, c6, d3, 6,
63e1, 6, 70e2, 72b7, 85b5,
87a4

torneuō 둥글리다 33b6

trakhus 거친 65c6, d3, e3, 9, 67c1,
71b8, 84a4, c3

trephō 양분을 공급하다, 양육하다
70e4, 78b5, 81c6, 82d5, 87b6

trigōnon 삼각형 50b3, 53c9, d1,
54a1, 7, b1, 3, c1, 4, d2,
e3, 4, 55a5, 6, b2, 3, 5, e4,
7, 57d1, 58d3, 61a5, 73b6,
81b6, c3, 4, 7, d6, 82d6,

옮긴이의 말

　번역자의 임무는 저자의 사유가 담긴 외국어를 최대한 정확하고 이해하기 쉽게 역자의 모국어로 옮기는 것이다. 따라서 역자의 일은 저자의 뒤에 숨어서 원전의 내용을 정확히 드러내는 것일 뿐, 번역서의 지면을 차지해 가며 이러쿵저러쿵 자기 소회를 밝히는 것은 그다지 적절한 모습이 아니라고 생각한다. 그럼에도 불구하고 굳이 번역서의 한 귀퉁이를 할애해 가며 후기를 남기는 것은 이 번역이 역자 혼자의 힘이 아니라 스승, 제자, 동료, 선후배 등 수많은 사람들의 도움과 응원을 등에 업고서야 마무리될 수 있었기 때문이다.

　2010년 초 정암학당으로부터 번역 의뢰를 받고 번역을 시작한 이래로, 역자는 학당 소속 연구원 선생님들의 도움을 지속적으로 받아 왔다. 정암학당 이사장이신 이정호 선생님은 『티마이오스』번역에 각별한 관심을 보이며 물심양면으로 격려와 지원을 아끼지 않으셨다. 학당장인 정준영 선생님은 역자와 출판사 사이에서 여러 가지 귀찮고 궂은일들을 도맡아 처리하면서 역자가 번역에 전념할 수 있게 도와주셨다. 번역이 길게 늘어지는 동안, 전임 연구실장인 김주일 선생님과 현 연구실장인 유재민 선생님은 끈기 있게 번역 상황을 체크하면서 매번 유익한 조언을 해 주셨다.

정암학당에서 이루어지는 모든 번역은 해당 분야의 연구자들이 함께 모여 역자의 번역을 검토하고 수정하는 윤독회라는 과정을 필수적으로 거쳐야 한다. 역자 역시 2014년 봄부터 2015년 여름까지 매주 한 번씩 초역에 대한 윤독 과정을 거쳤고, 이를 통해 적잖은 오류를 발견할 수 있었으며 표현 등 여러 가지 면에서 번역의 질을 개선할 수 있었다. 일 년 육 개월간의 긴 시간 동안 윤독에 참여하면서 매서운 비판과 관심 어린 조언으로 도움을 주신 손윤락, 양호영, 오지은, 이기백, 이창연, 이현정, 장미성 선생님께 깊은 감사의 마음을 전한다.

그 외에도 정암학당에서는 2013년과 2017년에 두 차례에 걸쳐 『티마이오스』 연구 강좌를 실시할 수 있게 지원해 주었다. 이 강좌에는 연구원 선생님들뿐만 아니라 여러 명의 대학원생들도 참여하였고, 역자는 정작 강의를 하는 입장이었음에도 불구하고 이들과의 토론을 통해서 오히려 『티마이오스』에 대한 이해의 폭을 더 넓힐 수 있었다. 이들 모두에게 감사하며, 특히 원문 해석과 번역 용어의 선택 등의 문제와 관련하여 강성훈, 강철웅, 이윤철, 이준엽 선생님의 충고와 의견에 큰 신세를 졌음을 밝힌다.

번역 마지막 해인 2018년에는 숭실대학교 철학과의 배려로 대학원과 학부에서 『티마이오스』를 주제로 강의를 할 수 있었다. 이 강의에서 역자는 가르치는 입장이었음에도 오히려 학생들의 열정 어린 질문과 토론 덕분에 많은 것들을 배울 수 있었으며, 번역과 관련해서도 적어도 하나 이상의 오류를 바로잡을 수 있었다. 쉴 새 없이 울어 대며 선생의 지적인 나태를 감시하고 경고해 준 매미들에게(『파이드로스』 258e6~259d8) 고마운 마음을 전한다.

『티마이오스』의 경우, 이 번역에 앞서 이미 국내 고전철학계와 고전학계의 원로 선생님들이 내놓으신 번역본 두 권이 출간되어 있었다. 하나는 박종현, 김영균 선생님의 공동 역주서(『티마이오스』, 2000)이고, 다른 하나는 천병희 선생님의 번역(『플라톤의 다섯 대화편』, 2016)이다. 이분들의 번역에 담긴 엄밀함과 유려함은 본 번역을 진행함에 있어서 유익한 참조의 대상이었던 동시에, 넘기 어려운 산으로서 역자에게 다가왔다. 그렇지만 바로 이 원로 선생님들의 선구적인 노력 덕분에, 그 성과를 길잡이 삼아 크게 헤매지 않고 번역을 진행할 수 있었음을 밝힌다.

아울러 어려운 출판 환경에도 불구하고, 플라톤 전집의 출판을 맡아 애써 주신 아카넷 편집부 직원분들께도 감사의 마음을 전한다. 그리고 꼼꼼한 교정으로 도움을 주신 박수민 선생님께도 감사의 마음을 전한다.

마지막으로 역자에게 철학하는 법과 태도, 그리고 그 향유의 즐거움을 가르쳐 주신 두 분의 스승, 숭실대학교의 한석환 선생님과 프랑스 국립과학연구소(CNRS)의 뤽 브리송(Luc Brisson) 선생님께 깊은 감사와 존경의 마음을 이 지면을 빌어 전해 드리고자 한다. 플라톤 철학의 매력을 혼자서만 즐기는 것이 아니라 무모하게나마 번역을 통해 모두와 함께 나누려 한 것은, 바로 이 두 분께 진 지적인 부채의 깊이가 사뭇 깊어서, 어떤 식으로든 갚지 않을 수 없었기 때문이다.

이렇듯 수많은 사람들의 도움과 지지를 등에 업고 번역을 마무리하였지만, 번역 상의 오류나 잘못의 책임은 전적으로 역자에게 있음을 밝힌다. 2010년부터 지금까지 구 년에 걸쳐 번역을 진행해 왔지만, 시간의 길이와 작업의 질이 비례하지 않은 것은 오롯이 역자의 능력 부족과 나태함 탓이다.

2019년 7월
김유석

사단법인 정암학당을 후원해 주시는 분들

정암학당의 연구와 역주서 발간 사업은 연구자들의 노력과 시민들의 귀한 뜻이 모여 이루어집니다. 학당의 모든 연구는 시민들의 자발적인 후원을 바탕으로 하기 때문입니다. 그 결실을 담은 '정암고전총서'는 연구자와 시민의 연대가 만들어 내는 고전 번역 운동의 산물이라고 할 수 있습니다. 이 같은 학술 운동의 역사적 의미를 기리고자 이 사업에 참여한 후원회원 한 분 한 분의 정성을 이 책에 기록합니다.

평생후원회원

후원위원

강성식	강승민	강용란	강진숙	강태형	고명선	곽삼근	곽성순	구미희
권영우	길양란	김경원	김나윤	김대권	김명희	김미란	김미선	김미향
김백현	김병연	김복희	김상봉	김성민	김성윤	김순희(1)	김승우	김양희(1)
김양희(2)	김애란	김영란	김옥경	김용배	김윤선	김장생	김정현	김지수(62)
김진숙(72)	김현제	김형준	김형희	김희대	맹국재	문영희	박미라	박수영
박우진	박현주	백선옥	사공엽	서도식	성민주	손창인	손혜민	송민호
송봉근	송상호	송연화	송찬섭	신미경	신성은	신영옥	신재순	심명은
오현주	오현주(62)	우현정	원해자	유미소	유형수	유효경	이경진	이명옥
이봉규	이봉철	이선순	이선희	이수민	이수은	이승목	이승준	이신자
이은수	이재환	이정민	이주완	이지희	이진희	이평순	이한주	임경미
임우식	장세백	전일순	정삼아	정은숙	정현석	조동제	조명화	조문숙
조민아	조백현	조범규	조성덕	조정희	조준호	조진희	조태현	주은영
천병희	최광호	최세실리아		최승렬	최승아	최이담	최정옥	최효임
한대규	허 민	홍순혁	홍은규	홍정수	황정숙	황훈성	정암학당1년후원	

문교경기〈처음처럼〉　　　　　문교수원3학년학생회　　　　　문교안양학생회
문교경기8대학생회　　　　　문교경기총동문회　　　　　문교대전충남학생회
문교베스트스터디　　　　　문교부산지역7기동문회　　　　　문교부산지역학우일동(2018)
문교안양학습관　　　　　문교인천동문회　　　　　문교인천지역학생회
방송대동아리〈아노도스〉　　　　　방송대동아리〈예사모〉　　　　　방송대동아리〈프로네시스〉
사가독서회

개인 124, 단체 16, 총 140

후원회원

강경훈	강경희	강규태	강보슬	강상훈	강선옥	강성만	강성심	강신은
강유선	강은미	강은정	강임향	강주완	강창조	강 항	강희석	고경효
고복미	고숙자	고승재	고창수	고효순	곽범환	곽수미	구본호	구익희
권 강	권동명	권미영	권성철	권순복	권순자	권오성	권오영	권용석
권원만	권정화	권해명	권혁민	김경미	김경원	김경화	김광석	김광성
김광택	김광호	김귀녀	김귀종	김길화	김나경(69)	김나경(71)	김남구	김대겸
김대훈	김동근	김동찬	김두훈	김 들	김래영	김명주(1)	김명주(2)	김명하
김명화	김명희(63)	김문성	김미경(61)	김미경(63)	김미숙	김미정	김미형	김민경
김민웅	김민주	김범석	김병수	김병옥	김보라미	김봉습	김비단결	김선규
김선민	김선희(66)	김성곤	김성기	김성은(1)	김성은(2)	김세은	김세원	김세진
김수진	김수환	김순금	김순옥	김순호	김순희(2)	김시형	김신태	김신판
김승원	김아영	김양식	김영선	김영숙(1)	김영숙(2)	김영애	김영준	김옥주
김용술	김용한	김용희	김유석	김은미	김은심	김은정	김은주	김은파
김인식	김인애	김인욱	김인자	김일하	김정식	김정현	김정현(96)	김정화
김정훈	김정희	김종태	김종호	김종희	김주미	김중우	김지수(2)	김지애

이재현	이정빈	이정석	이정선(68)	이정애	이정임	이종남	이종민	이종복
이중근	이지석	이지현	이진아	이진우	이창용	이철주	이춘성	이태곤
이평식	이표순	이한솔	이현주(1)	이현주(2)	이현호	이혜영	이혜원	이호석
이호섭	이화선	이희숙	이희정	임석희	임솔내	임정환	임창근	임현찬
장모범	장시은	장영애	장영재	장오현	장재희	장지나	장지원(65)	장지원(78)
장지은	장철형	장태순	장해숙	장홍순	전경민	전다록	전미래	전병덕
전석빈	전영석	전우성	전우진	전종호	전진호	정경회	정계란	정금숙
정금연	정금이	정금자	정난진	정미경	정미숙	정미자	정상묵	정상준
정선빈	정세영	정아연	정양민	정양욱	정 연	정연화	정영목	정옥진
정용백	정우정	정유미	정은정	정일순	정재웅	정정녀	정지숙	정진화
정창화	정하갑	정은교	정해경	정현주	정현진	정호영	정환수	조권수
조길자	조덕근	조미선	조미숙	조병진	조성일	조성혁	조수연	조슬기
조영래	조영수	조영신	조영연	조영호	조예빈	조용수	조용준	조윤정
조은진	조정란	조정미	조정옥	조증윤	조창호	조황호	주봉희	주연옥
주은빈	지정훈	진동성	차문송	차상민	차혜진	채수환	채장열	천동환
천명옥	최경식	최명자	최미경	최보근	최석묵	최선회	최성준	최수현
최숙현	최영란	최영순	최영식	최영아	최원옥	최유숙	최유진	최윤정(66)
최은경	최일우	최자련	최재식	최재원	최재혁	최정욱	최정호	최정환
최종희	최준원	최지연	최혁규	최현숙	최혜정	하승연	하혜용	한미영
한생곤	한선미	한연숙	한옥희	한윤주	한호경	함귀선	허미정	허성준
허 양	허 웅	허인자	허정우	홍경란	홍기표	홍병식	홍성경	홍성규
홍성은	홍영환	홍은영	홍의중	홍지흔	황경민	황광현	황미영	황미옥
황선영	황신해	황은주	황재규	황정희	황주영	황현숙	황혜성	황희수
kai1100	익명							

리테라 주식회사 　　　　　문교강원동문회 　　　　　문교강원학생회
문교경기〈문사모〉 　　　문교경기동문〈문사모〉 　　　문교서울총동문회
문교원주학생회 　　　　　문교잠실송파스터디 　　　　문교인천졸업생
문교전국총동문회 　　　　문교졸업생 　　　　　　　　문교8대전국총학생회
문교11대서울학생회 　　　문교K2스터디 　　　　　　　서울대학교 철학과 학생회
(주)아트앤스터디 　　　　　영일통운(주) 　　　　　　　장승포중앙서점(김강후)
책바람

개인 695, 단체 19, 총 714

2022년 4월 30일 현재, 1,068분과 45개의 단체(총 1,113)가 정암학당을 후원해 주고 계십니다.

▮ 옮긴이

김유석

숭실대학교 철학과(학사)와 동대학원(석사)을 졸업하고, 파리 1대학교에서 플라톤의 초기 대화편 연구로 박사학위를 취득했다. 현재 정암학당 연구원으로 있으며, 소크라테스학파와 플라톤주의 전통에 관한 연구를 진행하고 있다. 역서로는 장바티스트 구리나, 『스토아주의』(글항아리, 2016)와 루이-앙드레 도리옹, 『소크라테스』(소요서가, 2022)가 있고, 저서로는 『서양고대철학』 I, II(길, 2013/2016, 공저), 『플라톤의 그리스문화 읽기』(아카넷, 2020, 공저), 『메가라학파』(아카넷, 2022)가 있으며, 주요 논문으로는 「식물의 혼과 플라톤의 채식주의」(2015), 「플라톤 혼 이론의 재음미」(2017), 「소크라테스의 날과 파르메니데스의 돛: 『파르메니데스』 130e4-131e7」(2019), 「해석과 전용의 사이에서: 키케로의 『티마이오스』 번역에 나타난 철학적 변용의 모습들」(2020) 등이 있다.

정암고전총서는 정암학당과 아카넷이 공동으로 펼치는 고전 번역 사업입니다.
고전의 지혜를 공유하여 현재를 비판하고 미래를 내다보는 안목을 키우는
문화적 기반을 마련하고자 합니다.

정암고전총서 플라톤 전집

티마이오스

1판 1쇄 펴냄 2019년 8월 1일
1판 4쇄 펴냄 2022년 8월 5일

지은이 플라톤
옮긴이 김유석
펴낸이 김정호
펴낸곳 아카넷

출판등록 2000년 1월 24일(제406-2000-000012호)
주소 10881 경기도 파주시 회동길 445-3 2층
전화 031-955-9511(편집) · 031-955-9514(주문)
팩스 031-955-9519
www.acanet.co.kr

Printed in Seoul, Korea.

ISBN 978-89-5733-635-9 94160
ISBN 978-89-5733-634-2 (세트)

도서의 국립중앙도서관 출판예정도서목록(CIP)은
서지정보유통지원시스템 홈페이지(http://seoji.nl.go.kr)와
국가자료공동목록시스템(http://www.nl.go.kr/kolisnet)에서 이용하실 수 있습니다.
(CIP제어번호: CIP2019025267)